Shen Zhen
Diary【下册】
深圳日记

一九八〇～二〇一〇
私人日记里的深圳记忆

主　　　编：胡洪侠
执 行 主 编：郭洪义
执行副主编：黎　勇

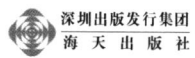

深圳出版发行集团
海天出版社

图书在版编目（CIP）数据

深圳日记：全2册/胡洪侠主编.—深圳：海天出版社，2011.7
ISBN 978-7-5507-0201-1

Ⅰ.①深… Ⅱ.①胡… Ⅲ.①社会主义建设成就—深圳市 Ⅳ.① D619.653

中国版本图书馆CIP数据核字（2011）第125050号

深圳日记（下册）

私人日记里的深圳记忆

主　　编　胡洪侠
执 行 主 编　郭洪义
执行副主编　黎　勇

责 任 编 辑　徐丹娜　梁　萍
责 任 技 编　蔡梅琴
装 帧 设 计　周　洁

海天出版社出版发行
（深圳市彩田南路海天大厦 518033）
网址：http://www.htph.com.cn
深圳市皇泰印刷有限公司印刷
2011年7月第1版　2011年7月第1次印刷

开　　本：787mm×1092mm
字　　数：150千字
印　　张：7
印　　数：1—8000
书　　号：ISBN 978-7-5507-0201-1
定　　价：48.00元（全二册，本册24元）

海天版图书版权所有，侵权必究。
海天版图书凡有印装质量问题，请随时向承印厂调换。

故事，开始了
——《深圳日记》序

故事，开始了。

在南海之滨的深圳，我们曾经的异乡、此刻的家园，岁月深潜于此，30年的时光叠积于此。2010年，深圳经济特区30岁的圆融与整数，我们深情地宣告：时间，开始被我们重新激活。

不是哪位伟大的神，暗中授予我们打开岁月之门的密码，让我们能够轻而易举地唤回流失的时间。是深圳，中国第一个经济特区，她30年壮阔的心灵史，30年的生命潮动，激励我们去解释她世不多见的奇迹与暗语，去解读她此起彼伏的热情与诗篇，去探究她马不停蹄的勇敢与求新。

再精确的社区地图，也无法标示出一条"深深的田边水沟"。但现在可以明确的是，打开地球仪上的经纬,一条蜿蜒的"水沟",已经被神奇地放大,崛起成一座备受世界瞩目的城市——一个国家的符号,30年改革开放的焦点。

如果一定要追溯,可以说到龙岗区大鹏街道叠福社区——7000年前的深圳先民生活在此间。但,无论考古学家和史学家怎么发挥想象力,也不能从咸头岭发掘出来的器具中探知他们的爱与哀愁,获悉他们彻底被岁月屏蔽的私人记忆。我们的幸运在于,我们偶发的生命,曾经落点于必然的公元1980-2010。我们的幸运还在于,我们赖以生存的血脉之躯,与一个经济特区的30年联动,和一个崭新的城市共有生命。

深圳腾飞了。经济特区的命名与制度设计,改写了深圳的全部历史。更重要的是,千千万万的人,他们的欢喜忧伤,他们的耕耘创造,他们的命运变迁,无不与深圳的走势联系在一起。我们这样说:一个再神奇的城市,都来自一双双平凡无奇的手的催生。而一个城市的高度,终将来自人的高度。

人,永远是一个城市历史活的部分,流动的部分,最

需善待的部分。可以说,在一座城市中,只要有人存在,它生命之水将长流不息,这座城市也将带给它的人民以有效的哺育。深圳经济特区的30年,正是这种情理的言说和落实。

30年,多少人生被重新设计?这一定不是一个经济特区的秘史——多少拓荒的雄杰诞生又落幕了。多少智者又接续出场了。多少达人经由财富的通道大隐于市。多少远道而来的农民已经学会做梦。还有多少潮人正踏着时间的鼓点入场。

历史的节点,正是重温乃至重建我们的记忆和感动的时刻!没有矫情的伤感,没有刻意的伪饰,没有虚构的情怀;有的只是真实的力量和深潜在岁月里的、曾经模糊现在却一点一点清晰起来的心动。

是的,深圳是你的,是我的,是我们的。我们经历的,都是深圳历史不能缺少的细节与音符。而所有这些细节与音符,正是《深圳日记》所海纳和录入的。

《深圳日记》编委会

Directory 目录

1980 - 1985

002	1984年06月14日	家庭会议		李心爱
003	1984年06月23日	住在简易平房的日子		汪书画
004	1985年01月02日	政府办事效率真差		梁 云
005	1985年06月11日	我们家买彩电了		李小雪

1986 - 1990

008	1987年02月23日	大叔给了我一巴掌		唐文胜
009	1989年02月15日	打工仔阿胜过生日		吴立民
010	1989年03月03日	陪朋友卖股票记		吕顺阳
011	1989年08月25日	母亲来到曾战斗过的地方		马 军
012	1990年04月08日	"靡靡"之音		利 华
013	1990年06月03日	我看的第一场足球赛		阿 简
014	1990年06月07日	荔枝病		诗 雨
015	1990年06月20日	巧躲招待所管理员阿姨		木 瓜
016	1990年06月22日	城中村宿舍硕鼠惊魂记		文 红
017	1990年06月29日	协助创作《你好！太平洋》的日子		陈 平
018	1990年10月01日	为分房领了结婚证		木 瓜

1991 - 1995 /

020	1991年04月04日	我们家的租客		游利华
021	1991年05月12日	爸爸被抓进收容所了		游利华
022	1991年10月09日	笔架山下安家		木 瓜
023	1992年03月16日	趴在木板上写第一篇日记		邵 俊
024	1992年10月25日	炒股的爸爸		丽 亚
025	1993年04月05日	学校后山上的人骨头		低分贝
026	1994年01月20日	不寻常的BP机声		翁红春
027	1994年04月02日	第一次享受高级酒店和包房		肖 碧
028	1994年06月13日	我要去香港度蜜月		黑 妮
029	1994年06月16日	音像店里叹激光大碟		李 梅
030	1994年06月25日	"边度"是到哪的车		小 匡
031	1994年10月05日	绿色"飞鸽"单车惊魂记		田 彦
032	1995年04月03日	借钱		花 间
033	1995年04月29日	电脑闪啊闪		小 游
034	1995年04月30日	应聘厂长助理记		阿 南
035	1995年07月23日	在医院打吊针		靳卫星
036	1995年08月12日	家里分到福利房		黄 敏
037	1995年08月15日	57岁的求职者		王光华
038	1995年09月15日	我们成了深圳人		刘青霞
039	1995年10月02日	敲诈如厕人太缺德		陈昌仁
040	1995年10月04日	遭遇黑小巴		薛华华

1996 - 2000 /

042	1996年01月18日	把准备还给妹妹的钱借人了		吕治君
043	1996年03月19日	茶餐厅里的初恋		王芹霞
044	1996年06月15日	在深圳办婚礼		区 亭
045	1996年10月31日	雪子送我收音机		吴 观
046	1997年01月22日	我的夜晚属于胡晓梅		寇 基
047	1997年02月01日	30元钱"赎"回自己		菜 农
048	1997年03月09日	香港表哥的游戏机		嘉应子
049	1997年03月22日	这是我儿从深圳捎回来的		寇 基
050	1997年04月24日	实习生		小 毛

051	1997年05月24日	"大家乐"周末晚会		缪辉英
052	1997年06月18日	在深圳买第一套房		严非
053	1997年09月12日	遇到好心人		黄荣东
054	1997年10月07日	舍不得回家		李凤琴
055	1997年10月10日	古城淹没在光阴里		丽娅
056	1997年10月26日	深圳人之间有道"关"		张旭
057	1998年01月10日	未婚妻的到来		汉武
058	1998年01月24日	第一次失业		刘庆方
059	1998年01月25日	来之不易的200元		钟艳群
060	1998年02月05日	约会超时被保安罚款		依伊
061	1998年02月10日	徒步夜穿梅林关		刘庆方
062	1998年02月21日	无证被查遇到"知音"		刘庆方
063	1998年03月18日	聪明反被聪明误		谢文
064	1998年03月27日	电饭锅里的爱情		王芹霞
065	1998年07月10日	一根冰棍		幸福
066	1998年07月29日	前台小雪		幸福
067	1998年08月11日	从当保洁员开始		小雨
068	1998年08月21日	差点去了樟木头		赣南老
069	1998年09月27日	给母亲写信		金宝
070	1998年10月03日	中秋佳节读家书		杨檀林
071	1998年10月24日	我要去闯深圳		余娟
072	1998年11月08日	相约深圳		陈冬
073	1999年01月05日	去面试		欧阳静
074	1999年01月15日	自己的城市		吕国营
075	1999年01月21日	第一次"出粮"		吴春丽
076	1999年02月06日	"孺子牛"今天搬家		韦建诚
077	1999年02月12日	购全价机票回家过年		蔡磊
078	1999年02月15日	在值班岗位上过年		张勇飞
079	1999年02月27日	遭遇"骗钱党"		丽语
080	1999年03月13日	打工圆我楼房梦		程争鸣
081	1999年05月05日	带父母尝鲜吃洋快餐		王彦
082	1999年06月19日	在上海轻工总汇买单车		陈月
083	1999年07月21日	给老妈打电话		吕治君
084	1999年09月24日	同事生日遭错砍		谭子准
085	1999年11月05日	跳槽差点受骗		蔡磊
086	1999年11月29日	拿到绿本子,她哭得很伤心		吴春丽

087	1999年12月31日	彩车巡游迎接新千年	韩宇彤
088	2000年01月09日	找工作变成相亲	蔡磊
089	2000年01月19日	"集资"中了大奖	谭高良
090	2000年01月28日	一夜无眠	蔡磊
091	2000年06月04日	高原深圳兵的一封家书	王建春
092	2000年06月24日	从农民房到公寓	风清
093	2000年06月26日	终于来到我爱的城市	美美
094	2000年07月04日	你不是我那杯茶	吴春丽
095	2000年07月12日	汇款单"变脸"记	谭汉武
096	2000年08月22日	去国贸旋转餐厅喝早茶	蔡磊

2001 - 2005 /

098	2001年01月16日	后悔给他一巴掌	谭汉武
099	2001年02月20日	小平像前忆伟人	刘向
100	2001年03月05日	平息停工风波	朱志成
101	2001年03月10日	我也要坚强	单单
102	2001年04月07日	不后悔当一回"顺风车"	默离
103	2001年06月05日	实习生的苦闷一夜	阿丰
104	2001年06月12日	忘记接女儿	沈永芳
105	2001年06月28日	舍不得妈妈回家	静静
106	2001年07月01日	红包"标准"折磨人	翁红春
107	2001年07月13日	第一次洗桑拿	春江水
108	2001年10月23日	买了黑单车	金宝
109	2001年11月27日	写诗的打工妹	春江水
110	2001年12月02日	保姆的思念	付宝翠
111	2002年01月08日	嫌我是洗脚工,男友和我分手了	林燕
112	2002年02月17日	深圳的年味	姜志华
113	2002年02月24日	我们是深圳人啦	翁红春
114	2002年03月15日	今天,我领到了驾驶证	谭汉武
115	2002年03月28日	为女朋友来深圳	张向阳
116	2002年05月03日	陪玩欢乐谷累惨了	阿琳
117	2002年05月11日	莲花山上放风筝	阿岚
118	2002年05月19日	人到中年难觅知音	老何
119	2002年05月21日	产权各一半 难得有情郎	蔡磊
120	2002年06月30日	被保安"训话"	谢志成

121	2002年07月24日	第一次"进关"	赣南王
122	2002年07月26日	遇到一对高级骗子	吕京霞
123	2002年09月02日	电梯"救美"记	谭汉武
124	2002年09月06日	走在三坝劝学的山路	张济波
125	2002年11月23日	求职	方如琼
126	2002年12月03日	一张迟到的汇款单	黄荣东
127	2003年01月13日	吃自助餐	曹玉梅
128	2003年03月08日	一个毁容者的自杀改变我的人生	李秋涛
129	2003年03月30日	五毛钱的信用	申 志
130	2003年04月10日	大口罩	谢湘南
131	2003年05月16日	边防证的故事	张晓瑜
132	2003年05月18日	两块钱的"帮助"	幸 福
133	2003年05月27日	在失业的日子里	阿 呆
134	2003年07月25日	迎来事业第二春	管桂姣
135	2003年08月19日	单车差点被盗	朱和英
136	2003年08月27日	会"说话"的手机	吴春丽
137	2003年10月12日	终于找到"KO"的快感	缪晓云
138	2003年12月09日	回家相亲	小 丽
139	2004年02月28日	一元钱的愉悦	陈再见
140	2004年03月29日	手机里的家书	林 军
141	2004年04月09日	打小贼	阿礼露
142	2004年04月22日	教外婆学打字	王一米
143	2004年04月23日	终成"有车一族"	陈道之
144	2004年07月11日	探亲归来倍思亲	谢志成
145	2004年07月30日	幸运通过考试	朱志成
146	2004年08月13日	伤痛	杨 梅
147	2004年08月17日	离别	晓 杨
148	2004年09月08日	老板字迹有奖竞猜	寇 基
149	2004年09月11日	相亲	旭 辉
150	2004年09月26日	发誓要给妈妈买一台按摩器	小 艾
151	2004年11月13日	爸妈户口落在福田	叶 玲
152	2004年11月28日	东拼西凑资金开了店	吴春丽
153	2004年12月28日	深圳开通地铁啦	阿 二
154	2005年01月27日	陷阱背后的"秘密"	王晓风
155	2005年02月07日	烫手的20元钱	王国法
156	2005年02月18日	遭遇招工难	金 宝

157	2005年04月15日	走在大街上的女子	朱婧瑗
158	2005年05月01日	房价太贵了	吴 思
159	2005年05月08日	新车上路	石 荞
160	2005年05月13日	城中村里打桌球	文 洁
161	2005年06月01日	给孙子讲儿童节的故事	李 晨
162	2005年06月10日	岳母帮我们打开心门	寇 基
163	2005年07月07日	从服务员到老板娘	小 钟
164	2005年08月07日	修空调	小 钟
165	2005年09月16日	给家里寄回1500元	许保国
166	2005年09月21日	取名"猪真肥",叔不是故意的	许保国
167	2005年10月29日	买房如买菜	刘庆方
168	2005年10月30日	排队3小时,看病3分钟	吴春丽
169	2005年11月15日	老婆的瑜伽馆开业了	刘 祖
170	2005年12月15日	我的美丽新世界	杨 婷
171	2005年12月25日	感恩的心	魏逯香

2006 - 2010

174	2006年01月14日	陈厂长,相信你会理解我的	翁红春
175	2006年02月11日	电话那头传来女儿的声音	王小娟
176	2006年05月31日	房租要涨了	尘 尘
177	2006年06月08日	敬礼,老政委!	李德胜
178	2006年07月02日	牵邻家孩子手的大人是谁	钟国光
179	2006年08月14日	理发记	小 流
180	2006年09月10日	一边爬山一边做义工	林 琳
181	2006年09月18日	被两家公司录用,我反倒发愁了	朱志成
182	2006年11月21日	给美女带路获赠"番薯"	小 钟
183	2006年12月01日	带爸爸看病	米 垠
184	2006年12月18日	我们生命中的友谊	黄荣东
185	2007年01月30日	不敢面对的关心	苏春燕
186	2007年02月25日	就像曾经你牵我的手	钟艳群
187	2007年03月24日	搭陌生人顺风车	苏春燕
188	2007年05月26日	体验双层巴士	小 培
189	2007年05月30日	二手的家具,崭新的梦想	牛 八
190	2007年09月05日	剪个头发被轰炸推销	吴春丽
191	2007年11月02日	到东门血拼	赵 露

192	2007年11月11日	光棍节的奇遇	小 流
193	2007年12月13日	深圳,我还会再回来	黄荣东
194	2008年01月22日	金融危机,爱不萧条	王小娟
195	2008年03月20日	阳奉阴违话验厂	苏春燕
196	2008年03月25日	城里的鸟巢	黄秀芳
197	2008年04月06日	婚纱照的价格	秋 树
198	2008年08月09日	一句话,伤害了我的善意	汉 文
199	2008年08月26日	我拥有属于自己的房子了	刘庆方
200	2008年09月19日	你下次再来时,记住我是32号	小 流
201	2008年11月17日	拼车首日遭遇车祸	蔡 磊
202	2008年11月19日	弟弟真的长大了	彭桂仙
203	2008年12月05日	在沙发厂打工	小 雨
204	2008年12月08日	援建生病记	飞飞马
205	2008年12月17日	每个人都有做太阳的机会	黄荣东
206	2009年03月31日	今天领到居住证啦	彭桂仙
207	2009年04月14日	从"头"到"脚"都变了	毕 尔
208	2009年05月25日	初当房东的滋味	刘庆方
209	2009年12月20日	蜗居反映了我的现实	刘 红
210	2009年12月30日	女儿对班主任的恐惧	耒 井

后记

211 后记

Shen Zhen Diary
一九八〇～一九八五.

家庭会议
1984 年 6 月 14 日

老公昨天从很远很远的南方回来了,那里住着我很少见面的公公婆婆,那里据说是经济特区,但老公说,现在看起来更像个大农村。

老公最近去南方,在一个名叫深圳的城市里一所大学试讲,现在那边已经同意接收他,希望他能趁着暑假,尽快把调动手续办好。但去还是留,得开家庭会议决定。

家庭会议在晚饭后举行,我们家讲究民主,所以与会人员除了我、老公还有两个孩子——全家出席。老公是主"去"派,我是主"留"派。基本上,这种会议两个孩子只有列席旁听的份儿,不知道他们能不能听明白。

我主"留"的理由很充分:我们在这个城市有房子、孩子和工作,还有稳定的朋友圈子,小日子过得不错,目前我也正在争取晋升主治医师,机会很大。深圳那个地方,连间像样的医院都没有,对事业发展很不利,也没间好学校,以后孩子的学业怎么办?我们都 30 多岁了,还经得起这么折腾吗?打破一切去适应新生活,代价是不是太大?

但老公的想法是:虽然深圳现在很落后,但毕竟年迈的父母和年幼的妹妹都在那儿,他们需要这个长男去照顾;虽然深圳现在到处都是工地,但这不也正预示着它充满勃勃生机的未来吗?人生,有可能会做出错误选择,但好过从来没有选择,没有选择就没有机会!

说实在的,我一点也不想离开这个城市改变现有生活,但会议的结果是老公的气势压倒了我,最后决定等暑假一到,我们就把所有的家具打包、托运,搬到那个叫"深圳"的城市居住!

对这个,我还是有点担忧,但已经定了,倒也有一丝期待!

李心爱(1984 年来深,现居福田)

住在简易平房的日子

1984年6月23日

在简易平房安居下来,"湿"是我对深圳的第一印象。

这几天潮气袭人,在房子里,渗出的水汽在湿冷的地面上能凝结成厚厚的一层,孩子们不知愁苦地在上面模拟滑水,而我摸着关节炎手术后酸痛的旧患,担忧他们的身体会因此出问题。

此刻,正是雨季,屋子里的情形甚至惨过西伯利亚,外面下大雨,里面下小雨,更显潮湿阴暗。

老公带着学生去外地实习了,起码要到暑假才能回来。我一个人带着两个孩子,既当爹又当妈,每天早上天还蒙蒙亮就得起床,忙活着给孩子们做早餐,再送他们去上学。学校附近很荒凉,完全是一幅农村景象。每天去上学的路上,孩子们都请求在路旁的稻田里稍作停留,去搜寻鼓噪的青蛙,这两天连续下雨,稻田积水很深,我总担心他们的安全,却又不忍心拒绝他们。

送完孩子,再骑几公里的自行车赶去医院上班。工作不太顺心,因为病人基本都讲方言,这复杂的方言听上去就像炒豆子,快速而急促,跟他们沟通如同鸡对鸭讲,完全不通!但如果就是这样也就罢了,最要命的是还得上夜班,老公不在家,我只能心里七上八下地把两个孩子丢在家里。今天早晨下了夜班匆匆赶回家,看见孩子们还在床上熟睡,他们的被子旁边居然摆着一根木棍,问他们为什么,说是因为害怕准备防身用的。我听得真心酸,给孩子们做早饭的时候,炉子怎么也点不着,我用不惯南方这种蜂窝煤炉子,尤其一下雨,更难点了,冒起的浓烟熏得我直流眼泪,而且,眼泪一流下来就好像再也止不住,把孩子们都吓傻了。

以前点炉子这活儿是老公干的,孩子们周末是外公外婆帮忙带的,孩子们平日都是在公园里做游戏度过的,可现在,我觉得心痛而无助,而且我弄不清,这只是暂时的困难还是会变成未来生活的常态?望着不远处的工地,那儿正在建教工宿舍,但老公刚来,能分上新房子吗?那里会有我的家吗?深圳,是不是我该栖息的家园?这让我困惑,让我无奈!

汪书画(1984年来深,现居福田)

政府办事效率真差

1985年1月2日

最近为办驾驶证,十分烦恼。我给《深圳特区报》写了一封投诉信,今天登出来了。

1983年12月,作为一名香港司机,我在深圳市汽车培训中心经学习考试及格,领取了中华人民共和国驾驶大客车准许证。当时该中心负责人对我说:以后每年换办驾驶证牌在香港粤海公司办理便可。去年12月10日,我到粤海公司办理换牌手续,该公司职员却要我到深圳办理。

第二天,我到深圳交通大队办理,办事人员却要我到文锦渡交通队去办。到了文锦渡交通队,办事人员看了我的驾驶证后说:"我们里只办理粤圳牌,你这个全国牌要到交通大队办。"我只好又转头回市交通大队,这时,一位女办事员又交给我一张白色表格,要我到市培训中心去办理。我跑去培训中心,谁知该处已搬回沙头角。当时天色已晚,我白跑一天,只好返回香港。12月12日,我到沙头角找到了培训中心,该中心主管人在我的空白表格上盖了印,要我到罗湖医院体检,并要我等到19日再去取。19日中午我到了沙头角的培训中心,那个主管人要我交了款,之后乘车回旧培训中心去取牌。到了该处,主管人要我在门口等候。约一个小时,主管人回来了,他对我说:"你的驾驶证还不能给你,过几天再到沙头角去拿吧。"

为了换办一个驾驶证,我费了这么多的时间和车费。我在给《深圳特区报》的投诉信中说,"有关单位这样的办事效率真叫人不安"。相关单位会有什么反馈呢?我期待着。

梁云(经常往返深港两地,现居香港)

我们家买彩电了

1985年6月11日

今天是我生日，老爸带我们去中英街买回了我们家第二台电视机——17吋的乐声彩电，电视机右边有个调频道的"大耳朵"，一扭就"嗵"地一响，节奏感很好，下边还有一个圆形按钮是调节声音的，跟录音机调音量的按钮差不多。

当然，这可不是我的生日礼物，如果是礼物，那也太贵重了，900多块钱，老爸老妈可是攒了好长时间，这也是那部老"黄河"退役后我们家最贵重的家电了。爸说，这次我们肯定牛了，因为隔壁婷婷家的电视才14吋还是黑白的，而我们家的新电视不但是日本大名鼎鼎的名牌乐声，还带"色儿"。这将根本性地改变我们对婷婷家电视垂涎三尺却不敢近前的局面，因为老妈爱面子，从来不允许我们名正言顺地到她们家去看电视！

后来，妈妈还给我和弟弟各买了两套新衣服，我的那件是条肉粉色的尼龙连衣裙，胸前还有个大大的小红格子蝴蝶结，妈妈说这个好，不起皱还耐穿，很时髦。弟弟的橙色运动衣也很帅，袖子上还缝着两条白杠。因为难得去一次，办证也不容易，我们从上午一直逛到傍晚，中英街上的稀罕物太多了，让人眼花缭乱。到了晚上，满满两大袋东西，我们都拿不动了，有力士香皂、雀巢奶粉、录音磁带、电子表，妈妈还买了一副蛤蟆镜，她说回老家探亲的时候戴上，肯定倍有面子，二姨她们不知道得多羡慕。直到换的港币都花完了，我们才回家。

一到家老爸就赶紧给我们装电视，又爬到屋顶装天线，天线用一根线一直连到房间的电视机上。折腾了大半天，终于看到电视画面了，这台名牌电视果然不同凡响，真清楚。以前的"黄河"，雪花大，噪音大，而且每次节目开始之前的"地球仪"画面一出来，下面总能同时看到两个字：土豆！后来我实在纳闷，土豆和电视有什么关系？问了老爸才知道，那两个字是北京！我当时就想，哎，电视是挺好，要是能再清楚点就更好了。

李小雪（1984年来深，现居盐田）

Shen Zhen Diary
一九八六～一九九〇

大叔给了我一巴掌

1987年2月23日

年初,我怀揣着姐姐的200元"嫁妆钱"离家出走,来到深圳宝安闯世界。从踏进深圳地界的这一刻起,我就决心干出番事业,可现实冰冷残酷,尤其对于我这样一个既无身份证,又没有文凭和技术的人来说,想要找一个立足之地,感觉比登天还难。

在宝安的大街小巷流浪数日后,当我在失落中走进宝安车站准备回家时,才发现口袋里仅剩几元零钞,根本不够返程车费,该如何是好呢?在车站的人流中,我饥寒交迫心事重重,扫视四面八方,希望找出对策。当一位腰间钱包鼓鼓的大叔进入视线时,我突然眼睛一亮,一个大胆冒失的想法闪现脑海:大叔的钱包里不是有我想要的东西吗?

我趁着拥挤和大叔抬头看车次的瞬间,小手快速地插进了大叔的腰包,小心翼翼地夹住几张钞票迅速抽出。没想到这时,一只大手突然钳住了我的手,紧接着一个巴掌落在脸上。我揉着发烧的脸颊,鼻子一酸,泪水不自觉地滚了出来,身子一软跪倒在大叔面前,双手紧扯大叔的裤脚,可怜兮兮地说:"叔叔,这两天我只吃了3个馒头,我要回家,我没钱买票;叔叔,我偷钱是迫不得已,请原谅我好吗?我以后再也不敢了……"

大叔看我弱不禁风的样子,眼睛里流露出了父辈的同情和关怀。大叔将我带到了一家小吃店,在得知我沦为"小偷"的经历后,沉吟片刻,随即抽出了一张百元大钞塞进我的上衣口袋,抚摸着我的小脑袋,语重心长地说:"拿着钱回家去吧,以后千万不要再干这样的傻事了,否则一失足成千古恨,到时谁也救不了你。"在这位好心大叔的资助下,我终于顺利地回到了老家。

(后来,我进过军营,当过保安员、勤杂工,开过音像厅、大药房,如今有了自己的事业。但在南方打拼的日子里,我常常想:如果不是23年前那一巴掌,不是那位好心的宝安大叔拉我一把,我也许早已沦为阶下囚了。)

唐文胜(1987年来深,现居广州市海珠区)

打工仔阿胜过生日

1989年2月15日

阿胜是从内地来深圳的打工仔,也是我刚认识不久的新朋友。前不久他告诉我,农历正月初十是他的生日,要我务必参加他的生日晚会。

嗬,打工仔也办生日晚会?!一阵喜悦之情掠过我的心头。

今天是正月初十。晚上,我来到阿胜和他的工友们租借的简陋住宅。一进门便发现屋中已有十几位阿胜的朋友先我而到,当阿胜向我一一介绍他们时,我才知道,他们都是来自内地的打工仔。

屋里的两张小圆桌上,摆放着两个生日蛋糕,还有满桌的水果,好不丰盛。当生日蛋糕上那多彩的蜡烛跳动起耀眼的烛光,我们异口同声地祝愿阿胜生日愉快时,阿胜甜甜地笑了。他鼓足气力,一下子把蜡烛全部吹灭,拿起刀来,分切生日蛋糕,让我们与他共享生日快乐。

是啊,一个出门在外的单身汉,有这么多朋友与他共祝生日快乐,是件幸事。阿胜说:"我过去在家时,一直靠的是父母,这两年我来深圳做工,朋友们都很关心我,帮助我,使我长了不少见识,生活中多了好些乐趣,真不知怎样感谢大家。来,让我们干一杯,以示我们的友谊长在。"于是,十几只酒碗、酒杯碰在一起,大家喝着,笑着,谈论着各自的打算,交流着各自的感受,热闹极了。

有人说,打工仔每天像机器人一样地工作,愁眉苦脸,闷闷不乐。我看此话未免有些偏颇,打工仔们大都是二十几岁的青年人,他们有自己的理想,有生活的乐趣,也有对人生的追求,他们希望有更多的朋友来关心他们,成为他们的知己。

吴立民(1983年来深,现供职于市政府督察室,原深圳市人大代表)

陪朋友卖股票记

1989年3月3日

3月3日中午,老乡小郑兴冲冲地来找我,一定要我陪他去证券公司了解今日的股票行情。去年初,他买了25股共500元人民币的发展银行股票。时至今日,已有一年。他悄悄地告诉我,他是多么想尝一尝做股东分享红利的滋味,有意将自己的股票卖出去。我欣然地应允了。

小郑用摩托车载着我飞快地向园岭驶去,片刻工夫,我俩就到了深圳经济特区证券公司。

此时,正值中午,大厅里没有一个顾客。透过柜台玻璃,只见一位年轻的值班小姐正伏案整理着账目。

"小姐,我想了解一下今天发展银行股票行情。"她迅即抬起头来,微笑着很有礼貌地指着大厅左边、白墙上那块大大的股市行情价牌表说:"今日最高市价是每股72.5元。"小郑听了高兴得几乎跳了起来。瞧他那喜出望外的样子,我从心里为他高兴。

"小姐,我想把股票卖了。"小郑从口袋里掏出五张面值100元的25股发展银行股票递给她。

"好的。"她接过股票,认真地查验后说:"需缴纳1%的手续费。"

"好的。"小郑连声说。

值班小姐熟练地操作起计算器,总计为1794.37元。小郑接过厚厚的一叠钞票,他那喜悦的表情实在无法用言语来形容。

我心里想:购买股票,既支援了国家建设,又为个人增加了收入,何乐而不为呢?

吕顺阳(1983年来深,现供职于《晶报》广告部)

母亲来到曾战斗过的地方

1989 年 8 月 25 日

今天母亲要来深圳看望我们,昨天我向领导请好了假,一大早就赶往广州接她老人家。母亲上个月刚办理了退休手续,所以,有时间来深圳和我们小住一段时间,顺便照顾孙女。

车子一出黄埔就遇上了堵车,东莞一带的路面状况非常差,经过几个小时的颠簸,中午才回到家。午饭后,我要赶回单位开会,考虑到一路上舟车劳累,我劝母亲在家好好休息。公司在东部盐田沿海,母亲想跟我的车去深圳的东部海边转转。于是,我们从罗湖经沙头角前往大梅沙。

一路上的景致,母亲并不陌生。她告诉我,这里曾经是她战斗过的地方。

原来,1949 年 10 月,母亲所在的部队解放广州后,由四野 153 师,改编为武汉警备司令部。不久,部队又开回广州,改编为公安军第九师,部队驻防粤东沿海。接到集结的命令,她和战友们从樟木头急行军,赶往驻地。当时只有 19 岁的母亲,任职于公安九师第 25 团副排级文化教员,职责是专门给这些南征北战的老兵补上文化课。和母亲热恋的是 25 团的副团长,一位身经百战的老红军战士,也就是后来我的父亲。当时部队除了正常的战备防御工作外,主要就是在沿海进行反窜扰工作,部队驻防分得比较散,从梅沙往惠阳、惠东、惠来直到海门沿海,都有哨所和营区。为了让指战员们早日掌握文化知识,不做"没有文化的军人",母亲和其他教员们上海岛、下哨所、到营房授课,当年梅沙沿海一带,就曾经留下了母亲的足迹。

看着如今深圳发生的巨大变化,母亲无限感慨。这块她曾经战斗过的地方,其实早已经在她心中扎下了深深的根。不久,母亲将户口从广州迁来深圳。从此,我们祖孙三代,都生活在这座美丽的城市。

马军(1984 年来深,现居罗湖)

"靡靡"之音

1990年4月8日

在八卦岭电子厂打工的表姐今天突然从包里摸出一盒新磁带，说是他们厂里人都爱听的，杨钰莹毛宁李春波他们的歌。

录音机里，传出来了悠扬的《外来妹》。表姐听得入了迷，一边听还一边跟着哼唱，扬扬眉头说，杨钰莹唱得好吧，人也漂亮，被称为甜歌皇后呢。但我却更喜欢旁边的大男孩，知道他叫毛宁，学校附近的集市上，那些港台明星的巨幅海报里，偶尔也会有他一张，长长的国字脸、宽宽的双眼皮、直挺的鼻子，无疑符合一个偶像明星的条件。

一天，我和18岁的表姐几次为争录音机而拌嘴。她要听广州那帮内地歌手，我则要听香港四大天王的劲歌金曲。街上的大音响们，也在悄悄较量着，一会儿毛宁的《涛声依旧》盖过了郭富城的《对你爱不完》，一会儿黎明的《我来自北京》又盖过了李春波的《小芳》。

这个春天，人们的嘴里多了一个叫"偶像明星"的词，它们才新鲜出炉，冒着诱人心扉的腾腾热气，也正因了这新鲜出炉，几乎引发了全民的狂热追星。表姐和我也各准备了厚厚的歌本，我的基本上是刘德华、张曼玉和郭富城，他们穿着时尚的服装、留着引领潮流的发型。那些广州的流行歌手则像一首清新的小诗，他们没有靓丽炫目的外表，光头李进甚至干脆剃了个溜圆的光头，却都有着跟春天一样清丽的嗓子，他们唱《大哥，你好吗？》《外来妹》《你在他乡还好吗》《流浪之歌》《一封家书》，与其说是音乐，不如说是一种倾诉，倾诉千千万万南下打工的人们心里最初的隐秘。

正在热播的电视连续剧《外来妹》，就是以广州为背景拍摄的，那农田与流水线，也有些像深圳。去广东，在这个春天，像一句口头禅，也像一阵龙卷风，吹刮着每一个贫脊的村庄。只是我的表姐不似片中人那么忧伤，刚刚来到深圳，正当最好年华的她，平日穿深蓝色的工装，周末着明黄的碎花衬衫，彼时的深圳，处处皆春天，表姐也像春天的黄莺鸟儿，唱着《外来妹》，从城市的这条街道飞到另一条街道。

利华（1985年来深，现居南山）

我看的第一场足球赛

1990 年 6 月 3 日

今天凌晨下了很大的雨,我当时正睡在罗湖中学的跑道上,被淋湿后才醒了过来,跑到教学大楼的走廊上继续休息。早上 6 点多,过来上课的罗湖中学教师很客气地把我叫醒。我只好在水龙头上随便洗了一把脸,带上蛇皮袋继续出门捡垃圾。

昨天拣的纸皮和旧报纸卖了 11 块钱。今天上午在国贸商场的垃圾桶里拣了礼品包装盒,卖出了 15 块钱。下午走到和平路的足球场,听到里面的足球比赛似乎很热闹。我想从球场大门走进去看一看,保安以为我要进去捡垃圾,无论如何都不给我进去。我只好绕到后门,把蛇皮袋扔在球场外,翻过铁栏杆爬进了足球场。球场四周的煤渣跑道旁边杂草很高,球场里面的大叶草也高低不平。

这场球赛的对手是深圳市工商局代表队对深圳大学代表队。深圳大学的队员比工商局的年轻,最后赢球的是深圳大学队。这场比赛比我以前在新余老家看到的中学生足球赛好看多了,以后只要有机会,我还要到足球场来看球。

阿简(1990 年来深,现居福田)

荔枝病

1990年6月7日

很小的时候，对荔枝的认识来自杨贵妃。因为她，我才知道了一种叫"妃子笑"的岭南水果。这果子我在南京时也吃过，没觉得有什么好吃的，黑乎乎的，有点酸，当时想，这杨贵妃也没有什么品位，就这等"货色"便能让她展开迷人的笑靥？

1989年12月，因为一个偶然的原因，我来到了那时还非常荒凉却朝气蓬勃的深圳，在这里，感觉一切都是新鲜的，对曾经被我诟病过的荔枝，认识也大不同了。

深圳的五六月份，到处摆满了新鲜诱人的荔枝，一开始我还一直敬而远之，但朋友们经常会送一筐筐的荔枝来，那种用小竹篓装着的。虽然转送了很多出去，但还是有络绎不绝的荔枝被我带回宿舍，这么一来二去，也就不知不觉中把荔枝当饭吃了。

上星期，南山一家单位请我们去品尝荔枝。不过，这次不是给我们预备好现成的荔枝，而是包了两棵荔枝树，让我们自己采摘吃最最新鲜的。我刚来深圳才半年，还没有任何采摘荔枝的经验，站在荔枝树下还真有点束手无策，而那些有经验的同伴已经打开准备好的大袋子，开心地把刚刚从树上摘下的荔枝装了个盆满钵满。

南山的荔枝真好吃！回来的路上，随行的人不忍心看我这个刚来深圳的小姑娘一无所获，便把一大包荔枝塞给我。回到宿舍，我开始大快朵颐。一边吃一边跟同宿舍的人说，广东人就是夸张，说什么一颗荔枝三把火，我几乎每天要消灭好几斤荔枝，也没见我上什么火啊？这几天，我几乎不吃饭，顿顿捧着荔枝吃，觉得自己以前对荔枝的印象实在是可笑，荔枝，多么美味的佳肴啊！

可是，前天早晨，我突然发现自己头晕、心慌、浑身无力，还有点发烧。当时，我被全宿舍的人嘲笑，那个一开始整天嚷嚷着荔枝不好吃的人，现在居然嗜荔枝如命，还得了一般人得不上的"荔枝病"！在宿舍里休养了两天，终于缓过劲儿来了。朋友们都劝我以后要节制，少吃荔枝。但我发现，我已经抵挡不住它的诱惑了，哪怕是再得"荔枝病"。

诗雨（1989年来深，现居蛇口）

巧躲招待所管理员阿姨

1990年6月20日

转眼已来深圳一个多月了，今天，终于接到了一家公司的录用电话。

一个多月来，每天顶着烈日奔走在这放眼望去全是工地的陌生城市，一身汗水一身尘土，唯一值得庆幸的是找工作的成本并不算太高。和我一同毕业的男友几个月前来深圳报到，在一机关上班，他的住宿问题已由单位解决了，单位就在附近的招待所租了几套房，作为新分配来大学生的男女生宿舍，我就将就着和他单位的女生挤一个床位。大家都是同龄人，晚上聚在一起格外热闹，仿佛又回到了大学时的寝室，也驱散了我想家的情绪。

从小学直到大学毕业，我都生活在同一座城市，还从来没有单独离开家这么远，这么长时间呢。原本毕业后也顺利地进入了当地一家单位上班，工作稳稳当当的，要不是男友舍弃了去北京的机会直奔深圳，我也不会到这"三个蚊子一盘菜"的地方来。男友心疼我，买一大堆蚊香、清凉油、风油精给我，可深圳的蚊子似乎特别眷顾我，每到晚上，单单追着我一个人咬。还有"可恶"的招待所管理员阿姨，每到晚上九点多钟就来查房，假装是来警告我们不要闹得四邻不安，更重要的目的是查查宿舍里有没有"闲杂人员"逗留过夜。每每听到走廊里有钥匙混合着脚步声走近，我这个"闲杂人员"就敏捷地走进厕所或躲在门后，等到查完房再出来活动。这个"节目"每晚上演一次，惊险刺激，还需要所有人员的配合，真是好玩极了。

找工作也是一波三折。在经过了多次失败后，终于进入了一家公司的笔试阶段，拿到卷子我就傻了。天啊！第二页居然要求全英文回答，要知道，我大学学了四年的日文，英文几乎还给了中学老师。勉强做完了中文部分，提早交了卷，客客气气地对别人说："我大学外语选修的是日文，英语部分我可能答得不好。"可就这样，我居然被录取了，录取原因是我笔试的中文部分文笔好，思路清晰，钢笔字也写得不错，做文秘正合适。我更高兴的是公司可以提供宿舍，我也不用天天晚上躲招待所管理员阿姨了。

男友听到这个好消息，开心地拍着我的头说："我就说嘛，是金子总会闪光的，还是这家公司水平高，一下子就发现了你的优点和强项。去打个电话告诉妈妈，好让她老人家放心，今晚我做个萝卜丝鲫鱼汤，咱俩庆祝一下吧。"

木瓜（1990年来深，现居福田）

城中村宿舍硕鼠惊魂记

1990年6月22日

今天是我上班的第一天。下午下班后,跟着办公室的陈主任坐上2路公共汽车来到了公司宿舍。

宿舍在深圳著名的"城中村"——湖贝新村,这里原本是一个自然村,深圳成为特区后,当地的农民全部建起了楼房,一二楼自住,其他楼层全部出租,过上了城市农民悠哉游哉的舒适生活。公司的宿舍就是其中的一栋。三楼四楼是男生宿舍,女生宿舍是五楼的一个三房一厅,三间房已经住满了人,只剩下厅里被几块三合板隔开的一个小间,那就是我的房间了,里面只有一张空荡荡的高低床和一个床头柜,再就是一台只会点头不会摇头的风扇了。这里条件是比家里差多了,但比学校宿舍要好啊,至少人均占地6个平方,而且我立马就当上"厅长"了,哈哈!

我趁着宿舍里的其他同事还没回来,将在楼下小店里买来的草席简单铺好,就带着洗漱用品进了洗手间。就在我蹲着接水的时候,感觉面前有两个亮晶晶的东西,抬头定睛一看,我的妈呀!一只大老鼠!一只硕大的老鼠就趴在我前方不到半米的厕所下水道的洞口上,两个小眼睛正目不转睛地盯着我呢!从未如此近距离地与如此硕大的老鼠遭遇过的我,竟然能够清楚看到它身上深褐色的毛发!在人鼠对视了几秒钟后,伴随着一声尖叫,我连滚带爬地从洗手间窜了出来,与我的"抱头鼠窜"的狼狈样子比起来,那只大老鼠只是"嗖"的一下从下水道的洞口消失了,感觉"鼠窜"得比我有风度多了。

过了10分钟,我战战兢兢地推开洗手间的门,确定那只硕鼠已经被我吓走,这才简单洗漱了一下躲回了我的小隔间。估计这只老鼠是顺着下水道从地下一直爬到五楼的,怕它午夜梦回又从下水道爬上来找我,我寻了半截可能是做我这个小隔间时留下的木头塞在了下水道的洞口上,这才忐忑不安地回到小隔间里。

躺在铺着草席的硬板床上,想着今晚的硕鼠惊魂,感觉自己像是三毛来到了撒哈拉沙漠一样,对明天充满着好奇,明天,明天还会发生什么事呢?嗯,明天面包会有的,一切都会有的……

文红(1990年来深,现居福田)

协助创作《你好！太平洋》的日子

1990 年 6 月 29 日

从北京回来，人事部经理老蔡今天给了我一张嘉奖通报，并告诉我还晋升一级工资。

获得这个嘉奖的原因还要追溯到今年 1 月份，当时艺术部的老孟、隋东、我三人被派到"深圳经济特区重大题材筹备办公室"工作，为庆祝特区成立 10 周年，深圳影业公司受命创作一部献礼影片。为此马俞民总经理请来了陈家林导演及三位有名的作家共同创作剧本，从三组剧本中择优取一，拍摄深圳特区重大题材献礼片。我们的主要工作是为编导们提供良好的创作环境并联系相关人员的采访，由于联系落实到位，采访进行得很顺利，作家们搜集了大量的素材，他们开始激情创作。

临近过年时，作家们都表示不回去过年。马总和我们商量把他们的孩子接来深圳过年。来的孩子都是女孩，照顾美少女的任务我是责无旁贷了。除夕那天，我到玩具批发市场批发了有半人高的大毛公仔偷偷带回迎宾馆房间，下午马总来看孩子们时抱着大毛公仔送给孩子们，美少女们开心得合不拢嘴，她们的家长、我们的作家也激动万分。过完年孩子们回去时和我依依不舍，看来美少女们很喜欢我这个大朋友呢。

剧本采用了刘星的《你好！太平洋》，我们三个不怕疲劳，团结协作圆满完成了任务，这份嘉奖通报是公司成立以来马总签发的第一份嘉奖令哩。深影 1983 年筹备并成立到现在，从当初我们五六个人在鹿丹村的一间半小平房办公室到现在统建大楼的办公室，靠的就是不怕辛苦，一专多能，团结协作，成立之初就拍出了既有社会效益又有经济效益的双赢影片《少年犯》。相信《你好！太平洋》作为深圳特区 10 周年献礼片也会获得大奖！因为《你好！太平洋》是团结协作的结晶啊。

陈平（1983 年来深，现供职于深圳电影制片厂）

为分房领了结婚证

1990年10月1日

半个月前的一天,我正在男友宿舍吃着面条,只听他神秘地低声对我说:"我们单位可能要分房了。"我听此话头都没抬一下,"分房?"关我们什么事?以男友的工龄和目前单身的状态,分房对他来说真是件很遥远的事。

男友一脸坏笑地对我说:"其实我们努力一把,创造条件也是可以有资格申请房子的。"我抬头瞪了他老半天,看着他一边笑,一边眯着眼打量我的样子,这才明白过来,原来他所说的创造条件就是要我们俩告别单身,领结婚证。

我刚从大学毕业到深圳没多长时间,结婚一事根本没提到日程上来。可是如果能分到房,从此告别四人一间的员工宿舍,有属于自己的独立空间,是件多诱人的事啊,何况在大学和男友也交往了三年多,彼此相当了解,双方的家长也没意见,似乎也没有拒绝的理由。晚上鼓足勇气给老妈打了个电话,支支吾吾地提起为了分房要领结婚证的事,老妈也觉得分房是件大事,结婚证可以先领,摆喜酒请客的事可以有时间再补办。

我火速向公司请了假,买了张火车票踏上了回老家的路,一路心情大好,火车经过长沙站时,我买了一条鸡腿狂啃,谁知回到家中就上吐下泻,当我脸色苍白第N次吐完从洗手间出来时,发现来家里做客的舅妈看我的眼神都不对了。老妈脸上有点挂不住了,悄悄把我拉进卧室,语重心长地对我说:"你急着回家领结婚证真的就是为了分房吗?有没有其他事情瞒着我们呢,其实你们也都是成年人了,有事好商量的。"天呐,原来老妈以为我已经……我急得指天发誓,顺带着把那条鸡腿诅咒了十八遍,这才把老妈的疑虑给打消了。

现在,大红的结婚证终于拿到手了,我对这个已变成我老公的家伙说:"我攒的路费也花光了,咱们国庆假期怎么玩啊?"

老公似乎早有心理准备,信心满满地对我说:"那咱们就过一个二人世界的假期吧,别人都出去玩了,深圳特别安静,我们晚上可以在深南路的马路中间散步呢!"

晚上我回到宿舍,做了个特别奇怪的梦,在梦里,我和老公两个人坐在深南路中间在看露天电影,天上的月亮格外圆,格外亮……

木瓜(1989年来深,现居福田)

Shen Zhen Diary
一九九一～一九九五.

我们家的租客

1991年4月4日

中午,我背着书包蹦蹦跳跳上到三楼,就听见四楼的家门口传来一阵不大不小的争执声。

见我穿着校服脸蛋红扑扑地蹦上来,堵在门口的女孩转过头用眼光上上下下扫了我一圈。女孩化着浓艳的妆,前额刘海烫得像卷羊毛。妈妈朝我招手,快叫珍姐,她以后要搬我们家来住了。

我于是很快反应过来,珍姐是一位租客,我们家也要有一位租客了。上一个月,住在一楼的同学红家住进了一个模样甜美的女孩,红从自己的大卧室搬到了阳台上,我们在阳台上写作业,红指了指女孩晾在阳台上的牛仔裤,你知道吗?她男朋友是香港人,开大货车的。

阿姨,便宜一点嘛,一千块行不行,水电在内。珍姐也是四川人,普通话里夹着浓重的四川腔。

一千元租一间大卧室算便宜的了,你去对面那幢看看,人家要一千二。妈妈端着饭,边吃边聊,下午,她还要去单位上班。

珍姐又支吾了几句,终究还是搬了进来。晚上,珍姐屋里多了一个男人,妈妈说,那是珍姐男朋友,也是香港人。男人年轻、帅气,白衬衫黑西裤,戴着金边眼镜,好听的港式普通话脆生生的。他脆生生地说,晚上要请我们一家去吃火锅,然后,找个好地方唱刚刚时兴起来的卡拉OK。

饭桌上,一只红红白白的火锅烧得云雾缭绕,珍姐又抱怨起了房租费,说香港租一个单间也不过这个价,这一点,做房地产的男朋友可以做证,深圳的房子让人租不起。

妈妈笑吟吟地,并不急于争辩,她知道珍姐有钱,深圳不愿意进工厂的女孩都忙着找一个香港男朋友,找了香港男朋友的女孩们花钱都大手大脚。

那你去找找看,除了我们这种单位福利房,深圳现在哪儿还有房子租,哪个房子又不贵的,妈妈依然笑吟吟地。

珍姐便不再说什么,一千块,能租一间与房东合住的卧室,能遮风挡雨,有厨房有厕所,不错啦。

游利华(1985年来深,现居南山)

爸爸被抓进收容所了

1991年5月12日

  天已经黑尽了，爸爸却还没回来，妈妈把桌上的饭菜热了两道，终于无奈地叹口气说：先吃吧，你爸爸可能又要加班呢。

  等我吃完，妈妈却还坐着发呆，一副心神不宁的模样，手里的筷子一边无意识地点着饭菜，一边说，你爸爸这个人啊，就是这样，天塌了也不打个电话回家。就在这时，一阵突兀的电话铃声惊破了屋里的宁静。"一定是你爸爸打来的，这个杀千刀的，难为他还记得家里的电话号码。"妈妈慌不择路地冲过去，抓过话筒说。

  那头确实是爸爸，电话却是从银湖收容所打来的，说他因为没带身份证被抓了，马上就要遣送樟木头收容站，让妈妈赶紧准备500块钱去银湖收容所领他。无疑一个晴天劈雳，还要再问些什么，电话那头只传来一阵嗡嗡嗡的嘈杂声。

  银湖收容所？被抓？对于这两个词，我们一家其实并不陌生，前不久，楼下阿姨家刚来深圳打工的女孩还被抓了一次，说是半夜回来被人拦住查暂住证，没证，二话不说带到收容所，后来还是阿姨拿了800元钱捎上暂住证去赎的人。

  "他们抓你爸爸干什么，是不是搞错了，他明明有深圳户口啊。"妈妈不停地搓手，进进出出地穿外套、找钥匙、查电话号簿。忙乱得像一只迷途的蜜蜂，嘴里还拖着嘤嘤嗡嗡的抱怨与疑问。

  夜里就留下我一个人在家里写作业看书，窗外灯火渐渐熄灭，不知到了凌晨几点，一阵激烈的争吵声将我从梦里惊醒。

  "幸好找了老邓帮忙，再晚点到收容所，你就真的被遣送到樟木头了。"是妈妈的声音。"神经病，非要查看我的暂住证，我说我是深户的，他们也不相信，非要我拿户口本看，谁没事把户口本带身上啊。"是爸爸的大嗓门。

  "怪只怪你穿得太破，都给你说多少次了，那件补丁衬衫别穿了，一看你就像流浪汉。"妈妈以更大的嗓门说。

  "哪有这样不讲道理的，大不了把我遣送回老家。"爸爸生气地啐了一口。

  "送你回老家，你就做美梦吧，是送你去做苦力，做够本了再把你放出来，看你还敢不敢出门不带证件。"妈妈也哼了一声。

  我翻了个身，睡眠彻底被这个不宁之夜搅乱，惟有眼睁睁地躺在床上等待黎明。

游利华（1985年来深，现居南山）

笔架山下安家

1991年10月9日

老公终于拿到了单位分的新房钥匙，我们兴高采烈骑着自行车穿过安静的华强北工业区，绕过红会医院门口那有着五个岔道的路口，就看得到这片我们已经考察过无数次的黄木岗北区——我们的新家。虽然位置有点偏，暂时还没有通公交车，但我们有自行车啊！

打开家门，老公站在阳台上，搂着我的肩膀指着远处的笔架山说："知道吗？这要是在香港，这种靠山的房子算是豪宅呢。"我满心欢喜地说："我不管什么豪宅不豪宅，反正以后这里就是我们的家了。"

说归说，可是看着这空荡荡的两房一厅，还是有些犯愁。爸妈能同意我们这么早结婚已经是极大的恩惠了，哪好意思再伸手要钱？就靠我们俩工作一年攒的钱加在一起要置办出一整个家的东西，还是需要点智慧的，总的来说就是一个"省"字——餐桌就不用买了，先买个茶几凑合一下也行；买不起床架，就在卧室里铺了一层10元一米的地板胶，直接把床垫往地上一放，靠床头的地方放上几个我自己手缝的靠垫，感觉浪漫极了！公司楼下卖出口转内销的大大的草编垫子和草编的袋子，十元一个，我买了好几个不同形状的回来放在客厅的地上，所有朋友来了都可以学古人席地而坐！草编的袋子呢就挂在墙上当装饰。经过我们这么一番折腾，一个有模有样的家就呈现出来了，颇具我的偶像三毛所描绘的在撒哈拉沙漠里的家的那种风采呢！

一切收拾妥当，趁着周末我们俩还兴致勃勃地去小区北面的笔架山逛了一圈。

第二天上班，我问一个在本地长大的同事："我看到笔架山坡上摆着一排排带盖的大坛子，那是装什么的？怎么你们广东人把坛子都放到山上？"同事笑着问我："那你有没有打开盖子看看呢？"我摇摇头说没有，这位同事告诉我："那一定是准备修公园了要迁走以前的坟地，坛子是用来装人骨头的。"我一听吓得头发都竖起来了！

木瓜（1990年来深，现居福田）

趴在木板上写第一篇日记

1992年3月16日

元宵节还没过，我便跟着哥哥嫂子来了深圳。不知不觉，到今天恰好一个月，而且今天还是女儿3岁生日。吃过晚饭，哥哥给了我800块钱，说是这一个月的工资，我觉得这比在家强多了。

昨天收到家里的信，我走后家里一切都好，女儿也没以前闹得厉害了。开春后，农事也渐渐忙起来了，上周是惊蛰，按老家的农谚说是"懵懵懂懂，惊蛰好浸种"。家里也浸种了，暖一些就要播种撒灰。两亩多的地，难为老婆了，一个人干那么多活，还要照顾孩子。

大哥的饭店生意很好，这里靠近车站，来吃饭的司机很多，经常忙不过来。我帮着哥嫂打下手，买菜、洗菜、烧茶水，送饭到车站给司机，什么都干。每天早上4点多就要起来跟着哥哥骑车去农贸市场买菜，现在天气还很冷，不时还会下雨，买菜是一件很苦很累人的事。晚上得干到10点多才关门，除了下午可以趴在桌上合一下眼，每天只能睡6个小时，一个月下来我已经瘦了不少。不过吃得很好，每餐都有叉烧、烧鹅等不同的肉，这些在家里我从来都没吃过。大哥让我好好跟他干一年，把钱存起来，明年他要再开一家店，到时让我合伙一起干。等到那一天，我就把老婆孩子都接出来，一家人能够在一起，就是最幸福的事！

老家没来过深圳的人都觉得这里是个好地方，来后才知道有些地方其实很苦很荒凉，到处都是黄泥地，很多厂子冬天洗澡连热水都没有，吃的住的都比不上家里，跑回去的也很多。我住在饭店里大哥搭的隔层上，半夜要爬梯子下去才能上厕所，1米多高的隔层一不小心就会撞到头，还不通风，的确是比不上家里住得舒服。不过这里是特区，又靠着香港，我觉得前景还是很好的，现在店周围各工地都在热火朝天地建设着。听司机们说，小平同志年前到深圳考察了，说这里大有希望。大哥也说，小平同志是很有眼光很有魄力的人，现在我们能吃饱能吃上肉，都是小平的本事。

这是我到深圳写的第一篇日记，是趴在隔层的木板上写的，祝女儿生日快乐，健康聪明！

邵俊（1992年来深，现居南山莲城社区）

炒股的爸爸

1992年10月25日

睡懒觉是最幸福的事情。快中午了,我才从床上爬起来。家里怎么一个人也没有?正当我准备出去买点早餐,爸爸回来了。他一回来,就推开房门趴在床上,我从来没见他累成这样。他说:"你给我做点儿吃的,什么都行。"

我不会做饭,从来没进过厨房,如何给他"做点儿吃的"?我想问爸爸,做米饭该放多少水,他却已沉沉地睡去。

最近,大街上都是排队的人,好像无论走到哪个街口,都能见到长长的队伍。白天时,人墙挤得密不透风,人一个抱着一个,这样是怕有人插队。到了晚上,人们带了凉席,就那样睡到大街上。问爸爸才知道,那都是买股票的人,爸爸也是排队者中的一员。

股票究竟是什么?为何人人都如此为之疯狂?据说全国各地很多人的身份证都往深圳寄,就是为了买股票。爸爸昨天就已经去排队,通宵没有回家。还有远房的表哥,也是这样。后来表哥回来了,他排了足足24小时的队,最后却不得不放弃。他对我说:"实在撑不住了,哪怕只要有一口水,我都能再接着排。"

我给爸爸做了米饭,炒了一个盐水菜心,好像没熟,爸爸只吃了半碗饭,就又去排队了。看着忙碌的爸妈,心里有种酸楚,我很想帮帮他们,却又无能为力。

丽亚(1983年4岁时来深,现居新加坡)

学校后山上的人骨头

1993年4月5日

初二刚开学,我不顾老师的强烈挽留,私自转了学。新学校像一座没完全装修好的房子,上课时,打桩机"咚咚咚"地给我们的读书声伴奏,课间休息时分,挖土机卷起爪子和我们玩捉迷藏。至于体育课,简直就是一种奢侈,巧妇难为无米之炊,聪明的体育老师,把我们拉到了学校后面的山上。

后山,也是一座坟山,附近几个本地村落的祖先们,都选中了这块风水宝地,用来祭拜祖墓的通道,成了我们的健身跑道。

今天,几十个半大孩子照例来到坟山上拉练。坟山上多了一股淡淡的香火气,是人们来祭拜祖先插上的香烛,水泥筑就的半圆形墓地上,也多了几个颜色很新的骨罐。据班里本地同学说,深圳本地人的丧葬风俗,与别处不同,先人逝去,要先让风水师选一块地入土埋三年,然后,择一个吉日,掘墓捡骨,最后的归宿,是那些裸露在外的墓地上的褐黑骨罐。

深圳每一座山上似乎都住着先人,灰白的水泥墓地,莲花花瓣一样散落在树林中,山脚下的我家屋里,每到雨季就浮上一股淡淡的骨磷味。

四月的阳光好得让人骨头发酥。我们仿照朝圣人们的姿势,低头认真地一级一级台阶往上蹦跳。石板上的树影被风一吹婆娑起舞,一年前的先人们,也一定被四月的好阳光晒得骨头发酥,继而长长地舒一个懒腰,以为日子可以这样天长地久,然而很快,城市的挖土机挖到了它的脚下,很快,我们也来了,调皮的男孩们,还比赛起了用石头砸骨罐。

体育课上到一半时,有人突然消失进了树林,趁人不防备,掏出一根白森森的手骨虚晃着比划,那被吓到的同学"哇"的一声哭了,旁观的人却并不劝阻,只眼红着他的勇敢,叽叽喳喳地问在哪儿捡的手骨,嚷嚷着要跟先人比比谁的手骨长。

爬得大汗淋漓的我们站在山腰上用于祭拜的空地上,看见挖土机仿若一头怒火中的公牛,轰隆隆地开过来。哐当,它弯起巨型的手掌,狠狠地挖去一大片黄土,野草灌木像黄土的头皮被撕拉得四处散落,山体似乎也感觉到了疼痛,微微缩了缩身子,又一大片黄土被生生挖下后,风中响起细碎的"咯噔"声,不用回头,我们也知道那是身后半圆形的家族墓上的骨罐在晃动。

低分贝(1985年来深,现居南山)

不寻常的 BP 机声

1994年1月20日

　　昨天陈主管笑着对我说,他车间有个员工刚买了个 BP 机,为了让人们知道他有 BP 机,他早上来上班时,特意将上衣束起来,然后将 BP 机别在腰间的皮带上,在上班的人流中显得特别令人注目。说实在的,现在是冬天,哪有员工将外套束起来的呢。

　　后来,这个员工在流水线上作业时,他的 BP 机每隔十几分钟就响一次,而每响一次,周围的员工都用复杂的眼神看着他,他于是显得自豪起来,有时还偷偷在笑。拉长实在看不下去了,要他将 BP 机关掉,以免影响工作,但他不理会拉长的意见依然不关。下班时,他被拉长处罚打扫车间卫生,可他不觉得吃亏,还认为值得呢。事后,陈主管问他上班期间这么多人"CALL"你有什么事吗?他红着脸道出了原委:其实并没有人"CALL"他,是他每关机后重开一次机时 BP 机就响一次,人们听到他 BP 机响,就以为有人在"CALL"他。他之所以这样做,是想引起同事、特别是对面初恋女友的注意,因为女友说他朋友少是社交能力差所致,因此他要利用 BP 机的响声给女友传递信息:他现在已经是广交朋友了。

　　今天,我在厂保安室通过陈主管认识了这位员工,我透过玻璃窗望去,他正在厂外的绿化带旁边站着和同事说话,他腰间依然别着 BP 机,时而拿起 BP 机若有所思地看看,时而和周围同事打招呼,站在他身后的女孩是他女友吧,只见她脸上挂满了灿烂的笑容,或者,男朋友有了 BP 机,增强了她对男朋友社交能力的信心。

翁红春(1993年来深,现居宝安区宝城)

第一次享受高级酒店和包房

1994年4月2日

晚上方爷同学请客去深南路边上的南方国际大酒店吃饭，还有电视台的一位姓郭的大牌记者，很能吹，也拿着像方爷那样一个长方块的"手提"（电话），方爷这个局长秘书好像还怕他似的。吃得很好，很热闹，但我闹了一个笑话。

那地方太气派啦！以前在老家天津没进过这么豪华的酒店，只是和同学出去散步的时候有一次路过马场道，看见人家接待领导，吃得耳朵红红的，里面灯光很灿烂，根本没敢进去细看。今天真正第一次享受了高级酒店是啥样啦。吃的东西几乎叫不上名字，多数是海里的——这里叫"海鲜"。生鱼片我很喜欢吃，但芥末太辣啦，恐怖！

吃完饭到一个房间（叫包房）去唱歌。本以为这下我可以显露一下啦，没想到方爷学会了那么多新歌，我的《篱笆墙的影子》再怎么吼也不如他的好听。中间突然叫来好几个女的，都很高，交叉坐在我们中间，和我们一起唱。她们唱得也很好。好像走的时候方爷的一个朋友给了他们每人二百块钱，不知是咋回事，应该不是朋友吧。

可笑的是：刚进包房的时候，方爷说要一盘"蹄子"，我心想刚吃过就又要蹄子，不过我很爱吃猪蹄，所以没说什么。唱歌过程中，不断拿来很多吃的，水果，还有喝的啤酒。我一直没怎么吃，等着"蹄子"，但一直没来。最后要走了，我忍不住跟方爷说"还有'蹄子'没上"，方爷说"你不是吃了那么多了吗，怎么没上呢？"原来"蹄子"就是一种葡萄！唉,怎么会叫"蹄子"呢？哪国话啊？

也不知道今晚是谁请的客呢，要很多钱吧。又想起了小聂昨天对我说的那句话："会花钱才能挣钱。"深圳人的钱好像真的很多。

肖碧（1993年来深，现居福田）

我要去香港度蜜月

1994年6月13日

那个唱歌的女孩儿身上有股流浪的气质，抱着吉他讲她和那个香港男人的爱情故事，看上去很浪漫。我喜欢她那被风吹散的头发，爱听她唱《我的1997》，"1997快些到吧，我就可以去香港；1997快些到吧，让我站在红磡体育馆；1997快些到吧，和他去看午夜场；1997快些到吧，我就可以去香港。"但现在看来，不用等到1997，我就可以去香港了。我跟我的那个他说：我要去香港度蜜月！

我已经准备好了，铁了心要去香港，香港离我们那么近，在南海酒店楼上的咖啡厅喝咖啡的时候，我觉得自己都闻到了对岸茶餐厅传来的港式咖啡的味道，跟和平路那家罗记香港茶餐厅的味道一模一样。但香港又那么远，我折腾了3个月才办好因公赴港护照。公安局办证科的工作人员一直表示我去香港的理由不充分。幸好，我的他有个朋友在香港设有一家分公司，请他们出了一份邀请函，我才算有了去香港的正当理由。但这只是麻烦的开始，后来我们单位又不同意我去香港，不给我开证明。好说歹说，最后让我交了一大堆证明和材料，还被派去有关部门听了一堂国家安全课，才发给我去香港的"红本本"。你说，我能放弃这来之不易的机会吗？

我们计划住在朋友的香港分公司，用5天时间徒步丈量完香港的每寸土地。朋友所谓的分公司，也就是一套两房一厅、总面积为43平方米的房子，每间房都"开门见床"。我的他一直感慨：香港那地方，人多、路窄、东西贵，一瓶水都要十几块，度蜜月一点也不浪漫，你真是着了魔！

那我也要去，香港离我那么近，香港是那么神秘，说不定在某个街角，还能碰见张曼玉！

黑妮（1992年来深，现居罗湖）

音像店里叹激光大碟

1994年6月16日

今天继续休假,上午约老乡在荔枝公园里转了一圈后,就沿着深南路往西溜达,目标就是统建楼对面爱华大厦旁的一家音像店——先科音像。

上周末,到一个老乡家唱卡拉OK,她老公是一家上市公司的财务总监,据说给家里买了一套高级音响。一到她家,我可大开了一回眼界。她家电视柜上摆着一套大大的、黑黑的、音箱有半人多高的日本原装组合音响,电视柜的抽屉又大又高,一打开,哇噻,里面不是卡式流行歌曲磁带,而是一个挨一个的大纸壳套封,比我家以前那两张侯宝林相声《夜行记》的老黑胶唱片的套封还大。只见老乡得意地从中拎起一个大套封,上面写着《邓丽君20年金曲》,套封背面写了20多首歌名。老乡熟练地从中抽出一张亮闪闪、明晃晃的大碟片,几乎和我宿舍里的脸盆底一样大,能清楚地照出我整张脸,简直像一面大镜子。

老乡将碟片放入一个像录像机一样的机器,耳边立刻响起了《小城故事》的优美旋律,那声音太优美了,画面比电视节目清楚多了,好牛啊。老乡得意地说,她老公的爱好就是收集这种金曲激光大碟,现在已经收集了七八百张,她热情约我改天去音像店看看。

今天,我们陪老乡去买大碟,宝丽金金曲卡拉OK又出了新激光大碟。走进先科音像店,兴奋地冲到大碟柜台,我挑了一张自己喜欢的《故乡的云——费翔金曲》,一看价格,哇,850元,我一个月工资的三分之一多,买不起!还是先买几盒卡带吧,好好工作,等我有钱了,也整他几大抽屉激光大碟,卡拉OK个痛快!

李梅(1992年来深,现居福田)

"边度"是到哪的车

1994年6月25日

今天，我提着一只小箱子奔向深圳，投靠两个月前刚与之领证的老公。临行前，爸爸还忧心忡忡地和我商量，能不能再给他一个月时间，好好研究一下国家针对深圳的改革开放政策，以免涉世不深的我在这座陌生的城市里迷失。我那时去意已决，坚决地拒绝了他的挽留。初来乍到，新鲜感取代了不适感。在这个热乎乎、潮漉漉的城市里，衣食住行的第一次都令我印象深刻。

先说说衣。刚到深圳，我就发现这儿的女孩子穿的裙子款式与内地不同，连衣裙的裁剪一落到底，已没有了横腰线设计，这让她们都显得很修长、腰肢细软。1994年的深圳还没有几个商场，数得出来的就是东方新世界、天虹、大江南、免税店等。当时大剧院的地下是个卖衣服的场所，可以讲价。我跑到那儿出手，但也吃了没常识的亏。买裙子时我被样式繁多的凉鞋吸引，当即买了一双布面的。6月到8月是深圳的雨季，不明情况的我穿着新鞋出门，一天之中几次趟水，这双鞋两个星期就进了垃圾筒。

印象最深的吃绝对是早茶。我与早茶的第一次不亲密接触是在迪富宾馆一楼的扬州酒家。那时我还完全不了解粤菜的精髓，只喝了一口皮蛋瘦肉粥就把碗推给了老公，不屑地说，粥怎么能做成咸的！这个蛮夷之地！随后端上的蒸猪大肠更是拒绝动筷子，并喝斥老公为什么口不择食，连下水都吃！

因为住的是老公单位分的宿舍，里面只有几件简单的家具，我们需要一点基本建设。在深圳还摸不到北的我们就近在一家杂货店解决了所有日常所需。25元的床垫两张、10元的枕头两个、小凉席两张、水桶一个、拖把一个。整体花费没有突破200元。

最后说说行。那时的深圳小巴横行，司机把车开得东倒西歪，想停哪停哪。卖票的坐在副驾驶位，从窗口探出半个身子拉客，对每一个等车的人大喊："边度？边度？（粤语，"去哪里"的意思）"我们的一位不懂粤语的朋友有天想去布吉，早上出门，两小时后见他悻悻而回，问原因，他说："今天都是去'边度'的车，没有去布吉的。"

小匡（1994年来深，现居南山）

绿色"飞鸽"单车惊魂记

1994年10月5日

今天上午跟随会计师事务所的崔老师，骑自行车（对了，这边都管它叫"单车"）从爱华大厦到金田大厦进行一次验资报告的审计工作。骑到荔枝公园附近时，我那不争气的单车爆胎了，我只好把它推回事务所，由于时间比较紧迫，崔老师一个人骑单车先去金田大厦了。

把单车放到事务所后，我就连走带跑赶到金田大厦和崔老师会合。上午十点多时，崔老师在审计一个项目时说："哎呀，昨天的附件报告忘带了！小田，你赶紧回事务所帮我把我那大蓝夹子夹的所有报告都拿来。"我有点无奈地回答："崔老师，我的单车爆胎了。""没关系，你赶紧骑我的单车去。""崔老师，您的单车我不认识啊。""绿色飞鸽的，有两个大梁，车把也是绿色的。"

我匆忙下楼来到停单车的地方，好多单车啊，好在绿色的不多，应该不难找。那不就在那里吗，绿大梁绿车把，一看，是飞鸽的。我赶紧拿着崔老师给我的车钥匙，一下子就捅进锁眼了，但好奇怪啊，怎么锁开不开呢，再拔出钥匙再捅……过了好几分钟，脑袋上都冒汗了，还是没打开那锁。就在此时，感觉后面一股风袭来，还有个愤怒的声音："你个偷车贼！"还没等我回过神，一记重拳已经打到我脖子上，于是回头一边抵挡打我的男人一边大喊"谁偷你车了"。保安员赶过来，把我俩拉开，问是怎么回事……当崔老师最后赶下楼给我当证人时，那男的才连声说对不起打错了。

原来，崔老师的绿飞鸽停在另外一角，而打我的老兄骑的也是绿大梁绿手把的飞鸽，太巧了，但崔老师的一句话令我印象深刻，在深圳骑单车，也许一回头工夫它就被偷走了。

田彦华（1993年来深，现居南山）

借钱

1995年4月3日

  昨晚冲凉换洗衣服的时候掏口袋，发现只剩下20多块钱。刚在这个公司上班不久，出粮要一直等到这个月的20号。看来只有向别人借钱吃饭了。向谁借呢？陈晴，一个女同学，好像开不了口。还有个校友，学校里不熟，现在借钱，估计也借不到。忽然想到一个老乡，是我内地同事的小舅子，见过一次面，临别时说有什么困难可以找他，他来深圳三年了，在家具协会做秘书长，应该有钱吧。就是他了！虽然不熟，但有他之前一句话垫着底，借到更好，借不到最多此后少来往而已，都不伤面子。

  今天中午BB机呼了他，他回电话过来。问我是谁，什么事？我如此这般回了话。他说正在广州和客户吃饭，让我晚上下班后到南园路住的地方找他老婆拿，过一会他会跟她说一声，挂电话前他问我借多少？那一瞬间，我心里想的200脱口而出时说成了500。

  下班后，好不容易找到他们租住的那个地方，二楼，按门铃。开门的小姐开口就问"你是那个借钱的吧？"我回答："是，刘哥是不是给你说了？"她说是说了，但手边没有那么多钱，只能借200。呵呵！我早知道结果会是这样，才故意把200说成500的，为我成就一个小阴谋击掌！正在陶醉中，没想到她先给我的是一张纸，说写个借条吧！深圳就是不一样，在内地工作时向同事借钱都是口说为凭的，哪有这么麻烦！把写好的借条给她，她足足看了三分钟，说你还是在这里加一句"大写贰百元整"吧！我加写的时候她又来一句：再加上人民币几个字。

  唉，向人借钱还真没有那么轻松的！但还是很开心，眼前的困难算是解决了。

花间（1995年来深，现居龙岗布吉街道）

电脑闪啊闪

1995年4月29日

下午去了华强南的爱华电脑城。一步入这个深圳最大的电脑城,我心里禁不住多了点敬畏。一个个连接成排的私人小摊位,售卖着各种新式电脑、鼠标、磁盘,和一些相关配件,甚至还有电脑音响。

听说我要买电脑,朋友们早就炸开了锅。楼上的哥哥说,你要买电脑,配置不用太好,反正你是学习用,一般就行了。杨阿姨说,你买了电脑我来练打字,单位的286电脑太破了。好友小棋也悄悄托她妹妹带话来,以后放假她有空就来家里玩大富翁,她做阿土仔,开着跑车炒股炒房。

胖胖的摊主问明我的用意,略一沉思,报上了一个价格:目前最佳586配置,总价8000。爸爸说,能不能再降一点,太贵了,要不是她们专业课非用电脑不可,我就不买了,太贵了。胖摊主无奈地撇撇嘴说,大哥,现在就是这个行情,我这儿还算便宜的啦。

部件到位后,胖摊主就开始组装了。先是装上CPU、内存条、硬盘,然后,是安装软件,DOS操作系统,王码五笔输入。至于游戏,不止有大富翁,还有扑克牌。一边无聊的我看得有些累了,便站起来四处张望。电脑城里人不算太多,可也绝对不冷清。一些没什么生意的摊主自得其乐地打着游戏,或是低头看一些编程、维护方面的电脑书。其中一个脸上长着青春痘的小伙子,正捧着一本《计算机狂人比尔·盖茨》看得津津有味。

这个叫比尔·盖茨的美国人,可是我们学校目前的大红人,不单学生们把他做为人生偶像,老师们也比尔前比尔后地宣扬他的光荣事迹,说他如何天才,如何勤奋,编出了好用实用神奇的计算机程序,还因此成了世界首富。班里那个电脑学得最好的男生,早在一个学期前就已经在比尔的影响下买了电脑,无师自通地学会了编DOS语言。

这可比我强多了,我不过初三暑假才进培训班学会了打五笔,一分钟还敲不到50个汉字呢。电脑闪啊闪。一直趴身忙活的胖摊主终于一头大汗地站起来,笑眯眯地说,小妹妹,装好了,试试吧。一台散发着高科技特有气息的586组装电脑,展现在了我的面前。我强抑内心的激动,装做不在意地抬起手指,敲响了键盘。

小游(1985年来深,现居南山)

应聘厂长助理记

1995年4月30日

　　昨晚一同来深圳的露玉对我说:"你要做好应聘的准备。""应聘?"这对我来说,是个挺新鲜的词语。露玉刚师专毕业,她已经做好了来广东这边工作的一切准备,所以她什么情况都知道。

　　一大早文胜弟弟带着我到职介中心,一位工作人员看我俩说着家乡话马上说:"老乡哦,想找什么工作啊?"他一听我说"教师",便摇头直说:"老师的工作肯定找不到,你只能找文员之类的,但现在基本上在招普工。"正当我失望之际,他又说:"有找厂长助理的,不过很多人去应聘都没有成功。"在文胜的鼓励下,我决定应聘这一职位。

　　下午,我来到要应聘的厂长办公室,厂长向我要简历。我说没有,他便让我到会议室写。其实简历我早就写好了,只不过是应聘教师。我想了想,助理的主要职责包括沟通上下级,所以一定要写组织、沟通和协调能力。

　　厂长看完简历后,对我做过老师的经历很满意。他问我原来做过助理没有? 我照实回答:"没有。"

以下是应聘时的问答:

问:你觉得厂长助理应该做些什么工作?

答:沟通厂长与车间的工作。

问:为什么要设置助理这个工作?

答:因为厂长工作过于繁忙,不可能每件事都亲自做,所以助理正好帮助厂长。

问:厂长最应该抓的工作是什么?

答:应该抓劳动效率。

问:提高劳动效率有哪些方法?

答:主要有两种方法:1.延长劳动时间。2.增加劳动强度。

问:怎么才能增加劳动强度?

答:就是单位时间里,工作量增加。例如原来一小时做一把伞,现在就要在40分钟做完。(进厂时我问了保安,知道这家工厂是生产休闲用品沙滩伞和沙滩椅的)

问:三天之内可以来上班吗?

答:可以。(喜形于色)

阿南(1995年来深,现居福田)

在医院打吊针

1995 年 7 月 23 日

今天早上,我躺在宿舍床上,整个人难受得要死。本来我死活不肯来医院,主要是舍不得钱,但经不住正文连哄带吓,还是被他哥俩弄到医院来了,医生看了下,开了些药,结账时竟然花了 100 多。等把药水吊上,没过半小时,说实话,人马上就舒服了。这样一想,也就暂时顾不上钱的事了,甚至感到万幸。

从 1992 年跟村里的正文一起出来打工,3 年不到就换了两个城市六七家厂,钱没赚到多少,但近几年身体很好,除了偶尔有过几次发热感冒,没生过什么病。

上个星期天,跟正文、正武两兄弟去观澜七儿打工的工厂去玩,晚上在大排档喝酒时,七儿不怎么举杯,正文怎么劝他都不端酒杯,见我们几个真生气了,他才挠了挠头,说"现在我是真不能喝"。要知道七儿以前在村里是出了名的能喝,今天他这是怎么了?"这半年来身体越来越不好,现在还在吃桂枝寄来的中药呢。"桂枝是他去年十月新娶进门的媳妇。

听他这么一说,我们马上就不劝他酒了,而是让他多吃点。临走的时候,我和正文、正武三人凑了 100 块钱,说是给他家小子买点吃的,刚开始他坚决不肯收,最后,还是让我们把钱硬塞到他的裤兜里。

其实,他比我们要晚来半年,刚来时还和正武在一个厂,但后来换到了一家台资厂搞搬运,装卸的活儿多,而且几乎天天加班。就在我、正文、正武轮流跳槽的过程中,他却忙得连出厂门的时间都没有……然后,就是听我媳妇没完没了的唠叨,说"今天七哥又给桂枝她爹寄了两千"、"七哥翻新房子了"等,后来还听说,那半年他挣到的钱足够我们干两年,再后来就是有消息说,他的病也是那半年得的,是伤了元气了……

靠在医院走廊的长椅上,望着药水一滴滴流入我的体内,我又想起了七儿,"七儿,愿你能慢慢好起来。"

靳卫星(1994 年来深,现居宝安)

家里分到福利房

1995 年 8 月 12 日

这个暑假,父母破天荒没有回我老家,因为,一家人期盼了两年多的分房就在这个夏天。

来深圳前,我们早已住上了宽敞的两居室,但是,爸爸义无反顾南下深圳后,我们一家三口重新拥挤在 18 平米的过渡房里,连一只碗一双筷子都要重新置办。

这几个月,爸爸在和一起闯深圳的叔叔们的聊天中,除了工作,又多了一个话题——蛇口工业区福利房的分配。听说福利房制度即将终结,将来再买房就要多掏不少钱,大家都希望能够搭上这班车。

我也憧憬尽快住上大房子,我快上中学了,多想有一间自己的房间,装一个带锁的抽屉,每天写完日记都可以锁起来。

终于等到分房了,分房资格根据报名家庭夫妻双方的学历、职称、工龄和进入工业区的区龄等条件进行打分排名。爸爸是 1992 年来深圳的,妈妈是 1993 年,在"区龄"上存在较大劣势。昨天下午,在招商大厦张贴了打分排名表,父母前去查看,结合房源情况,觉得机会不大,一家人渡过了忐忑的一晚。

今天一早,妈妈就准备好了身份证和存折,但是爸爸一边看着报纸一边说:"我们的排名那么后,去早了也没用。"下午 4 点,父母抱着一线希望前去招商大厦选房,轮到我们家时,几百套房源只剩下最后的三四套了,虽然都是一楼、七楼,父母还是毫不犹豫地选了一套。

回家时,父母脸上喜气洋洋,妈妈说,关键时刻还是她的副高职称起了作用,加了 20 分,而同一批来工业区的叔叔阿姨中,只有包括我家在内的两家分到了这批福利房。

黄敏(1993 年来深,现居蛇口)

57 岁的求职者
1995 年 8 月 15 日

今年我 57 岁，再过 3 年，就可以退休安度晚年了。但前不久，我毅然向所在国企呈递了停薪留职报告，抱着一个老侦察兵探险开路的心态，上了南下深圳的列车。

当我踏上深圳这座年轻而陌生城市的土地，举目四望，遍地翠绿，鲜花常开。我期待着能在这座新奇的城市找到一份满意的工作。

怀着"身怀技术，可游天下"的强劲信念，我以松岗为起点，开始求职之路，继而公明、坪山，一路上遭遇多家黑心中介。年近六旬，求职不易。记不清有多少老板用异样的眼神，打量我脸上的皱纹，然后摇头、摆手。但我不气馁，我相信会有"山重水复疑无路，柳暗花明又一村"的一天。

今天清早，我来到刚建不久的"新达汽车修配厂"门前。门前护栏上挂着"招聘师傅"的牌子。老板开门见山："师傅，你会做什么？"我说，"所有差事我都能胜任"。老板说："师傅，你在我厂工作三天，如果适应不了，就请自行离开。"

年近花甲的我，成了一名试用的打工仔。

老板频频给我变换工作，从启动曲轴磨到车床加工零件；从焊接排气管到镗磨缸体。我的每一道操作程序，老板尽收眼底。快下班时，老板颇为客气地领我来到一块宣传牌前，问我能否写大字。我不假思索地说："没问题。"凭早年在厂区、街巷练就的得心应手的技艺，"刷刷"几下，"季审年度"四个醒目大字就写好了。老板惊愕地说："好！写出了气派和威风。"

我欣然接受了老板安排的绘制厂区建设平面和立体双项图纸的任务，正式就任工厂加工部长。

王光华（1995 年来深，现居罗湖）

我们成了深圳人

1995 年 9 月 15 日

今天对我家来说是个值得纪念的日子：我和老公一起从北京来到深圳，成了一对特区人。

来深圳之前，我们对特区有着无限憧憬，同时也不无忐忑之心。在为儿子转粮食关系时，粮店的工作人员一脸震惊：去那个地方干吗？乱得很！老母亲闻讯也立即电话指示：赶快跟上级反映，咱不去了！可是，军令如山倒，哪容回旋！

无论如何，在下火车之前还是将项链等贵重物品摘下放好——对传说中这里的乱还是心有余悸。出站后，看到了来接站的吴司机——也是从北京来的。一路上，小吴热情地向我们介绍深南大道两边的美景，我们开始惊诧深圳的美！

在绚烂的夜色中很快就到了驻地。进门后，只听有人冲楼上大喊：下来接人！迅即，下来几个小伙子将行李送到家中。看到自己的新家，我感动得直掉眼泪——人未到家已安好。现在我们只需洗个澡就可以睡在自己的床上了。因为北京工作上的事情，我们的集装箱托运一个月后才到，没想到深圳的领导亲自带人，将那一集装箱的家具从广州拉到深圳并安置在我们的新家中。

这一晚我们收获了太多感动、太多温馨，一路的忐忑之后，我们看到了深圳的美丽，更感到了深圳人的热情！家已安，我们没有理由不全心投入到两天后的"XX 会战"之中。

刘青霞（1995 年来深，现任职于深圳海关）

敲诈如厕人太缺德

1995年10月2日

今天，友人在西丽酒家附近公厕如厕，公厕有4个位，入厕的却有五六人。当其他三个位早已换过人后，一位港客模样老者忍不住用广东话问自己等待多时的那个位上的青年人："喂，完了没有？"年青人显出一副置若罔闻的样子，急得老者直拍屁股，这时青年人才用普通话回答："给20元我马上起身。"当老者拿给10元后他果然起身了。在场者无不谴责该青年的缺德行为。

应该说，爱财之心人皆有之。但要取之有道，不能不择手段，不顾良心、不要灵魂。据说美国有一刊物宣传谁愿将灵魂出卖给魔鬼可得20美元，在场的竟有77%的男性在契约上签了字各领得20美元。大概人人都有为"方便"而着急的体验，在人家大拍屁股之时他却张口要价20元，这种人与出卖灵魂给魔鬼者有何区别？出卖灵魂给魔鬼者尚未乘人之危，而"占厕"者乘人之急索钱更显灵魂之肮脏。人的灵魂应当是纯洁高尚的。原苏联英雄奥斯特洛夫斯基说过："人的美不在外貌、衣服和发式，而在他的本身，在于他的心灵。"

记得不久前看报纸报道，文锦中学初三一学生因连遭不幸经济拮据，全年级340名师生"献爱心"，两天捐款数千元，这种行动多么感人；孔繁森、陈观玉等为人民为他人献爱心，他们的情操多高尚；还有世乒赛中"振兴国球，光耀中华"，勇摘桂冠的男女乒乓球队……在精神文明建设中，我们提倡心灵美，这既是弘扬中华民族优良传统的需要，也是建设强大社会主义国家的需要。人人都应培养心灵美并通过言行体现出来。

陈昌仁（1990年代初来深，现居南山）

遭遇黑小巴

1995年10月4日

今天，我和一个老乡在南头关附近等车，去虎门进服装。我们走过天桥，只见南头中学前的路旁停着一排小巴，一名女售票员问我们去哪，我们说去虎门，她就说车马上要开了，把我们俩拉上车。

一上车，我们才发现车上的人连一半都没有，等了十分钟左右，司机还是没有打算要出发。我们有点着急了，就问那女售票员几时能开车，她不理不睬地说"快了"。就在这时，坐在后排的小伙子等不及了，走到女售票员身旁要她退车票钱。这时惊险的一幕发生了，女售票员突然变得好凶，大力拽住车门不让那小伙子下车，还冲小巴司机高喊："你看怎么办？"那司机更凶，看都不看那小伙子一眼，就恶狠狠地把一个大铁棍子从驾驶位下掏出来，扔给女售票员，喊道："谁敢下车就用这个打他。"这番话显然把小伙子吓倒了，再没喊要下车，垂头丧气地坐回后排的位子。我们心里暗说"真倒霉"。

然而，更倒霉的事情发生在我们从虎门回深圳时。我们坐的中巴在我们下车验证过完南头关后，便不知道跑到哪里去了，我们还在那傻找。老乡无奈地对我说："我们肯定是被甩了，前几天报纸上登过南头关小巴甩客的新闻。"

我们进了满满两大编织袋服装，看来现在只能靠手拉车走回去了。到家时，我们都累得精疲力尽。无奈的一天，真倒霉。

薛华华（1994年来深，现居南山）

Shen Zhen Diary

一九九六～二〇〇〇

把准备还给妹妹的钱借人了

1996年1月18日

　　昨晚，阿灿又没有回宿舍睡觉。问了几个舍友，都说不知道他去了哪里。早上起床去水房打水时，正好碰到室长，便随口问了一句，得到的回答是："他下午下班后跟我说还有东西放在他老乡那儿，打算都拿回来，他说他老乡上夜班，要很晚才回去，所以请假晚上就不回宿舍了。""这样啊——"我说。我转身刚要进水房，室长叫住了我，说："今天你跟阿灿他们一个班吧，今晚或者明晚，庶务组的人可能要到宿舍来检查。跟他说一下，今天晚上一定要回宿舍睡，出了事，我可不负责任！""记住，别忘了——"

　　上午，因反复几次去仓库领东西，快吃中饭的时候才看到阿灿。阿灿看到我，老远就跟我打招呼。我问他东西都拿过来了吗？阿灿笑着说："都拿过来了。幸亏老乡帮忙，不然这次我可能就直接回老家了，也就赶不上这次厂里重新开工。""那你可得好好感谢你老乡。出门在外，全靠穷老乡们互相照应——"我跟他开玩笑说。"我感谢了！我把准备过下半个月的零用钱都买了啤酒、花生米，三个老乡，喝了个通宵——"阿灿越说越兴奋，然后手捏着头说，"头一次喝了那么多酒，现在头还有点疼呢！呵呵……"

　　晚饭后，我去了一趟图书室，回来时已经很晚了，就见阿灿呆坐在床边，手里夹着的香烟燃起袅袅轻烟却不见他吸过。我想他可能有心事。走近他我问："阿灿，你怎么了？"阿灿回过神来，为难地看着我，嘴唇动了动终于没有开口。我拍拍他的肩说："有什么话尽管说。"阿灿从枕头下抽出一封信递给我看，幽幽地对我说，"刚才老乡送过来的。"只见上面歪歪斜斜写着："灿儿，你三哥病重住院急需交住院费，盼你早点寄钱回家。"

　　这个时候阿灿哪里去找钱呵。我们5人昨天刚刚回车间上班，离"出粮"还早着呢。我们相对无言坐了很久很久。我突然想起什么，脱口而出："我还有200块钱，本来打算还给我妹妹，现在借给你吧。""太好了，叫我怎么感谢你呢！"阿灿"腾"地站了起来，眼睛射出兴奋的光芒，脸上露出灿烂的笑容。

　　看他这个样子，我也开心地笑了。

　　　　　　　　　　　　　　　　　　吕治君（1994年来深，现居宝安民治街道）

茶餐厅里的初恋
1996年3月19日

今天，我要写写我的第一份夭折的爱情。是的，只要想起来心里就隐隐作痛。

1996年1月来深圳时，我在布吉的一家茶餐厅找了份洗碗的工作。或许是勤快老实的缘故，我很快便讨得了老板娘的喜欢，工作得顺心如意。但不知道什么时候起，我总感觉有双眼睛在背后瞪着自己。有一天，洗碗时的一个无意中转身，我发现一个男员工正看着我。他就是厨房里的传菜员，大家都叫他小顺。

一天下班后，我走出餐厅大门的时候，小顺突然跑上来给我一封信，然后一转身就消失了。那是一封表白信，文字很粗糙，字也不美观，但我却感动了，这是我第一次收到男孩子的情书，我偷偷地把它藏在枕头底下，幸福一下子溢遍了全身。

那天后，我和小顺正式开始交往。去公园里赏月，到河滩上看星星，每次都牵着彼此的手，很是亲密。每个人的初恋都是美好而浪漫的，我自己也觉得。小顺也爱玩些小花样，有时他能从身后变出一份小礼物，或者是一枝羞答答的玫瑰花。这些都让我高兴好几天。

几天后，小顺约我到中山公园玩。在黑暗的林荫中，小顺第一次吻了我，我们的呼吸都急促起来。小顺正准备脱掉我的衣服再进一步的时候，我立刻拒绝了他。我说，我们交往还不久，而且我还没心理准备。听完我的话后，小顺气上心头，然后就挥袖而去，撇下我一个人在黑暗的草丛中。

第二天，小顺到处说我的坏话，说我欺骗他的感情。顿时，全餐厅里的人都对我热嘲冷讽。我很想静下心来工作，但最终抵不过大家的闲言碎语，只好选择了离开餐厅。

王芹霞（1996年来深，现居罗湖玉龙新村）

在深圳办婚礼

1996年6月15日

老公是个外乡人,像在这个城市打拼的大多数年轻人一样,大学毕业,一腔热血,身无分文,了无牵挂地来深圳寻梦。到深圳第一天,就遇到了我。老公后来很自恋地说,那时年轻气盛,意气风发,根本就没想过谈情说爱,遑论谈婚论嫁,奈何禁不住我死缠烂打的温柔攻势,才缴械投降。

最初我们都没打算结婚,老公的事业刚起步,尚处于需努力的状况。我也刚参加工作,正渴望无拘无束的精彩生活。结婚,意味着巨大的责任和牵挂,我们都负担不起!但最终,我们耐不住老爸老妈软磨硬泡、软硬兼施,只好半推半旧、入乡随俗,把婚给结喽,甚至把酒给摆喽!

摆酒在深圳可是稀奇事儿,身边朋友结婚,因为多数父母不在深圳,也没有太多亲朋需要应酬,大多是出去旅行,回来发发糖。而我们为了父母和他们在深圳的好友,只好充当牵线木偶。反正老爸老妈承诺,我们只要准时出席就成!

今天是婚礼的正日子。一大早,亲友、化妆师就挤了满满一屋子,姐妹们也都盛装前来,个个表现得比我还兴奋。她们忙着攀高爬低寻找合适位置,行使她们的特权,藏我的鞋子——这是深圳本地婚礼的习俗之一,新郎在领新娘出门前必须把被伴娘们藏起来的鞋子找出来,亲手替新娘穿上,如果找不到,就得拿红包贿赂伴娘,获得一点提示后再找,还找不到?再给红包呗。

今天这帮死丫头是赚翻了,除了藏鞋,光是门槛费就收了十几个红包,她们提的那些稀奇古怪的"入门问题",急得门外陪着老公来接新娘的兄弟们几乎把我们家门给拆掉!

向老爸老妈敬茶告别的时候,他们看上去没有太多伤感,我也没有哭,可能是因为我不算出嫁,是老公"入赘",结婚后我们还会赖在娘家!婚礼订在家门口的新世纪酒店,但按照不走回头路的习俗,花车还是绕着深南大道兜了一圈才回到酒店。老公被灌醉了,晚上回到家借着酒劲儿,他第一次正儿八经地说:老婆,谢谢你,我爱你!这一刻,我的眼泪反而下来了!

区亭(1984年来深,现居福田)

雪子送我收音机

1996 年 10 月 31 日

打工的日子很寂寞。星光、木棉、小说和吉他，都难安抚不甘寂寞的心灵。

"听一听收音机吧，里面有许许多多的心灵独白和情感热线，还可以认识无数不需谋面的朋友……"同厂打工的女孩雪子这样劝导我。

那一夜，我静静地坐在床上听起了收音机，感觉自己似乎成了一个痴迷的孩子，但不知是迷上了雪子，还是雪子送来的收音机。

雪子很忙，白天奔波在流水线上，晚上则忙着上电脑培训班，忙着去路边的大排档收拾桌椅碗碟，忙得让我只有在深夜厂门关闭的刹那才可以捕捉到她纯白飘渺的身影。

我渐渐明白，自己和雪子是配不上的，她是动的，我是静的，她是一团匆促的风，我是一潭凝滞的水。只有风能在水面上吹起美丽的柔波，哪有水可留住风的？

我更加寂寞了，常常睁着眼睛等待黎明。不料今夜，收音机里传出了电台 DJ 这样快乐和煦的声音：

"今天收到一封听众来信，有一个名叫雪子的女孩喜欢上一个沉默的男孩，却不知道如何向他倾诉自己的心情，她期望他能快乐充实起来……"

那一刹那，我几乎停止了呼吸。

我为什么总在自怨自艾？我为什么不可以像雪子一样让自己充实忙碌起来？寂静的长夜我可以用来读书学习呀，我不满足自己目前的工作，但要改变，必须经过自己的努力。捧着雪子送我的收音机，我香甜入梦。

吴观（1994 年来深，现居南山）

我的夜晚属于胡晓梅

1997年1月22日

我和老乡来到梦寐以求的深圳特区,到宝安公明时天刚拂晓。老乡在出租屋附近的金明电子厂上班,临走时说,不要乱跑,没事时就听听收音机,我跟我老大说,把你介绍进我厂。我"嗯"了一声。老乡就匆忙走了。

来了10天,我的工作还没着落,心里慌,也没办法,就听收音机。刚来深圳不久的一天晚上都十点钟了,老乡还没回来,我又打开收音机,里面传来了一个甜润的声音,片头很吸引人,不时有人打热线,或倾诉,或闲聊,或说长道短,大多是我们打工者内心的独白,我越听越觉得好听,越听越喜欢,不知不觉就沉醉在那个带着磁性声音的节目里,直到老乡把房门擂得震天响。

老乡进房后一肚子火,问我干什么。我指着收音机。老乡说,"哇噻,胡晓梅哦,《夜空不寂寞》,好啊,这节目太好了,我很喜欢,我们厂里的人都很喜欢!"老乡的火随后消失了。"节目还没完吧?来,打开,听!"我使劲地旋调频,再也没听到。老乡叹口气,"唉,完了!明晚再听。"

收听胡晓梅《夜空不寂寞》让我上了瘾,并把收听的节目内容讲给加班回来的老乡听。听了差不多一个月胡晓梅的节目,我都不想进厂了。每每下班了,我急得什么都不干,就急忙把收音机调到97.1,听着听着,楼道上的工友都围拢过来,静悄悄地听。有的同事,急得干脆抓起宿舍的200电话,可老是打不通。工友们早就成了胡晓梅的粉丝,刚下班,大呼小跑喊着,"听胡晓梅啦,听胡晓梅啦!"走到大街上,一群身着工衣的打工妹都议论她们听《夜空不寂寞》的内容。那天,在公交车上,一大群人都说,"深圳的夜晚,是胡晓梅的,更是我们的。"我听了好笑,想想,她们说得没错,胡晓梅是这座城市一个了不起的文化符号。

每到晚上节目播出时间,躺在床上,我把收音机贴在耳根,直到听到她最后一声"晚安"我才美滋滋地入睡。就这样胡晓梅的声音陪伴着我,驱散了内心思乡的酸痛,她送给我快乐,送给我幸福。在深圳,我的白天属于老板,晚上,属于胡晓梅。她甜绵磁性带着呵护的声音,永远无法从我的内心抹去,我要一直听下去。

寇基(1997年来深,现居惠州市惠阳区)

30元钱"赎"回自己

1997年2月1日

在没来深圳前,我不清楚暂住证是啥玩意儿,可在那次被当作"三无"人员"请"进治安队后,我才知道暂住证的重要性。

今天下雨比较早,晚上,我出厂去找女朋友。当穿过乌漆麻黑的立交桥下时,突然从桥墩旁边窜出两个男子,快步走到我跟前,把我给吓了一跳,以为遇到打劫了。其中一个男子用手电筒对着我照了照后问道:干什么的,要到哪里去?我指了指附近的工业区,说要找亲人。该男子接着要我出示证件,看见两个男子身着迷彩服,还戴着红袖章,我以为是公安查证件,赶紧掏出自己的身份证,只见该男子瞄了瞄后将身份证递给了我,问我还有没有其他证件,我回答说没有了。两个男子便要我跟随其到对面的路边。昏黄的路灯下,我看见好些人蹲在地上,被另几个身着迷彩服的男子看守着。

十几分钟后,我们被带到附近村内一栋二层的楼房,上了二楼,我看见门口挂着个"×××治安队"的牌子。等了一会儿,一个同样身着迷彩服的矮胖男子走出来对我们说,你们这些"三无"人员每人交一百块钱就可以走了。有人问为什么要交钱。那男子对着他便骂道:你没暂住证当然要交钱啦!原来我们这些人是因为没有暂住证才被抓到这里。我摸了摸自己的口袋,只有35元。又过了一会儿,或许是矮胖男子眼见我们余下的这些人实在榨不出多少"油"来,便说交50元也可以放人。我慌忙起身走进屋内,掏出35元,说我只有这点了,可不可以通融一下。矮胖男子接过钱,说看在我这么老实的份上就算了,他将钱扔在已摆满钱而显得有些零乱的茶几上,然后拿起一张5元钱扔向我。我飞也似的跑下楼,拼命地朝村外跑呀跑,头也不回地朝女朋友所在的工厂方向奔去。

当我气喘吁吁地找到女朋友时,才舒了一口气。我对女朋友说的第一句话就是:差点就见不到你了。在知道原因后,女朋友告诉我,因为这里人口多而杂,社会治安管得很严,身份证、厂证和暂住证缺一不可,特别是暂住证,如果没有的话就会被当作"三无"人员抓走。后来,厂里办理了暂住证,我才放心多了。随身将暂住证带着,后来一直都没被查过。

如今我在想,如果当时没有这30元"赎"回自己,不知我的命运会是什么。

菜农(1996年来深,现居宝安松岗红星社区)

香港表哥的游戏机

1997年3月9日

今天,在香港的姑姑一家来我们家做客,我很高兴,因为我已经快一年没见到表哥了。其实我想见的不只是表哥,更想见的是他的游戏机。去年,表哥来我家带了一部叫"GAMEBOY"的游戏机,里面的游戏可好玩了,有超级玛丽,还有蜡笔小新。当时我就央求爸爸让姑姑也给我买一部,可爸爸一来怕会影响我的学习,二来觉得这样一部游戏机要一千多元,太贵,所以没有答应。不过今天,表哥把他的"GAMEBOY"送给了我,因为他买了一部新款的,我真的非常高兴。

晚上,妈妈做了很多好吃的菜宴请姑姑一家,有桂花鱼、酸甜排骨,还有我最爱吃的椒盐鱿鱼,大家都吃得很开心。吃饭的时候,姑父和爸爸聊起了国家大事。姑父说,快要回归了,香港人怕政策会变,有些朋友移民到其他国家去了,尤其是上个月邓小平爷爷去世了,香港人都有点担心。爸爸接过话说,应该不会有事的,国家没理由不希望香港越来越好啊。爸爸还打趣道:"我以党员的身份跟你打个赌,香港的政策一定不会变。"姑父笑着说:"我也觉得不会变,要不我也走了,哈哈。到时你们应该也有机会到香港来玩。"

吃完饭后,我们把姑姑一家送上了开往罗湖火车站的车。我有点恋恋不舍,希望能够经常跟表哥一起玩。不过,今天真是快乐的一天,我终于得到了我梦寐以求的游戏机。

(随着"港澳自由行"的实施,当年姑父所说的"到时你们应该也有机会到香港来玩"的预言已经成真。而且随着西部通道的开通,南山与香港的联系更紧密了,往返深港也不用非得到罗湖桥了,姑姑一家来深圳也更方便更频繁了。)

嘉应子(1993年来深,现居南山)

这是我儿从深圳捎回来的

1997年3月22日

今天终于回到老家,老家模样依然,老乡们亲切又温暖。

回家前,我特地去超市买了深圳特产。给父亲的是两条香烟,一条"好日子",一条"特美思"。父亲立马就拆开,往左右口袋里各装一包,笑呵呵地说,咱山里人,见得少,这都是南方货,稀罕啊,让我给你五爷三叔们抽抽,他们都年过半百了,一辈子都没去过远地方,抽一回特区的烟,让他们过过南方特产的瘾。

父亲刚出去,四邻八舍都来看我这个从深圳回来的人,围着我问这问那,深圳的楼有多高啊,深圳人都吃什么啊,深圳的马路有多宽啊,深圳的街上有轿车吗……还有几个乡亲说让我带他们来深圳,不挣钱,开开眼也行啊!我笑着说,没问题。

这时,母亲把我带回来的水果糖分发给乡亲们,说:尝尝,这是我儿特地从深圳捎回来的,甜得很!母亲把深圳两字念得特重,乡亲们听说是深圳捎回来的,都抢着剥糖,把糖含在嘴里,脸上都乐开了花。一旁的母亲更是乐啊,好像变了样,每碰一个人,都重复那句话。而父亲走在街上,见人就立马从自己的口袋里掏出香烟发给他们,寒暄几句,郑重其事地告诉乡亲们,这是我儿从深圳捎回来的,他不厌其烦。而乡亲们抽着烟或吃着糖,听到他们这么说,都发出惊奇的声音,哇,深圳货啊,稀罕,稀罕,在咱这山窝里,能吃到深圳的东西,不容易啊!乡亲们除了高兴和惊叹之余,仿佛深圳就在眼前。

父母亲的骄傲,乡亲们的惊奇,都因为一个地方——深圳。今天,我读懂了父老乡亲们的眼神:深圳是他们闭塞心灵里最敞亮的地方。一颗糖,一根烟,也让他们尝到了深圳的滋味。

父母亲这句话:这是我儿从深圳捎回来的,我想我一辈子都不会忘记。

寇基(1997年来深,现居惠州市惠阳区)

实习生

1997年4月24日

在这家报社实习一个多月了。每天上午8点左右到一间小平房"上班",接读者热线并做记录,拆读者来信,从中发现新闻线索,电话采访或实地采访,再写成稿件。平房门口挂着一块金光闪闪的牌匾——信访室,房间的玻璃门和牌匾一上午都被深圳热烈的阳光照耀着。大概是为了方便接待信访者吧,它并不和部门办公室同处一楼,而是孤单地立在报社门口。

记者编辑们都很忙,少有人光临此处,偶尔会有编辑来办公,记者来拿点什么或者从热线记录、读者来信中拨拉一通,寻找新闻线索。

办公环境让人满意,两张大办公桌拼在一起,桌上是电话机、订书机、回形针、胶水、剪刀、笔、纸、报纸等物什,两把暗红色带轮办公椅各守一端。一张茶几,一张黑色沙发,方便接待来访者。空调、饮水机一应俱全。中午,窗帘一拉,门一关,就可在沙发上美美地睡个午觉。

部主任50多岁,为人和善,有时下班路过会来这里"视察"小歇,腋下夹一个A4纸大小的咖啡色皮包,包里常备几块据说"可快速补充能量"的巧克力。他说他家的宠物狗有专用的洗发香波,让我多少有点感慨。他还笑眯眯地说:小毛啊,你以后找老公就要找有钱的,有钱才有本事。

编辑D老师参加工作才几年,已婚,家住蛇口,声音清脆,语速偏快,"我妹妹在报社实习的时候发了好几个头版头条呢……"丰满的样子让我想象她的生活安逸而富足。

编辑Z老师是广东人,头发花白,戴一副大大的金边眼镜,看起来有点严肃。今天他来办公,发现盒装面巾纸用得过快:"前两天才拿来一盒,怎么这么快就没有了,是不是有人拿走啦?"那还有谁,这办公室就我呆得多,是说我吧?但是,我真的没有拿,虽然我很穷,但不至于要拿那点纸。我心里这么想着,感到委屈、难过,张了张嘴,最终什么也没说。

我是一个实习生,一个外来者。下午五点半,我准时"下班",回到租住的小屋,煮粥吃,看无线粤语连续剧。我还将在这里呆上3个月左右。

小毛(1997年来深,现居福田)

"大家乐"周末晚会

1997年5月24日

太阳的余晖刚散,热浪一点也没减退。晚上七点钟不到,我们罗岗工业区灯光球场人流不断涌入,大家乐舞台前已挤满了打工仔、打工妹。好家伙,今天来的年轻人估计超过了一千人,看来,这个周末大家乐活动又要掀起新高潮。作为工业区团委书记,每周六的大家乐晚会由我负责统筹安排。

今天我到市里逛街去了,5点多才匆匆赶回来的。

我一边交代肖师傅赶快调好音响、检查一下灯光,一边叮嘱小宋、小李、老陈维持好点歌秩序。台前台后跑上跑下,忙得一头大汗。7点半晚会要如常开始的。

对了,赶紧给治安联防队郑队打个电话,多派几个队员过来增援、维持秩序,今晚的年轻人太多了,待会气氛一高涨起来,人挤人的,怕出意外。想到这里,我一路小跑地到办公室打电话。

"缪书记,我们又来点唱了,我们今天可是来得最早,您可要先给我们安排。""缪书记,我点了《涛声依旧》,安排在第几个唱?""今晚下半场多安排几首快三舞曲,我要和女朋友跳足瘾!"刚回到舞台边,好几个熟悉的青年团员就围了过来。"没问题,会安排的,别挤,排好队,一个个来!"我大声地回应。

关键时候,全兴鞋厂的团支书阿玉带着八九个团员骨干及时赶来帮忙。7点半,晚会准点开场。华都厂的陈美玲第一个上台,演唱《让我轻轻地告诉你》。声音真好,有杨钰莹的感觉,台风再改进一些,可以推荐参加团区委举办的青年歌手大赛了。

老马带着感冒未愈的嗓音,继续发挥他搞笑幽默的主持功夫,把台下的年轻人逗得前仰后合的。歌声、笑声、喝彩声掀起一阵阵高潮……

10点30分,伴随着《莫斯科郊外的晚上》的优美舞曲,照例,我和阿除汇入人群中跳最后一支舞,结束了这累而快乐的一个周六夜晚。

缪辉英(1984年来深,曾多年从事青年工作,现居龙岗)

在深圳买第一套房

1997年6月18日

在"房事"问题上,我一直很幸运。婚前,陪爸妈住,婚后,蹭爸妈住,没有传说中一年搬家若干次的经历。但还是盼望有那么一天,没有干扰,什么也不干,安安静静地、快乐单纯地窝在家里,喝喝咖啡看看书,享受独立的无目的的美好生活。鸟自爱巢人爱家,金窝银窝,不如自己的草窝。

然而,随着香港回归在即,从年头开始,房价就蹭蹭猛涨。前两天还在报纸上看到,近期来深圳买楼的港人激增。由于隔着一条深圳河,这边的房价只有对岸的1/10,所以近来疯传,号称未来深圳房价将赶超香港。

于是,我们决定——买房!

看了又看,选中了百花路上一套一百平方米的三房两厅。虽然客厅和餐厅都很小,但房子布局很好,方方正正,很实用,而且离爸妈家也近,只有五百米,很方便我们每天回家蹭饭吃。不过,房子价格是真贵,八千多一平方,一套房子下来差不多就90万。爸妈曾慷慨地表示可以赞助我们一部分,但被我们"严词拒绝"了:这是我们靠自己努力在深圳安下的家;在25岁的时候,我们给自己建起的避风港和栖息地。我们将在这里携手共度,学习成长,生儿育女。不是有一位哲人说:家是一生读不完的书,谁动真情谁才能读懂它!

带着这份期许,虽然还没交楼,我已经趁着老公去美国出差,瞒着老公,迫不及待把金海马那套接近五位数的布艺沙发买回来了。我对它钟情已久,厚实的粗麻面料摸上去很有质感,水红色的底子上散漫地印着非洲风情红绿印花,充满异域风情,正是我梦想中周末可以窝在上面喝咖啡的沙发。老公却评价它华而不实,审美感觉奇差的理科生,只爱灰白黑。

其实,我也知道它太"出格"且偏贵,但有钱难买心头好。这可是我的第一套房子,我发誓,要不遗余力把它建成梦的小屋,把所有关于家的幻想在这里实现,管它什么预算不预算。

严非(1984年来深,现居福田)

遇到好心人
1997 年 9 月 12 日

找了一整天的工作，还是徒劳。骑了一天除了车铃不响到处都响的单车，回到借居老同学的家，我感到又累又饿，全身像散了架似的，这是我找工作的第 15 天，看来我得告别深圳了，因为老同学王华明的妻子后天要来深圳，到时我就没地方住了。

老同学见我一脸疲惫与失望，连忙安慰我不要着急，找工作的事慢慢来，还表示住处可以再想方法。半个月以来我已经给老同学添了不少麻烦，不能再给他添麻烦了，我决定后天就回家。

就在这时，同学的同事小胡串门来了。他了解我目前的困境后，深表同情，询问了我的家庭情况后，他说，你还年轻，为什么不读书，学一技之长才容易找工作。他说他想帮助我，问我是否想学什么技术之类的，他愿意借二三千元给我到技校进行短期的技术培训。

我听完不禁心慌起来，想起他不过只是老同学的一个同事，又不是亲戚朋友，况且与他并不熟，怎么可以轻易接受人家的资助呢？尽管他一脸真诚，我还是谢绝了。

经过同学介绍，我记住了他的名字，他叫胡铭，广东韶关人，毕业于广州某大学建筑系，在深圳竹子林一家建筑公司当预算员。我想，这是我在深圳最温暖的记忆了。

黄荣东（1997 年来深，现居广东徐闻）

舍不得回家

1997年10月7日

　　身边朋友来了一批又走一批。我能够在深圳一呆3年不回家,并不是因为自己想吃苦受罪,不想家,而是南方的文化深深地吸引着我,使我总有一种舍不得回家的感觉。

　　记得1994年8月,初次南下,我在深圳一家电子厂啤机部做啤机工。天气很热,车间里没有电扇,一天12个小时面对隆隆的机器,没几天,同来的3个女孩辞工了。虽然每次夜班,我都头昏脑胀甚至恶心呕吐,但我硬是咬着牙坚持了下来。体力上慢慢适应后,我发现难以适应的是精神上的空虚。

　　发了第一个月的工资,我用30元买了一部小收音机,又跑了几家书店。在书店里,我看到许多反映打工者生活的刊物。原来,打工一族也有这么广阔的精神园地。当时,就像哥伦布发现了新大陆,我立刻感到自己不再孤单无助。可是买了日用品,还了钱,我已买不起这些书刊,只好提着收音机回了厂。

　　从此,我与收音机为伴,它充实了我的精神生活。听着深圳电台"夜空不寂寞",我深深地感受着别人的故事,得到领悟、享受着乐趣。夜晚,当别的女孩因想家而哭泣,或为某件风流韵事大侃特侃,或为一些鸡毛蒜皮的事没完没了地争吵不休时,我却静静地聆听收音机。在电波的催化与浸润下,我觉得自己在一天天长大、成熟。

李凤琴(1994年来深,现居宝安)

古城淹没在光阴里

1997 年 10 月 10 日

踏进大学校门没多久,仍然十分想念南头中学和古城。今天和青、燕子又回去玩了,一切如故,十分亲切。

在我们这个年轻的城市里,有一座古城是十分不容易的,据说它是明朝的县衙,当年的势力范围延伸到了香港。可对于我来说,它不是历史,它是现在,它就静静地躺在我们学校后面,是我们耍乐的后花园。如今我们一个一个地离开,只剩下它无奈地淹没在现代建筑里。

想想这 6 年,中午不回家吃饭,常常光顾古城的小餐馆。老板娘是个勤快聪明的人,来客再多也不慌乱。我们同学通常只要个烧鹅汤濑、干炒牛河、三丝炒饭什么的,4 元一份,特别好吃。其实小店并不很卫生。那些上菜的伙计常常把手指嵌在汤里,有人看不过眼提醒过一句:"手啊!"那伙计笑笑说:"不烫的,不烫的!"

我们三五成群,边吃边聊地度过一个中午。今天我们又回那儿吃了,老板娘竟还记得我们:"你们不是毕业了吗?怎么又回来了?"

古城年代久远,有些老房子空置了好久,以前我们禁不住好奇心,从半掩的门扉窜进去,在里面嬉闹一阵。餐馆旁就有一间这样的房子,里面有些字画和老旧的家具,布满尘烟。今天再去,门已上锁,禁不住从门缝里偷看,想起历史老师曾带我们来过,厅房、结构、门联,一一详解。

在我们这个年轻的城市里,有我们这样一座中学也是不容易的,据说它是戊戌变法时成立的,学校后面连着中山公园,是与古城挨着的。

今天,我们又走过公园,想起以前快要考试的时候,我们找一僻静处看书,草垫上,树荫下,秋千上,到处是同学的身影,书背了多少不得而知,但那个吹着和风的黄昏,鸟儿的叫声让我分外留恋。青春的味道,应该就是这样的。

公园的一草一木,古城的一砖一瓦,磁片般铭刻了我的流金岁月,希望无论时代如何变迁,它们一如往昔。

丽娅(1991 至 1997 年就读于深圳南头中学,现定居新加坡)

深圳人之间有道"关"

1997 年 10 月 26 日

深圳人是个概念,人们把在深圳工作、生活、学习的人统称深圳人。但具体到个体,怎样才算是真正的深圳人呢?

我生活在深圳市龙岗区。深圳市六个区,罗湖、福田、南山、盐田四个区属于深圳市的经济特区范围,龙岗、宝安 1993 年撤县改区后进入深圳市区版图,但在地理位置上处在经济特区"关外"。一关之隔,分出"嫡庶"。

今天,我和一个"关内"深圳人到内地参加同一个学术会议。虽是同行,在深圳我们并不认识,大家得知我们来自深圳,热情地询问我们关于深圳的一切。我的同行漫不经心地补充一句:她在关外。我不知道这句话,对我的确来自深圳地区这个事实有什么特别的说明意义;或者是要纠正我的自我介绍,可我并没有省略"龙岗"二字呀。我最后只能理解是我的这位年长些的同行,是位非常严谨的人,他一定要说明深圳人是有区别的,科学来不得半点马虎。

我有个同乡在深圳打工,这个深圳是真正意义上的深圳经济特区。我们在家乡颇有往来,彼此有相同的朋友、熟人。我回家探亲时,见到那些朋友、熟人,他们非常关心的就是我离深圳多远,离某某上班的地方多远。

调来龙岗工作几年了,初来时也有几分心怯,对家乡人的回答总是支支吾吾的,原因就是那道关。曾有人异想天开地希望将关拆掉,延伸扩建,使龙岗人宝安人成为真正的深圳人,其实,大可不必理会那道关是否存在,只要心理上没有一道关,何必去计较那历史的遗留产物呢。

其实我的身份证上是有"T"的,但我每次拿着上面有"T"标志的身份证进关,我不去想那个"T"意味着什么,也就不再计较追究我是不是真正的深圳人了。

张旭(1994 年来深,现居龙岗)

未婚妻的到来

1998年1月10日

今天早上，接到未婚妻的来电，说她下午要从东莞过来，因为她工作的厂订单少，昨天起开始放长假，只留部分师傅及老员工，表面上是说放假实际是大量裁员。当时我有点激动又有点不知所措，她来了住哪里？不过问题很快在我脑子里消失，我也顾不及考虑这么多，就答应了她，并且还说我会到关口接她。

下午我请了半天假，很早就来到了南头关口的广场外等她。天公不作美，下起了阴冷的小雨，我在寒风冷雨中等待着，身子打颤，脚也在发抖。我还来回不停地在广场四周寻找，生怕她下车后找不到我。"嘀……嘀……嘀"，我腰间的BB机响了。取下来看，上面写着留言：我已到关口马路对面的"兴隆商店"门口等你。

我立即走过马路，在一家小商店门口一眼就看到了她，激动的心情无法用言语表达，我没有说话弯下身子接过行李说了一声："走吧。"走进检查厅，我叫她先拿出通行证便于过关检查，没料到她说："我没有办边防证。"这回把我急坏了，没有证件怎样过关？无助的我们只好在大厅里的一根大柱子下等着，当时也不知道在等什么……

我很沮丧地向她发了一顿脾气，抱怨她没办证件就不要过来，现在站在这又饿又冷又无助。这时，走过来一位年纪40岁左右的女人，问我们是不是要过关，她可以带我们过去，但每位要120元带关费。这可够我一个月的生活费啊！最终还是豁出去了，心里感觉痛痛的。不过再一想，能和心爱的人团聚，这又算得了什么？

回到宿舍，在舍友的理解与支持下，我俩蜗居在那张窄小的单人床上，温馨地度过了一个晚上。

汉武（1993年来深，现居南山西丽）

第一次失业

1998年1月24日

在东南亚金融风暴的冲击下,我所在的外资企业开始大量裁员。我由于多管了一点"闲事",触怒了主管。于是,我顺理成章地成了首批被裁减员工。一大早就办好了出厂手续,走出厂门,我长长地吐了一口气,心里竟有重获自由的感觉。该结束就结束吧,尽管我在这间厂干了很多年,工作很清闲,待遇也不错,但第一次失业,并没有让我感到很沮丧。相反我早已厌倦了厂里管理层之间明争暗斗的工作氛围,以及没有多少技术含量和发展前途的工作岗位。现在出来也好,趁年轻,努力开创新生活。

中午,我草草解决了午餐,就到附近工业区转了一圈。发现招工形势与几年前大不一样,要么只招女工,不招男工,要么就要熟手或有工作经验的。我虽在厂里呆了几年,但好像什么都没学到。因此,始终没有底气去见工。随后,又转到一间大型的职介所,花了10元钱买了一张入场券,在招聘现场转了一圈。情况同样不妙,面对汹涌的求职者和激烈的竞争场面,我才发觉几年安逸的工作,让我失去了"揾食"的本能。手里捏着一张简历表,不知往哪里投。一次次伸出去的手又缩了回来。呆了一个下午,连一张表格也推销不出去,只得落荒而逃。

拖着沉重的双腿回到住处,冷静下来,才觉得自由了,并不等于就能飞起来。还需要加强磨炼和学习,才能跟得上时代的脚步。想到这里,心里不禁释然。

刘庆方(1994年来深,现居龙华街道)

来之不易的 200 元

1998 年 1 月 25 日

从设计班毕业后,我去了制衣厂,从最基础的开始学起,比如:刹车、踩车,车商标、车花、上领、上袋。这些看起来特别简单的制作,做起来却十分吃力,一不小心,整件衣服就要拆了重做。所以,第一个月我根本没有挣到钱,而且,老板在无意中弄丢了记录着我工分的那个笔记本。我很伤心,但是没有其他办法。发工资的时候,他随便给了我几百块钱。我没有太在意,毕竟还在学习阶段,只能把希望寄托在下一个月了。

转眼间第二个月又来了,发工资时,我有些紧张,便请求同宿舍女孩与我一起去。我兴高采烈地向老板要工资时,意想不到的事情发生了。他说,我两个月的工资加起来,还不够上个月他给的那几百块钱。我没想到会有这种事情发生。突然之间,泪水不争气地哗哗流下来。事情竟然如此离谱,离谱到无法用言语形容。我跑到五楼,放声大哭起来。我恨自己,恨自己太天真,太懦弱。10 分钟过后,同宿舍的女孩打电话给我说:"刚才算错了,裁衣师傅重新核算过,这个月应该给你 200 元。"

第二天下午,老板无声无息地从钱包里掏出 200 元,我接过来,觉得无比沉重。这 200 元是用整个晚上的泪水与自责换来的,这 200 元是我辛辛苦苦的血汗钱,来之不易啊!

钟艳群(1997 年来深,现居坪山新区金碧路)

约会超时被保安罚款

1998年2月5日

晚上9点多,刚下班的阿光来不及换下工衣,便急急地赶来跟我见面。阿光在工业区大门口押了身份证并进行了登记以后,我跟他来到"老地方"。

我们已差不多有一个多月没见面了,这次见面有太多的话要说。我们在一起聊生活、谈感情、说未来,向对方倾诉思念,情到深处我们还紧紧地拥抱了一下。直到临近12点,两人才依依不舍地分开。我送阿光到大门口取身份证,可值班的治安员却不给,说我的阿光探亲访友超过了两个小时,违反了规定,要罚款30元。我俩跟对方理论,那名治安员态度十分恶劣,还凶巴巴的,一副想要打人的样子。无奈,在男朋友给了他30块钱后,才拿来被押的身份证。从此,我跟男朋友凡是在我住的工业区里面约会,都特别怕超时。

我所在的工业区里有好几家企业,员工有不少,工业区实行封闭式管理,大门口设有治安岗亭,每天24小时都有治安员把守,凡是工业区里面的企业员工,必须凭工厂厂证出入,而外来的人员要进入的话,必须凭有效证件进行登记。相比其他开放式的工业区,这里要安全多了。因此,我跟阿光见面,大部分都是他来工业区看我。

现在工作都很辛苦,但我想,我们应该加倍努力,好好工作,争取在不久的将来能在工业区周围租个房什么的,那样,我们就有更多的时间见面啦。我很想阿光,喜欢看着他傻乎乎地笑。

依伊(1995年来深,现居宝安松岗街道燕川社区)

徒步夜穿梅林关

1998年2月10日

我头一回参加自考复习，晚上9点下课后，从华强北自考学院赶往住处龙华，但到彩管厂转车时，才发现唯一经梅林到龙华的302路公交9点半已停运。我一时不知所措，路上的士倒不少，但一摸口袋仅有6元钱，只能望车兴叹。绕道回龙华吧，不仅路途遥远，还容易搭错车。难道要露宿街头吗？

忽然，一个大胆的念头在我脑海里闪现——徒步穿越梅林关。过了关，那边兴许有车去龙华。天无绝人之路，我豁出去了。我马上动身，一路小跑，很快就到了车管所路段。过了车管所就是长长的梅林坳山路，没有路灯，路上一片漆黑。从光明一下子扎入黑暗之中，我顿生了不少恐惧感。路上偶尔飞驰而过的汽车，更反衬出山谷的幽静。一个人在黑暗的山谷中摸索前进，感觉就像在危险中挣扎。

由于晚饭时只是胡乱地扒了几口，经过一路的消耗，我已是饥肠辘辘，加上心里紧张，腿越走越沉，浑身越发疲软，热汗、冷汗齐冒。原本坐车仅需几分钟就可以通过的梅林坳显得特别漫长，似乎没有尽头。但我只能硬撑着朝既定目标前进。终于看到了梅林关的灯光，此时的灯光对我来说就是希望，就是力量。

有了灯光的指引，我很快就到了梅林关。看了一下表，4公里的路程，足足花了一个多钟头才走完。但没想到的是，梅林关去龙华的公交车也到点停运了。我只得继续往前走，最终在民治坐上了去龙华的中巴车，回到住处已是午夜。

尽管一路走来惊魂未定，但是经过这次考验，增强了我求学的信心。

刘庆方（1994年来深，现居龙华街道）

无证被查遇到"知音"

1998年2月21日

我到报社领取稿费之后，满怀欣喜地往回赶，途经宝安新村时，冷不防被3名治安员叫住："干什么的，暂住证呢？""我忘带了（其实没有暂住证）。"我知道遇上麻烦了，但尽量保持镇定，同时，掏出身份证和龙华文体站文学创作会会员证给他们看，以证明自己并非"三无"人员。

一个治安员接过去看了看，又给另外两个看了一下，脸色温和了不少。他正想示意我走，但其中一个治安员说："别信他，那可能是假的，把他带到警区再说。"没办法，我只得跟随他们走一趟。

当我被带到警务室时，里面已蹲着6个无暂住证的人员。尽管我是第一次充当这样的角色，但我并不感到害怕。

约一个钟头后，有2人被亲友担保离开了，而我连同其他几人被他们送到上川派出所，随后被关进一间审讯室里。说是审讯室，但他们既不来"审讯"，也不让我们打电话叫人来担保。

大约过了三个小时，终于有一个手戴红袖章的民警来"审讯"我们。他特别留意我的那张会员证，并认真地核对了我的身份证。确认无误后，他不无欣赏地说："原来你也喜爱文学呀，看来你不是'三无'，你可以先走了。"

终于遇见了一个"识货"的人。我激动得连一声谢谢都忘记说了，如遇大赦般冲了出去，守门人以为我想逃跑，把我叫住了，但被随后赶来的那位民警解了围。他嘱咐我尽快办一张暂住证，以免再遇到什么麻烦。说罢他掏出一张名片，说他平时也喜欢写点东西，以后多联系。

我接过名片一看，才知眼前这位可爱的民警是深圳各报纸、电视台的通讯员。原来我们都有共同爱好，没想到关键时候还是文学爱好帮了我，并歪打正着地认识了一位"知音"。

刘庆方（1994年来深，现居龙华街道）

聪明反被聪明误

1998年3月18日

月初面试失败后,我和文东决定吸取教训。我拼命充实旅游专业知识,他则买了《面试秘诀100招》等小手册仔细研究。

今天7点出门,8点到要面试的公司大楼,比约定的时间要早,文东说这是第一招"提前时间,先到先得"。公司大厅椅子东倒西歪、垃圾满地,文东神秘兮兮地拉住我的手说:小心,我们背后可能有摄像头,这也是面试呢。我和文东马上动手把大厅扫得干干净净。

上到面试办公室,面试官们似乎满脸笑容。文东自豪地说:跟着我准没错。我趁机问了他几个面试的注意事项,可能声音有点大,正在面试的主管走出来对我说,还没轮到你,请保持安静。文东狠狠地瞪了我一眼说,你犯了"口舌大忌",印象分全没了,我一听心情有点低落。

15分钟后轮到文东,我听到他吐字清晰,对答如流,把自己吹嘘得天花乱坠。我知道他完全是按照书上的方法去做的。面试主管居然也频频点头。

当问到待遇时,文东故作谦虚地说,"我没什么要求,只要能学到东西就是最大的收获。能进贵公司,是一种莫大的荣幸。"主管话锋一转问,"你的意思是不是没工资也乐意替我们干活?"文东无言以对。最后主管说,回去等通知吧。

轮到我的时候,我基本上是如实作答,懂就说懂,不懂的绝不含糊回答。当问到我待遇时,我说:"我经验不足,但行业待遇一般是1000元。如果有诚意的话,我愿意成为贵公司的一员。"

主管笑了,他说,我就喜欢你这种务实认真的小伙子。说实话,我们是刚成立的小公司,资金还不充足,但如果是人才,我们绝不会放过。就这样,比我更优秀的文东落选了,我面试上了。

(补记:进公司后,我才知道那天面试,大厅里根本就没有摄像机,杂乱的椅子和垃圾是因为清洁工没能交接好造成的。其实面试并没有想象中的那么恐怖,只要保持一颗认真、务实的心,成功将不会太遥远。)

谢文华(1997年来深,现居罗湖清水河)

电饭锅里的爱情
1998年3月27日

因为工作的转换,我和男友军搬到了罗湖清水河。在那里租了一个每月350元的单间,过上了温馨的小日子。因为刚出来,身上没多少积蓄,我们只好买一个电饭锅。平常人看来电饭锅是只能用来煮饭的,但聪明的军却可以一锅多用,煮饭,熬粥,煲汤,做菜。

每天早上,军会给我熬皮蛋瘦肉粥。每当闻到那缕缕飘出的粥香时,我总是一骨碌爬起床,开始一天的忙碌。带着军的爱心早餐来到办公室,引来同事们一片羡慕的目光。下班后,我负责买菜,军负责下厨。

饭煮熟后,军会用勺子把饭盛出来。然后再用电饭锅煮菜。每当锅里发出"吱吱"声的时候,那袅袅的菜香早已浮了起来,饭菜香糅合着我们的欢声笑语,从窗格子里溢出来,飘得很远很远。军就像一位魔术师,他能用简单的材料做出花样百出的菜式。军做的油煎豆腐香脆嫩滑,竹笋小炒鲜甜美味,凉瓜炒蛋滑而不腻……我们的爱情如四季,春天风味小菜,夏天海带糖水,秋天下火凉茶,冬天暖心火锅。

没有浪漫的爱情,只有一个朴实的电饭锅,但我们用甜蜜烹饪爱情。没有山珍野味,没有红酒玫瑰,我们在一饭一菜间传递真爱。也许这就是最大的浪漫。

王芹霞(1996年来深,现居罗湖玉龙新村)

一根冰棍

1998年7月10日

和小萍走在熙熙攘攘的大街上，琳琅满目的商品，看得我俩目不暇接。当一件件五彩的衣服出现在眼前，天生爱美的我顿时觉得眼前一亮，但因囊中羞涩而只能逛逛，价钱我不敢看，衣服也不敢试穿，只能过一下视觉上的瘾。同样来自山区的我们，带着"多挣一点钱"的想法南下来到深圳。多挣少花，是我们打工妹的原则。

离下次发工资还远着咧，所以我俩兜里的钱都不多，当我们走过"风味小吃"食街，看见喷香的炸鸡腿，感觉自己的口水都快流下来了。饭堂里平日不是大白菜就是黄豆芽，现在好吃的就在眼前，多想吃顿好的，慰劳自己呀。

小萍伸手去掏兜里的钱，皱巴巴的一叠，全是一元钱，便一声叹息道："发工资后，我只给自己留下100元钱，其余的都寄给家里了。厂里是包吃包住的，我想有点小钱花也足够了。"

我的心头一热，我何尝又不是，我兜里的钱也不比小萍多多少。我咽着口水，把涌到嘴边的念头摁了回去。

一首张学友的《朋友》在耳边响起，我忽然灵机一动，拉上小萍，往路边一个小推车跑去，两根5毛的冰棍。我慷慨地边说边拿出一块钱。小萍见势，忙说我来给我来给。

"别再争了，快点吃吧，冰棍很快就会溶化的。"在我的劝说声中，我俩嘴里各自含着一根冰棍，漫步在城市的夜色中。

幸福（1998年来深，现居坪山新区）

前台小雪

1998 年 7 月 29 日

本月初,厂里推出新举措:办公室职员,不论级别高低,如要拨打长途电话,都得先到前台登记,经过前台文员的允许,才能用总机拨打电话。此消息一出,最大的"头疼者"非我莫属,从事采购跟单一职的我,每天都要按订货单打电话给各家供应商跟进催交货的进度,以确保货源的按期按额完成。翻开手抄本的供应商通讯录,长途电话占据了不少格子。

据说此举的推出,跟上月底"天价"话费有关。有内部消息流传:行政部打印其中一部分通话记录追查,证实大部分通话记录为以公谋私的结果。

新政实施的第一天,我抱着层层叠叠的文件夹,将办公地点从采购部临时"转移"至前台。还好,前台是一个企业的门面,老板为了提升企业形象,不惜花重金进行豪华的装修,购买了一张看似挺奢侈的弧形大办公桌,还有让人感觉冰凉的空调。对于我的到来,前台文员小雪给了我一个冷眼,拿了好几个文件袋,放在桌子的中间,似乎在对我这个前来沾光的霸位者发出无声的抗议。于是在她的地盘上,我只能安分守己地在那半边弧桌上做好分内之事。

电话打完后,还得归原位继续办公,当我正起身准备离开时,小雪送上一个笑脸:"顺便帮我捎点老总已经签字的文件给你们部门的同事。"我二话不说地揽过这本该属于小雪亲自送达的活。

下午,当我重回前台办公,发现小雪已给我打好了一杯凉白开,虽然只不过是举手之劳,但我还是着实感动了一番,再看那道一分为二的"隔离线",也撤消了。呵呵,这个小雪!

幸福(1998 年来深,现居坪山新区)

从当保洁员开始

1998年8月11日

左手拿着拖把，右手拎着胶桶，手臂夹着抹布，当我第一次走进贵族式的高档小区，才知道一幢数十层高的物业大厦，4层以下的均为商业大楼，5层开始才是住宅区域。空中楼阁不仅能造个姹紫嫣红的花园，甚至还有一个硕大的游泳池。

走进货运电梯，准备开工——22至30层楼道、楼梯、扶手、窗户的保洁工作。当我按下楼层数字键30时，才发现电梯最低层竟然是负2层，我这个乡下妹子一时有点摸不着头脑，忍不住向同事小李打听："怎么这楼还会有负数，地底下还能装什么？"小李一脸的羡慕，"你不懂，那都是人见人爱的宝贝，是地下车库。"我还在啧啧感叹贵族生活的奢侈，电梯已经停在了30层。

既来之，则安之。谁让我来深圳半个月，整天东奔西走也换不来一份体面的工作，谁让我的兜里只剩下38.8元的余额呢？总不能年纪轻轻的就当街乞讨吧！

奔走在各个楼层间，为了能把起码的温饱问题解决，我开始认真、努力地干活。正值炎热季节，豆大的汗水不断地涌出，不一会儿，衣服就被汗水浸湿了。好不容易盼来班长例行检查，只见他拿出一块洁白的布，随意地选了一块地板砖，用力擦了几遍，然后认真地看了看那块布面，发现上面没有丁点污迹，这才给了我一个满意的微笑。

更让我欣慰的是：当一天的劳累换来业主们的一句认可、一声感谢时，我觉得付出总是有所收获的，虽然每天下班时汗流浃背，但是心开始回暖，不再有来时的抗拒。

当初一想到人生的第一份工作是从拿扫帚开始，心里不免有些抗拒和自卑。现在，通过实践，我终于欣然、从容地接受了这份相对的苦差，因为它对我来说，是个"洁"对的考验。

小雨（1998年来深，现居坪山新区）

差点去了樟木头

1998年8月21日

　　今天晚上，我和妻子在工厂加班下了班后，回到出租屋已是十点多，洗漱后便上床睡觉。因为劳累了一天，躺在床上不一会儿就进入了梦乡。

　　就在我俩睡得正香时，突然被外面一阵急促的"砰砰"的敲门声吵醒，我赶紧起身走到门边侧耳一听，是从旁边出租屋传来的。"开门开门，我们是治安队的，起来查暂住证。"我跟妻子都没有暂住证，听到这儿，我俩都很害怕，特别是妻子，她紧紧地抓着我的手臂说该怎么办。我故作镇定地跟妻子说不用怕，其实自己心里却十分担心。因为之前曾听说如果没有暂住证被查到的话，会被当作"三无"人员抓起来送到东莞樟木头"做苦工"。

　　就在我想办法如何应对时，我所租住的出租屋的铁门也被敲响了，我不敢怠慢，战战兢兢地打开门，只见五六个身穿迷彩服的男子站在门口，其中一个男子拿着手电筒对我照了照，口气十分大声地说："把暂住证拿出来。"我告诉对方，工厂还没给我办，现在只有厂证，说着我把厂证递给对方看。对方没有看我的厂证，厉声道："没有暂住证，那就跟我们走一趟。"我十分害怕，因为如果跟他们走的话，就意味着要被送去樟木头。我用左手挡了挡手电筒刺眼的光线，想仔细看清楚他们。这时，我看见站在前面有个穿便衣的男子，好像有点面熟。哦，我立刻想起来了，他是我所在工厂厂长的哥哥，来工厂办公室找他弟弟时我见过他一面。我赶紧对他们说："我是X丰厂的。"我用手指了指穿便衣的男子，又说，"他是我们厂长的哥哥。"便衣男子看了我的厂证后，点了点头。刚才跟我说话的那男子态度有所缓和地对我说："你要催工厂赶紧去办理。"我连说"好的好的"。那男子又用手电筒照了照坐在床沿的妻子，问道："她是你什么人？"我告诉他是我的妻子。他们没再说什么，一帮人就转身离开，继续敲其他租户的门去了。

　　不一会儿，"砰砰"的敲门声又在安静的夜空下响起，让人听了心惊肉跳。我跟妻子说，应该感谢我们厂长的哥哥，如果不是他，说不定我俩都得被他们带走。我看了一下表，已是凌晨2点多。由于受到了惊吓，我跟妻子躺在床上已没有了睡意。

　　　　　　　　　　　　　赣南老表（1997年来深，现居宝安松岗红星社区）

给母亲写信

1998年9月27日

今天，我所在的工厂难得放了一天假。室友们都出去玩了，我一个人呆在宿舍里听收音机，有些寂寞，也有些无聊。在轻缓的音乐声中，我忽然想念家乡，也想念在老家山村独居的母亲了。

本来，我在老家有一份固定工作，可是我嫌工作太过轻松没有挑战，工资也不高，工作了一年多就开始厌倦了。于是我瞒着母亲向单位办了停薪留职手续，从县城回到乡村住了几天，然后就一个人南下深圳了。

趁今天有空我决定给母亲写封信，就像我当年上大学时一样。我打开床头的皮箱，拿出纸笔，写了起来。

"妈妈，我是阿宝，很久没有回家，也没有给你写信和打电话，你身体还好吧。可能你还不知道，我现在没有在家乡工作了，我瞒着你跑到深圳来了！我现在很好，工作很好，身体也很好，还长胖了呢。妈，请原谅我没跟你打招呼就跑到深圳，我到外面来不会学坏，就是想挣多点钱，将来在家乡县城买套商品房，再把你接过来，过上好日子……"写着，写着，我的眼睛开始模糊起来，想到自己到深圳后漂泊了一个多月，每天在外面奔波找工，吃了很多苦头；由于缺乏工作经验，拿着一张大专文凭的我连份普工的工作都没找到，半个月前才在一位老乡的介绍下，进了他所在的工厂做了一名流水线工人……我感到委屈，要是母亲在身边，我会大哭一场。

为了实现自己的梦想，我告诉自己要坚强起来。重新提起笔，我在信的末尾写道："妈，过年我一定回家看你！"泪光中，我仿佛看到母亲在老屋里一边听叔叔念信，一边笑着擦眼泪……

金宝（1998年来深，现居坂田）

中秋佳节读家书

1998年10月3日

后天又是万家团圆的中秋佳节。作为一个在外工作的游子,我多么渴望能与家人团聚,共享节日的欢乐。但由于工作忙,我只能留在深圳,用另外一种方式来欢度节日。

中秋节前夕,家人分别给我寄来了几封洋溢着浓浓亲情的书信。读着他们的来信,我同样感受到了佳节的温馨和欢乐。

父亲是位领导干部,由于公务繁忙,平时很少给我来信。即使来信也是惜墨如金,简洁明了。这次来信,父亲竟破天荒地给我写了满满5页纸。信中借中秋来临、亲情倍增的机会,给我谈了许多人生的感受。我一字一句细嚼慢咽,就像品尝一杯香醇的美酒。我想,只有像父亲这样人生阅历丰富、每时每刻都在思考社会、思索人生的人,才能写出这封使我受益匪浅的家书。

母亲是位小学教师,也许是出于职业习惯,她总是那么有耐心。平时她给我的来信也是最勤的,且写得很长,每封信都有六七页之多。母亲的信可谓包罗万象、无事不谈,生活、工作、学习、家庭方方面面,都是她写信的素材。母亲的心是细腻的,一点小事在她的笔下,都被描绘得那么有情、那么有趣。读母亲的信,我一点都不觉得冗长和繁琐。读母亲的文字,令我仿佛在聆听山涧清泉发出悦耳的声音,是那么惬意和舒适。当然,只有做儿子的才能感受到母亲的这份情感。

这次,母亲又写来了一封长长的信,足足有10页纸。字里行间尽管跳跃着欢乐、祝愿等祥和的字眼,但作为儿子的我,感到母亲的字愈写愈大了,笔迹再也没有昔日那么刚劲有力,明显看得出有些字是颤抖着写出来的。是的,母亲年岁大了,可她还在为我们日夜操劳,还在想念着远在他乡的儿子,牵挂着我的冷暖。读着母亲的来信,我情不自禁地涌出了两行热泪。我知道,那是亲情的泪,那是儿子对母亲思念的泪。

令我高兴的是,我还收到了小妹的一封信。她还是那么纯真、那么率直。刚踏上社会的她,对这世界充满着好奇和新鲜。她的信写满了对未来的美好憧憬,小妹对我这个能够在深圳特区闯世界的大哥很是钦佩。

中秋佳节转瞬间便会过去。我虽然没有品尝到家人烹出的美味佳肴,但家人给我送来了一份飘着馨香的精神珍馐。佳节读家书,作为今年值得庆贺的一件事,将深深镌刻在我的脑海里,留给未来的岁月去回味……

杨檀林(1996年来深,现居福田)

我要去闯深圳

1998年10月24日

思来想去，我决定舍弃独自苦心经营4年的时装店去深圳闯荡。

下定决心后，我打电话告诉乡下的母亲。电话那端的母亲沉默了许久，继而缓缓问："为什么要走呢？"一瞬间我心底如潮水般漫过千万种情愫，泪水忍不住流了下来。是啊，为什么要走呢？在夜深人静时，我也一次次追问过自己。我17岁开始学服装裁剪和缝纫工艺，19岁打工，21岁开店……8年的光阴我专心做这件事，一步一个脚印，从乡下辗转到省城南昌租房开了个小小的时装来料加工店。8年的时间，我小有收获，但我已经不满足守着那个小店把光阴虚度。

有首歌这么唱着："为什么流浪，流浪远方，为了天空飞翔的小鸟……"毕业于吉林工大的弟弟说我像只小小鸟，一心只想往前飞。他说，25岁是一个女子人生的分水岭，为什么不找个心灵的归宿？难道真如歌中唱的那般浪漫与矫情："我想超越这平凡的生活，所以注定暂时漂泊……"我暗自叹息，感情是可遇而不可求的，婚姻又怎么能是我的全部生活和最终目的？从农村到城市，我走了很漫长很艰辛的一段路。因为起点太低，为了在省城站稳脚跟和有一片属于自己的天空，我付出了数倍于别人的努力和时间。

许多顾客听说我要走，都纷纷挽留，说深圳是个花花世界，到那去过的女孩都找不到婆家；说我已经是小老板了，何苦瞎折腾？面对纷纷扰扰的询问和善意的规劝，我都付之一笑。只有母亲我无法回避，为什么要走呢？

很多年以前，我曾暗暗下决心：长大了，我要过和母亲不一样的生活。我要读很多书，去许多地方，做和母亲一样富有同情心、热爱生活和生命但有知识、有生活技能和独立自主的人。

"你的家，他的家，深圳是我家，不忘旧家安新家，四家掀变化。"再次听到这段歌，我忽然有了答案。母亲，我已长大，会照顾好自己，我要追求自己想要过的生活。母亲，让我去鹏城再次创业，迎接精彩的新生活。

余娟（1998年来深，现居福田）

相约深圳

1998年11月8日

今天收到诺诺的信,她已经回汕头老家一个多星期了。

一个月以前,刚中专毕业的我们从学校分配到深圳的坂田,我和诺诺分在同一家公司同一车间,我们俩兴高采烈地幻想着明天的美好生活。可仅仅一个月,面对沉重的打工生活和来自家庭的压力,诺诺不得不选择回家乡汕头,家里给她安排好了舒心的工作。

在信中,诺诺说她多么想留下来和我一起打工奋斗,能够在这座陌生的城市开创一片属于我们自己的天空。她说还没有与我一起去看深圳的大梅沙,没有一起去著名的世界之窗,就这么遗憾地回去了,心,多么多么的不甘啊!她说等着吧,明年的秋天,我一定回来,我们一起去深圳看海,一起看世界之窗。

想当初,刚踏出校门的我俩幻想着无数个美丽的梦想坚持选择来了深圳,梦想着能够在深圳创造一片我们的天空,可现在诺诺回去了。我泪眼朦胧地继续读信,诺诺说,我人是回去了,可心还是留在这。你要好好努力,不为别的,为自己!

宿舍里飘着同事放的歌曲——王菲那英的《相约九八》:来吧,来吧,相约九八;来吧,来吧,相约一九九八;相约在甜美的春风里,相约那永远的青春年华,心相约心相约,相约一年又一年,无论咫尺天涯……

今年虽然快要过去,但是我只想对诺诺说——诺诺,我们相约吧,秋天,明年的秋天,我们相约在深圳!

陈冬(1998来深,现居布吉)

去面试

1999年1月5日

今天去面试，出门时穿了件紧身毛衣，想想不是太好，换了件宽松点的。

最近过得十分闹心，举头瞧同龄人有比自己混得好的，心里颇不爽；再举头还有混得更好的，更不爽。低头叩地一遍遍自问：为啥那人有小车了，俺却还要经常坐公车？！为啥那人有两套房了，俺还在为一套房苦苦挣扎？！更可气的是，为啥五年前一个俺想踢他去太平洋的瘦子，还开了个据说要上市的公司，而俺依然还在为一份工作发愁。

想当年，怀揣一千大洋，雄纠纠来深，同两师姐窝在两室一厅的民房里。记得第一次求职时，是一家电子公司，老总的办公室大而宽，办公桌宽而大，俺哆嗦着一屁股坐上厚软的转椅，用力过猛，差点没翻个跟斗，狼狈溃逃。今天面试的是一家文化公司，面试官说："你穿着东门的地摊货来应聘我们的品牌策划，你觉得合适吗？"天地良心，俺还真的不知道东门在哪旮旯。

从文化公司面试出来，想死的心都有，嫩师姐冒雨来接，可俺一想起老师姐那些鬼祟的男人，不肯回去。嫩师姐请俺吃麦当劳，讲人生，摆道理，终于把俺哄到公交车站。雨夜中的深圳，人渐稀少，一辆公交车驶离站台，远远听到一人大叫：等下我……扭头看去，一个穿得淋得不成样子的西装中年男，落汤鸡一般，拿着公文包往公交车追去，那背影寒酸落寞，师姐说：这是最后一班车了，这一定是个失败的推销员。

我跟师姐说：我有一万块就好了，有了它，我就不必跟大师姐住一屋，也不必像这个推销员拼命地追公车。

几年过来了，当初的愿望变成了最基础的生活要求，不知道是人民币贬值惹的祸，还是物质搞的鬼，越来越容易沮丧和不快乐了，看来，正如师姐所言，物质这玩意儿，偶尔有一些就好，不要爱得太深，因为经验告诉我们，爱一个人或一样东西太深，稍不留神就把自己给搭上了，就算不死得难看，也会落个鼻青脸肿。

话说回来，今天面试的感觉还好，应该有把握吧。问问题的帅哥比较和善，在他手下做事，应该不错。

欧阳静茹（1993年来深，现居福田）

自己的城市

1999年1月15日

元旦后,我从宜昌回到深圳,感觉好极了。天是那么蓝,云是那么白,花是那么红,草是那么青,人是那么可亲可爱。走在街上,好像碰到的都是朋友。在家里,原来的同事看见我,跟我打招呼时,不像老家的人,总是问:"你为什么又回来了,是不是在深圳混不下去了?""这几年赚了钱没有?是不是还是穷光蛋一个?"这些话让人从里到外觉得难受。

小叔从南头打电话叫我去吃饭,坐在他们家装饰精美的客厅里,小叔说:"我早就等着你回来了。你一直都干得不错,如果你留在深圳,一定会有前途。你要像你妹妹那样,要有把根留住的那么一股勇气,好好努力,你就能成为深圳的一员。"小叔原是个农民,1986年自费上了大学,1992年就开始闯荡深圳。他从地盘工程师做起,一步一步做到现在的大型装饰企业的副总,娶了一个硕士太太,还在南头买了房。我妹妹,中技毕业,但她不气馁,1993年来深,无论做什么工作都很投入。因为工作出色,她赢得了一位同样出色的打工仔的爱慕。他们一起奋斗了5年,终于成了家,还在龙华买了房、落了户。现在,他们的孩子都快3岁了。深圳给了每一个诚实劳动者机会。只要你真诚地付出,便会有收获,我也正在努力。

前天,从人才大市场出来,我感觉深圳的阳光温暖极了。她是那么明媚,一下子就把我的内心深处照得透亮透亮的。望着街上熙来攘往的人流,我真想大喊几声……下午在华强北,从万佳超市出来,不远处停着一辆捐血车,望着不断上落的献血者,我不假思索地走了上去。当殷红的血液从我的体内汩汩流出时,我突然强烈地感到,我已经和这座城市血脉相通,永远也分不开了……

记得1994年刚来深圳那会儿,我曾写过一首诗《自己的城市》:我们也是一群候鸟/为什么我们对无情的流水线那么有情/为什么我们为每一扇窗怦然心动/为什么我们流失在河里而没有流失记忆/因为,这里/是自己的城市。

今天想起来,我当时的想法是对的,对极了……

吕国营(1994年来深,现居福田梅林路)

第一次"出粮"

1999年1月21日

早上10点多,我去写字楼复印资料时,惊喜地发现财务部在公告栏内贴出了通知,今天下午2点至5点30分员工发工资,6点30分至9点职员发工资。

这是我来深圳打工之后,第一次"出粮",激动的心情难以言表。人说"人逢喜事精神爽",此刻的我就如天大的喜事降临了一般,快乐的情绪在渲染着,整个办公室的人都在笑我"傻",说至于激动成这样吗?

6点30分如约而至,写字楼里的广播传出:采购部职员请到写字楼领取工资。话音刚落,我一个健步,跑在了那些要优雅而选择慢步前行的姐妹前面。胖胖的燕姐已经做好了准备。虽然我在这个厂里工作了才两个月,但因为平时工作上有接触,所以,当燕姐一看到我,就把我的那个白色大信封拿出来了,还亲切地打了声招呼,"是小丽,没有错吧。"

我热乎地点头,一脸认真地看着信封上的金额,上班时间,加班时间,请假时间,全勤奖,一一在心里核对着,两分钟后,已经来到写字楼的姐妹们急催:看够了没,核对正确了快点签字,别光顾着领自己的,我们在等着呢。

我于是飞快地在燕姐的账本上签下我的全名,走之前,我握住燕姐的手,连声道谢!

燕姐却一脸微笑地说:"应该感谢你自己,这是因你的努力而获得的。"

看着那来之不易的1113元钱,我取了个整数1000元寄给远在广西的父母,以人生当中的第一次"出粮",报答父母对我多年的养育之恩。

吴春丽(1998年来深,现居龙岗坑梓街道)

"孺子牛"今天搬家

1999年2月6日

今天是我人生长河中一个难忘的日子,首先今天是我44岁的生日;其次是深圳著名的"孺子牛"铜雕从市委市政府大院迁至大门口花坛。

"孺子牛"如今已成为深圳的标志性城雕。可以说在全市的城雕中,"孺子牛"是影响最大的,也是最成功的。很多外地游人来深都在具有象征意义的"孺子牛"雕塑前拍照留念,但该雕塑处于市委、市府大院内,故难以如愿以偿,实感遗憾。因此,我萌发了一个想法:让"孺子牛"雕塑移至市委市政府大院墙外的绿地中,让市民和游人共赏,使"孺子牛"雕塑成为鹏城街头一个有意义的景观,并能在人们的精神生活中产生积极影响。

我把这个想法写成文字,在1998年12月16日的市委市政府《信息快报》上,以《市民希望将"孺子牛"雕塑移至市政府大院外》为题在头条的位置刊出。市领导对此高度重视,时任广东省委副书记、深圳市委书记张高丽随即在市委工作会议上肯定了此建议,并广泛听取了在深居住的副省级以上历届老领导、老同志的意见,获得他们的赞同。1999年1月6日召开的市委常委会做出决定,将孺子牛迁至市委市府大门口花坛外。

当我得知"孺子牛"已确定将迁至院外的消息后,我拿起相机,用镜头定格了整个搬迁过程,这组照片被深圳市档案馆永久收藏。市直机关保卫处的负责人对我说:"以往众多的游客想入内和'孺子牛'合影,让我们实在为难。现在铜雕迁出去,群众可随意与'孺子牛'合影了!"

韦建诚(上世纪80年代来深,现居福田莲花北村)

购全价机票回家过年

1999年2月12日

  几天前公司有个让我出差去沈阳的机会，因为距离过年很近了，妈妈说我好不容易出来一趟，让我找个机会看一下到深圳两年多一直没有回去过的哥哥。于是出完差，我向单位请了几天假，从冰天雪地的北国来到了繁花遍地的深圳。分别这么久看到哥哥我心里由衷地感到高兴，哥哥带我走在深圳的大街小巷，给我讲述深圳的传奇。

  哥哥经常说的一个玩笑就是，他1987年来过一次深圳，那时，国贸大厦落成不久，他去了一趟上面的旋转餐厅，吃了一碗面，花了15元钱。当时他每月的工资也只有几十元钱，因此，深圳留给他最深的印象是高消费。没想到10年后，1997年，当他想离开故土，出来闯天下时，又选择了深圳。他的逻辑是，这里有的是新生事物，有的是机会。

  这几天我长了很多见识，但我还是急于回家。对深圳春运一无所知的我想在春节前赶回家，和爸爸妈妈过团圆年。听说我不在深圳过年，哥哥急忙找人开始订票，结果大失所望，在深圳，春运期间想回家，一票难求的场景绝对是我这个初来乍到的人想象不到的。别说卧铺了，连没座位的票也买不到。

  今天，实在没有办法的我想到了最后一种方式：飞机。在这以前，我从未坐过飞机。飞机对我来说太过奢侈。哥哥带我来到一家机票销售点，询问机票的价格，深圳没有直达我所在城市的航班，要从广州起飞才有直达的。机票全价要2300多元，没有任何折扣，而且只剩7张票了。要知道我是在内地上班，一个月的基本工资加上岗位工资是480多元。这在内地的单位里，按我的年龄工龄来讲，已经是收入很不错的了。天哪，没想到一张机票居然要花掉我差不多半年的工资。见我犹豫不决，哥哥便带我先回了家。回到家后，我再次打电话向机票销售点确认机票一事，竟被告知只有2张机票了。真的没有其他选择了。一咬牙，我还是选择了购买全价机票回家。

  手里拿着一张轻轻的机票，心里感觉很重很重。这将是我第一次有机会乘坐飞机，明天，我将飞回千里冰封、万里雪飘的故乡。眼前明媚得像春天一样的深圳，年轻的城市迸发的活力早已深深地打动了我。我还会再来吗？

蔡磊（2000年来深，现居南山玉泉路）

在值班岗位上过年

1999年2月15日

今天是除夕,在公司饭堂吃过年夜饭后,我与公司里没有回家过年的员工,一起在宿舍旁的灯光球场观看中央电视台的春节联欢晚会。晚会中印象最深的两个节目是歌曲《常回家看看》和小品《真情30秒》。

"找点空闲,找点时间,领着孩子,常回家看看;带上笑容,带上祝愿,陪同爱人,常回家看看……"谁不想常回家看看,可是像我们这样的普通打工仔打工妹,一年除了"五一""十一"和春节有几天假外,其余时间里都要上班,星期六星期天也不能休息(尤其是我们做保安的,节假日一律照常值班)。而我们离家又是那么遥远,常回家看看谈何容易。当然,比我们更不容易回家的当属常年驻守在祖国边防线上的战士们。

接下来的小品《真情30秒》,让当过4年兵的我再一次体会到了边防战士的艰辛——也是除夕之夜,上级领导为了让边防哨所的战士们能与家人通电话,特意配备了一台电话机,由于人太多,规定每人只能有30秒的通话时间。一名小战士拨完自家的电话号码,眼看30秒钟快用完了,电话却一直没人接,班长便把自己的30秒时间让给了小战士。当第二个30秒快结束时,电话里才传来母亲呼唤儿子的声音,小战士饱含热泪地喊了一声"妈妈!",这时全班的战士们齐声对着话筒高喊:"妈——妈——"

此时此刻,我这个退伍已6年的老兵眼里也已泪光莹莹。心想,我也给家中的父母打个电话吧,一看手表,10点半了,上班的时间已经到了。今晚轮到我值夜班,只得扎腰带戴帽子走上工作岗位。

笔挺地站在宿舍大门口,耳旁不断传来节目里的欢歌笑语,心里直痒痒。为欢度春节的同事们站岗放哨,责任重大,可不能擅自离开值班岗位。算了吧!亏了我一个,幸福千百人。

"五——四——三——二——一!"新年的钟声敲响了,我点燃了总务人员事先就准备好的鞭炮,"啪啪啪……"的鞭炮声响彻整个宿舍的上空。

张勇飞(1997年10月来深,现居龙华,自由职业者)

遭遇"骗钱党"

1999年2月27日

对深圳还不太熟悉的我,趁晚上不用加班,决定到街上走走。我脱下工衣,换上时下流行的休闲运动装,往镜子里照了照。这时,下铺的舍友不忘"挖苦"我"和城市里的妞一样美得很"。

走在繁华的深南大道,车来车往的喧哗,高楼在夜幕的点缀下璀璨地展示着它动人的美姿。"小妹,问你个路,去邮局怎么走?"一个中年女人向我问路。"不清楚。"我直言。中年女人似乎还有事情要问,继续说:"我还想和你打听个事?不知道邮局给不给邮寄这东西?"说完用手从一个布袋子里拿出一大包东西。中年女人把用层层布包裹着的大包打开,只露出一个小角,我看见一道金光晃了一下。刚巧,正在这节骨眼上,一个中年男子和一个年轻女子也路过看见这一幕。男子一声惊讶,继而小声凑近中年妇女说:"这东西可值钱,卖不?"年轻女子则连连附和。中年女人压低声音说:"这是我老公在建筑工地上挖出来的古董,既然和你们三个人有缘,那我就不去邮局寄了,你们开个价来,我卖给你们。"

中年男子一听,直爽得很:"我这有一万块现金。"年轻女子翻了翻包,小心地问:"我只有六千多元,这够吗?你身上有多少?"他们三个人六只眼睛盯向我,天生一副直肠子的我,断断续续地说:"这东西对我来说用不上,而且我也没钱,全身上下也就十几块钱……"

没等我说完,三人没有留下一句话,纷纷散去。一个小时后,当我回到宿舍和舍友们说起这事,一个在深圳已经呆了8年的大姐告诉我:"你遭遇'骗钱党'了,幸亏你没贪念,不然会被骗个精光。"

俺们行得正,站得直,心地纯正,让骗钱党无计可施,其实我也早就看出来他们是一伙的,虽然俺身上的钱很少,就那一丁点的钱,但对于咱打工者来说,也是用辛勤的汗水换来的。咱得保护好这来之不易的钱,别让骗子们得逞。我一脸得意地笑了。

丽语(1999年来深,现居龙岗坑梓街道)

打工圆我楼房梦

1999年3月13日

前两天,我从深圳专程赶回老家江西举行隆重的乔迁新居仪式。当我点燃一串从四层楼顶垂挂下来的万响鞭炮时,不禁飘飘然:这幢占地100平方米、耗资20余万元、美轮美奂的四层楼房,真的是我的家吗?

20年前,我住单位集体宿舍6平方米斗室,四壁裂缝累累,屋顶天花漏痕斑斑。我在这样的陋室里结婚添丁,一住就是8年。随着改革开放的深入,体制的改革,我们单位进行职工集资建房试点,我以不足千元的积蓄,斗胆登记了两室一厅。一年后,我告别陋室,喜迁新居,但身上却背了2000多元的债务。

1992年春,全国报刊发表了邓小平同志的南方谈话,我读后似乎听到南方号角的召唤,于是,决心去深圳沐浴东风,闯一片天地。我告别内地悠闲的工作环境,南下深圳,开始了打工生涯。

在深圳工作一年的收入,等于我在家里干好几年。不到半年,我就还清了所欠的债务。妻子劝我回家上班,但我像着了魔似的不愿离开深圳。我说:"债虽还清了,但总不能家徒四壁吧!"两年过去,不仅日用家电齐备了,手头还有几万元积蓄。过年回家,妻子说,现在的两室一厅显得狭窄了些,有个客来,住宿都不方便。她们单位要建商品房卖,不如换一套三室两厅,住得舒服些。我们家乡撤县建市,规划一片住宅区公开拍卖。妻子来电话问我是否竞买一块地,盖个单家独院。我想,有钱置点房产倒也保险。于是,妻子以5万元高价,竞得一块100平方米的地皮。然后建了四层楼房、两个店铺。其中,三套房大部分用于出租。

如今,当我在自家的楼房侍弄花圃、设置书房、安放乒乓球台、收取租金时,我陶醉了:不是改革开放、创建特区、用工自由,我这个贫寒的小职员就是熬到头发斑白,也难圆楼房梦啊。改革开放20年,改变了多少中国人的命运,使多少家庭几代人的梦变成了现实!

程争鸣(1992年12月来深,现居南山,自考大学语文老师。)

带父母尝鲜吃洋快餐

1999年5月5日

爸妈和弟弟从老家过来已经三天了,但还没带他们出去吃过饭。我妈说在家吃得又好,又省钱。我知道爸妈是想为我省钱,觉得我刚工作也不容易,这次还把家人都招呼过来玩,就更不容易了。但我心里终究搁不下,于是下决心带他们出去下馆子。

我提议去东门逛街,那里是深圳最热闹的购物场所。我妈一听有了兴趣,一边准备水和面包,一边嘀咕着正好可以给我爸和弟弟买件衬衣。

在东门逛了大概两个小时,爸妈和弟弟都买到了比较满意的衣服。这时已经差不多中午12点了,天气又有点热,我看得出来他们都有点累了。于是,我跟我妈说:"咱们找家饭馆吃个饭。"我妈一听就摆手:"免了,免了,这不带着面包吗?"我灵机一动,跟我妈说:"妈,不然我带你去吃汉堡包?也不是太贵,我弟肯定特想吃。"弟弟早馋了,对着我妈连连点头。我妈顿了一会儿,手一挥,说:"行,我也尝尝外国人吃的那个玩意儿。"

我要了4个鸡腿汉堡和4杯可乐,还要了2份薯条,差不多80块钱。找到位置坐下后,爸妈和弟弟都四处张望着,我爸说:"这个餐厅蛮干净的。"

我妈咬下第一口汉堡,评价说:"鸡肉的味道还可以啊,不过菜是生的,吃了会不会拉肚子啊?"我们都哈哈大笑,我弟说:"妈,这菜本来就可以生吃的,放心吧。"对于薯条,他们的一致评价是:比起有面包、有鸡肉、有菜的汉堡包,薯条的价钱不实惠。我爸说:"下回来就不要买薯条了,今天就图个新鲜。"

回家的路上,我问我爸妈"吃饱了没有?"我爸妈都说当然吃饱了,汉堡包挺实在的,但弟弟似乎没填饱肚子。他说,洋快餐就是个名气而已,对于他这种大饭量的人不适合。还一路嚷嚷着回家让我妈再下碗面条,我们一听全乐了。

王彦(1998年来深,现居龙岗)

在上海轻工总汇买单车

1999年6月19日

在南油钜建大厦边的小路上花50元买的旧单车前几天又丢了。都怪我，在蛇口幸福中心那家小书店买了本《WINDOWS98入门》，才进去5分钟，一出来，单车就没了，一共用了不到一星期。真理解了那句话："没丢过几辆单车，就不算深圳人！"这已经是我来深圳后丢的第二部单车了，第一部是年初去风华大剧院看电影《黑骏马》时丢的。

咬牙跺脚，买辆新单车，再配把好锁，我就不信它还丢。不想再买二手的了，想买部新的正规牌子的，骑的时候就会格外小心。过几天跟哥们约好骑车去赤湾的炮台，去看林则徐雕像，然后再去天后宫附近的26路公交总站附近，那里有家意大利西餐厅，据说味道很好价格也不贵。

决定还买大学时骑惯的"凤凰26"，就去附近的上海轻工业品总汇买。别小看这个长条形只有两层楼高的建筑，里面的东西很全，吃的、穿的、用的都有。在深圳，要买到这么多正宗的上海货，没有第二家地方了。

一进轻工总汇，就在一楼，便是买自行车的地方。不到5分钟，我就决定买下这辆黑色"26凤凰"，花了278块。但到买锁时，我犹豫了，售货员向我推荐的"固力"牌上海车锁要78块，觉得有点贵，但为了安全起见还是买了。这里唯独没有自行车把前放东西的"筐"卖，去哪儿买呢？售货员挺热情，告诉我，很近，就在蛇口体育中心后面与育才小学之间的小路上有家店。这就算齐了！

现在真觉得我住的花果山大厦绝对是个好位置，在方圆百米范围内，买啥东西都有，住得真舒服。

陈月（1995年来深，现居南山）

给老妈打电话

1999 年 7 月 21 日

昨晚没加班,冲完凉后,就跟几个老乡去附近一家电话超市给家里打电话。

电话一下就通了,但响了七八下都没人接,正纳闷呢!一个熟悉的声音骤然在耳边响起:"是友保(我的小名)啊,是你吧,这几天屋里(湖北土话,指老家的意思)都快要热死人了,这不刚吃完饭,现在都在大门口乘凉呢——"是母亲。"友保啊,你吃饭了吗?今天怎么有空打电话回来?晚上不加班吗?你那里热不热?要不要让人给你捎点绿豆过来你煮水喝啊?"电话那头,母亲一口气问了很多,像是要把内心积攒已久的疑虑一下子全问个遍、问个清楚。

听得出来,母亲的声音有些沙哑,不用说,肯定又是忙田里的庄稼、菜园里的菜,然后起五更把菜挑到县上,希望能卖上一个好价钱,给累的!一想到这里,我这心里就不好受……稍微调整了一下情绪,语气尽量平缓地对母亲说:"彝(湖北土话,一种对自己母亲的叫法)啊,早吃过了,澡和衣服也洗了。嗯,是这样的,今天晚上不加班,所以有时间。这里啊,也热啊,但没有家里热,上班的时候有电扇,还好,没觉得热;晚上上床的时候有点热,到下半夜就好了。厂子里每天下午送绿豆汤,我每次都去喝上两碗,彝啊,没你煮得好喝——"话音未落,就听到母亲在电话那头的笑声:"儿啊,他们是不舍得多放糖!"

见排队打电话的人多起来了,我下意识地加快了语速,对母亲说:"彝啊,别托人给我带绿豆了,都拿到市场卖吧,正好应节气,还能多卖几十块钱。天气热,你要当心点,特别是下地,别热着了,现在比过去有钱了,你也就别太劳累了,多保重身体!""我知——道。"母亲说。听得出母亲话里的小小满足……

"彝啊,这个星期六,我又给你寄了 600 块钱,估计下周就可以到家里……"没等我把话说完,就听到电话那头母亲的抽泣声:"你又寄钱干嘛?儿啊,是家里拖累你了——"等我打算安慰她时,母亲已把电话挂了!

她是怕我多寄钱。想到这里,我的眼泪也不争气地淌了出来。

吕治君(1994 年来深,现居宝安民治街道)

同事生日遭错砍

1999 年 9 月 24 日

今天,是同事明仔的生日,他邀请了全体舍友晚上去一家大排档餐厅庆贺。

晚上下班后,大家都准时相约来到大排档餐厅,找了座位坐下。明仔主动给我们斟过茶水后,就独自走向服务台下单去了。很快,明仔过来了,我们一起站起来同声说:"祝你生日快乐!"接着大家都一一献上红包说:"老兄,都不知道买什么礼物,只好封上小小意思,请笑纳。"

明仔一边客气地推拒着我们的礼,一边给大家斟上了啤酒:"一场兄弟,大家不要这样,你们来了就已经很给我面子了,今天谢谢大家。"大家又举起酒杯,一起敬了明仔。明仔说:"多谢多谢,稍后淡酒粗肴招待大家,请不要客气。"

大家吃菜喝酒轮番上阵,少不了对明仔劝酒,气氛高潮起伏,都很高兴。桌面上的酒已喝完,大家都还在兴致中,明仔起身,正想走向服务台再叫酒时,突然,门外冲进几名来历不明手持砍刀的不速之客,向明仔冲去一阵猛砍。当时情景突变,把全场的人都吓着了,待我们反应过来后上前阻止,只听到一个拿刀的人说:"不是他,我们砍错了,走。"其他几个一听,马上收手迅速离去。

我们立即把明仔送去医院,医生检查后,告诉我们说:"幸好都没有伤到骨头,缝针处理后就可以出院了。"我们在医院等明仔出来,陪他走在回宿舍的路上,回想起刚才发生的事情,还心有余悸。

谭子准(1993 年来深,现居广东英德)

跳槽差点受骗

1999年11月5日

昨天本来是发薪水的日子，公司通知说要延迟一周再发。大家都没吭声，但心里都清楚，公司的财务陷入瓶颈，前景堪忧。私下里几个同事已经开始做起跳槽的准备。我在他们拿的招聘启事上看到有一家实业公司招储备干部，注明的要求我都符合，便传真了一份简历过去。很快，接到面试通知，让我今天过去面试。

这家公司位于上海宾馆附近的一座楼里，有很多应聘的人进进出出。负责面试我的人是一位不到30岁的女士。她先介绍自己是这家公司的业务经理，又介绍了一下这家实业公司的情况，还拿出一份公司营业执照及一些获奖证书的复印件向我展示。接着问我有没有听过她们公司这个品牌的产品。问到这里，我实事求是地说，没听过。她笑了一下，说她们的产品某某电视台打广告。负责招聘的人说："没关系，公司现在准备在深圳地区打开销路，很快公司会有人带你熟悉业务。你被录用了，试用期工资1600元，转正后2000元。"我听后不禁喜上眉梢。她带我去看公司的产品展示，说为了方便新员工尽快熟悉产品，公司将给新员工发放试用产品，但这个试用产品要收取100元的押金，转正后押金会如数退回。然后拿了一套试用产品放在我的手里。我有点汗颜，平时出门没有带钱的习惯，就赶紧承诺，明天一早，我就把押金送过来。她略一迟疑，马上说："好吧，那你明天来公司办理入职手续。"

我兴冲冲地回去，同好友阿霞说起求职的所见所闻，正当我眉飞色舞地向她描述时，阿霞的回答却如一瓢冷水浇下来："这是一家骗子公司，你千万不要去，幸好你没有交钱，否则，你的钱就是肉包子打狗——有去无回了。"看到我一脸错愕，阿霞又说："凡是公司招人都不能以任何借口收取员工押金，否则就是非法。他们往往在收了钱后，便关门溜之大吉。我们挣钱不容易，可不能让这些骗子钻空子。"阿霞的话一语惊醒梦中人。很感谢能遇上好心人的提醒，否则差点就上当受骗了。

蔡磊（1999年来深，现居南山）

拿到绿本子,她哭得很伤心
1999年11月29日

拿上塑料杯,到厂区内指定的区域打水。拧开水龙头,就能接到烧开的开水。拎着滚烫的开水,往办公室方向走。在楼梯的拐角处,听到阵阵的抽泣声。闻声张望,竟然是和我同一宿舍的张大姐。只见她蹲在地上,泪如雨下,我感觉不妙,忙上前询问。张大姐却不愿搭理我,只是把头埋得更低继续哭泣。

半晌,她瞄了我一眼,看我也蹲在旁边陪着,就递给我一个本子。我一看,绿色的,虽然并未看其中的内容,但我知道这是离婚证。让人不解的是,年过四旬的张大姐平日拿过不少全家合影给我看,往日其乐融融的一家怎么从此以后就"各奔东西"了呢?

哽咽中,张大姐说:"我是河南人,他是江西人,多年来,我在深圳踩电车,他在东莞做电工,都觉得长期两地分居不好。他曾劝我离开深圳去东莞找工作,但我在一个地方呆习惯了,跟工友混熟了,干活的速度也加快了,一切得心应手,就不想离开。加上年纪也偏大,不敢轻易挪窝。谁曾想,一个老乡前些日子告诉我,他早就在外面有人了……"说到这里,张大姐不禁再度哽咽。良久,才接着说,"我还天真地以为他会看在儿子的份上知错能改,没想到他竟坦然地说要离婚。我呢,平时一门心思放在计件的工作上,就想着多劳多得,多挣点钱,给儿子创造更好的条件,却忽略了和他的沟通。其实工作再辛苦都无所谓,但现在感情没了,老公丢了,实在扛不住了。"

印象中,一向坚强、乐观的张大姐。此时拿着绿本,却唯有无奈、懊悔、哭泣。

吴春丽(1998年来深,现居坪山新区)

彩车巡游迎接新千年

1999年12月31日

今天是本世纪的最后一天。一大早，还在睡梦中，迷迷糊糊听到电话铃声大作，原来是闺蜜敏敏打来的："彤彤，告诉你个好消息噢，今晚深南大道上有大型巡游活动，咱们看完再去大剧院听钟声迎接新千年的到来。"我一听，马上清醒过来了，嚷嚷着："太好啦，你下午来我家集合吧。"

晚上9点多，我和敏敏赶到深南大道。这时，道路两边已是人山人海，男女老少的脸上都洋溢着按捺不住的笑容。我们穿行在热情的人群中，终于找了个比较靠前的位置。忽然，敏敏激动地指着西面说："啊，巡游开始啦！"只见游行队伍的龙头，是那辆在共和国五十周年庆典上让全世界的眼睛为之一亮的经济特区彩车。在游行队伍中，还有一条全长109米的巨龙，这是下沙村农民组成的舞龙队。据说，这条龙是东南亚最大的"龙"之一。紧跟在南山区彩车后面的是深圳大学表演队。深大学子在迎接千禧年到来之际，尽情挥洒着他们的活力，就像深圳这座年轻的城市一样。旁边一个女孩激动地摇着男友的胳膊："看哪，青青世界的彩车上还载着大南瓜、恐龙和花蝴蝶哩。哇，欢乐谷、未来时代都有彩车出游。"

大约23点半，我们随着巡游队伍来到深圳大剧院。大剧院广场被人群围得水泄不通，连周围的人行道和马路上也挤满了人。后来者只好在广场周围寻找"制高点"，台阶、交通防护栏甚至树上，都挤满了等待敲响新年钟声的人们。为了亲眼目睹这次盛大的千年庆典，大家忘记了寒冷，也忘记了疲劳。23点59分55秒，我们一起高声倒计时："五、四、三、二、一"，随着一声浑厚的钟声，我们迎来了2000年，迎来了新世纪。顿时，礼花飞溅，彩球腾空，大家齐唱《欢乐颂》，共同欢庆这一激动人心的难忘时刻。

韩宇彤（1997年来深，现居福田）

找工作变成相亲

2000年1月9日

骑驴找马这种方式,在深圳并不少见。刚来深圳,首先想到的是能不能立足,先找个工作,满足温饱,有合适或更好的机会再寻求更好的发展。像我现在做着专业并不对口的工作,总觉得不是长久之计,从心里还是希望从事本职工作。所以才会继续投递简历,以寻求伯乐的青睐。

今天接到一个电话,对方在电话里说看了我的简历,听到这里心里暗自高兴,每一次面试都是一次机会嘛。录用与否,我不能决定,但来电话就等于敲门砖敲开门缝了。不想对方话锋一转,说在简历中得知我是未婚,还说看了我的简历,感觉年龄条件都很满意,希望有机会能见下面,认识一下。我怔了小半会儿才明白,我投的找工作的简历,不知几时被挪作他用了。

想想自己也到了适婚年龄,还和小姑独处,也不免感到孤独。虽然感到对方挺唐突的,还是决定见个面,给自己给对方一个机会。于是,我和这位打电话过来的陌生人约在一家饭店见面。

在那家饭店里,我见到了这个打电话的人。很好奇地问他:"我的简历是怎么到你手里来的?""呵,一个朋友在公司里做人事,我找到他,要来一些简历,在里面看到了你。""那我这份简历不就浪费了?""反正这家公司不会录用了,哈。""那是那是。"我们又聊了一些其他的话题,一餐饭很快结束了。买完单,他对我说:"我买的房子在某某苑,就在这后面,到我那里去坐一下吧。""噢,不了。"我不是个能对陌生人一见如故的人。城市人心险恶,自己初来乍到,小心无大错,可能我的不同意让他有些不安。他讪讪地笑了:"是不是觉得孤男寡女在一起不方便?"我无言以对,无声就是抗拒。我感谢他请我一起吃饭,告诉我他的想法。但姻缘是个很玄妙的事,不在掌控中。一切随其自然。

回来的路上,我想这可能是我找工作中遇到的最戏剧性的事情了。

蔡磊(1999年来深,现居南山)

"集资"中了大奖

2000年1月19日

昨天,文体中心举办了一场大型爱心抽奖公益活动,今天已是第二天了。我们上班到9点钟左右,厂里突然停电,等了半小时无结果,厂长宣布放假一天。

走出厂门,我们四人一起走向文体中心,想碰碰运气。来到抽奖现场,人不是很多,也许因为不是周末吧。首先,我们在抽奖前台看热闹,看到一个个爱心人士献出了一份份的爱,但抽回来的却是没有成真的梦想。娃子叫我买,我又叫懒鬼买,懒鬼又叫老刘买,也许都认为没有什么希望的,我们都没有单独出手购买。这时,主持人拿着话筒走上宣布台,手拿一个名单重复宣布着:"某某某中得二等奖,VCD一台。"看着别人戴着红花上台领奖,我们的心都有点动了。我建议,大家每人集资5元试一试运气,如果不中就当献一次爱心吧。大家一致同意我的建议,由娃子代表抽奖。

一张张的彩票激起一次次的心情,但又换来一次次的失望。就在大家都气馁的时候,娃子抽出最后一张,交由售票小姐刮开时,小姐一声惊叫:"哇噻,一等奖哟。"我们还以为售票小姐是哄我们开心的,当她把中奖票给娃子时说:"恭喜你,请到后台办理领奖手续。"这时我们高兴得大叫:"中了。"

最后,我们三人在台下看着娃子戴上红花走上领奖台,听到主持人又重复地宣读着:"廖良勇中得一等奖,25寸长虹彩电一台。"我们抬着奖品,引来很多羡慕的眼光。今晚,在宿舍看电视成了我们最好的娱乐活动。

谭高良(1993年来深,现居南山西丽塘朗工业区)

一夜无眠

2000年1月28日

自从月初哥哥由外派回到了深圳,我的居住就成了问题。在哥哥家狭小的房间里,我睡的沙发床白天要折起来,这样的折叠沙发哥哥家有两个,能解一时之需,但说实话,睡下去人很辛苦。

昨天,哥哥的一个同事洋子到深圳来,因为她是自己来深圳办事,晚上哥哥说就在家里住吧,这样,我和洋子就各自住在单人沙发上。哥哥和嫂子小别胜新婚,我们这样挤在哥哥家,空间确实紧张。

今天,洋子和哥哥嫂子探讨事情又聊到半夜两点,我悄悄和洋子商量要不要去楼下的旅馆歇息一下。富丽堂皇的宾馆不是我们的问津之地,她是客人,我当尽地主之谊。但微薄的收入和深圳的高消费比,囊中羞涩是不争的事实。我和洋子姐姐商量,楼下不远有家小旅店,每人每晚要20元钱,我去交一个床铺的费用,然后我们两个人挤一挤住一下,反正距离天亮也没几个小时了。洋子很愉快地说:"好啊。"这时已经快凌晨三点钟了。

我们来到那家小旅店,我一个人上二楼办手续,本想办一个床位和洋子挤一下就算了。没想到前台的阿姨说跟她住一间房。房间里还有别人住,弄得我不好意思和洋子共睡一张床了。我下楼叫来洋子,告诉她和小旅馆的工作人员住一间房,让她一个人去住好了。她关切地问我怎么办?我说我可以回哥哥家睡沙发呀。看到她进了房间,我又返身上楼,却发现哥哥家已经熄灯反锁了。夜深人静的,我也不想再吵醒哥嫂的美梦。我想试一下是不是可以不睡觉等待天明,这样我可以节省一晚上的住宿费用呢。

看看东方快发白了,我想可能快天亮了。哥哥以为我去了旅馆,洋子以为我回了哥哥家,他们都会惬意地进入梦乡,没有人知道我一个人在走廊里徘徊了许久。此后的几个小时,成了我来深圳后最难熬的时光。再过许多年后我都不会忘记,为了节省区区20元钱,我曾徘徊在夜色中,一夜无眠。

蔡磊(1999年来深,现居南山玉泉路)

高原深圳兵的一封家书

2000年6月4日

忙碌一天，回到家中。我又收到了儿子从西藏边防部队寄来的家信，从字里行间读到了他的成熟和进步，深感欣慰。

儿子9岁跟着我从内地来到特区，由于长辈们忙于打拼，没时间照顾他，加上特区相对优裕的生活条件，他养成了懒散的学习和生活习惯，有一个典型的"胖墩"体型。学校操场的标准跑道，他连一圈都不能坚持跑完。一想到他的事，我就头痛。

去年冬天，听说西藏部队首次来深圳特区征兵，我觉得这是一个磨炼和改变儿子的绝好机会。就同儿子商量是否应征入伍，开始他一口拒绝，还说："你怎么忍心把我送到那么远的地方。"接下来，我和儿子进行了十来天马拉松式的谈话，从古谈到今，从世界各国谈到我们这个小家。最后他下定决心报名入伍，与59名深圳热血青年一起奔赴西藏。

家里人和朋友们对于我的这一行动有的赞成，有的反对。半年过去了，看到儿子逐渐成熟和进步，我感到我和儿子共同做出的这个选择是正确的。

此时此刻，我身处有着改革开放前沿阵地之称的深圳，伴着窗前的月光，捧读儿子从海拔5300米喜马拉雅山麓军营的来信，感到与儿子的交流从来没有这么顺畅，心与心的距离从来没有如此接近，就像我们同在边境。

王建春（1988年来深，现居南山）

从农民房到公寓

2000年6月24日

今天是来深圳的第三个月,我终于从农民房搬到了位于地王大厦的公寓,17楼,三房中的一间屋,不足10平方米。可是,它却让我如此温暖地兴奋着。

是的,三个月早出晚归地努力工作,在自己最喜欢的岗位上奔波,并且还切切实实地获得了经济与精神上的双重回报,这种愉悦是无与伦比的。当从银行取出第一笔数量还不错,并且还够热乎的人民币时,我的第一个反应就是把自己"甩"到深圳的中心地带,这样,才能跟上这个城市跳动的脉搏。

从农民房搬来了床垫、窗帘、书、唱片,还有跟随我多年的一大堆总也舍不得扔掉的书信,一起来到我可爱的小屋。窗外,可以看到喧嚣的车流和行色匆匆的人群,有滑板少年在对面的空地上飞出一条漂亮的弧线。我的同居密友鸣是房东,另一个房友是来自法国的帅哥MIKE,他长得简直就是布拉德·皮特和汤姆·克鲁斯的合二为一版,这样的三人"同居"组合,让我对未来的日子充满着热烈的向往。刚到家里,鸣那长头发有着艺术气质的男友就做了一桌子丰盛的饭菜欢迎我,MIKE刚从东门回来,买了两双漂亮的鞋子要跟我分享,他操着不太流利的中文跟我比比划划,十分可爱。饭桌上,我们像青春飞扬的大学生一样,热烈地谈着彼此的生活与对未来的梦想,啤酒一杯接一杯地喝,笑得越来越开怀……

这一刻,大家都入睡了,我却彻底失眠了,是开心的失眠。美好的未来张开双臂迎接我,我需要笑着扑上去,与它紧密相拥。明天开始,先把我的小窝好好收拾一下,再买一张喜爱的刘若英的唱片,住得有品质了,工作才有劲头嘛!

风清(2000年来深,现居罗湖)

终于来到我爱的城市

2000 年 6 月 26 日

夜已经深了，我和大学同学兼同居密友坤坤终于躺在出租屋的床上，聊起这一天来的种种，心里万分感慨。

是的，我们在深圳落脚了。

4 个月前，全班有三分之一的人，从武汉坐上开往深圳的火车，满怀激情，要在这个城市寻找到属于自己的位置。那一节车厢里，几乎都是母校的学子，一路上唧唧喳喳都没睡，打牌声、吆喝声、笑声，整个车厢"热气沸腾"。

我们几乎从下火车开始，第一眼就爱上了这个城市。从熙熙攘攘像集市一样的高交会馆走出来后，我们坐在公共汽车上晃荡了好几个小时，经过著名的深南大道，经过深圳标志性的建筑地王大厦……海风在空气中荡漾着，天那么蓝，到处鲜花盛开，空气那么通透，满眼都是南方特有的棕榈树。可是，我们能留下来吗？

3 个月前，我在宁波，BP 机里有留言，区号 0755 的电话打过去，原来是通知面试的。当天就买了火车票，到深圳的时候已经是凌晨了。次日面试，竟然顺利过关了。

深圳留下了我和坤，我们拥有了深圳户口与一份非常不错的对口工作。而当时同坐火车来深圳的大部分同学，却被迫打道回府了。此后就是告别。武昌火车站，全班同学欢送我和坤坤，拥抱，眼泪，吉他，奔跑。有离别的伤感，更有开始新生活的狂喜。

今天上午，我们终于找到了落脚的地儿。一切都是新的，客厅的电视里是听不懂的广东话，另外的房客是一对甜蜜的公婆。打开窗子，伸手出去，几乎可以触摸到另一幢农民房中的租客。

我们两人兴奋得难以入眠，讲不完的好心情。我们终于是这个有海的城市里的一分子了。未来的日子，我们会学习，会进步，会恋爱，会结婚生子，我们要在这个城市扎下根来，与她永远在一起。

美美（2000 年来深，现居罗湖）

你不是我那杯茶

2000年7月4日

晚上八点,不用加班,闲呆在宿舍的我正嗑着瓜子解闷。厂区内的女保安来敲门,说受人之托,给我送来一封信。带着一丝惊喜,我打开了信封。令我倍感意外的是,这是一封手写的情书,也是我来到深圳后收到的第一封情书。

信中写道:还记得前年的今天,你在哪里吗?你在一家港资来料加工厂的门口,缘分让我们在那天相遇,还巧合地被分在同一个部门。来自东北的我,虽然有着高大的身躯,却不敢当面向你表白心中日益增长的爱意,借一张白白的信笺,写下心中浓浓的爱意。期待笔尖里散发的真情,能给你捎来一份最真的情感,也给我捎回一份好运……

看着落尾处的署名:军。一个我再熟悉不过的同事,虽然每天的相处让我对他也有所了解,但如果将一份平日里的友情转变为爱情,20岁的我还是觉得来得太早。最主要的是,感情是建立在感觉之上的,我对这个比我大5岁的大男孩,只抱有对哥哥般的尊敬。

我应该如何拒绝军这份真诚的情感呢,中国人是最好面子的,而作为女孩子,不得不表现得更为矜持,我应该如何婉转地告知我的想法?面对一张白纸,我开始绞尽脑汁地苦思冥想。"与其千方百计地砌词,不如简单明了地以一句话来回复。"趴在铁架床上铺的我,对下铺的密友香云提出的建议表示赞同。

"你不是我那杯茶。"当我写下这句回复,我在猜想:来自东北的他会不会被这句短语弄糊涂呢?

吴春丽(1998年来深,现居坪山新区)

汇款单"变脸"记

2000年07月12日

  今天我到邮局,想给一家书刊社汇款购书。

  汇兑窗口的人很少,很快就到我了。我将填好的汇款单和钱一起递进窗口。少顷,我看到工作人员在录入电脑时把我汇款单上的尾数"角"单位数字删掉,这样,我的汇单摇身一变成了整数。我连忙说:"小姐,这样怎么行呢?我购书的书价你怎能擅自给我去掉尾数呢?"

  工作人员回答说:"这有什么奇怪的,我在这儿工作了好几年了,平时因零钞短缺,我不知删了多少个像你这样的几元、几角的尾数单子了,别人都没有说什么,难道你一个外来捞仔还特殊些!"

  我一听邮局小姐这样歧视我们外来工,又气又急,据理力争地说:"你这样做岂不是不讲道理?不经我同意就随意删改我的单子,我按购书价应交多少就寄多少,这是情理中的事。"

  此时坐在空调室里的邮局小姐似乎早已失去了耐心和风度,我话音未落,只见她腾地从椅子上"蹦"了起来,拿起办公桌上的汇款单往我脸上一摔,用手指着我的鼻子大声吼道:"死捞仔,啰嗦什么,你还汇不汇,不汇就快点滚开,后面还有人等着呢。"

  面对蛮横无理的她,我是秀才遇到兵,有理说不清,而且眼看上班时间也快到了,为了不影响购书的差额,我只好暗道一声"倒霉",又写了一张汇款单,给杂志社邮购部汇去110元。

  走出邮政局的大门,怀揣着这张变了脸的汇款单,我心里沉甸甸的。若是在内地,我们可以按需要填汇款单去邮局汇款,无论是几元几角。而在特区,我们却不能享受这份待遇。我想:"这也许是内地与特区贫富的反差,人与人对工作不同的态度吧。"

谭汉武(1993年来深,现居南山西丽塘朗工业区)

去国贸旋转餐厅喝早茶

2000年8月22日

子曰："有朋自远方来，不亦悦乎？"我上军校时，参加了学员队报道组，当时我们这些年轻的同学常常聚在一起相互切磋写作心得，在各家报刊杂志上发表文章。如明是其中的佼佼者，现在他从广西来深圳出游，作为老同学，我很高兴有机会能尽地主之谊。于是约定，到有"不到旋转枉到深圳"之称的国贸旋转餐厅喝早茶。

一大早，我们在国贸门前碰面，一行人先乘电梯来到42楼，然后再换乘扶手电梯上去，到达顶层的旋转餐厅。这里窗明几净，环境清新怡人。北方的茶，是清茶一盏；粤式早茶，却是各式点心、小吃，不一而足，曾让来自北方的我在来深圳好长时间后都感到惊奇。临窗一隅，俯瞰深圳，远眺香港英姿；青山翠绿，天高云淡，近览深圳新貌，高楼大厦，鳞次栉比，一切尽收眼底。随着旋转餐厅的徐徐转动，眼前的市容美景随之变化，一面慢慢品尝美食，一面其乐融融地聊天，令人心旷神怡。

我和老同学一别多年，他乡偶遇，他说怎么也想不到我会从祖国的北方边陲，来到改革开放最前沿的深圳。我说毕业后，就没有想过还能再见到大学的同窗，总以为一毕业就是天各一方。没想到，来深圳的这两年，就因天时地利之便，见了很多同学，很多人有机会都会来深圳走一走，看一看改革的成果，我在深圳也就近水楼台，见到同学的机会比在内地城市都多。也幸好，我还年轻，能走出来，如果再过几年，成家立业了，可能习惯了北方安逸的生活，就不会有勇气来深圳了。

以茶代酒，言短情长。早茶的气氛轻松愉悦。还记得毕业册上的留言："以文会友，三生有幸；笔涉情缘，感悟人生。奇章趣文，掷地有声。"那时我们风华正茂，有着"初生牛犊不怕虎"的精神，希望在校园里我们的奋进不息，也能转化为我们日后步入工作岗位后上进的动力，也希望老同学的深圳之行，能留下一份真切美好的回忆。

蔡磊（1999年来深，现居南山）

Shen Zhen Diary
二〇〇一～二〇〇五.

后悔给他一巴掌

2001年1月16日

年关将至，上个月，在公司连着上了一个月的班连周末也没有休息。这个月过了一大半了，今天是周末，都还在上班，以为休息又泡汤了。但没想到的是，下班时看到车间门口的通知板上写着：明天休息一天。

看到这通知，我心里美滋滋地计划着明天约女友到中山公园一游，放松心情的同时，也可增进我们之间的感情。晚饭后，我买了些小吃到女生宿舍找阿梅。一进门，全舍的女同事都在，她们正聊得热闹着，被我的到来打破了气氛。她们立即把话题转向了我，开放、肉麻的词无所顾忌地全抛过来，说得我与阿梅脸都红了。

最后，她们都很知趣地找借口离开宿舍，只留下我和阿梅。我们把门半掩着，坐在单人床上，放下床帘。在床上铺了张报纸，一边吃瓜子，一边拉家常、谈未来，还说些亲密的话。没一会儿，门响了，同事罗建新在外面大声叫着："老乡，老乡，去逛街吧。"阿梅回答说："不去了，你自己去吧，我要陪我男朋友。"

这个不知趣的罗建新却推开门，走到床前撩起床帘伸进头来说："老乡，逛……"他还没把话说完，我醋意大发，难抑愤怒地给了他一巴掌。他灰溜溜地离开了。

事后，我很后悔给他这一巴掌，希望他能理解我当时的心情，其实我是没有恶意的。这也许是男人的一种"本能"吧！

谭汉武（1993年来深，现居南山西丽街道塘朗工业区）

小平像前忆伟人

2001年2月20日

昨天是邓小平逝世4周年,我决定带一家人去莲花山追忆伟人。莲花山山顶的小平铜像揭幕快3个月了,我还未曾上去拜谒过,正好借此机会了却一桩心愿。公交车还未到站,所见场面就和我预料的一样,尽管市民自发悼念活动近几天就已经开始,但莲花山北站一带依旧人潮涌动。不少人手中都拿着鲜花,朝着莲花山公园北门移动。一进公园见到有人放风筝,孩子早已按捺不住兴奋的心情,撒腿在草地上跑起来。

莲花山虽不高,登顶却也要费一番功夫。到达山顶时,我的衣服早已被汗浸湿。山顶广场到处是人,位于广场中央的小平铜像前,鲜花已铺满台阶,不少人在拍照留念。

我们一家人排着队,跟随队伍朝着小平铜像前行,像我一样,不少家长都带着孩子来接受这场特殊的教育。终于顺着台阶来到小平铜像前,我让孩子献上事前准备好的鲜花,一家人低头三鞠躬。孩子虽然不明白其中的道理,但也学着大人的样子做。古铜色的小平雕像厚重伟岸,邓公目视前方,衣襟微开,健步迈前,伟人之所以为伟人,正是因为他能指引前行的方向。

山顶广场正前方,风景独好,正对市民中心。放眼远眺,天高地阔,青山、流云、高楼,这就是深圳的今天与明天。

刘向(1990年来深,现居福田景田南)

平息停工风波

2001年3月5日

制品车间的30多名员工停工了!

消息传到厂部办公室,工厂老板刘总立即带上我赶到制品车间。还有老远,我们就听到车间内闹哄哄的,没有了往日的机器轰鸣声。进去一看,只见几十号人聚集在车间一角,有的指手划脚,有的高声喊叫:"还我们的奖金!""马上为我们购买社保。"刘总听到叫喊声,脸色铁青,拉了我一把,一言不发地转身往回走。

回到办公室,刘总气冲冲地拍着桌子对我说:"你是行政主管,你去安排保安员把这些闹事的员工全部赶出去!就算工厂停产倒闭了也不要留他们!"我知道刘总正在气头上,便回了句"好吧",转身往制品车间走。刚一下楼,一名工厂保安员便匆匆跑过来报告说:"工人们吵着要上街堵路,被我们拦在大门口,不赶紧去调解就要出大事了!"我一听,急忙往工厂大门跑去,远远就看见几个工人围着几个保安员,双方你推我搡,眼看就要打起来了。

我冲过去大声喊了一句"住手!不要闹了!"并推开几个正纠缠在一起的员工,高声说,"我现在代表工厂给大家做调解,你们推举两个代表,把你们的意见和要求提出来,我再向老板汇报。"听了我的话,人群开始安静下来。我接着说,"罢工甚至上街堵路都是不对的,违反了社会治安要负法律责任的!……"在我的劝说下,工人们慢慢散开,有的还回到车间开机生产了。只留下两个代表跟我来到会议室谈判。

据了解,制品车间因为上个月出了几起质量事故,集体被扣除了当月奖金,加之部分员工没有购买社保,工人们对此非常不满。于是便罢工抗议。

与员工代表恳谈后,我找到刘总,向他汇报事件的进展和员工们的意见和要求,并把社会保险法规和相关政策的宣传资料拿给他看,同时向他解释购买社会保险的好处。听说部分工人已恢复生产,加之我的耐心解释和劝说,刘总终于答应为员工购买社会保险,但部分工人因质量事故被扣的奖金不能发放,因为这是厂规。

经过努力劝说,员工们的罢工风波终于平息下来。

朱志成(1998年来深,现居龙岗坂田街道)

我也要坚强

2001年3月10日

这是来深圳找工作的第三个星期。可是，至今没有找到一份合适的。巨大的压力压得我喘不过气来，我想放弃了。来深圳时，母亲跟我说，努力找份工作，好好干，在城市扎下根。看着头发花白的母亲，我默默地点了下头。

现实是残酷的。同样，这个城市也不会给我半点的怜悯。今天漫步在大街上，而且是周末，路上的人很多，特别热闹，三五成群逛街的人们有说有笑。而我，却没有这份好心情。我想，或许，我本应该呆在老家的小县城，然后结婚，生子，像我的大多数同学一样。可我，却带点心高气傲，觉得自己比他们有能力，我还年轻，我想出来闯。于是，我辞职南下了。

走到街的尽头，突然发现前面围了一大群人，在看着什么。我凑了过去，哦，原来是有人在写书法。而且不是一般的人，是一位失去了双手的女青年。她的旁边，站着一位老者，在帮她铺纸倒墨。我猜，那是她的父亲。只见女子口咬着毛笔，蘸了一下墨水，在宣纸上写下一幅字——天道酬勤。整个过程一气呵成，字也写得算是道劲有力，即使不能算是上乘，也算是不错的。周围的人都不禁鼓起了掌，一个中年男子从钱包里掏出五十元钱，递给了那位老者，说道："你姑娘字写得很好，把那幅字给我留个纪念吧。"人群中又是一阵掌声。

我很敬佩她，可我不能给她提供经济上的帮助，只能给她行一个注目礼。可我的内心感触很大：我，四体双全，也读过几年书，就因为一时没找到合适的工作就要放弃，就心灰意冷？相比那位女青年，我不是很渺小吗？她真是一个坚强的人啊，身残志坚的勇敢的人！上天给了她不幸，她用自己的努力写得了一手好字，用"卖艺"的形式赢得了尊重，也赢得了生存。我，也要坚强！

单单（2001年来深，现居福田）

不后悔当一回"顺风车"

2001年4月7日

今天做了一件后悔的事,好在也做了一件好事,心理总算平衡了。

刚拿到驾照的我兴致盎然地跑到车场试驾了一辆红色的QQ,10分钟后兴冲冲地买了下来。其实我银行卡上余额只剩6000大元。交完钱办好手续,登记好资料,核算好保险费,约好上牌时间,就立即迫不及待地开走我的爱车。其实静下心来想想,这车也买得太轻率。一个人在深圳,没有父母在身边,做事难免冲动,现在正后悔中。

也许是老天爷为了庆祝我首次买车,送给我首次免费洗车,这辆无牌照的富贵"名车"刚上路就遭遇滂沱大雨,再加上技术不精,又很塞车,途中竟熄火3次,好不容易快挪到家附近的时候,忽然看到右前方有个女孩扶着一个老人几乎站在水花四溅的马路中间,不停地招手,两人被大雨淋了个浑身通透,可怜的老人站在风雨中瑟瑟发抖。

我有点犹豫:这会否是一场街头偶遇的骗局?如果是真的打不到车,我要不要出手相助?再定睛望去,看得出两人的焦急神态,霎那间恻隐之心大发,缓缓靠边停下,招呼他们上了车。一问,原来女儿带着年迈的父亲去一家私人老中医诊所看病出来,一直等不到车,越走越远依然等不到,所有的的士都载有乘客,私家车又无人肯停车。女孩和老人对我不住地致谢,我反倒不好意思起来!所幸的是,她的住所居然离我家不远。

红色的爱车代表着一颗红心,让我第一次做车主的同时,也顺利地完成了一次善举!

默离(1996年来深,现居南山书山路)

实习生的苦闷一夜

2001年6月5日

这里是我和阿健在深圳实习的栖身之所。从墙的东侧到西侧是3步,从南边到北边也是3步。

今天凌晨两点许,我才结束工作离开单位。穿过楼下市场一条阴森的小道,调低眼神避开身边一大群无所事事的烂仔,战战兢兢地在他们的注视下掏出钥匙,强作镇静状,打开一楼那扇沉重的铁门,拾级而上,到达农民房的4楼。二房东还没有睡,等着我支付6月份的400元房租。

拧亮那盏油迹斑驳的电灯,给自己增添了些许温暖。一看到主人回来了,满屋子的数十只蟑螂欢呼雀跃、奔走相告,一个也没有少!那只被我起名为"老七"的蟑螂(应该是雌性),逃得更是欢。凡是雌性见到我都这样惊慌,做人真是失败!

约莫过了3支烟的工夫,阿健抵达楼下。因为房东只给了我们一把钥匙,阿健每天都站在楼下大喊我的名字。这一嗓子估计具有某种作用,反正每晚阿健的声音响起来的时候,隔壁房间的咯吱声就会暂时停滞。我跑下楼去给阿健开门,咬着面包交流今天的实习体会。

这间房子实在太小,我们两个人只能一个上床、一个睡地铺。今天中午醒来的时候,发现草席的边缘有两只蟑螂已经葬身于我那并不粗壮的身躯之下。估计这两只蟑螂是在共度美好时光时被我翻身碾死的。真是罪过,我今天为此难过了一整天。

阿丰(2001年来深,现居福田)

忘记接女儿

2001年6月12日

珊珊，我的女儿，今天妈妈没能准时去学校接你，我本来跟爸爸下午经过你们学校门口，但妈妈太忙，竟完全忘了我的女儿还在等我。妈妈这段时间真的很累，也很焦虑。距离"首届中国（深圳）国际品牌服装服饰交易会"开幕还有一个月，妈妈时刻在给自己倒计时，对自己默念：挺住！

今天一大早妈妈就忙着跟"香港时装设计师协会"开会，商量杨棋彬、邓达智、马伟明、杨远振这些著名设计师的作品能否在本次展会上做动态展示，之后又马不停蹄地去谈租灯光场的事儿。费用远远超出预算，而且窟窿很大。妈妈不断反省，自己是否在做一件有意义、有价值的事儿？一个小小的服装行业协会能否撑起深圳服装的大船？我有这样的能力吗？否则，这又何必呢？

妈妈也只是个女人，一个有家庭有孩子的女人，当初跟爸爸来深圳也并非怀揣着淘金梦而来的，只是觉得这个城市风光旖旎，气候又好，看起来那么有活力。今天在熙熙攘攘的人流中，听着周围讲江浙话的、重庆话的、武汉话的、东北话的，还有讲英语、德语的，我就想："如果语言碰撞能产生火花，那么观念的碰撞呢……"基于这种好奇心，妈妈决定联合深圳的服装品牌，一起办个属于深圳的服装展。北京、上海、广州都有自己的时装周，作为国内最重要的服装城市之一和有着良好服装产业基础的深圳也该有一个与地位相吻合的时装周，深圳完全有这样的能力和实力。现在妈妈就被这样的使命感鼓舞着，仿佛是在跟自己较劲。

晚上回到办公室，看到桌面上那一大堆等待审批的文件，我的女儿，妈妈这才想起你，想起被落在校门口的你——妈妈最大的精神支柱！今天寿叔叔请我吃饭，老朋友熟悉的面孔让人安心，我知道他是在给我打气，你也得给妈妈打气呀。这是妈妈的理想，无论结果如何，妈妈都会为之努力，等你长大了，有了自己的理想，我的乖女儿就能明白妈妈了。

沈永芳（1992年来深，现居南山华侨城）

舍不得妈妈回家

2001年6月28日

最近深圳总是下雨，下得我的心一直湿湿的。晚饭后已经习惯和妈妈出去散步的我们，还是一样，只是多了一把伞。突然一阵香味扑鼻，是非常熟悉的玉兰花儿的香味。在广东，这种小而白的花儿，当地人叫做白玉兰。在我的老家，这种花叫缅桂花儿。雨中，花瓣被打落下来，香味从地上慢慢弥漫开来。

缅桂花儿开了，说明盛夏已经来到，如果不下雨，深圳的气温随时都会上升到32摄氏度以上，这种酷热不是老人家能够承受的，所以妈妈又要回昆明了，后天就走。这几天，我心里又开始难受，有对父母的不舍，还要重新安排孩子的生活，特别是看着妈妈不得不走又十分眷恋的目光，我的心好痛。

妈妈只有我一个女儿，一直不愿意我离开家乡，可好动的我还是来到了这个如情人一般的深圳，成了家，有了孩子，又买了房子。当妈妈来到我们亲手一砖一瓦一针一线装修和组成的新房时，我从她的眼里看到了自豪。从此妈妈也变成了"候鸟"。秋天来，夏天回！孩子也在妈妈的注视和看护下从婴儿长成了小学生。所以一到夏天，白玉兰花开的时候，我就开始纠结，绿色而新潮的深圳，她爱；唯一的孙子和女儿，她也爱。深圳是妈妈的自豪之地，也是她的牵挂之城。

今天下班，要去给妈妈买回昆明的机票。祝她在深圳开心，回去也开心。

静静（1992年来深，现居福田）

红包"标准"折磨人

2001年7月1日

早上10点多钟,我拿着加薪员工的名单走进老板办公室找他签名,完事后正要离开,他叫住我,说明天为儿子办结婚宴,公司经理级别的员工就不发请帖了,让我口头转达他的意思,所有经理级别的员工都要去。其实,我们早就知道老板儿子结婚的消息,正在为要送多少钱的红包而烦恼呢。

当我用电话通知各部门经理时,他们第一反应就是:送多少才合适?为了统一红包标准,下午上班时,厂长让我通知各部门经理到会议室开会。会上,有的说红包至少要500元,要不人家会说我们太小气了,但也有人说500元太多了,300元合适。多数人说,我们是打工的,收入不高,相信老板也理解我们的,红包标准定为200元吧,好事成双。最后统一标准是200元。

老板不知怎么知道了我们开会的事,他突然走进会议室,笑呵呵地说:"你们的红包标准也不要定得太高啊,不要超过100元,意思一下就行了。"经老板这一说,我们红包标准改成了88元,大家笑呵呵地散会了。但快下班时,我从老板亲戚口中得知,明天参加婚宴的人都会收到主家给宾客的80元利是,我们只送88元的红包岂不是太小气啊。

于是,下班前我们又集中在会议室商量送红包的事。最后决定标准是128元。我想,明天婚宴上,负责收红包的人打开我们统一数额的红包时,一定会很好奇的,呵呵!

翁红春(1993年来深,现居宝安宝城)

第一次洗桑拿

2001年07月13日

工友相约晚上去洗桑拿,我连忙电话向女友"请示",孰料未获恩准:"那里乱七八糟的,你去了会学坏的。"然而,桑拿的隐约之词,撩得人想辨个真伪。眼下身处改革开放的前沿阵地,洗一次桑拿又何妨?

于是,不顾女友的反对,一行人更衣入室,赤条条了无人名、身价,站在热水龙头下冲洗,这就是我们平时洗澡的主要内容。但这只是前奏,主要内容还在后头。

两个黑色大理石的水池内,一池冷水,一池热水,水中四周各有十多只强力按摩口,水流有力地冲出。雪白的毛巾铺在池沿上,把头部靠上去,静静地闭上眼睛,觉得背部有小拳头在有节奏地捶着,便觉全身松弛与舒适。

爬出水池便进了桑拿室。这是一个室温高达90摄氏度的空间,不足8平方米,摆放着桑拿炉、水桶等。从水桶里盛一勺水往石头上浇去,椅下木缝里便有热气涌出,感觉自己像一只蒸笼里的馒头,身上沁出粒粒汗珠。好在服务员定时送进一块冰镇毛巾,供捂住嘴鼻,否则会呼吸困难。接着我们被"蒸"了半小时,顿感神清气爽。

穿衣后小憩片刻,我们进入按摩室。按摩室三人一间,只按摩头部。为我按摩的是金小姐,她说她一天要按摩十多个客人,每人半小时,由头部到背部。看着金小姐累出了一身汗,我过意不去,忙掏出20元埋单。

走出桑拿洗浴中心,漫步在流光溢彩的街道上,回味洗桑给我带来的新鲜与快感、紧张与刺激,连日加班的疲劳一扫而光,心情格外阳光明媚。

春江水(1987年来深,现居广州海珠)

买了黑单车

2001年10月23日

中午下班后,我骑着新买的单车回出租屋,走到一个路口时遇到红灯,就停下车。这时,旁边一个20多岁的青年男子盯着我的单车看了一会儿,走过来拍拍我的肩膀,厉声喝道:"喂!你这部单车是从哪里来的?"我一惊,故作镇静地回答:"买的呀。""买的?哪里买的?你是买的赃车吧?"他走过来拉住我的车后架,指着单车铁架上的一处印记对我说,"这是我半个月前被人偷走的单车,不信你看这里的印记,是我特意刻上去的。"说着,他掏出手机打电话报警。不多久,警察赶到现场,将我和那个青年男子一同带到派出所。

在派出所里,警察把我带到一间空房作笔录。面对威严的警察,我紧张得满头大汗,于是我老实交代,单车是我从一个维修单车的人那里花150元钱买来的。

作完笔录,警察便让我带路去找那个卖车给我的修车人。很快,我们便在附近一个修车点找到了那个卖车给我的修车汉子。刚开始,那汉子还死不承认他卖车给我,直到我在他的修车摊找到我抵押给他的一部旧单车,他才低头默认了卖车事实。

几天前,我到这个修车点维修单车,修车的汉子一边为我修车,一边对我说,你这种旧车经常修修补补的,要花不少冤枉钱,不如在我这里买部九成新的单车,又便宜又实惠。我开始有些担心买这种来历不明的单车会出事,但在修车汉子的一再劝说下,最终没有经受住诱惑,便将旧单车抵押,外加150元钱买下了这辆"黑单车",没想到贪图便宜反而给自己带来了麻烦。

金宝(1998年来深,现居龙岗坂田)

写诗的打工妹

2001年11月27日

黄昏,我漫步在工业区的林荫小道。夕阳照在身上,却感觉不到一点暖意。哦,原来太阳也有软弱的时候!我在心里叹了口气,又想起了那个爱写诗的打工妹。对于她,我始终怀着一份深深的歉意。

原来,我就职的公司有一个叫梦思的打工妹,她喜欢文学,尤其喜欢写诗歌。无论是出于一种职业感,还是一种共同的爱好,我都觉得应当给她一些鼓励。十七八岁的她,正处在一个多梦的季节。她常借故来公司内刊编辑部找我。渐渐地,我从她那特别的眼神中觉察到了一缕情丝,她的诗中更流露出一种爱慕之情。这是我始料不及的,我可是一个有家室的人!是我哪些不恰当的言行引起了她的"意乱情迷"呢?我想了很久,都没有答案。最后,我还是向她表明了我的态度。依然记得她抬起含泪的双眼,幽幽地看了我一眼,转身跑了。"我再也不写诗了。"她说。那一刻,我觉得自己很残忍,无情地粉碎了一个打工妹的花季美梦。但除此之外,我还能怎样呢?我只能为她惋惜——稍经磨砺,她或许就是一个不错的打工诗人。后来,我去了另一个城市,但我常常记起这位爱写诗的打工妹。

前不久,我意外地收到她发来的短信:"……想了很久,我才发现自己只不过是一片叶子,一片不甘寂寞、还未开出花朵的时候就幻想提前炫耀果实的叶子。"一片浪漫的叶子,一个爱写诗的打工妹,感动弥漫心间。夕阳渐渐地落下去了,天际的那片晚霞像燃烧的火,绚丽多姿,看着它,我顿觉暖意融融。

春江水(1987年来深,现居广州)

保姆的思念

2001年12月2日

时间过得很快,一转眼,保姆秀娟到我们家已有四个月了。晚饭后,秀娟和往常一样,收拾完碗筷就去洗儿子的衣服。晾好孩子的衣服后,天已黑了,秀娟没有立即进来,而是在阳台上坐了下来。

大概半个小时后,秀娟还没有进来。阳台上没开灯,黑乎乎的。我这才发觉她似乎有些异样,便叫她进来坐。她没应声,但进来了。我惊讶地发现,她的脸上带着泪痕,便急切地问她:"发生什么事了?"她默然不语。我又接着追问了一句:"到底发生什么事了呢?可以告诉我吗?"

她这才长叹了一口气,缓声说道:"天气凉了,不知道我两个儿子有没有加衣服。哎!"我一下子怔住了。这几个月来,我只知道让她帮我带儿子,竟然忽略了她也有家庭,她也是孩子的母亲。我甚至幼稚地认为,每月500块钱的收入,足以抵挡她对亲人的思念。

想到这里,我真为自己自私的想法感到羞愧,赶紧对她说:"那赶快打个电话回去问问吧。"

秀娟一直很少打电话回家,因为她知道,打长途一定是很贵的。经我这么一说,秀娟这才歉意地拿起电话筒。她家里并没有安装固定电话,也没有人配手机,她只能把电话打到村里一户有电话的人家里,托那家人捎个口信。

放下电话后,秀娟这才安心了一些,脸上有了一丝安慰,但看得出来,她显然还是不放心。

我突然灵机一动,对秀娟说:"以后在家里装部电话,你想什么时候打就什么时候打,不要考虑电话费的问题了。"

秀娟既感激又有些不好意思地说:"真是不好意思,给你们添麻烦了,你们都对我这么好,帮我这么多,我都不知怎么报答你们。"

我突然感到双眼发酸,赶紧说:"快别这么说了,应该是我们感谢你才对。"她和我们之间的距离,再一次拉近了。

付宝翠(1998年来深,现居宝安)

嫌我是洗脚工，男友和我分手了
2002年1月8日

今天智勇正式和我分手了，还是因为我工作的原因。

我去年从工厂里出来，到这家休闲中心洗脚。我知道智勇不喜欢我在这里工作，可这里每个月好的时候能拿三千块，比工厂里要高很多。中心里洗脚外有别的很多项目，可是智勇不相信我只做洗脚。我告诉他，是有很多女孩子先做洗脚，后来又做了别的，可我绝对没有，他却一直都怀疑。今天他又跑来找我，我请假出来，一个钟还要给老板交一些钱。我想对他温柔一点，就一直握着他的手，可我已经习惯了那些洗脚的动作，就把他的手揉来捏去的，他终于发火了，叫我以后永远也别和他联系了。

我这一年的坚持都白费了，也许我应该像那些姐妹们告诉我的一样，现实一点。

林燕（2001年来深，现居宝安）

深圳的年味

2002年2月17日

今天下午1点半,我们把父母送到了深圳机场,他们在深圳快乐地度过了8天后,踏上了返回东北老家的行程。

看着父母们恋恋不舍的身影,心里感慨颇多。经过6年的奋斗,我去年在深圳景田买了一套房子,秋季装修好后就住进了新房。但是春节后,我们却犯难了,因为广东有个习俗,新房第一个春节要有人居住,那老家的父母就无人陪他们过年。让父母过来吧,但深圳过年没什么年味,可能老人不习惯。和老人一商量,老人果然不太愿意来深圳过年。经过我和妻子反复邀请,还是在大年二十六把父母接到了深圳过年。

父母来了以后,为了让他们感受到与家乡的年味没有区别,我们带他们去逛花市、买年货,当他们看到小区旁边有一条长长的年货一条街,街上卖春联的、卖灯笼的摊位前人群拥挤时,两位老人高兴得像在老家一样。

大年三十,为了让父母更开心,我们还叫了几个老乡一起来家里包饺子。在春节这几天,我们又带他们去世界之窗、野生动物园和海边玩,让两个老人每天乐呵呵的。

这个春节也是我们第一次在深圳过春节,送走父母之后,我才发现,原来深圳过春节并不像人们说的那样缺少年味。过年就是全家一起团圆,一家人在一起说说笑笑,在一起开开心心的。在我看来,这就是最浓最浓的年味。

姜志华(1996年来深,现居福田景田路)

我们是深圳人啦

2002年2月24日

下午,我持身份证回执到宝安翻身派出所户证室领回了我和孩子的身份证,看着崭新的身份证,当时我兴奋地自语:"我现在是深圳人啦!"

当然,最高兴的,还是已上小学四年级的女儿。晚上,她写完作业后,将自己的身份证反复看了好几次,并说明天还带着上学,与要好朋友分享这份喜悦。

看见女儿高兴的样子,想起一年前我和女儿一起参加学校家长会时的情景。当时我们刚领到购房入户指标的蓝印身份证不久,那天晚上,女儿特意带上蓝印身份证,在家长会没开之前给两个不是深户的同学看,女儿正在为自己从现在起享受深户待遇而不用再交借读费自豪时,旁边一个男孩子拿出自己刚领的深圳身份证,在孩子们面前炫耀起来:"有了这身份证才是真正的深圳人!"几个小孩闻声而来,围着看男孩的身份证,女儿的兴奋劲儿一下子没有了。我笑笑说,我们一年后也会领到深圳身份证的。女儿这才眉开眼笑。

其实,我一个月前将老家带来的准迁证和深圳市公安局迁入证交给派出所工作人员后,就领到了户口本,从那一瞬间起,我们已是深圳户籍人员了。但今天不同的是,我手上拿到了实实在在的深圳身份证。因此,今天我心里总有那句话:"我们是深圳人啦!"

翁红春(1993年来深,现居宝安宝城)

今天,我领到了驾驶证

2002年3月15日

深圳现在时兴学车热。我也花了两个多月的工资去报了名。

笔试很快通过了。接下来,是驾驶操作培训,我们这一组有三个人,刚开始,师傅对我们都很好,悉心相教。不知道从哪一天开始,师傅对我开始有些疏远,在态度上变得冷漠了很多,但在教学驾驶技法上还是认真的,我也更加认真地记下师傅的每一个教学操作过程。

经过一段时间的观察,我明白了师傅对我疏远的原因。每次来上课时,另两个学员经常给师傅带上些饮料或香烟。而我很少甚至没有,因为我承担着家庭的重担,每月要寄钱给弟弟上学,剩余不多的自己还要拮据地过日子,哪有多余的支山来孝敬师傅。因为这样,师傅对我的态度不冷不热。但我不灰心,我要的是认真听师傅讲驾驶技术,而不是师傅的态度。

有一次,当我在正常驾车行驶的情况下,突然路边冲出来一辆单车,我想着连忙刹车,但错把油门当刹车一脚踩了下去,好在师傅反应快,用副刹把车停了下来,才没出大事。师傅本来就对我比较疏远,这次不留情面地狠狠训了我一顿。以后的每一次出小错,师傅都很严厉地批评我,这反而让我把驾驶操作技术的要领深深地记在了心里。而另两位学员,因给了师傅小小恩惠,即使在培训过程中懒散或缺课师傅也不骂。

时间过得很快,眼看就要到路考了,师傅告诉我们,如果想一次过关拿到证的,每人另交500元的疏通费,保证99%能过。他们两个都交了,我没交,也没有钱交,我就凭着本领和信心应对这一场考试。结果下来,我和其中一个人顺利地通过了,而另一个还是因为技术不合格没能通过。

今天,是领驾照的日期,我来到培训部,领到那本印有"中华人民共和国机动车驾驶证"字样的本本。我觉得我的努力没有白费,这也证明了凡事都要脚踏实地,实力才是最重要的。

谭汉武(1993年来深,现居南山西丽街道)

为女朋友来深圳

2002年3月28日

上午9点多,火车到达广州。我按照朋友给的路线指示,转乘大巴前往深圳。

离开生我养我的那座熟悉的城市,现在进入一个陌生的地方,心里不免有些孤独。车窗外高高低低的楼房和发达的交通道路网络,告诉了我这个城市与内地的差别。大巴每到一站,就有三五个打工仔或打工妹把大包的行李从行李箱里找出来,肩挑背扛着慢慢消失在我的视线。现在,我也成了茫茫打工队伍中的一员。把身心交给这个完全不熟悉的城市,不仅仅是因为它是内地人淘金的首选地,还有一份情感的牵挂。

女朋友来深圳两年了,虽然是书信不断,但心里还是有不少的距离。长此下去,结婚很难被提上议事日程。老家的企业多数不太景气,好一点的企业又很难进得去。后来听了朋友的建议和长时间地考虑,我决定一切重新开始,到深圳来搏一把。

临时的住所是在一栋民房的顶层,几个在玩具厂打工的朋友合伙租住的。洗刷之后,天色已经暗了下来。来为我接风的表哥、表姐、老乡、同学数十人也逐个到齐。我被邀请到楼下一个小餐馆里吃饭。他们都比我来深圳早,但两三年不见面,我能明显感觉到他们的变化。客气和热情不用说,还成熟了许多。什么深圳市内有多好玩呀,加班多么难熬啊,找工作要注意什么事项啊等等。

一番"教导"之后,蒙在我脸上对这座城市陌生的面纱慢慢揭去。尽管有很多负面的东西灌输给我,但是我发现自己其实是挺喜欢这种生活和环境的。激烈的人才竞争,优厚的创业环境,多元化的生活氛围,让自己的自信心一下子又提升了不少。我坚信自己是"人才"行列里的一员。

晚上喝了不少酒,回到宿舍的时候迷迷糊糊。我从行李包里掏出女朋友的一摞照片分给大家看。我说,吸引我来深圳的原因,主要还是照片上的那个让我牵挂的人……

张向阳(2002年来深,现居蛇口)

陪玩欢乐谷累惨了

2002年5月3日

本打算今年"五一"跟老公出去旅游的，没想到同学一家三口要从安徽来深圳，不好意思丢下同学不管，旅游计划泡汤，还腆着脸拉上老公一起当"导游"。昨天去青青世界，不算太累，今天去欢乐谷，真是累惨了，腿到现在还胀呢。

5月1日，欢乐谷二期开放，不敢在第一天去，出去玩总得避避"高峰期"。今天一大早，我和老公、还有同学一家三口从家里出发，9点钟到达欢乐谷。小孩免票，4张大人票花了差不多500元，感觉好贵啊。

进入园区，里面人满为患，顺手拿了张导游图，顺着大路一路玩过去。二期欢乐谷的项目增加了不少，"雪山飞龙"、"激流勇进"、"矿山车"都是新项目，都无一例外地排起了长长的队伍。

"雪山飞龙"上游客们的尖叫声让人害怕，我不敢坐，同学的孩子才5岁，两口子不敢让孩子玩，结果大家都没去玩。"矿山车"看上去简单些，既然进来了，总得找个项目玩吧。排了差不多3小时的队，总算坐上了。矿山车其实也挺可怕，转弯时心都快被甩出来了。

中午，一行5人去肯德基填饱肚子，小憩一会儿后去排队玩"激流勇进"。下午，园内的游客更多了，队排得更长了，我的腿也越来越酸，耐心也越来越少。算下来，今天在园里呆的时间很长，但就玩了两个项目，排队的时间比玩的时间多好多倍。还好晚上的演出不错，看完演出，出园时已经9点半了。

来深圳几年了，几乎每年都有接待亲朋好友的任务，开始我们很热情，后来发现吃不消。不仅花钱，体力也受不了，可也没啥办法，死要面子活受罪呗。今年春节，送走从老家来的最后一批亲戚，我就跟老公说，下次长假，我们不能留在深圳搞接待了，老公的头点得飞快。今年"十一"黄金周，我们真得给自己放假了。

阿琳（1998年来深，现居罗湖）

莲花山上放风筝

2002年5月11日

连续几周值班、加班，难得遇到周末，多想睡个懒觉啊，可没这命啊，人才到中年，这身体就已经不是自己的了。

儿子"呼"地推开了房间门，走到床前，对我大喊："妈妈，快起床！老师让家长带我们去放风筝呢。"一听是老师布置的任务，我一骨碌就翻身起床了，老师的话对儿子来说就是"圣旨"，对家长来说也是如此。

匆匆忙忙洗漱一番，上午9点钟，一家三口赶到莲花山的南门。雨后的莲花山，草地上虽然还是湿漉漉的一片，但已经有很多人在这里聚集了，原来今天莲花山公园正举办"我是深圳人，天高任我飞"夏日风筝节，怪不得这么多人呢。

看到公园上空挤满了各色风筝，非常热闹，而且还有风筝表演，儿子在草地上兴奋地跑来跑去。可是看到那么多的风筝，我忍不住担心起来，这么多风筝，难道不怕打架啊？

既然来了，就得迎难而上了，我带着儿子穿过人堆儿，来到一片稍微空旷的地方。还好，我是放风筝高手，一会儿，风筝就高高地翱翔在天上了，儿子手上拿着风筝线圈儿，昂起小脸，兴奋地说："妈妈，我的风筝在飞哦。"

小孩的快乐来得真容易，我的心也在随着儿子的高兴而雀跃着。顺着儿子瞄向高空的目光看去，心里在想："这次家庭作业儿子算是可以完成了。"

忽然间，心里想起自己小时候放风筝的事。那时，我也就儿子这么大，哪有什么玩具啊。要放风筝，得自己动手。从家里的竹帘上扯下两根韧性十足的竹篾，十字交叉，然后牢牢绑住，一个风筝的筋骨就成了。接下来，把妈妈用来糊窗子的纸抽出一张，这样的纸又轻又韧，糊风筝再好不过，如果运气好，还能找到"皱纹纸"，撕出3个条条，做成风筝的飘带。最后在风筝上面画上眼睛、鼻子和嘴巴，虽然画得不好，但一个简单的自制风筝就大功告成了。放风筝时，在漫天的田野中放，旁边是一片金黄色的油菜花，拿着风筝在田埂间行走只顾看天，无心看地，时不时摔个跟头，也磕不到哪里。放风筝的快乐，在天地之间，撑得满满的。眼下，儿子的手中拿着的风筝，是现成的，掏钱买就行，想买什么样的都有，快乐是很快乐，但味道却有些不同。

阿岚（1990年来深，现居福田）

人到中年难觅知音

2002年5月19日

今天一大早来到海上田园,这里举办的是"万人牵手"活动。来这里,目的很简单,就是看能不能找到个合适的人。

找老婆,我的条件不高,只要长得别太难看,个头不要太矮,有自己稳定的工作和收入,年龄不要太大,也不要太小,太小的女人也管不住……可是,这样的人为什么总是找不到呢?

19年前,当工程兵的我转业到深圳,还是个毛头小伙子,什么想法都没有,贪玩,没把找对象结婚当回事。一晃就45岁了,在别人眼里我已成了一个半大"老头"。快80岁的老母亲,见我一次就唠叨一次,唉……

早上8点半,我坐了一辆大巴到了海上田园,时间比较早,在里面随便转了转。过了半个小时,一批批男男女女开始往海上田园汇集,阵势非常壮观。

参加这个万人牵手活动,我填表时填的是"未婚"二字,当时还挺不自在的。不过,今天一看,来参加"万人牵手"活动的中年人还不少呢,我也没必要太自卑。

35岁时,心里在想,反正有房子,有车子,工作也不错,还愁找不到老婆?真到了必须找的时候,就没那么容易了。年龄大了,人家总是持异样的眼光看你。

活动现场,有几个看起来颇合眼缘的女士,我打起精神凑上去打了招呼,但人家似乎对我没什么兴趣,不理不睬。

唉……婚姻还得自己去碰,看缘分吧。

老何(1983年来深,现居南山)

产权各一半　难得有情郎

2002年5月21日

"我想有个家,一个不需要多大的地方。"一首歌唱出多少人的心声和无奈。每次,无论是和男友流连在深圳繁华的街头,还是静坐在公园或茶餐厅一隅,我们总是看着万家灯火,想象着什么时候也能在这个城市拥有自己的一席之地。那时候,这还只是个美丽的梦想。

早在"五一"期间,男友就看好了一个楼盘,我们一起去看过几次,几乎都要敲定了,最后一刻我又变卦了,因为当时偶然听了朋友的意见,说置业不一定要购置新房,还有二手房、拍卖房等,不妨比较一下再下结论。于是,我们开始跑二手房市场,在里面淘宝一样选来选去,经过一系列的讨价还价,我们终于找到一套各方面都比较满意的房子。办手续时,我跟男友说,房产上写我们两人的名字吧。我不知道这样的要求是否合情合理,但我是女孩子嘛,难免会对未来有不安全感,尤其是对不可预知的将来。男友的表现让我终身难忘——他不加思索地说:"好啊。"

办手续的人又问:"每人按多少百分比拥有产权?"我看着男友。男友说:"各50%。"其实房款的2/3都是他出。男友的话让我很感动,我们相视而笑,像两个傻瓜。都说深圳是个物欲横流、人情冷暖自知的城市,我很庆幸能在这个年轻城市里找到真爱。

余下的房款我们没有去做按揭。我倾尽积蓄,又从家人处借了一点,一次性付清了余额。这原本不在我的设想之中,原来想买房子是男人的事,但男友能让我拥有一半产权,也是情深意重,男友对我若此,我自然要投桃报李,心甘情愿地倾尽所有。我想对于我的慷慨出手,男友应该也很意外。

都说"二人齐心,其利断金"。我终于在这个梦开始的城市里,拥有了一个属于自己的小天地。虽然还没有拿到钥匙,但我已经开始规划未来了。

蔡磊(2000年来深,现居南山)

被保安"训话"

2002年6月30日

来深圳，在哥哥和一个老乡合伙开的广告公司打工几个月了。哥哥一直让我试试改做业务员出门跑单子。今天，我信心十足地跑到超市买了一套新衣服，又买了一个业务包，就和同事们一起出发了。

我们公司是制作广告招牌、标识等产品的，所以主要对象是新装修的公司。我选择的第一站就是地王大厦。当我来到振业大厦时，看到那高大气派的楼宇，突然感觉我出门时的勇气已荡然无存，紧张得迈不开步伐。我挥了挥额上的汗水强作镇定走进去。我走到电梯口时，一个穿制服的保安走到我的面前问道："先生，要去几楼？"他这么一问，倒把我给问住了，是啊，我要去几楼呢？我支吾着说10楼，保安又问10楼哪家公司。我就再也支吾不出来了，顿感脸颊发烫，汗珠从鼻梁上大颗地滴下来。保安把我带到保安室，交给他的同事们处理。天啊，保安室里的一排排监控显示器上，把大厦里的每个出口和楼道都看得清清楚楚。一个保安大声地说："你是推销的吧？"我说我不是推销，我是看有没有新装修的公司需要做广告牌之类的。"要做牌子他们自己知道下去找的，谁叫你上去的？门口不是写了谢绝推销吗！"保安厉声说道。我说："我还没有上去，你们就把我叫来了。"另一个保安手握对讲机指着我的鼻子说："还狡辩，把你包里的传单拿出来吧！要不送你到派出所！"被他这么一吓唬，我只好乖乖地把宣传单全部交给了他们。那个保安还拿出一个大簿子，叫我在上面写保证书，保证下次不再来了，还记下了我的身份证号码。

我提着瘪瘪的包走出大厦，一脸沮丧。外面大街上车水马龙，人们行色匆匆。新买来的衬衫贴在身上，能挤出水来。

谢志成（2002年来深，现居福田）

第一次"进关"

2002年7月24日

在关外宝安松岗呆了5年多,却一直没有去过关内,不是没有机会,而是有一定的难度,难就难在需要持边防证才能进入关内。

2002年6月份,我参加了"蔚蓝杯"第二届深圳读书月征文比赛活动,荣获三等奖。主办方通知我去深圳书城领奖,我赶紧拨打114查询了去那里的交通路线。可自己没有边防证,咋办?同在公司办公室上班的一名女同事得知后,称可以把她男朋友的边防证和身份证一起借我使用,并告知我应注意有关事项,特别强调在士兵上车检查证件时,千万不要慌张,如能坐在座位上最好,一般在车的过道上站着的乘客被查证件的可能性最大。

这一天,我早早地起了床,坐上了从东莞开往南头检查站的大巴。一路上,我的心情十分兴奋,就像农村人第一次进城那样。快到南头检查站时,我突然心跳开始加快,变得紧张起来,特别担心因冒用他人证件而被查出来。当行至关口时,大巴停了下来,司机将车门打开,身着军装的两名年轻士兵分别从前门和后门上了车,其中一名说:"请把身份证和边防证都拿出来,没边防证的请自觉下车。"我战战兢兢地坐在座位上,手里拿着他人的身份证和边防证,大气不敢出,装作一副若无其事的样子。果真,两个士兵只抽查了一些站在过道上乘客的证件后便下了车。我悬着的心这才落了地。

车一过关,我换乘了一辆开往罗湖的公交车。透过车窗,一路欣赏着风景,心情又变得轻松舒畅起来。关内街道干净整齐,高楼鳞次栉比,特别是在看到深圳的地标性建筑——地王大厦后,我不禁啧啧称奇。

在深圳书城,我领到了荣誉证书,还有一张价值100元的购书卡。在书城买了一些书后,本来还想到书城周围逛一逛,可已是下午四点多钟,我不得不坐上回松岗的公交车,就这样匆匆结束了关内之行。

赣南王子(1997年来深,现居宝安松岗红星社区)

遇到一对高级骗子

2002年7月26日

今天,我上晚班。晚上二楼的服装生意要比平时差很多,都快两个小时了,竟没一笔收银。就在昏头昏脑之际,一个很甜美的声音在我耳畔响起:"小姐,我买单——"一个激灵,我马上清醒过来,一种职业习惯让我一下子就笑脸相迎,答道:"好的!"接过付款单一看,是967元,再接过小姐递上来的一叠百元大钞,我先是用手点了两遍,然后又过了一遍验钞机,一切正常!盖好章,连同找零的33元,一起微笑着递给对方。这个时候,我才顺便看了一眼这位小姐,哇——真是美女啊!而且穿着绝对上档次、有气质。最让人受不了的是,旁边还有一位非常帅的男士,一直用含情脉脉的眼神看着小姐,不用猜,他们是一对甜蜜的情侣……真让人羡慕!

就在我埋头整理抽屉里的钱时,两人突然"吵"了起来,男的很委屈地向女的抱怨:"这次你就让我买单行吗?"没想到,那女的好像更委屈,撅起小嘴说:"刚才,我们不是已经说好了吗——"就在我好奇地注视时,男的一下子把手上的几个袋子重重摔在地上,声音也提高了一个八度:"你每次都这样,你知道吗,你这样做让我觉得很没面子!很没面子!"话音刚落,我就看见两大串眼泪从女的美丽的眼睛里滚落而下,看了好让人心疼!

最后的情形,我想大家或许已经猜到了:我把刚收的1000元退给了那个小姐,而改收了那位男士的10张百元大钞。为了"成人之美",我想都没想甚至根本就不好意思把那10张百元大钞过一下验钞机!临走时,女的紧跟我说"对不起",而男的则一个劲儿地表示感激。望着他俩手挽着手恩爱远去的背影,我真替他们感到幸福……

营业结束盘点现金收入时,发现了3张百元假钞,经理当面通知我,损失从我这个月工资里扣,另外绩效扣四分,明天上班时当着所有收银员现身说法。我做收银员以来第一次遇到了一对高级骗子。

回家的路上,我头痛欲裂,沮丧万分。立此存记,算是教训!

吕京霞(1999年来深,现居宝安龙华街道)

电梯"救美"记

2002年9月2日

平时,协助接送公司文秘小刘外出办理涉外事务的工作是阿勇。今天,小刘突然接政府某相关部门的电话通知,急着要前往取急件,不巧的是阿勇刚出门到罗湖接老总了,没那么快回来。

情急之下,小刘找到我这个货车司机,叫我做一趟她的临时司机。我向主管汇报了一下,得到同意后我们就出发了,一路上小刘还说,没坐过大货车办公事,今天还是头一回,真的有纪念意义呢。她还说,坐我的车好像找到一种良好感觉,说不出的那种良好感觉。我问她:"是不是新鲜感?"她说:"不是。"

聊着聊着很快到了目的地,小刘下车先去办事,我找车位停车去。还没停好车,电话就响了,一看是小刘打来的,我连忙接听。电话那头说:"谭师傅,电梯出故障了,门打不开,我被困在里面,快点过来想办法吧。"

我还以为她在开玩笑,说,不会吧,这种"好运"给她遇上?没想到小刘语速急促又带点颤抖地说是真的,让我快点过去,她很怕,因为只有她一个人。我相信了,安慰了她几句,停好车,急匆匆来到保安室,找到保安人员说明了情况。保安人员半信半疑地跟我来到现场。隔着电梯门,我叫了一声小刘,小刘大声回答了我。接下来她不停地叫我的名字,还拍打着门,生怕我们离开。保安人员马上通知维修人员,经过一个多小时的努力,电梯故障终于被排除。打开了电梯门,小刘箭一样冲了出来,脸色苍白,用双手连连拍着胸口说:"吓死我了,吓死我了,脑海里总是显现出电视镜头里被困电梯的恐怖的画面,真的很害怕呀!"

谭汉武(1993年来深,现居南山)

走在三坝劝学的山路

2002 年 9 月 6 日

久旱逢甘露,终于下雨了,天地万物都浸润在细雨之中,一切都显得很美好,只是山道因雨水的冲刷而更加难行。

下午两点,我和胡功文老师带着 13 个学生开始漫长行程,到离小镇最远的三坝苗族村劝学。三坝苗族村号称后寨的"小西藏",是小镇海拔最高、生存条件最为恶劣的地方。同时,那里也是风景最为优美的地方,有我最喜欢的仙境苗寨,只是美丽和贫穷相伴,让人有些伤感。三坝孩子是最苦的,也是最脆弱的,辍学率非常高,他们人生路上的每一步都非常不易。同行的 13 个学生都是住校生,每隔两周回家里取粮食,听说老师们要去三坝,他们都很开心,有这群学生相伴,我们的家访旅途显得轻松了很多。

孩子们攀下梯字岩,在原始森林穿行了一个多小时,我们来到大穿洞……山风吹起来了,感到有些寒冷。孩子们都拿出手电筒,微弱的灯光照在山道上,一切都显得很模糊,很多时候都要凭感觉往前走,在这方面,我的走路水平还是要差一些,连续摔了两个跟头,屁股上沾满了污泥。孩子们不得不对我进行重点照顾,把手电筒的光线都汇集在我前面的山道上。在我的要求下,几个孩子唱起了苗族歌曲,这让疲惫的我感到稍微轻松了一些。

但胡老师却感到越来越不舒服了,走到路寨河村的时候,他需要停下来休息。我看到他用手捂住腹部,脸色也有些灰白。这个"药罐子"老师可能挺不住了,如此长的行程对他而言还真是一种考验。我们到路寨河的村医生那里买了些药,胡老师吞下药丸后感觉好了些,手一挥,又踏上征程。这样的家访真的让人印象深刻,从下午两点到晚上八点,六个小时的山道之行,是需要点身心状态的。

我们终于走到了三坝苗族聚集区,孩子们分散开去,走向群山深处的各个方向。看着他们远去的背影,我真是感到震撼,求学之路如此艰辛,辍学也似乎在情理之中了。

张济波(1995 年来深,现居福田,曾多次到贵州扶贫支教)

求职

2002年11月23日

　　已是初冬，深圳的太阳还那么明晃晃的。今天，我拿着简历奔波在罗湖人才大市场的招聘会上。人才市场上人山人海，各个企业招聘的职位也很多，身处此地，我就像大海的一滴水，像沙漠的一粒沙，很渺小。各个应聘者都在寻找适合自己的职位，我当然也不例外。

　　寻寻觅觅，终于看到有招会计的，于是我就停下脚步，仔细一看要求：大学本科，英语6级，从事会计工作3年。天啊，我刚毕业，哪有那么多的经验？排除经验不说，我也不是本科的学历，条件都不靠边，怎么应聘啊！我沉住气，自己给自己鼓劲：这家不行，后面还有那么多的公司，肯定会有适合我的，要有信心，坚持就是胜利！

　　就这样一直走，一直看，每家企业的要求都差不多一样。我没有了信心，开始后悔自己当初为何不多用功一点，多学一点，多考一些证呢？是呀！世上没有后悔药卖，现在唯一能做的，就是有这次的经历后，看到自己的不足，尽力去充实自己。就在这时，我看到一家条件符合我的公司，可是应聘的人又很多，不管三七二十一，先排队，排着队等待简单的面试！等呀等，面试官问每个应聘者的问题都大同小异，不过大致宗旨是不变的，要求就是：工作经验、对本职位的认识、个人的价值观等等。终于轮到我了，我很恭敬地递上我的简历，微微对他一笑，面试官很严肃地看着我的简历，问我："你以前接触过，或者做过账吗，财务软件会吗？"我回答："上学的时候，在会计事务所学过，在课堂上也做过，财务软件就在课堂上操作过，熟悉一二。"他问："你对薪酬方面有什么要求？"我回答："希望有五险一金。"接着我说，"报酬可以按贵公司的规定，不过希望有提升的机会。"招聘官说："好的，我基本了解了，你回去等通知吧！"

　　又失败了，我陷入了深思，世界其实很公平的，你付出了多少，就会有多少回报，就像这次找工作，如果当初，我能努力一点，考上的是名牌院校，或许，今天面临的事情就完全不一样了。

方如琼（2000年来深，现居珠海）

一张迟到的汇款单

2002 年 12 月 3 日

想不到，三年后的今天，收到了一张 550 元汇款单，还有一封附信，说明是归还欠款的。我看了看落款地址寄自深圳布吉，寄件人是尹慧。

这是三年前，我在罗湖一家电器厂打工时的同事寄来的。当时，我刚进入这家电器厂不久，由于腿疾复发，疼痛难忍，考虑到在外治疗难以负担医药费，当即就向厂方递了辞职书。辞职很快被批准了，但所欠的工资下个月才能发放。想到领取工资的麻烦，我想找个人帮我代领，到时寄给我，但初来乍到，没有什么老乡与朋友，在我犯难的时候，小尹这个来自四川的女孩一下子出现在我的脑海里。不久前湖北省发生百年不遇的洪灾，赈灾捐款时，普工小尹捐款 100 元，而其他普工捐的都是 5 元到 10 元，所以她当时给我留下了深刻的印象。

我当即找她帮忙，她果真爽快地答应了。办好离职手续，给她留下工资代领条和我的联系方式，我就返家了。

这之后，我在家眼巴巴地等着那笔工资，几个月过去，盼望就变成了失望，写信去查问，也毫无音讯。后来，我也渐渐忘记了这件事。

展阅附信，我才知道事情的具体缘故。原来，小尹在我离职不久，帮我领到了工资，就在打算寄给我的时候，她家发生了变故，她父亲遇车祸不幸去世，小尹当即辞职回家了。办好父亲的后事以后，才想起我的工资，但我给她留下的联系地址不知何时丢失了。

当她再次南下深圳时，又经过了一段艰难的求职奔波。再等她生活稍稍稳定下来的时候，时间又过去了很久。后来通过老乡找到原厂的人事部负责人，找到我的资料，要到了我的家庭地址。

读完小尹的来信，我被感动了，她的诚信与坚强，让我忍不住想哭。

黄荣东（1997 年来深，现居广东徐闻）

吃自助餐

2003年1月13日

我来深进厂工作已经一年多了,"自助餐"这个名词是什么概念我还不知道。

今天中午下班前,在车间突然接到主管的通知说,下午放假半天,因为今天是老板娘的生日,老板娘请大家下午到南头最豪华的"中南海滨国际大酒店"吃自助餐。主管还说:"请各位帅哥靓妹下班后好好打扮一下,下午3点钟到厂里来统一乘坐酒店接送专车,过时不候。"

走在下班的路上,我们几个姐妹一直在议论着什么是自助餐。我听阿丽说:"自助餐,顾名思义不就是自己吃自己的,还叫什么请不请的这么好听。"她们的一番高见我听得不耐烦了,插嘴说:"别争了,到时去了不就明白了。"回到宿舍,各姐妹们都各自忙开了,有的选衣服,有的画眼眉,有的涂脂抹粉,还有的洗头、洗澡。我也洗了一下头,换了套新衣。

3点钟,全体人员到齐。现在,我才发现我们厂的帅哥个个英俊潇洒,靓女个个千娇百媚。很快随车来到酒店门口,下车后我们跟着老板娘走进大厅。果然,豪华的装修让我这个山区出来的打工妹大开眼界。就席落座后,老板娘说:"我能有今天的环境,都得靠大家的支持和帮助,今天借我的生日之时,请大家吃顿自助餐以表感谢之意。"开餐时间到了,老板娘告诉我们,厅内的任何食物、饮品,都可以自由取吃,但不要浪费,能吃多少就取多少。

一个多小时下来,丰富的食品让我胃口大开,我吃了很多很多以前没有吃过的好东西。从这一次起,我感受到了自助餐的自由和丰富,心里总期待着下次什么时候还能吃上一顿自助餐。

曹玉梅(2002年来深,现居南山)

一个毁容者的自杀改变我的人生

2003年3月8日

今夜我失眠了:那张被毁容的脸,在我眼前不停地晃来晃去。

早上,我刚上班,就进来一个用衣服蒙着头的人。她没说话,低下头把凳子摆好,坐了上去。我问她,她才隔着衣服说:"医生,我的脸……"

我说:"没事,把衣服拿开给我看看吧。"我以为是青春痘患者,害羞。她没动,我听见一个微弱的声音:"医生,我去换了肤,可是……"

她把头弄得更低了,尾音还有点哭腔。我这才觉得问题有些严重,因为美容失败而转到我们这里的患者特别多。

我走过去,要拿开衣服,她有些抗拒,但还是松手了。一打开,吓得我差点叫出来。这是一张什么样的脸啊!大块大块的色斑,深深浅浅地占据了整张脸,几乎没有一块好皮肤。

我没出息得两脚发软,直到我定定神,才看见那双绝望的眼睛在看着我。那一刻我恨死自己胆小了,一定是我的表情伤害了她!赶紧说:"嗯,对不起……"

她含着眼泪看着我说:"我知道很吓人,我来这里就是希望你能帮帮我,我老公从第一眼看见我后,就不回家了。我本来是想让他带我去市内治疗的,他不愿意,还说要跟我离婚……"

那双绝望的眼睛,在诉说之后变得如此热切。我心里很不是滋味,也无能为力,在目前的医疗条件下,这张脸是无法复原的。就给她开了一些消炎药,安慰了她好久,才送她走。

她走后,我心里一直沉甸甸的,眼前老是她留给我的那个孤单的背影和绝望的眼神。下午,有两个警察来找我,我才知道,她自杀了。警察发现挂号单才找到我。

我无法入眠:我是皮肤专业医生,我为什么不能帮助她们?于是,做了最大的决定:南下观念领先的深圳,学习最新医疗美容技术。

李秋涛(2003年来深,创办医疗美容中心)

五毛钱的信用

2003年3月30日

从布吉到坂田，坐大巴，两块钱。从坂田回布吉，也是两块钱。如果坐私营小巴，只需一块钱就行了。可是，那种私营小巴又脏又破，司机一边开飞车，一边还用对讲机讲话，我不敢坐。有一次去龙华，实在没车，搭了小巴，结果就碰上小偷团伙作案。以后我坚决不坐小巴。

那天到坂田办完事，回布吉，候着一辆由龙华开往惠州的大巴。这种车是公司车，上车买票，不必投币，身上没零钱也不会尴尬。我掏出一张100元的钞票买票，售票员却犯了难，车刚出站没多远，收的票款远远不够找我。我说等你收够了再找吧。

可是，短短的三公里很快就过去了。车到上水径时，售票员还没凑够98块。"先生，有没有零钱，你找找看好吗？"售票员把百元钞还给我。有零钱我早就给她了，几个口袋翻遍，却只找到两枚硬币，只有1块5毛，差5毛。售票员说："算了，一块五就一块五吧。"我说等会儿下车换了零钱给你。这路大巴车是公车，售票员所得票款和售出车票要等额，不然要扣奖金的。车到布吉天桥，上下车的人多，有几分钟停车时间。售票员不置可否地回到她的专座。

布吉天桥到了，我赶紧下车。路边有卖报纸的小贩，过来兜售报纸。我要买一份晚报，给他100块，小贩左看右看，生怕是假币。车都要走了，他还没看出真假来。我掏出工作证，催他快点儿找钱。还是工作证起了作用，小贩赶紧找回我99块5毛。我紧赶两步，追上车。售票员一愣。"补你五毛钱。"我把那枚从小贩手上找来的硬币递了过去。"啊？"她张大嘴，想说什么，却什么都没来得及说，我已经下车走了。我想："5毛钱事小，信用事大。"

申志（1998年来深，现居广东佛山）

大口罩

2003年4月10日

这几天在街上行走,总是看到许多戴口罩的人。大口罩罩住人的大半张脸,总是给我一种臆想和无边的猜测,这些口罩下的真实面孔和表情,究竟会是什么样子?又令我想起一幅漫画——两个戴防毒面具的人在伊甸园里谈恋爱……在若干年之后,这口罩是否真的会换成防毒面具呢?

星期天和友人去爬笔架山,大口罩也戴在一些爬山的人脸上。戴大口罩的人气喘嘘嘘地爬到山顶,仍然没有要将口罩取下来的意思,春天里的风吹拂着他们冒着热汗的额头,那每一颗豆大的汗珠都像是在告诉别人,他们多么需要健康。其实口罩也就是一种有形无声的语言,它似乎在提醒身边的每一个人——请别靠近我!我不能肯定你是一个健康的人,你身上没有贴一个"我不是非典型肺炎患者"的标签……

美国将一只战争的大口罩不容分说地戴在了伊拉克的土地上。底格里斯河和幼发拉底河两河沿岸的土地正在变成弹坑和炮灰。从电视中看到那些战争的场景,内心里泛起莫名的悲伤与疼痛。我在辗转难眠中写下了这样一首《大口罩》:

可口的石油燃烧起来/乌黑的天空像一个大口罩/遮住了大地和流淌的河水/遮住了流血的哭泣/而人们不是为了窒息/才生活——而生活/不在西天上//我拒绝大口罩/我拒绝变边/每一个戴大口罩的人/请摘下你的口罩/与我对话/将你的目光放到我的目光里/将你的病坦白在/我们共同的屋宇/将你的忧伤 焦虑 恐慌/都放在我准备好了的画布上/你看/你的面孔/就是生活的风景/你的微笑/也像春天的风/柔软 舒缓 能解开/他人的心扉……//说吧,说吧/说出接近杀掠的疯狂/说出内心里日益壮阔的羞愧/既然戴上口罩/就用口罩过滤出谎言/瘟疫的面纱/捆绑心灵的黑幕/这天空中碎裂的云彩/你为何还用它遮掩真相/你为何还不/将它丢弃

谢湘南(1993年来深,现居罗湖莲塘,诗人)

边防证的故事

2003年5月16日

好轻松啊,工作的事落实了,终于可以留在这个让我一见钟情的城市——深圳了。行李已经安置在宿舍,以前的身份证也交给医院去办理迁户口和更改地址等事宜了。趁还没正式上班,舅舅说,庆祝一下,带我去看看深圳的海。

我们开着车,向着只有在电视上和梦里才能见到的大海奔去。听说布吉过关的人特多,我们选择走沙湾。到了沙湾关口,我们暗暗庆幸每个队伍只有六七人在等待验证。除了开车的表哥外,我和舅舅、舅妈都下车排起了队。

"你的边防证带了吧?"舅舅问。"边防证?不是说深户可以不需要吗?""你的新身份证那么快就办下来啦?"我头皮一麻,别说新身份证了,就连旧的身份证也交给医院了,这下可麻烦了。

我知道深圳进关得凭当地身份证或者边防证,可因为总想着自己已被这个城市接纳,很快就可以拿到新的身份证;再加上工作地点又在关外,应该没那么快"进城"。为了图省事,我就没办暂住证。

"要进关吗?一百块搞掂。"有人晃过来问。我们赶紧摇头,要知道办个边防证只要两块钱。"那你还有什么证可以证明身份呢?"舅舅问。"只有单位的接收函,可那也放在舅舅家啊。"

已过关的表哥打电话来问我们,怎么那么久还没进关,我们只能让他再等等。舅舅提出要见当天执勤的负责人。一番交涉下来,终于达成了协议:我去拿单位的接收函,再由他们打电话求证是否是身份证没有办下来。还好舅舅的家就在布吉,开车只要十来分钟。表哥掉头把我载上一起去舅舅家拿接收函……

终于"进城"了,真不容易啊,可我刚出门时的兴奋劲儿却慢慢降温了。"以后千万要记得带身份证,一天进出十次都行。"我忍住坐车时胃部的不适,自我提醒道。

张晓瑜(2003年来深,现供职于龙岗区人民医院)

两块钱的"帮助"

2003年5月18日

基于深圳有部分线路的公交是自动投币的,所以每次出门坐公交,我都会事先准备一大把零钱,以备不时之需。

今天,我打算到镇上去逛商场。从工业厂区步行几百米走到公交站台,只见站台上人们自觉地排起了队。等了10分钟后,一辆通往镇上的中巴进站了,我也跟随人们走上车,两块钱的硬币往车币箱里一投,找了个靠窗的位置,坐了下来。

"你这是百元大钞,我们这自动投币的车司机不提供找零的,你只有在换零钱之后等下一趟车了。"刚刚把头转向窗外欣赏绿景的我,耳边传来司机的声音。

我抬头一看,一个中年大姐拿着大包小包,听到司机婉拒乘车,焦急的情绪导致汗水浸湿了她的脸。她声音急促地解释说:"我有很紧急的事情,能给我个机会让我坐吗?"

"不行,我们得按公司的规定来执行。"司机回答得很坚决。

中年大姐一脸的失望,正准备走下车子,我伸手拉了她一把:"我有零钱,我帮你投币。"说着我拿出多带的硬币,又往车币箱里投了两块钱。

中年大姐一脸的感激:"我要怎么感谢你呢?出门太仓促,因为弟弟的老婆在医院快要生小孩子了,我一激动就忘了带点零钞。"

"没什么,出门在外,谁不会遇到点突发的小事情。"我轻轻一笑。

"但对我来说,你却是帮了我一个大忙,深圳这地方还是有热心肠的人。"中年大姐说着用衣襟拭去额头的汗水。

我心里想:"比起那些无私奉献的'红马夹',想到那句著名的口号'有困难找义工,有时间做义工',咱的这点小小的帮助,实在不算什么。"

幸福(1998年来深,现居坪山新区)

在失业的日子里

2003年5月27日

很不幸，遭遇了非典，刚开始我还不知道意味着什么，也就没当回事。直到有一天乘坐的公车驶进总站，看到周围全是"白大褂"在消毒，才感到有点害怕。

已失业几个月了，生活彻底没了着落，每周依靠二姐接济的一百块钱度日，睡觉是在二姐租的单房的地板上。二姐总是不耐烦地向家里抱怨说我太懒，整天窝在家里都不出去走走。我也没什么好说的，一周一百块钱，一天两顿最便宜的快餐一周就得70块，去一趟人才市场门票5块，来回路费最便宜3块，有通知面试还得再花车费，简历要打，手机还要续费，我还能出门？

终于有一天，我要出去面试，很奇怪，提的手提袋里居然有只我姐的红色皮凉鞋，送回去时间来不及，于是我就把鞋藏在路边的灌木丛中，想面试完再带回去。意外的是，回来的时候怎么也找不到了。第二天，二姐打扮整齐去上班，找不到鞋了。我简单地告诉了她怎么回事，让她长久以来的不满彻底爆发了。晚上下班取了2500块钱丢给我，只说了一个字："滚！"

第二天我收拾了一下房间，买了个袋子把铺盖收拾好装进去，然后把房间认真打扫了一遍，之后背上编制袋，放好钥匙，轻轻地关上门，"滚"了。

我先从住的西岭走了不知多久，去了莲塘印象中靠山的一座烂尾楼，还爬了上去，没感觉到累，到了楼顶连恐高症都消失了，然后很冷静地往下注视着。我知道，2500块钱用完之后，我极有可能就从这儿静静地离开，应该不会打扰到别人吧！然后又抬头看了看天，仿佛有只云状的手伸过来，感觉我一伸手就能够着……

下午我找了间十元店住了下来。晚饭时，同学发短信说来深圳讲课，有空就见一下。我说我在外出差……

阿呆（2002年来深，现居南山）

迎来事业第二春

2003年7月25日

昨天晚上,儿子就今天去见工的事情反复交待了一些注意事项。我听得很认真,最后还当着儿子的面演示了一遍。儿子连声夸道:"老妈,你是最棒的!"

今天早上一起床,对着镜子刷牙时,不知怎的,我突然紧张得手直发抖,然后突然"哇"地干呕了一声,把儿子也招来了。他扶我到沙发坐下,在耳边柔声细语地说:"妈,你别紧张,我跟家俊说好了,他是我同学,你根本就不需要面试,你今天就是直接去上班的。""那他要是看不上我这个老婆子怎么办?""不会的,你在报上发表的美食文章他都看了,佩服得不得了,上次去河源时,他吞吞吐吐地说想请你去当厨师,我一口就答应了,当时他特别高兴……"

最后,儿子对我说:"妈,你可是本城乃至珠三角数得着的民间美食家呀,要自信点。"儿子的话,一下子把我逗乐了。

确如儿子所说,刚到儿子同学公司门口,还没敲门,一个小伙子就迎了出来,满面笑容地说:"是管姨吧,我是家俊,欢迎你来我公司!"然后把我让到他的办公室喝茶。等把茶喝完,我一点都不紧张了。我站起来对家俊(从今天起应该叫老板了)说:"李总,今天中午的菜买了吗?时候不早,我该去准备午饭了。"家俊说:"菜都买回来了,在厨房里。"

我正准备穿过大办公室进厨房时,突然听到一阵喊声:"管姨,我买了五花肉、芹菜、豆腐,中午给我做个毛氏红烧肉吧,我太喜欢你做的这道菜啦!再来个麻婆豆腐……"

晚上7点多我才回到家。和儿子看了会儿电视,我便关了电视,刷牙准备睡觉。儿子笑着说:"才上一天班,就这么积极。李总给你开多少工钱?"我边刷牙边含混地答道:"两千块。"

"妈,刚上班就拿两千工资,你迎来事业第二春了。"儿子的话让我心里觉得很美,特别美!

管桂姣(2001年来深,现居福田梅林)

单车差点被盗

2003年8月19日

今天晚上九点半,我加完班回到租房处,刚打开一楼大门正要上楼梯时,只见一个平头男子扶着一辆单车正好要出去,我便站在一边任其先出门。就在该男子与我擦身而过时,我无意间看到其扶着的单车有些面熟。这不是我老公的单车嘛,我马上抓住单车的后座,大声地问道:"这是我的单车,你要拖到哪里去?"那男子回答说:"谁说是你的单车?是我老乡的。"说着硬拽着单车往外走,我一边死死抓住单车不放,一边大声叫喊,希望老公在4楼能够听见。估计那男子心虚害怕了,随手将单车往旁边一扔就跑了。我把单车扶起,仔细一看,果真是我老公骑的那辆。于是在一楼大门外,通过对讲机喊老公快点下来。

老公下楼查看了单车,发现车锁已被撬坏。因住处与公司有段距离,前不久,老公花了50元从单车修理铺买了一辆二手车,每天上下班来回都骑单车十分方便。据老公说,晚上他下班后,像往常一样把单车放在出租屋一楼楼梯的转角处。因前段时间所租住的房子有小偷"光顾",卧室门锁被撬坏,他在电线杆上抄到一个修锁的手机号码,打电话要对方上门换锁。除了修锁的师傅外,一起来的还有另外两个男子,其中一个就是平头。门锁换好后,3人便一起下楼,当时时间临近九点半。

我和老公一致认为是那个平头男子利用上门修锁的机会,见财起意,顺手牵羊把单车盗走。我跟老公说:"幸好那蠢贼被我逮住了,如果迟一步的话,单车被盗走了,你明天就得步行上下班了。"老公立即拨通了修锁师傅的电话,向对方说明情况,对方予以否认,并很快就挂了电话,再拨其电话,已处于关机状态。当晚,老公坐在书桌前,一篇标题为《上门帮人修门锁 下楼撬人单车锁》的稿子很快就写好了。老公说:"明天就发到报社去,让大家看了提高警惕,避免类似事件再发生。"

朱和英(1996年来深,现居宝安松岗街道)

会"说话"的手机

2003年8月27日

一大早,啃着五毛钱一个的花卷,我在站台上等车,要去地处相对偏僻的关外工业区。20分钟后,我才盼来要搭乘的大巴,找了个靠窗的位置坐下,调整着因等待而略显焦虑的心情。

受顶头上司的指派,我要去关外工业区的工作现场查看生产进度。寻思着离目的地还远着(估计要两个多小时),我决定眯一会儿,让近来倍感压力的心灵小歇一阵。"咚咚咚"……半睡半醒的我,被一阵敲击声吵醒,寻声张望,坐在车厢后排的一个中年妇女,眼睛在频频眨动,流露出求助的信号。"你有什么需要我帮忙的?"谁知道她只笑不答,我很是困惑。这时,旁边一位大叔给了提示:"她是个聋哑人。"不懂手语的我,如何与她交谈呢?我突然想起了新买的手机,于是噼哩啪啦的在手机上打出一行字:"您有什么我能帮你的,请说。"

她接过我递过的手机,缓慢地打出一行字:"我晕车很厉害,想和你调换坐位,因为我只要看到窗外的绿景就对晕车有所缓和,可以吗?"看着她苍白的脸,能感觉到晕车给她带来了很大的不适。没有犹豫,我爽快地点了点头以示同意。

过了一会儿,她用眼神示意我把手机递给她,又一行字出现在眼前:"我很少出门,我要到横岗大厦,到站后麻烦你叫我下车。"简短的一行字,让我瞬间没了睡意,生怕因自己的疏忽而耽误了她的行程。半个小时后,我把早已用手机打好的一行字递给中年妇女看:"到站了,下车吧。"她给了我一个灿烂的微笑,轻拍了一下我的肩膀,下车后用力地向我挥手,一双会说话的眼睛,似乎在说:"感谢帮忙!"

吴春丽(1998年来深,现居坪山新区)

终于找到"KO"的快感

2003年10月12日

跆拳道,这项发源于韩国、以漂亮腿法著称的运动在深圳发扬光大。据说,深圳自1993年由市跆协芮启盛主席引进此项目的10年间,已有25万人次参与到这项运动。很荣幸,我是其中的一员。今天,为了我的两个终极目标——黑带、冠军,我起了个大早赶往福田文化中心正道馆参加赛前集训,虽然离锦标赛还有一个月的时间,但我们馆里十几名业余选手正在积极备战。

这段时间一直由黑带五段的伍教练给我们上集训课。要说起古板、严肃但又可爱的伍教练,那拳那腿都是超有劲的,一拳上来都带有呼拉拉的风,超酷。跆拳道的宗旨是"以礼始,以礼终"。在伍教练的一声"chalet"的口令下,我们开始了今天三个小时力量、速度、反应、技巧的"魔鬼式"训练。

经过扎马步、劈叉、压腿等热身运动后,集训正式开始,每两人一组,穿上全套护具进行实战PK,伍教练是裁判。今天与我对决的红方是小Q,她的速度令人叹服,一直以来,我都不是她的对手,没有想到,今天竟然抽到与小Q进行PK,让我哭笑不得,心想:"在赛场可不能遇到这样的对手,否则我的冠军梦就破灭了。"PK开始了,红方小Q一个横踢让心虚的我失去2分。在我还没有反应过来时,第二脚紧接着又上来了,我不能防守,只能反击,以迅雷不及掩耳之势做了个幅度很大的后旋踢踢中对方的头部,红方小Q倒地。裁判数秒后,直接判KO胜。哈哈,终于找到了KO的美妙感觉了,这突然让我自信心爆棚。

我期待下个月的比赛,希望也能简单直接地将对手KO倒地。冠军将属于我,加油。

缪晓云(2002年来深,现居福田)

回家相亲

2003年12月9日

一个星期前，一大早，手机铃声响起，一看，是老妈来的电话。赶紧接听，老妈在那边循例问候一番后，渐入主题："丫头，你也老大不小了，却还没谈朋友，村里和你同龄的小珍昨天都摆满月酒了。我这心一急，就自作主张帮你安排了一门亲事。你马上请一个星期的假回来看看合不合眼，好给对方回个话。要是合适的话，以后就留在家里，别再往外面跑了。"

我一听，心里挺抗拒的，都什么年代了，还整相亲这样的土样式。但话从自己的亲妈嘴里说出，当女儿的也能理解她的一片好意。寻思着，这时候赶在过年车票未涨价之前，回趟家也好。从另一个角度看，表面上是回家相亲，其实也是回家探亲（看望年近耄耋的奶奶，探望年过花甲的父母）。

打包，大包小包。新衣服、特产，装了几大包。在同事的合力帮助下，顺利坐上回家的长途汽车。到家后，一眼就瞄到在家等待相亲的对象。只瞧了几眼，就肯定地知道，他不是我心中的理想对象。眼尖的媒婆一眼就看穿了我的心思，重点介绍男方的家境是如何如何的好，我却没心听进去，如实告知："这男的，不适合我。"

老妈说："这个不行，叫媒婆介绍别的。"我忙顶回去："少来，感情的事得靠缘分，你还是别把我逼得太紧。给我点空间时间，让我自己去做选择。我还是要回深圳去工作的。"

老妈一听，不再说什么，转身给我做好吃的去了。而我，撒腿就往邻居家跑，找儿时的伙伴们交流工作心得去。

一个星期的期限到了，今天，我如期返回工厂上班。虽然人已在深圳，心却还在广西。想着昨天还一家其乐融融地吃着住家饭、家常菜。今天，却要排队站在食堂门口等待打饭菜。心里却暗自庆幸，幸亏没相中，不然就没机会再来深圳打工了。

小丽（1998年来深，现居坪山新区）

一元钱的愉悦

2004年2月28日

今天,去附近的新安市场买菜,转来转去没有买到什么。看见市场边上也摆着一些摊位,相对市场里正式的摊位,那些地摊的生意却要显得好些。摆摊的多是妇女,男人在附近郊区种菜,妇女就负责卖菜。每天早上,只要找块地铺张蜡纸,再摆上各种青菜,生意就吆喝开了。价格当然也要比市场里的便宜。

我也上前去看,摊主是一个妇女,笑着招呼我。我看有自己喜欢的苋菜,就买了一把,一元钱。我拿十元钱递上。妇女找给我钱,我数都没数就想放进袋里。

突然妇女叫住我,指着我手里刚找的零钱,示意再让她看一下。我顿时有些厌恶了,心想她肯定以为是找多给我了,虽然我也知道她做这么点小生意不容易,但这种不尊重顾客的做法还是让我很反感的。我就把手里的零钱都还给了她,让她慢慢数去。

只见妇女把钱数了一下,轻轻一笑,然后再从自己的布钱袋里拿出一元钱,一起还给我。我顿时明白了。妇女笑着说:"呵呵,我就知道少找了一元钱。"

这小小的一元钱,让我一天的心情变得愉悦起来。

陈再见(2004年来深,现居宝安西乡街道)

手机里的家书

2004年3月29日

来深圳有五六年了,屈指算来,在这五六年里,我总共回过四次湖北的老家。不是我不想家,实在是身不由己,总是有各种各样的事情要忙。

前年回家时,我发现母亲老了很多。很久没有见面,我不知该和母亲说些什么,母亲也不知跟我说什么才好。看着自己和母亲隔膜的样子,我心头一酸,当天就到镇上给家里买了一部手机(老家很偏僻,连电话线都牵不上)。我对母亲说:"以后您要是想儿子了,就给儿子多打打电话。"谁知,两个多月,母亲只给我打了一次电话。她告诉我,并不是她不想我,而是长途话费实在太贵了,她舍不得打。我灵机一动,就想到了用手机跟母亲互发短信息联系。母亲没念过什么书,发短信息实在有些困难,但为了和我保持长期密切的联系,她还是很快学会了。

于是,不管有什么高兴或者不高兴的事,我都会通过短信息告诉母亲。母亲也是三天两头就发一条短信息过来:地里的棉花下籽啦,这几天家乡的天气变凉啦,家里的母猪一窝下了十几个猪仔啦……虽然身在两地,可短信息却让我和母亲就像生活在一起一样。

上个月,因为公事我顺便回了趟家,无意中看到了母亲收藏的一个笔记本,那上头详细记录着这两年来她与我互发的短信息。母亲说,看着这些短信息,她就像看到了我一样。我一时不知该说什么才好。那一刻,我终于明白了可怜天下父母心的含义。

林军(1998年来深,现就职于深圳《女报》)

打小贼

2004年4月9日

真是奇怪了,昨晚和兄弟们练拳练得累了点,手臂发酸。下午出门在等电梯的时候,莫名其妙想到今天可能有场实战,结果还真的给我遇到了。

在上东门天桥的时候,看见一贼在掏前面一个女的手袋,还没得手。我走过去提醒她:"小心后面有个贼在偷你包。"然后没回头就走了。结果刚走上天桥,就感觉后面有个东西顶了我一下。回头一看,一个男人正凶神恶煞地瞪着我,嘴里咕哝着什么我也没听清。突然,这家伙朝我清楚地说了句:"你挡我们的事情干什么?"

这时,被偷的女孩赶忙过来推他一下说:"干吗,这是我朋友。"那家伙不知死活,居然还朝我冲过来了。我环视了一下,发现没别的人(防止误伤行人),紧接着我使出一记后手左上钩拳,冲着那小贼的下巴而去。

下面的情况一如我所预料,那家伙像片树叶一样往后飞,并且在空中就已经休克了,然后滚下台阶。女孩被吓得语无伦次:"算了,你们别打架。"

看着那家伙瘫在地上没动静,我便准备报警。突然听见一阵急促的脚步声追过来,回头一看,原来是那家伙的同伙赶来了。我向前慢跑两步,准备先制服冲在最前面的两个人,但很快发现,更多的人在慢慢地逼近。"好汉不吃眼前亏",我平时一口气能跑几公里,这些家伙追了我大约半公里后,便识相地放弃了。

这次"见义勇为"的经历,我算是全身而退。面对人多势众的小偷,我没有选择力敌。因为我知道,再好的功夫一旦陷入寡不敌众的局面,吃亏的肯定是自己。

阿礼露耶(1996年来深,现居福田港城华庭)

教外婆学打字

2004年4月22日

上午,我正在编小星星玩,外婆忽然对我说:"一米,你教我打字吧!我学会打字后,就可以在电脑上写文章了。"这回我能给外婆当老师,太好了!"好吧!"我爽快地答应了。

我打开电脑,转到写字板,开始给外婆上课。我学着老师的样子对外婆说:"外婆,您摸一下'F'键,上面有一个凸起,您把左手的食指放在上面,然后再把中指、无名指和小指依次放下去。"外婆放好后,我又对她说:"您再摸一下'J'键,上面也有一个凸起,您把右手食指放在上面,其他手指和左手一样对称放好。再把两个大拇指放在'空格'键上。"外婆把两只手都放好后,我再告诉她哪些键归哪个指头管。讲完动作,我又严肃地加了一句:"打字时注意,一定要严格按指法打!"外婆真的像个小学生一样乖乖地说:"遵命,放心吧。"听她那口气,我真的想笑出来啦!讲清楚后,我就让她打我的作文《小白兔》。只见外婆弯着腰,努着嘴,眼睛直勾勾地盯着屏幕,那样子好认真呦!

外婆已经60多岁了,拼音早就忘光了。刚打第一个"小"字的时候,她就遇到了不会的拼音。她抬起头问道:"一米,'小'字怎么拼?"我回答:"是'xiǎo'""明白了。"她两手在键盘上笨拙地一个个对好,按下去,屏幕上出现了她打的第一个"小"字,刚打完"小"字,又传来了外婆的问话:"'兔'字怎么拼?'子'字怎么拼?……"我的天哪!原来教我打字这么麻烦呀!

更大的麻烦还在后面,就是告诉她怎么拼后还是记不住,下次用时还问。她也知道自己有这个缺点,每次问时也不好意思,但还是问。看到外婆打得那么慢,又那么辛苦,有时我都会想夺过键盘帮她打,可她每次都坚持自己打。她说:"一米,你现在打字是小白兔水平,我是小乌龟水平,将来有一天我们要来个打字的龟兔赛跑呢!"啊!原来她学打字是有目的的呀!

现在我懂了,外婆这次让我教她打字有两个目的:一是,真的想学习打字,将来在电脑上写文章;二是,催促我加速学习打字,通过她学习时遇到的麻烦,告诉我趁我还小赶快学好打字,不然像她那么大岁数了,再想学打字就困难了。看来,我得努力了。

王一米(写此日记时作者为华侨城小学三年级学生,现就读于华侨城中学)

终成"有车一族"

2004年4月23日

今天终于把新车开回家了。从起了买车这个念头,到最后新车到手,历时20天。

最初有买车这个念头,可能还是受周围同事、邻居们的影响。最近半年来,自己住的小区楼下,还有单位停车场,如雨后春笋般地冒出了十几辆新车,看到这些熟人们兴高采烈地开着车上下班,周末带着家人四处郊游,还是蛮刺激人的。有天晚上,我和妻子在楼下散步,突然她冒出一句:"不如我们也去买一辆车吧。周末有空可以一家人到处去逛逛!"

买车?对从小艰苦惯了、刚脱离温饱的我来说,买车是个非常"奢侈"的念头。但在妻子"枕边风"的吹拂下,终于在家庭会议上拍板:买!

买车首先要选品牌和型号。每天一有空,我就扑到网络上,从购车网站到爱车论坛,每篇文章、每个帖子都认真阅读。周末时则是全家老少齐出动,把深圳几个汽车卖场都转了个遍。几番来回,初步确定购买一汽大众的宝来。它那圆鼓鼓的外形确实蛮惹人喜欢的,不过包牌价格接近22万。好家伙,是我好几年的收入了!

车定下了,钱从何而来呢?我和妻子把银行存折都翻出来,摆在一起一算,还差8万块,看来只能向银行贷款了。经咨询得知,如果分期3年,月供是2000块,按我们现在的家庭收支情况,负担还是蛮重的。因为车开回来,还要加油、买保险、维修保养,到时真的是花钱如流水。但是人有我有,这涉及到面子的事,真的是没办法用理智来衡量。

最终我们去专卖店交了定金,然后就在家等通知提车。在等待的那几天里,心里既有新车即将到手的喜悦,也有点囊中羞涩的担忧。

今天早上,车终于到手了!妻子专门请了假和我一起去见证这个激动人心的时刻。当车开上北环大道时,我握着方向盘的手心都出汗了。紧张呀,生怕哪个不小心的家伙把我的爱车给剐到了。就这样我们一路小心翼翼地开回家,十几公里的路,开得我腰酸背疼。但心里还是乐颠颠的,从此,咱也成了"有车一族"了!

陈道之(1996年来深,现居福田)

探亲归来倍思亲

2004年7月11日

我所在的工厂老板看我是个已婚男人,特批我每年暑假可以回去探亲15天。然而时间飞快,一转眼,15天就过去了。我还清楚地记得那天我满怀兴奋的心情收拾行李回安徽老家的情景,去见我的妻子、孩子和劳累的双亲;去见故乡的那山那水。那种归心似箭的心情,我想只有游子才能体会。在家中,妻子的温存、儿子的天真、父母的期盼和朋友们的调侃,每一个眼神每一句话都令人感觉那么温暖、那么感动。

而今,15天过去了,此刻我又回到了深圳。七月的深圳,炎热得像要沸腾一样,我内心却有一丝伤感、失落和荒凉。路上奔跑着无数的汽车,让人心烦意乱;遍地皆是的摩天高楼令我无处躲藏。我的内心可能在下一场大雪。我在责骂自己,为什么还要回来!可我必须回来,为了这个家、为了妻儿能过上好的生活。

跨进房门,我想的不是什么工作的事情,满脑子只有一个词——背井离乡。记得跨出大门的那一瞬间,我不敢回头看,因为一回头也许就会看见妻子的泪水。刚到这里,我甚至没有勇气打电话向妻子报一声平安,我怕我们在电话中会听到对方的哽咽。

现在想来,如果我不回去就好了,不回去也就没有了这份扰人的牵挂,而一旦把这份牵挂勾起,我的忧伤就像老家秋天的最后一片落叶,那样凄凉而独自飘零。哎,天涯孤旅!没有真正出过门的浪子又怎么会理解天涯孤旅的伤感呢?

谢志成(2002年来深,现居福田)

幸运通过考试

2004年7月30日

今天一早,我跟着一位同事坐车从横岗到深圳人才大市场参加招聘会。上午11点左右,我的电话响了,一接听,原来是前几个月一起参加人力资源管理培训的同学小陈打来的,他告诉我,6月份进行的人力资源管理职业资格考试的成绩出来了。他高兴地告诉我,他通过了考试,并问我有没有查询分数,有没有通过考试?我回答说我正在人才市场招聘,还没来得及查询,不知道考试分数。小陈一听,热情地说:"要不你把准考证号发给我,我现在上网给你查询。"

几分钟后,小陈再次打来电话,告诉了我一个好消息:我通过了考试!理论67分,实操62分。这个结果既出乎我的意料,又在我的意料之中。

近两年,在一家企业从事人事管理工作的我开始遭遇了职业发展的瓶颈——工作能力无法提升,导致职业发展空间受限。于是,我想到了充电培训。但是学什么、在哪儿学呢?在征求了几位职场人士的意见后,我决定根据自己所从事的企业人事管理工作,有针对性地选择了人力资源管理的培训。

今年2月底,在一位朋友的推荐下,我选择了罗湖区一家培训中心开设的人力资源管理培训班。此前我没有参加过类似的培训,好在我从事人力资源管理工作多年,对这个专业并不陌生。虽然面临着来自工作和家庭的双重压力,但我每天有忙都要抽出至少两个小时来学习:每天早上早起学习一个多小时,晚上临睡前再学习一个多小时。同时,我还非常注重学习方法,碰到疑难问题,就向老师请教,或者和同学们一起进行讨论。这样,学习取得了事半功倍的效果。

经过3个多月的培训和学习,6月中旬,我参加了考试。功夫不负苦心人,我终于通过了考试。通过这次考试,我坚信了一个道理:一分付出,一分收获!

朱志成(1998年来深,现居龙岗坂田街道)

伤痛

2004 年 8 月 13 日

日子和往常一样平静,只是天气出奇地热。

从有空调的办公室到闷热的车间,就如冰火两重天,没办法,我一天的工作就是两头跑,这些天赶货赶得紧,我抱着一叠报表正准备往总经理办公室送。

经过走廊的时候,看见车间门口一群人拥着一个小伙子,他们个个神情慌张,都直奔总经理办公室。待我看清后,才发现那新来的小伙子举着的一只血肉模糊的手,脸上挂着的不知是泪水还是汗水,表情痛苦,把我吓呆了。总经理面无表情地从办公室出来后,大手一挥,吩咐人事部主管护送他去医院。

他们走后,我才从车间里的开机师傅处得知,这个新来的小伙子是印刷商标的学徒,今年才 18 岁,刚才在没有师傅监督的情况下违规操作机器,右手 5 个手指被机器像拍黄瓜一样压扁了。

傍晚加班的时候,人事部主管从医院回到厂里,我向他打听那个小伙子的情况。他说,小伙子的手由于是粉碎性骨折,食指和中指肯定是保不住了,其他的可能也会有功能障碍。

我听后一阵揪心,他才 18 岁啊,就落下终身残疾,以后的人生之路,该怎么面对?

杨梅(2003 年来深,现居罗湖)

离别

2004年8月17日

今天，公司品检部助理佳佳离职前最后一天上班。

上午九时，她把手头上所有的工作都跟新来的助理进行了交接，然后拿着工卡和工服直奔人事部。从人事部出来的时候，她一脸轻松地微笑，我看得出那笑里面有着淡淡的忧伤。一般离职的人员必须当面检查行李并开放行条后才能离厂。似乎全世界只有我最有时间，所以总经理叫我去检查了。

每一次的离别对于我来说都是伤感的，更何况还是跟我相处了快两年的好友佳佳。我们同住一间宿舍，同在一间办公室里共事，朝夕相处，情同手足。如今她要去寻找她的梦想，我除了祝福还是祝福。

我倚在宿舍门口，一声不吭，看着她把一件件衣服叠好放进行李箱，还有一些零零碎碎的东西。有好多都是我们一起去买的，比如那个倒三角形的收音机，那套《猫和老鼠》的碟。这些带着青春记忆痕迹的东西，又将伴着她闯荡天涯。

当天晚上，我们俩在宿舍楼顶的平台上躺下，仰望着深圳并不清晰的夜空，她说她以后要嫁个有情、有义、有钱的男人。我说我喜欢深圳，要在深圳扎下根，也要找一个这样的男人。我们说着各自很渺茫的未来，最后抱在一起哭了。因为我们心里都清楚，在这个漂泊的路上，在这个人海茫茫的城市里，这一别，也许就是老死不能再见面了。对于这个城市来说，每天都上演着千百万次的离别，我们只不过是彼此间擦肩而过的过客。

佳佳拖着行李走到我的面前，低着头。她没敢看我，我也不敢正眼看她，我们都怕对方看到自己的眼泪。她拖着行李箱渐行渐远，留下孤寂的身影……

从一个城市到另一个城市的奔波，我们漂泊得太久，离别已经成了一种习惯，习惯到我们固执地认为这个城市不适合矫情。好吧，抹抹眼泪，继续上路吧。祝福佳佳，终有一天不再漂泊，有个幸福的归宿。

晓杨（2003年来深，现居罗湖）

老板字迹有奖竞猜

2004年9月8日

想当初,我做梦挤破脑袋都想钻进公司的业务部,哪怕做那个最小的业务员!你不知道,在我们公司做业务,那个提成的数字有多大?反正我对那数字是窥视了好久!都说机遇是留给有准备头脑的人,这话一点不假,这不,公司内部招业务员,运气+准备+能力,我水到渠成地就力挫三雄,顺利搭上"发财致富"的航班。

不下河,真不知水深浅。这不是说公司的业务有多难做,而是指要"辨认"老板天天布置的让人眼冒金星的手稿。

老板习惯用手中的笔随时记录出他大脑里迸发出来的奇思妙想和沾金的"歪"点子。随后,他便叫秘书复印几份,分发给我们,人手一纸,然后就是传话答问。他那一手腾云驾雾的字迹,我一看,脑门的汗就出来了,越往下看,眼窝里金星与那些字都媲美赛跑,同事张花、小五、大李跟着老板三年了,对老板的手稿也都云里雾里的,摸不着头脑。幸好的是,当年上大学时,我就对毛主席狂草的诗词痴迷不已,对草书略知一二,但要真把老板的字拆解出来,确实费劲!

不过,三个臭皮匠,也顶个诸葛亮呢!我们五个同事就集思广益——猜!猜出胜者,肯德基伺候,猜出字最少者,埋单;如若遇到加急的,在有限时间内,猜出最少者,拿着手稿问老板!每次,我们越猜越糊涂,总是前意不搭后段,小李总是自作聪明,结果一败涂地,自然,她埋单的次数就最多了。

今天,我们在肯德基里把鸡翅嚼得正香呢,小李说:"看来,钱比面子还重要啊!要是我上学那阵不学楷书,练草书,最起码,不给肯德基白做贡献啊!"

我们几个一听,都愕然了,不知那几个同事怎么样,反正,我的心头就像被小李掀翻了五味瓶,五味杂陈都跟着往外涌……

寇基(1997年来深,现居广东惠州)

相亲

2004年9月11日

昨天，同学兼好友杰仔打电话跟我相约，今天去他学校，要给我介绍对象。由于是星期六，学校挺静的，中午我到杰仔宿舍时，杰仔的女朋友欣和那个女孩，已比我早一步抵达了。

对这次相亲，我总感觉怪怪的，因杰仔也没跟这位女子见过面，他们是在QQ聊天室认识的，因是老乡，故聊得来。之前杰仔已跟我说好要介绍女朋友，我当他开玩笑，没放在心上。来深圳整整6年了，一直在忙碌，以至终身大事也一直没个着落。既然杰仔这样说，那就见见吧。

这位女孩子也觉得见面别扭。她长得娇小清秀，像个小女孩，第一印象还不错。我们四个人一起在杰仔宿舍做晚饭吃，还煲了个五指毛桃骨头汤。后来回去的时候，我骗清（相亲对象）说我住的地方距离她住的宿舍不远，执意要送她回去。

送清回去后，我转车回我的宿舍，在路上，我想，交往交往也无妨。漂泊这么久，自己也老大不小了，真渴望有一个属于自己的家！

旭辉（1998年来深，现居罗湖）

发誓要给妈妈买一台按摩器
2004 年 9 月 26 日

昨天中午，妈妈提着一大包家乡特产坐车抵达深圳，打算陪我一起过中秋和国庆双节。

今早起床，本想带着妈妈去东门买衣服，但考虑到最近天气炎热，又适逢周末人多拥挤，我决定先带她去中信城市广场转转。

从租住的都市名园小区步行到中信城市广场仅需 20 分钟左右。商场的商品琳琅满目，我当起讲解员，一一给她详细介绍身边的商品。偌大的商场，我们很久才逛完一圈。妈妈似乎有些累了，我四处张望，正愁找不到歇脚的椅子时，刚好看到不远处有卖高档按摩椅的免费体验区。我赶紧拉着妈妈走过去，示意她半躺下来，然后打开遥控器。不一会儿，妈妈在机器的震动与敲打按摩当中，不知不觉睡着了。

大约过了半小时，妈妈睁开眼，感觉她的精神状态比刚才好了很多。这时，促销员热情地在我跟前三番两次地推销。一问价格，优惠价 8800 元，这大大超出我的预算。

回家路上，妈妈几次称赞刚才按摩的效果。望着妈妈的白头发，那一刻，我在心中暗暗发誓：一定要在深圳努力工作，争取年底获得优秀员工奖金，买一台好点的按摩器给妈妈……

小艾（2003 年来深，现居龙岗坂田）

爸妈户口落在福田

2004年11月13日

今天下班刚回家就听到了好消息：爸妈落户深圳的手续终于办完了，和哥哥的户口一起落在福田区景田派出所。我高兴地翻开户口本的内页，看到了爸妈的名字，感到全家人终于真正地团聚在一起了。

哥哥和弟弟毕了业就分配在深圳工作，而我是从内地调过来，去年才办完调动手续。爸爸妈妈虽然早就来深圳和我们住在一起，但户口一直在内地没来，因此每隔一段时间就得回原退休的单位处理一下需要办的事。在我的调动手续办完后，他们就打听好了，说深圳有规定，只要子女都在深圳，父母的户口就能迁至深圳。于是8月中旬就去派出所咨询了相关事宜，回头就准备各种资料。他们说，派出所的答复是，3个月就能办好。

算一下日子，还不到3个月就办好了，真快！想来，迁户口在内地是个大事，也是个麻烦事。我在原来工作的城市，因为需要，把户口从一个区迁到另外一个区就跑了好几趟。不是资料没备齐，就是办事人员不在，最后还要托人，没想到深圳的办事效率这么高，也不用找关系，果然是特区呀，不一样！

爸爸说，户口迁来以后，原单位会每个月把工资固定打在银行账户上，医药费也有报销的规定，党组织关系就挂在居委会。换了居住地，离开了工作几十年的老单位，现在又找到了新组织。

叶玲（2002年来深，现居罗湖）

东拼西凑资金开了店

2004 年 11 月 28 日

离开熟悉的工厂，没有上班已经有些日子了。无所事事的我有意转行干点别的。想想自己一无技术二无太多资金，决定做点小本服装生意。

决心已定，本着能省则省的原则，徒步去商业街里找店面。一圈逛下来，空铺是没有的了，只能认真地看哪家店门角显眼处张贴"转让"的通知，好不容易瞄到有一家。从没跟商家打过交道的我，壮起胆，进去洽谈。头一次就因为价格过高谈崩了，好在接下来多日的奔走后，总算找到一间合适的店面。但空铺转让的价格却超出了我的预算。

拿起手机，开始逐一按朋友的联系方式拨通，希望通过朋友间的交情换来一笔急需的周转资金。令我费解的是，如今的人，也怪了，平日里大家宛如姐妹般的交情，一提借钱的事是能躲则躲，实在躲不了就虚张声势地来一招喊穷敷衍我。

直到我辗转联络上多年未联络的堂姐，她一语道破："借钱时，他求你；还钱时，你得求他。"好在堂姐还是很惦记亲情，身处异乡的她通过银行转账的方式给我汇来了急需周转资金的一半。还特意发来短信解释：家婆生病住院了，也急需用钱。

剩下的一半，找谁借好呢？对面的邻居，在厂里做蓝领的张阿姨，听说我正四处筹钱一事后，主动送来 500 元，说自己没多大本事，但尽力帮我一把，大家都是邻居。我在感动之余再找人借，终于在昔日同事张大哥、许大姐的合力帮助下，如愿筹够了所需的资金。

当一纸转让合同拿到手，我成了这家不到 20 平方米的空商铺的新主人，再通过领我入门的莉姐的指点，开始学着到东门去进货，几经奔走后，总算把开店所需的必备品：衣架、裤夹、挂板模特、胶袋、风格不一的衣服、款式多样的牛仔裤买回来。以总计数十袋的数量在一番大挪移后，搬运到了店里。再马不停蹄地开始"摆放、上架、调整"，今天，如期把店门打开迎客。

但愿今天在除去房租、水电 80 元后，还能赚个出乎意料的"开门红"。

吴春丽（1998 年来深，现居坪山新区）

深圳开通地铁啦

2004 年 12 月 28 日

今天是深圳地铁一期工程建成开通的日子，我们一帮同事早就相约好下班后一起去坐一下地铁，尝试一下这个新交通工具。

五点半下班，我们立刻冲往附近的地铁站，可还没走到地铁站，就已经听到里面传来很多嘈杂的声音，当时我们有点后悔了，这是地铁开通的第一天，肯定有很多人跟我们一样想来看看的。眼看后面也有很多人往前涌，我们快步上前，搭乘扶手电梯，进入了"地铁时代"。

今天外面很冷，但进了地铁却有一股热流涌上来。宽敞的地铁站被尝鲜的人群填满了，大伙都在排队买票，自动售票机旁还有穿着红马甲的引导员在教大家如何购票，可有些人硬是磨蹭了半天没买到票。我们不着急，拿着一早准备好的相机四处拍照留念。

我们到处走，发现这里有点像迷宫，指示牌看得我眼花缭乱，难怪那么多人在不停地找引导员问路。逛了二十分钟，我们终于搞明白了，是大家太急躁，没停下来好好看嘛，其实"地下"的标志也就跟"地上"的一样，大家认真看了，就能在地铁里自由穿梭了。

等到我们买好票时，已经六点五十分了，排队等车开来时，同事们都很激动，我心里暗爽："以后上下班就很方便了，地铁不会塞车，以后多睡半小时也不怕迟到。"不过由于是试运营，等车的时间有点久，希望以后发车间隔可以缩短些，让地铁更快些。

坐了一轮，大家都说，地铁坐着真不错，虽然我们跟大多数乘客一样是站着的，但比在公交车里站着舒服多了，即使没扶着也不怕摔倒，坐地铁的感觉就像宣传标语说的一样，"舒适、便捷、安全、整洁、文明"，感觉太棒了。

这时，我想起修建地铁的工人们，以后我们坐地铁就舒服了。可建设地铁的工人们，你们辛苦了！

阿二（1988 年来深，现居宝安）

陷阱背后的"秘密"

2005年1月27日

前天去横岗面试,保安检查完证件后说我们是老乡,就跟我聊了一会儿。他说这儿的设计师月薪两三千,但刚来的话就1500左右,和我的期望值差不多,心里有点儿高兴。

不一会儿,人事部黄小姐来了,她先让我填了一张履历表,然后让我做卡特尔16种性格因素分析测试,我提前半小时就做完了。测试结果相当不错,自以为只要我愿意,这份工作是志在必得了。最后一关是老板的亲自审核,也就是他要与我面谈,因为时间问题,被安排到了下午。

下午两点,我在人事办公室等老板的面试通知。当时,办公室只有两个职员,一个是黄小姐,另一个是她的同事。她们请我坐下后,就开始忙工作。我坐了一会儿,觉得很无聊,就主动向她们打听一下公司的情况,三言两语消除了我们之间的陌生感。她们也变得热心起来,开始向我传授稍后老板问话时我该如何机智作答,让我对她们充满了感激……后来,黄小姐拿出我填的表格问:"你要求的薪水怎么这么低啊?是不是你以前工作的地方工资普遍不高啊?"我在"期望月薪"一栏中填的是1800元,我觉得这薪水最适合我目前的水平,也符合公司的标准。她这一说,我倒不知如何是好了。她的同事也在一旁劝我:"你改改吧,改成2200元,要不你就亏了。"我望了望黄小姐:"行吗?我都已经填好了,再改岂不是会留下痕迹?"她宽容地说:"没关系,改成2500好了,我看你考得也不错,老板若真想用你,是不会在乎这点工资的。再说到时候你们还可以面谈,互相让一步,就是2200元了。"当时我可能是财迷心窍,看她们说得诚恳又不无道理,就把1800改成了2500,同时,把以前的薪水范围也多加了300。这时,心里对她们的感激又多了几分:多好的同事啊,还没进来就如此关照我……

可直到现在,我才知道,原来老板不过是想通过她们来测试我的诚信度,刚才我已经在电话中向老板确认了落选原因。因为我自信在笔试中表现得非常出色,不料却因一念之差,失去了这次的工作机会。诚然,他们用这种方式来试探我有失道义,甚至可以说是在设"陷阱"让我往里跳,可我如果能本分一点,懂得知足,又怎么可能钻进他们的圈套,让自己功亏一篑呢?真郁闷……

王晓风(2005年来深,现供职于服装公司)

烫手的20元钱

2005年2月7日

尽管要另寻寄身之所,但我还是决定离开阿兵家,只是对阿肖过意不去。

来深圳后,阿肖带我住在他的老乡阿兵家,半个月过去,工作仍无着落,尽管阿兵不在意,可他的女友却话中带刺。我知道此处不可久留,可是身无分文令我一筹莫展。当我的目光落到阿兵那辆单车上时,不由一阵狂喜,真是天无绝人之路啊!这辆单车是阿肖出面借来方便我找工作跑腿之用的。

在下决心离开之后,我把单车骑到镇上,卖给了一个修车的摊主,费尽口舌才换得70块钱。可是,这点钱连回趟家的路费都不够,我暗骂摊主黑心,却又无可奈何。

回来后,阿肖问起单车,我假装垂头丧气地说:"哎,倒霉,我把自行车停在厂门口,然后进去应聘,哪知出来就不见了……"阿肖拍拍我的肩头说:"事情都发生了,就不要去想,你也别担心,阿兵那边我自有交待。"

我趁机叹了口气说:"看来我还得走,横岗那边有我的老乡。"阿肖沉默了片刻,从口袋里掏出一大把零钱,说:"叫你出来是我不对,这是我最后的'粮食'了,就送给你!"阿肖把钱塞到我手心,脸上挤出一丝难得的笑意。

"我呢,是一个远房表哥带出来的,他也没丢下我不管,而你无亲无故……"听完阿肖一番话,手里捏着阿肖最后的20元钱,我的泪水竟夺眶而出,一时五味俱全,不知是悔恨还是感激。

王国法(2005年来深,现居龙岗坑梓龙田村)

遭遇招工难

2005年2月18日

今天一上班,公司老总就召开紧急会议,讨论招工难的问题。

前天是春节后开工的第一天,由于很多人才市场还没有正常营业,我们只好在公司大门上贴出招工广告,并派出人员分别到街上的几个路口设立招工点。但是两天下来,仅有几个男青年到公司门口向保安员咨询了一下,没有人拿证件来应聘;设在路口的几个招聘点也仅仅招到几个男工,离100多人的人力需求还有很大缺口。

公司老总心急火燎地召开专题会议。业务部陈经理首先汇报说,开工短短两天,业务员就接到了7张订单,其中有4张大单,2张急单,必须赶紧生产才能按期交货。生产部方经理汇报:由于订单增多,现在分别有3个车间急需员工160人,其中大部分岗位需要女员工。人事部黄经理告诉大家,经过分析,年前就对公司的人力需求状况有了充分估计,并采取了相关措施,比如动员本公司员工回乡介绍亲友来公司工作,与内地一些大中专院校以及劳务输出机构联系;年后一开工便通过各种渠道招聘员工,但是目前看来收效甚微……

听了大家的汇报,老总的眉头皱得更紧了。他要求大家针对此问题进行讨论,发表自己的看法,寻求解决之道。大家七嘴八舌地谈了自己的看法。我也谈了自己的意见——目前珠三角的劳动密集型企业普遍存在缺工和招工难的难题。要解决这个问题,必须提高员工报酬,使企业的工资和福利水平具有市场竞争力,同时以人为本,善待员工,不但要招得到新员工,还要留得住老员工,这样才能真正解决缺工和招工难的问题。我的意见得到了大家的认同,老总也要求大家立即做出改进方案予以实施,以期切实解决招工难问题。

金宝(1998年来深,现居龙岗坂田街道)

走在大街上的女子

2005年4月15日

这些日子持续往返于华强路的南北两端。心情颇有些沮丧，但还得硬着头皮工作工作再工作。每天要面对那么多人：一群兼职人员和客户，自信心直线下降。这时候就会想到父母和爱着我的人，不会因为我变得丑陋而嫌弃我，还有一点活着的价值。昨天终于花了一大笔钱，买了一套护肤品好好犒劳了自己。效果如何有待观察。此品牌保养品号称"四星期内明显改善您的肌肤"。

华强南某大厦，每天出没于此地也渐渐有了感情。交通便利，楼下的小卖部早晚有好吃的土豆蛋饼和香浓茶叶蛋；毗邻深圳市中医院，请假看病轻而易举；各类餐饮遍地皆是任君选择；各大银行营业厅柜员机，方便了我这种爱透支却疲于还款的"月光族"。

华强路林立的商家，让我把"东门情结"抛到了九霄云外。今天从客户那出来，发现一家寿司店入驻了茂业二期，还有一家"水果捞"店过来了，曾经在深南中路每况愈下的某西餐厅也在附近占领了一席之地。说到美食还真的有点欲罢不能。

华强中有一个捐血站，服务时间是11：30—18：00。对时间那么敏感是因为我头几次想去捐血的时候都已经关门了，而当我能够提早到达捐血站的那天发现快到生理期，又被拒之门外。

华强北某大型服务场所，我们部门这一个月服务的客户。几乎隔天就要前往，见到许多形形色色的人，增长了不少见识。

这些日子奔波劳累，情绪周期性波动。但是，经常跟某人说，人生苦短，应该好好体会。俗点说，开心又一日，不开心又一日，看你怎么选择。

朱婧瑗（1985年来深，现居南山）

房价太贵了

2005年5月1日

今天带着老婆参观深圳房地产春交会,越看心里越难受。

我在岗厦附近一家外贸公司工作,平时来来往往不是到罗湖就是到南山,所以也只关心罗湖、福田、南山这一线的房子。香蜜湖的水榭花都、英伦名苑、半岛城邦这类豪宅动辄每平米10000多,就是打个九五折,对于首付款来说也只是九牛一毛,所以我和老婆问都不问。我们的关注点在城市主场、韵动领地、天健时尚新天地、五洲星苑这类小盘小面积的房子上,但是一问,房价也在5000到10000之间。

选了半天,我们选定了福田区的韵动领地一套60多平米的房子,算了一下总价,要35万多。虽然我到深圳工作两年了,可没攒到什么钱;老婆刚来,更没有钱,我们唯一拥有的资产是内地一个县城100平米的房子。老婆说,老家那房子就是卖也只值6万块钱,加上我们手上攒的2万块钱,也只能付个首付,可60多平米的房子孩子来了怎么住?我想也是,把全部的家当抵上,还要20年分期付款,得到的只是一个临时的窝,确实心有不甘。

老婆想了想,把我拉到一边说:"中心区的房子哪会便宜,还不如看远一点的地方有没好房,找个便宜的房子一步到位。"我说:"行啊。"有了这个共识,我们就分头去看。最后,老婆看中南山区的鼎太风华,每平米起价4000多。老婆说,100平40万,只比韵动领地多5万块钱,又能解决我们一家的住房问题,就这个。我想了想说:"只是交通费我们得算一算,不能把钱都丢在路上。"老婆和我算了一下,一年的交通费也就是一个平方的价钱,最后确定还是买。

孩子在老家读书,老家的房子卖了怎么办?我跟老婆商量,想让孩子暂时住在她爸妈家。老婆同意,说:"就是不能找我老爸老妈借钱。"我本来正想跟她商量先挪用她老爸老妈的钱等卖了房子再还他们,老婆一说,我也不好提了。

想到一套房子除了吸干自己所有积蓄外,还要让我们欠下20年的债,我和老婆心里都很沉重。孩子在读初中,很快也要花钱,我们心里还真没有底。老婆说,还不如我们在深圳挣点钱后同老家去。尽管我心里不情愿,但也只能附和着安慰她。我说:"我们先卖老家的房子看看吧,如果能卖个好价,也许手上就会宽松一点。"

路上,我和老婆商量好,回去就给老家的朋友打电话,让他们帮忙卖老家的房子。

吴思(2003年来深,现居罗湖)

新车上路

2005年5月8日

今天是"五一"长假过后的第一天上班,心情格外高兴,因为我家酝酿了几个月的换车计划终于在昨天完成了,我的新车——M6今天正式上路了。

开着手自一体、2.3排量的崭新汽车行驶在上班的路上,感觉不同,心情也不同。想想昨天还开着手动、1.0排量的夏利轿车,再想想自己在深圳11年来的换车经历,心中不禁思绪万千:从自行车到摩托车、从摩托车到经济型轿车、从经济型轿车到中高档轿车,换车史就是一部自己的奋斗史,正说明了生活水平在不断提高呀。

想起来,1994年7月的时候,我大学刚毕业后是深圳的一名小学教师,当时月工资只有1000多元,买一辆自行车代步是一个不错的选择。于是,当年10月,我在深圳买的第一辆"车"——永久牌自行车正式上路了……

1996年11月,为了克服踩自行车的辛苦,满足出行到稍远地方的需要,我花了3.3万元积蓄买了一部豪迈牌摩托车。从此走上了"加油"的日子……

时间长了,驾驶摩托车风吹雨打太阳晒的日子也不好受,再加上当时深圳的许多道路都限行摩托车了,2001年7月,我又一次萌生并实现了换车的愿望:花了6万多元买了一辆排量仅为1.0的夏利牌经济型轿车。当崭新的小轿车驶进小学校园时,还引来了不少同事羡慕的目光。当时,教书匠买私家小轿车还是不多见的。

夏利陪伴了我3年多后,逐渐感觉到1.0排量的小车动力不够、车况下降,我换车的愿望再次强烈。

今年的"五一"长假前,我们一家三口就决定了假期的主要安排:看车、买车。于是,从5月1日开始,我们一家三口约了同样有换车意愿的同事阿波一起去各大车行看车,天籁、广本、一汽马自达、别克君威……从了解性能、价位、维修和保养,再到试车。经过3天的综合考虑,我和阿波在5月3日各自订购了一辆价格为23万元、排量为2.3的一汽马自达M6轿车,昨天将车提回了家。

M6正式上路象征着我的"轿车生活"又前进了一大步。11年前的我做梦也不会想到,自己会有一天开着20多万元的私家车奔驰在深南大道上……

石养(1992年来深,现居龙岗)

城中村里打桌球

2005年5月13日

晚上下班回家后,我和好朋友燕子闲着无聊,便到住处附近的一个叫坳下村的城中村里去转转。那里有人在做桌球生意,一共6张美式桌球台,还空着4张,我俩决定打几局。这些台子都很旧了,四周的木头边框都磨损得看不出原来的油漆颜色,绿色的桌面也脏兮兮的,球杆更是黑不溜秋的。不过,这里的价格真的是特别便宜——才1块钱一局。平时我们去稍微好点的桌球城里玩,至少都要28块钱一个小时。

可能是很少有年轻的女孩子来玩桌球,老板对我俩挺热情。我跟他开玩笑说:"老板,我们水平很臭的,有可能一个小时都玩不完一局,你会不会亏本啊?"老板哈哈大笑说:"没事没事,你们一局打一个晚上都没问题。不过,我看你们拿球杆的样子,应该不会那么烂吧?"我的水平其实还算是初学者水平,只不过拿杆的姿势在男朋友的调教下,已经像模像样,还真能唬唬人。燕子就不一样了,她运动天分超高,什么项目都拿手。比赛起来,自然是燕子赢得多。我俩一边打球一边开玩笑,叽叽喳喳,遇到跳球、滑杆等意外,还放肆地大笑。老板也跟着我们乐,引得周围其他台的男士都朝我们这边看。打了大概一个小时,老板过来说,那边有三个男的想请我们过去一起玩。我朝那边一看,天哪!穿得流里流气,肯定是小混混,跟他们玩,我可不敢。

我们让老板过去回绝。随后,我们想着时间也不早了,而且城中村里人员混杂,治安也不太好,便赶紧付了钱离开。回去的路上,燕子说:"下回还是叫你男朋友一块来玩,两个女生太不安全了。"我同意她的建议,不过,回想起刚才打球的过程,觉得在城中村打桌球,还是挺实惠、挺开心的。

文洁(2003年来深,现居福田)

给孙子讲儿童节的故事

2005年6月1日

我的孙子天禾1995年10月生在深圳，再过几个月就十周岁了。今天是儿童节，该给他送点什么礼物呢？孙子逐渐大了，有时候感觉像个小大人一样，"为什么呢？然后呢？"是他最喜欢向大人刨根问底的方式。以往"六一"，总是他爸爸带着他去友谊城或欢乐谷玩。儿童节有没有更有意义的过法呢？今年，我得给他换个花样。这小家伙好像从5岁开始就喜欢看《英雄儿女》《上甘岭》这样的电影。今天，我就投其所好，给他讲点自己小时候过儿童节的故事吧。

晚饭后，我把我小时候过儿童节的事给孙子一讲，没想到小家伙好奇地问："爷爷，您也过儿童节？""当然了！不过我那会儿过的儿童节，可不是6月1号，而是4月4号。"我告诉他，1944年的时候，我刚刚9岁，比他现在还小1岁。当时我在鲁西南的一个抗日根据地上小学，不但参加了儿童团，还当上了儿童团长。我告诉他，那年的4月4日，县里召开庆祝儿童节的大会，主要内容就是儿童演讲比赛，"爷爷也上台参加了，背诵的是老师写的讲稿。"

"那后来呢？"

"爷爷得了个一等奖！"

孙子来精神了："什么奖品呀？"

"那时候只有荣誉，没有奖品。"

小家伙好像有点失望："那爷爷您高兴吗？"

"我们那时候的儿童团，得到荣誉就是最高兴的事了。"

小家伙没说什么，也不知道他能不能理解，反正听完之后，他就翻箱倒柜去找《小兵张嘎》的电影光盘去看了。

李晨（1990年来深，现居福田，退休老人）

岳母帮我们打开心门

2005年6月10日

儿子满一岁了,我和妻子决定把岳母接来帮我们照看儿子。

把岳母接到我们租住的公寓楼后,岳母一个劲地说:"深圳就是好啊,我活了大半辈子,没想到还能来深圳。"看着岳母高兴的样子,我和妻子的心里都乐开了花。但还不到一个月,岳母就天天开始唠叨了。她说:"在深圳,周围都没个人和我说话,要是放在老家,我一天都不知串了多少家门了,深圳好是好,就是没人情味,你看,有个邻居都不认识,跟没有差不多,人都说深圳好,我看这深圳人都太冷漠!"精灵的妻子努着嘴,偎在岳母肩膀上安慰说:"妈,你才来不久,慢慢就熟悉这里的生活了,入乡随俗嘛!"

是啊,我们小区都是上班族,只要一回家,大家房门紧闭,谁都不认识谁,我们都在这住了两年多了,只认得门口的保安阿洪,其他人,就连我同层隔壁邻居是男是女,都不大清楚。岳母显然很不适应这种形同陌路的生活,尽量给她找些开心话题,妻子还别出心裁地给岳母买回了许多影碟,可岳母一张都不看。上个礼拜上班时急得忘了带钥匙,跑回家,岳母不在家,急得我团团转,正在这时,岳母拎着儿子从三楼下来,边走边和一个中年妇女连说带笑,我说明原委,岳母笑着说:"你们上班去了,我去你李阿姨家坐坐!"我说:"哪个李阿姨啊?"岳母说:"就刚和我说话那个啊!"哦,我明白了。

下班回家正要开门,那个李阿姨就热情地和我打招呼,还邀请我有空去她家坐坐。我笑笑就搪塞过去了。刚坐椅子上,就见岳母把一对青年男女拉到我家,一会儿把男的数落一阵,一会儿把女的教训一会儿,说着说着,那对男女都笑着拉着岳母的手,说:"阿姨真像咱母亲一样!"

自打这以后,小区的人见了岳母都老远打招呼,就像自家亲人一样。没过多久,邻居们下班或休假了,都把自家好吃的、好玩的、好用的、生活小窍门,还包括一些烦心事都拿出来晒晒……

岳母说:"远亲不如近邻,大家都生活在一个屋檐下,只要把心摆正,城市里钢筋混凝土的墙再牢实,再严封,热情的心还是会慢慢打开……"

寇基(1997年来深,现居惠州市惠阳)

从服务员到老板娘

2005年7月7日

由于经常去一家小酒楼里吃快餐，我认识里面的一位服务员，20岁还不到。今晚她告诉我，她准备辞职回老家，用这两三年里打工积攒的钱，在老家开一家复印打字店，还可以兼卖些耗材。

"回乡下开复印打字店能赚钱吗？"我问她。她说，老家的租金和人工支出相对比深圳低很多，吃住又可以在家里，能省下一大笔，而且镇上的打字复印店很少，这生意可以尝试。"一天赚个几元、几十元的，总比现在这样端一个月盘子才拿几百块钱强。再说，自己开店怎么说也是个老板娘啊。"

谈话中，她告诉我，她17岁开始来深圳打工，下班后充分利用业余时间上培训班，学电脑、打字排版设计等。这些年来，虽然工资不高，但省吃俭用，现在攒下的钱够租店和买复印机了。我心里暗暗佩服，她比我厉害多了，我远没有她这么勤奋踏实，善于理财，做事有计划，真惭愧啊。

小钟（2004年来深，现居福田上梅林）

修空调

2005年8月7日

这几天，天气每天都达到三十几摄氏度。偏偏这时候住处的空调坏了，吹出来的都是热风，开了比不开还糟糕。向空调售后服务处催了几次，今天终于派来个维修工。

我住在六楼，他打开窗户，一下就爬了出去。他弯着身子站在安装空调的那两根细小的铁支架上，扶着空调的主机，拿螺丝刀拆空调主机的外壳，身上却没有采取任何防护措施。

他的脚下是笔直而下的墙壁，能看见地面和地面上很细小的行人。就算他脚功不错站得稳，手也扶得稳，可若是这个空调支架突然支撑不住断了或者弯曲了，他整个人也就很容易从空中掉下去，实在危险得很。

我一个劲地问他，这样悬在墙外半空中，不会感到害怕吗？他说没办法，干他们这行的都如此，不管是安装还是检修空调，都得到室外高墙上，也习惯了，但有些位置感觉实在不安全的，也会系一条安全带绑在屋内某处吊住自己以免发生意外。他说他还曾经在29楼的半空中也这样，而且还是在半空中从这户人家的窗檐上，跳到另一户人家的窗檐上去检修空调，比成龙电影里的惊险镜头还惊心动魄。

看他在太阳底下晒得直冒汗，我便在室内打起雨伞探出身去，帮他遮挡室外强烈的太阳光。他就这样站在空调支架上拆机、检修、测试。我看看他，又看看他身体下除了那细小的支架外一无所有的六楼高空，一直提心吊胆的。

最后，他说是一些配件坏了，要重新换过，但他手头上没有，要等明天去买了再来换。

如此，他走了。而我这几日来对空调售后服务处的一肚子气似乎也消了许多，也许都是今天这个维修工的缘故吧——他干的可是卖命的活啊。

小钟（2004年来深，现居福田）

给家里寄回 1500 元

2005 年 9 月 16 日

今天是我从河南老家到深圳打工的第五个月整。

中午去银行查账,上个月的工资已如期到卡里了。我从 2000 元工资中取出四分之三转到二哥的账号上,年过七旬的妈妈刚动完手术不久,家里急需用钱。虽然汇寄回去的这点钱微不足道,但作为儿子,我希望自己每个月都能够坚持为家里分担一些。

银行卡里还剩 500 块,过两天要交 150 元房租(和同事四人合租分摊)。我算了一下:自己平时不抽烟不喝酒,一天按 10 元的生活标准,坚持到下个月发工资应该不成问题。另外,考虑到在深圳人生地不熟,万一有突发事情,如感冒生病什么的急需用钱,我就从明天下班后,开始沿着马路边捡瓶子和废报纸卖点钱,先应付一段时间再说。这样,既能够锻炼身体,又能够让自己快速了解和熟悉这座城市。反正,初来乍到也没有几个人认识我的。

再过两个月,据说单位会上调 200 元的工资,心里充满期待。虽然南下还没到半年,但我喜欢深圳的年轻和包容。我相信:只要脑子灵活和勤快本分,在这里应该不会饿到人的。

许保国(2005 年来深,现居福田景田北)

取名"猪真肥",叔不是故意的

2005年9月21日

中午接到朱哥电话,说嫂子刚生了个大胖儿子,让我晚饭前必须赶到南山喝喜酒。

我从景出北踩单车飞速奔向白石洲时,朱哥租住的一室一厅的屋子里早已聚集着七八个老乡了。没来深圳打工之前,我和朱哥一起在老家做生意,同吃同住有5年时间,我俩情同手足。

房间不大,喜庆的气息满屋子弥漫着。刚落坐不久,朱哥端酒挪到身边,拍了拍我肩膀说:"兄弟,你今天过来顺便帮哥给侄子取个名字,咱这帮老乡当中属你最有文化了。"我挠了挠后脑勺,感觉有些为难,取名字这么重大的任务自己恐怕是不太胜任的。但是,看到朱哥认真与信任的表情似乎又无从拒绝。我想了想,然后说:"那就叫圳飞吧,侄儿在深圳出生,他是这座城市新的小主人,希望他将来在这里茁壮成长,像鸟儿一样自由地飞翔!"

众老乡拍手称好,而我也感觉完成了此行喝酒的重任。

晚上回家,告诉女友起名一事。还没等我把话说完,女友捧腹大笑不已:"许子,你个臭家伙真够损人的,取啥名字不好,偏给人家孩子叫'猪真肥'!"

惨了,我还真没想到会是这般谐音。赶明早起床后要赶紧给朱哥回个电话,但愿他不会产生误会。

许保国(2005年初来深,现居福田景田北)

买房如买菜

2005年10月29日

错失了几次买房的好机会,眼看房价越涨越高,再不出手,房子梦就要破灭了。今天,我和妻子终于决定拿出全部家底按揭买房。

我们看中的楼盘位于龙华中心区,挨地铁口,地段很好。最主要的都是小户型,尽管均价达到6000元,我选的房子还是最大的,总价也不过37万多,而且还带装修,省力省心。

当然,能让我们下定决心买房,还有朋友的鼓励。一位朋友也准备在这个楼盘买房,此前,她在别的地方已有多处房产,都在升值。我相信朋友的眼光,这无疑给我们吃了一颗定心丸。

当我们来到楼盘销售中心时,只见现场彩旗飘展,锣鼓喧天,好不热闹。为避免销售现场混乱,售楼方推出了叫号的方式选房,5个人一组。号几天前就放了,尽管我起了一个大早排队,但我的号还是排到了132位。看着一拨拨人进去选房,又听到一个个房号被选定的广播,担心自己想要的户型卖完了,心里很是着急。正当我们焦急万分的时候,朋友找到了我们,她说她的另一个排在前面的朋友突然不想买房了,把号让给了她,所以,她也把她的号无偿让给了我。朋友的号是35位。这样,一下子向前迈进了一大步,抢得了先机,我们激动得都不知道怎样感谢这位朋友。

很快,就轮到了我们进去选房。我们是第一次买房,都没什么经验,难免要反复比较。当我们好不容易看中3栋407房准备买时,没想到售楼小姐说刚售出去了,谁下手这么快,一转眼就没有了?我们来不及多想,紧接着,我们又看中了3栋306,户型、位置都很不错,更巧的是306是妻子的生日,我们没有再犹豫,决定买下。

接下来,交款、公证、签合同等手续倒是一条龙服务,几分钟就搞定了。感觉自己被一双无形之手推着走,整个交易过程比买菜还快,几十万的买卖,就变成一张盖有发展商印章的收据。想起来不免后怕,但想到大家都是这样办的,心里又觉得释然。

刘庆方(1994年来深,现居宝安龙华街道)

排队 3 小时，看病 3 分钟

2005 年 10 月 30 日

今早一觉醒来，看到刚满一周岁的女儿把身上的保暖被踢开了，衣服不知何时被她撩起，露出小肚子。我心想糟糕，用手一摸她的额头，果真如我所料：滚烫。用温度计一量，39.8℃。抱起她，出了家门口，拐弯，跑步前行几百米，招手拦了辆的士，赶往医院。

按就医流程，得先挂号，拿到病历本，花去 20 分钟，没想到挂个号也人满为患。

到主诊医生的科室前排队候诊，粗略地估算了一下，排在前面的人数有三十多人。虽然心急如焚却也只能静心等候。在一番苦等后终于轮到女儿看病了。医生循例先用温度计给女儿测体温，再向我询问女儿近来的生活细节——很快，医生拿起笔，在病历本上龙飞凤舞地一挥写，开出药方后，来了个总结：没什么大碍，就是这两天温度落差所致，是不注意保暖引起的风寒，打一针，吃点药就好了。听医生这么一说，之前一颗惶惶不安的心总算放下了。

对于 2 年前那场令人闻风丧胆的"非典"疫情，我记忆犹新。而最近，有关禽流感的报道也铺天盖地，在这些消息中，常看到的一个词语就是禽流感病毒，这疫情让身为母亲的我在每次看到女儿咳嗽、发烧等症状时就忍不住要担心。

拿上药方，移步到交费处，又得排队；挪步到拿药处，再排队；就连女儿打针，也得排队。护士满怀歉意地解释：近日，秋风至，天骤凉，医院里发烧、感冒的小患者骤然增多，输液最忙时顾不上喝一口水。

从医院出来，拿出手机看时间，来时是早上八点，看完病的时间是 11 点 03 分。值得一提的是，其实医生给女儿看病的时间只有 3 分钟，而我耗在排队上的时间却要 3 个小时。

吴春丽（1998 年来深，现居坪山新区）

老婆的瑜伽馆开业了

2005年11月15日

今天,老婆的瑜伽馆开业了。辛辛苦苦筹备两个多月,老婆这段时间是"累并快乐着"。

几个月前,老婆跟我提出要自己开瑜伽馆,我一听,还以为她开玩笑。老婆说,她做了三年的瑜伽教练,已经厌倦了给别人打工的生活,再说现在快30岁了,也该好好想想以后到底要过什么样的生活了。"学员方面你不要担心,现在瑜伽越来越热了,我有不少顾客朋友,她们都会介绍朋友过来的。"老婆非常有信心。老婆是个聪明的女人,肯学习、能吃苦、胆大心细,我想这几年的工作中,她估计偷偷学了不少真经,否则也不会这么有信心自己出来单干。

上午10点,正式开业。很多好友都来了,门口摆满了他们送的花篮。老婆招呼客人的时候,脸上喜气洋洋的。精明的老婆还在当天推出开店优惠价格,在门口大派传单,吸引了不少路人。当一个路过的白领被传单吸引并成功报名后,老婆直朝我眨眼睛。我能看得出来,她真的很兴奋。

中午吃饭的时候,老婆拉住我,小声地说:"老公,谢谢你的支持。我们的瑜伽馆生意会越来越好的!"听到这话,我心里那叫一个感动,但我还是油嘴滑舌了一下:"以后你是老板了,可要多照顾小弟啊!"

刘祖(2000年来深,现居福田)

我的美丽新世界

2005 年 12 月 15 日

从南山搬到新物业已经一年了，新物业地处皇岗口岸，抬眼可见的是行色匆匆的港人和各色美女，有成群成群的湖南攸县的哥和他们的妻小，有地铁、会展中心，有 CBD 的水泥丛林。

我们家在 29 楼，往上还有 2 层，电梯速度很快，有点眩晕的感觉，向保安投诉而无果。小区四楼有共用绿地、康乐设施、会所，但往往狗比人多，且品种繁多，像小毛驴似的金毛犬，巴掌大的鸡娃娃，还有沙皮、斑点、腊肠、混血没名的……美女和"野兽"组合成一道道风景。

新物业像块遮羞布似的遮住皇岗村的低矮小楼，我和三岁的儿子常沿着坑坑洼洼的路去村里公园喂鱼。常有黑黑瘦瘦的本地人挑着担子在小巷子贩卖小菜和自家制的腊肠、萝卜干，比超市的靓些、便宜些。一次就看见一群穿制服的年轻人骑摩托车从天而降，把小贩的菜全部没收或踩烂，小贩们立刻鸟兽散。

后来有一次，儿子在他的小单车上挂个小篮，偷偷摸摸从冰箱里取些菜放里面，一边推车一边喊卖菜啦，卖菜啦！我就大喊一声："城管来了！"儿子大骇，远遁。我哈哈大笑。

新家地处深圳主要交通干道交叉处，不远处还有地铁，我们上下班都享受便利的交通，这也是我们选这里的初衷。近来还有重大利好消息传出，附近要建实验小学，物业会升值。我们还是对第一条消息比较感兴趣。

"应该学习婴儿，再宽容一点……爱存在，这美丽新世界……就是爱的奇妙，我愿意陪在你身边，让微笑不会变老，让感动一个个实现。" SHE 的歌声从隔壁悠悠飘来，呵呵，这就是我的美丽新世界！

入住新居快一年，是以为记。

杨婷（2001 年来深，现居福田）

感恩的心

2005 年 12 月 25 日

今天是星期天，美好的圣诞节，也是我见习工作的第二天。这几个月里，为了获得这次实习机会，我不断地充实自己，每天回家都很少和家人交流，匆匆吃过饭又继续奋战。我的见习工作内容是担任小区管理员，早上，还不太认识路的我在小区里迷路了，一直找不到培训教室。幸好有一些热心的住户为我指了路，我才匆匆赶到课室。

上午，邹老师教我们学《感恩的心》这首歌的手语。原以为手语很难学，其实还好，学着学着就会了。只要用心去学，相信自己是行的。此时，唱着《感恩的心》，做着这些不太熟悉的手语，感觉如此美好。

下午老师放了一段名叫《发现幸福之旅》的影像给我们看，我当时想，拍摄者能亲自去感受别人的幸福，真好！对我自己而言，我一直都觉得幸福是一件很难的事，但是，从这影像里，我发现了幸福，体会了幸福。有些人虽然比我们贫困，但他们可能拥有世界上最宝贵的东西——幸福，这也许是金钱无法带来的。

其实，我能获得这份工作，要感谢家人对我的支持和帮助。每次妈妈总默默看着我把饭吃完，然后去洗碗，弟弟也让我先洗澡，不像以前一样老跟我抢，他们努力为刚刚参加工作的我营造一个舒适的家庭环境。我也是一个幸福的人呵。我突然醒悟，不仅因为自己获得梦寐以求的工作，也因为有这样支持自己的家人。这个圣诞节过得真有意义，我学会了感恩，也发现了自己的感恩之心。

魏逶香（1987 年来深，现居宝安西乡）

Shen Zhen Diary
二〇〇六～二〇一〇

陈厂长，相信你会理解我的

2006年1月14日

今天上午，我去宝安兴达人力资源市场招聘新厂长，并带回八个应聘者的资料给老板看。在去之前，老板一再叮嘱我：这件事一定不要让现任的陈厂长知道。虽然我深知人事经理一定要严格执行保密制度，但现在要我对陈厂长保密，我总感觉有愧于陈厂长。

一个多月前，陈厂长在众多应聘人事部经理资料中，极力向老板推荐我，后来使我顺利地被老板聘为人事部经理。

其实，我只在几十人的贸易公司做过人事部经理，我的简历中提到在1000多人工厂任人事部经理一职是假的。陈厂长从我这一个多月以来的一些工作失误上，已感觉我没有大厂工作过的经验，但他从不说穿我，总是想方设法帮助我，我曾几次想对他说出我的真实工作经历，但总是拉不下面子说。

老板看完这些应聘者的资料后，明天就会叫我通知合适的人选来面试的，陈厂长自然知道他将被老板"炒鱿鱼"，而他也必定知道是我招回来的，但我还没向他说起这件事，他会不会怪我呢？不过，话又说回来，我也是打工的，相信陈厂长会理解我的无奈和苦衷的。

翁红春（1993年来深，现居宝安宝城）

电话那头传来女儿的声音

2006年2月11日

今天来到办公室,做统计的陈大姐已经坐在了电脑桌前了。我走过陈大姐桌前,无意中瞥见陈大姐正在电脑上看几件颜色鲜艳的童装服饰,其中有一件小棉袄看上去非常漂亮,忍不住凑上前去问,这是什么衣服啊?陈大姐有些不好意思:"我准备上网给我女儿买几件衣服,很便宜的,才15元一件……不过现在到点上班了,待会儿午饭后,如果你也想买,就一起吧。"

我听了感觉十分新奇,现在的网络真是发达啊,东西足不出户就能买到。不过我出来都几个月了,也不知道女儿长高了没有,胖了没有,要买大号还是中号的?

挨到中饭后,我跟陈大姐一起上网研究哪一件童装更好看。现在天气这么冷,我决定给女儿买一件80元的粉色棉衣,然后让陈大姐在汇邮地址上写上家乡的地址,收件人署上婆婆的名字。

晚上回到家,给婆婆打了电话,让老人家注意查收邮寄给女儿的衣服。婆婆说好……忽然听到女儿的声音传了过来:"妈妈,妈妈——"

放下电话的瞬间,我感觉身上有一种剧痛,直渗骨髓。

王小娟(1997年来深,现居坪山新区坪山街道)

房租要涨了
2006 年 5 月 31 日

房东打电话过来,一开口就声明要涨房租,而且直接由一千四涨到两千。下了班还没忙完的我虽然有些措手不及,但也并不着急,南山这边的房价看涨也不是一天两天的了。我也曾对人说过,房东不涨房租算是相当不错。可不涨则已,一涨就狮子大开口,这也实在有点让人瞧不起。

"您可以涨,但一下子涨这么多还真让人受不了。"我直接表明我的态度。

"可是,我的房租还要上税呐!"房东振振有词。

"没事,我都理解呢。不过您看啊,我一住两年多,我哪个月不是按时给您交房租?除了有一次要安有线电视找过您,平常我也没烦过您,对吧?"我——说来。

"那倒是,你也还比较自觉。"房东放软了语气。

居然还只是比较自觉。有见过我这么好的房客吗?

"就说上次我找您装有线电视吧,本来有线电视应该是房东装的。后来您不乐意,我建议各出一半来装,您肯了。但最终也是怕麻烦您,我还是自己掏钱装了。这事儿搁哪儿说都说不过去吧?"

"唔,我知道你挺好的。但我收的那点房租还得上税,再说这两年房价也涨了不少,我周围租房出去的人都比我的贵多了。"房东开始防守。

"是啊,我理解呀。但是一下子提到两千,搁谁心里都受不了。您说是吗?"

"那你说多少合适?"房东终于招架不住。

"这样吧,我得回去问问合租的同事,等我们商量好了再给您电话好吧?谢谢您了!"我没直接抛出自己的想法,而是采取拖延时间的手段。

"好!"房东回答得那叫一个干脆。唉,其实说下来这么多,也没有什么开心的感觉。不管怎么着,房租毕竟还是要涨的。我可以因为房价涨而坚决不做房奴,但房子却不能不租。

尘尘(2003 年来深,现居南山)

敬礼，老政委！

2006年6月8日

今天中午听父母说，他们50年的挚友鲁伯伯终于决定定居深圳了。高兴！不但父母有了可以随时串门叙旧的话伴儿，深圳也会因为有了鲁伯伯这样一个"隐者"而多了一些传奇。哈哈，全深圳除了我们两家之外，还真没人知道他的身世。

鲁伯伯今年75岁，离休前是干嘛的呢？闲言碎语不要讲，单表表好汉武二郎。鲁伯伯是山东人，所以还是用山东快板的开场白说说他的故事。这一段时间报纸、电视上一直在宣传试飞英雄李中华，鲁伯伯离休前就是李中华那个试飞大队的政委！

李中华试飞的是歼10，我估计鲁伯伯当政委那会儿，至少是领导着试飞歼6、歼7的那批试飞员。1983年夏天，我从北京去鲁伯伯家所在的西安阎良过暑假。那会儿年纪小，不知道此后的20多年间那里会飞出了很多个试飞英雄。让我记得最清楚的一件事是鲁伯伯带着我上了歼6轰炸机的驾驶舱，没别的感觉，就是热。摸摸这、摸摸那，也就是半分钟，跑吧。

今天听老妈讲，鲁伯伯在深圳太平洋保险公司工作的独生儿子大华，刚为鲁伯伯老两口在南天大厦买了房。鲁伯伯虽然只有军人证，但是从这一天开始，他可就算是真真正正的深圳人，扎根在深圳了。

当了一辈子军人，开了一辈子飞机，而且他还是新中国培养的第一批轰炸机飞行员，参加过抗美援朝战争。鲁伯伯从1995年第一次来深圳开始，逢人出远门，他总是叮嘱对方："坐火车，千万别坐飞机，离地三尺就有危险！"

对了，今晚去参观他的新家，给他老人家带点什么礼物呢？我问他的儿子大华，他说，什么都别带，他父母日子过得简朴，送来东西，舍不得吃更舍不得扔。"真要向他表示，还是像以前那样的老规矩，进门之后，立正，给他敬个礼！"

李德胜（1990年来深，现居福田）

牵邻家孩子手的大人是谁

2006年7月2日

坐在屋子里,忽地瞧见门外走廊里,一个大人牵着一个小孩子走过。这层楼里住了六七户人家,那个牵着小孩子手的大人我不认识,但这个小孩子我是认识的,那是隔壁人家的孩子,3岁左右。与他的父母没有什么来往,只是偶尔在走廊里打个照面。有时小孩子偶尔调皮,挨他妈妈揍的时候,也会哭着跑到我这里来躲避。

今天是周六,我知道小家伙的父母今天要上班,小家伙每遇节假日不用上幼儿园的时候,他住在同城的外婆会过来帮忙带一下,或者委托给同层楼里另一户邻居的家长照顾,但现在这个牵着他的手的大人是谁?我有些警觉,出门看了看另一户人家的家门,关着,可能出去玩了,也就是说这个小孩子今天一个人呆在家里,这个陌生大人,莫不是拐骗小孩子的吧?我追上去问:"你们要去哪里?"小家伙答:"叔叔带我出去逛街。"我说:"这个是你叔叔吗?"他答:"是的,他是我的叔叔。"

我还是放心不下,回屋在抽屉里翻了一通,找到一张名片。那是小家伙一家人刚搬来时,有天他的父母给我的。我打了上面的电话:"喂,你好,我是你隔壁的,我刚看到你家的小孩子给个陌生人带出去了,觉得有些异样,所以打电话告诉你一下。"

接电话的是小孩子的妈妈,她听了我的描述后说:"那是我老公的弟弟,昨天才从老家来,他可能是带小家伙出去玩吧。邻居,真是谢谢你这么留意。"我说:"不客气,邻居嘛,帮你留意一下也是应该的。"挂了电话,还好只是一场虚惊。

钟国光(2004年来深,现居福田上梅林)

理发记

2006年8月14日

今天下午我去一个理发店剪头发，洗剪吹15元。店里的一个小姑娘给我洗完头，剪发师"刷刷刷"几剪子，飞快地给我剪好了个一个酷酷的发型，之后让小姑娘给我冲洗。可是冲水时不经意摸了摸口袋——坏了，匆匆出门竟然忘记带钱，而且连手机也忘了带了。

剪头不给钱，那我岂不是要剃"霸王头"？咋办呢？我想着跟洗头小姑娘借手机发短信给朋友，便悄悄问她："你有手机吗？"

可是这个小姑娘可能会错意，以为我在"打她主意"。她回答道："你要我的手机干嘛，想以后打电话给我呀？"

我哭笑不得，但又不好直说没钱，只好又说："到底有没有呀？"

她答："抱歉，我没有手机。"

这年头，没有手机的女孩子，还真没有几个，可能她以为我是个跑发廊里勾引女孩子的那种人吧，所以才说没有。

洗剪吹全部都搞定，我无奈之下只好说："真是不好意思，我没钱。"

"没钱？"一屋子的人都非常诧异地看着我。我解释道："是这样子的，我出来时忘带钱了。但我离这里不远，我可以马上回去拿钱回来给你们，我不骗你们，我不会跑走的。你们要是不信，也可以叫人陪我去拿。"

洗发店便派了给我洗头的小姑娘跟我回去拿钱。

我将钱交给她时说道："现在你明白了吧，我刚才问你有没有手机，其实是想借来发个信息给朋友。我可是好人，不是你想象中的坏人。"

她这才恍然大悟，羞涩地说道："我真的没有手机呀，前些天给人偷走了！你下次再来我们那里剪发，我要还在那里上班，你到时要还是问我电话，我再告诉你。"

看来，今天差点剪了个霸王头，却因此认识了一位没有手机的洗头小姑娘。

小流（2004年来深，现居福田上梅林）

一边爬山一边做义工

2006年9月10日

按照小郭半个月前的提议,今天一早,我们一行四人去爬梅林水库的后山。

在超市采购干粮后,我们出发了。一路上,空气清新怡人,除了偶尔有鸟鸣,山道两旁显得很是安静,大伙不禁引吭高歌,像自由飞翔的小鸟一般。大约行走一个小时后,颇有野外徒步经验的小郭,带领我们从一处斜坡往上爬。他说这条小道自己之前走过几遍了,可是我们走了一会儿,看看脚下没膝深的杂草,愣是没看出有人踩过的痕迹。但身边时不时出现的矿泉水瓶和食品袋,又在提醒着我们,确实有人常常从这里走过。小郭是个环保主义者,他递给每人一个大环保袋后说:"我们一边爬山欣赏美景,一边把这些不和谐的东西带下山去吧。"我们三人点头表示赞同,我和燕子负责拣食品袋,小郭和保长负责拣瓶子。

中午时分,我们顺利到达山顶小亭。吃过干粮,清点和踩扁沿途拣到的瓶子。天啊,一数吓一跳,居然有130多个。燕子开玩笑说:"待会儿下山卖给废品收购站,晚饭的钱有着落了。"

下山时,保长自告奋勇当挑夫,由于山路崎岖不平,四大袋垃圾在他的肩膀两头不停地摇晃,咣咣作响。

好久没进行户外运动了,回家后发现脚底起了水泡。奇怪的是,走了一天的山路,身上却没有丝毫的疲倦感。疲倦,也许被大伙一路上"义工"式的劳动和说笑声冲走了吧。

林琳(2003年来深,现居龙岗坂田)

被两家公司录用，我反倒发愁了
2006年9月18日

上午10点左右，我坐车赶往罗湖，准备到一家公司接受面试。已经记不清跑了多少次人才市场，也记不清到过多少单位面试了。

正靠在坐椅上闭目养神时，我的裤兜一阵震动，我知道是手机响了。掏出一看，是个陌生号码，我猜想是哪个用人单位打过来的。一接听，果然是我前天面试的一家公司打过来的："你好，请问是朱先生吗？"我说："是的，我是。"对方说："我是某公司人事部的,现在通知你明天到我们公司报到……"我一阵激动，连声说："好的好的，谢谢，谢谢！"随后，对方又告知我要带上证件、照片等事项。

我再也无法安神，一路上都在想着前天在那家公司面试的情景，回忆着自己当时的一言一行，猜想自己到底是哪方面获得了面试官的赏识和认可。

面试经束后，我匆匆赶回横岗的住地，打算好好休息一下，明天去报到。下午，正在睡梦中的我被床边突然响起的电话铃吵醒，我赶忙起身接听电话，对方是个女孩，自称是龙华某公司人事部的，在确认是我后，她通知我明天上午可以去入职报到。

挂了电话，我才想起上周我曾去该公司面试，几天没有消息，我以为被淘汰了，不想他们现在打来电话通知我去上班。

我满心喜悦，一天之内有两家公司通知录用我，如何不让在求职路上奔波了一个多月的我为之欢呼雀跃？喜悦之后，我又开始为难起来，这两家公司我到底选择哪一家呢？没找到工作时渴望有用人单位录用我，现在一下子有两份工作任我选择，我反倒左右为难起来。

不过，仅愁了一阵，我又开始高兴起来，一天之内有两家公司录用我，无论如何都是一件令人高兴的事情。

朱志成（1998年来深，现居坂田第一工业区）

给美女带路获赠"番薯"

2006年11月21日

下午，我走在华强北振华路上。忽地，旁边一位拖着一个皮箱的眼镜姑娘问我："你好，请问一下，你知道汽车大厦在哪里吗？要怎么走？"

我回答："你从这里往前直走大概两三百米，到一个路口，在路口就看得到了。"这时我发觉她长得不错，很斯文，秀气可人，便转念心想，我指什么路啊，直接带人家姑娘过去不更好，说不定我这样的好心举动，就由此认识到这位姑娘了！便又说，"刚好我也要去那边，我带你去吧。""是吗，那真是麻烦你啊，谢谢你啊！"

她跟着我走了几分钟，从交谈中得知，她一个人从邻近城市来这里出差的，也没人来接她，所以她不认得路。她分明是感觉到我的热情十足，说："你要不要等等，我去买瓶水请你喝？你真是大好人。"我说："不必不必，我只是顺路嘛！"

她说："真的不要啊？你这么好心，我多不好意思。"这时，她想到自己手中提的一个小袋子，那是她刚刚在路边买的烤地瓜，又问我："要不，你吃点这个吧？我很久没有吃过了，刚在路边看到，忍不住买了两条。"

什么，请我吃番薯？我觉得有点哭笑不得，说："不用不用。"她说："别不好意思。"一定要给我一条。我只好拿了一条。

到汽车大厦门口了，她掏出手机，打了个电话："喂，老公啊，我到了，真是好不容易才找到，还亏一个好心人带我来才找到的。""什么，老公？她已嫁人了？"我心里的小算盘落空了。

她挂掉电话，又向我道了声谢，进大厦去了，没问我姓甚名谁，更没问我电话地址。

我只好手里拿着一条还冒着热气的烤番薯，心下有点失落地走了。番薯，在我们的家乡话中，还有一种讽刺人的意思是：傻瓜。我如此浪费心力地当了个这个年头难得的"好人"，带一个原以为还单身、谁知却已结婚了的陌生美女找路，还对她打错了主意。看来，我还真是一条"番薯"啊！

小钟（2004年来深，现居梅林）

带爸爸看病

2006年12月1日

今年冬天的深圳，天气乍暖还寒，在温度的升升降降中，老爸中招了——高烧38.9℃。得知这个消息的时候，我和朋友正在梅林吃火锅。"赶紧回家，你爸发高烧，回来带他去看医生！"老妈火急火燎的声音把我火速召回了家。推开家门，看见老爸披着厚厚的毛外套，不见了平日健谈的模样，沉默地坐在沙发上。那一刻，我心里一阵酸楚。

一路开车前往深圳市中医院，晚上7点45分，夜幕中的福华路上，车尾灯歪歪扭扭地排开，一直排得不见尽头。当车子终于"挪"到中医院门口时，时间已是晚上8点半了。在停车场里兜兜转转找停车位，最后只好让爸爸先下车去挂号。好不容易停好车，发现爸爸也刚挂好号，号上写着：前面有25人等待。医院只有两个值班医生，护士长说："要等等。"在医院等待了一个小时，还是没有轮到爸爸的号。护士长让等待的病人先量体温、抽血化验。那会儿刚好我走开帮老爸打热水喝，回来时看到他正起身慢慢地走向抽血窗口，那一幕，再次让我心头一紧。

不过，这样的情绪没有持续很久，因为等待带来的焦急感，盖过了感叹爸爸已经开始步入老年的感伤。和我一样焦急的家属，在等待室还有好多个，他们和我一样不时询问护士长："什么时候才能轮到我？"护士长可能已经习惯了这样忙碌的夜晚，心平气和地解释着，告诉病人家属要耐心等待，并一再强调："一定按照顺序叫号。"在等待了一个多小时后，终于轮到爸爸的号。看病时，不断有病人走进来问这问那，还有人翻看爸爸病历上的号码，检查是不是应该轮到这个号。

看了病打完针回到家，已经是凌晨1点了，回顾过去的4个多小时，等待的时间超过二分之一。什么时候，出门不再拥堵难行，看病不再焦急等待，我希望会有那么一天。

米垠（1999年来深，现居福田莲花北村）

我们生命中的友谊

2006年12月18日

　　这是个冬日暖阳斜照的日子，公司里辞职的员工逐渐多了起来，返家的人也一个一个地增多。我想，在外漂泊的游子，哪个在岁末年关将近的时候不想家呢？也许有的人两年、三年甚至几年都没回过家了，深圳似乎成了他们的第二故乡。

　　我也不例外，深圳给予我们太多的美好回忆。不知不觉，深圳就成了心中的一个痛，到底是留还是离，有的女孩或者男孩到了谈婚论嫁的年龄，也是暮鸟投林、寻找自己归宿的时候了。而作为一座新兴的移民城市，深圳又不能为我们承诺些什么。

　　今天下午1点多钟，上班的时间快到了。我走下宿舍大楼，在通向车间狭长的厂道上，我看到一个女孩左手提着一个行李袋，右手一个劲儿地抹着眼泪，而她的眼泪越抹越多；她边走边回头，跟送别的姐妹摆手，而送别的姐妹也一个劲地挥手，但谁也没有说再见，直到离开的那个女孩走到厂门口时，我突然看到她放声大哭起来，送别的姐妹也眼睛红肿红肿的，眼眶里饱含着泪水。

　　那一刻我心中一颤，这些来自五湖四海、远离故乡的漂泊者，这些劳作在社会底层的打工一族，以青春的韶华体味人生的风雨，在深圳一条一条的流水线上建立了深厚的友谊，一下子说分别就分别了，哪能不牵动肺腑、触动情思？要知道，这一次一别也许永远难以有机会再重逢了。

　　泪水哟，那些晶莹剔透的泪水，以一种无语的昭示，见证着这一座国际大都市里，我们生命中的友谊。

黄荣东（1997年来深，现居广东徐闻）

不敢面对的关心

2007 年 1 月 30 日

失业快一个月了,压力越来越大。我不怕找工作辛苦,也不怕面试中会遇到什么困难,最怕别人三天两头来关心我工作有无着落。

由于我在深圳的第一份工作轻而易举就找到了——第一次参加面试就当场录用了,所以也就没怎么珍惜。尽管工作轻松、上班时间又短,但我嫌待遇低,试用期没到就炒了老板鱿鱼,准备另谋高就。

孰料,我低估了深圳就业形势的严峻性,以致一个月过去了,工作问题还悬而未决。本以为凭着我的本科学历、英语六级证书和一年多的工作经验,半个月内找个理想工作应该是没有问题的。可事实证明,我当初有点盲目乐观。

面试机会倒不少,可等面试后一谈待遇,工资给的都还不如以前的高。偶尔个别肯出高薪的,人家又嫌我口语不够好,不肯给我面试机会。真是郁闷!都面试了十来家了,竟没一家合意的!信心快要崩溃了,偏偏这个时候,那些事先知道我要"跳槽"的亲朋好友旧同事们,或电话或短信或 E-MAIL 或 QQ 问候来了:"新工作搞定没有啊?"这个时候我最怕别人问这个,只好硬着头皮实话实说了,他们一听往往是一声叹息再加安慰:"唉!现在好工作是不好找啊,不过不要紧,别着急,慢慢来,肯定有适合你的!"

被关心的次数多了,我难免也心烦意乱:这么久了都没有找到新工作,会不会显得自己很无能啊?别人会不会看不起啊……胡思乱想一番,沉不住气了。一方面,加快出门找工作的频率;另一方面,上网不敢登 QQ 了,要登也得隐身登录。至于那些留言让我去参加他们的婚宴或生日聚会的,我能装作没看见就装作没看见:一是没心情去,二是手头也实在是紧张,找工作花费大,哪有闲钱去人情往来啊?没办法,这次失业时间之久,实在出乎意料,总算尝到了落魄尴尬的滋味,下次再也不敢草率行事了。

苏春燕(2006 年来深,现居宝安观澜第二工业区)

就像曾经你牵我的手

2007年2月25日

今天是大年初八,我与母亲约好去超市"扫荡"年货。这是母亲第一次来深圳。她显得非常激动。

不知不觉来到电动扶梯前,我走了上去,回头一看,母亲仍徘徊在扶梯口,像受惊的兔子一样在那儿挪来挪去。我不由得笑了,心里却十分内疚。转身又乘扶梯返了回来。

母亲看到我,像遇到了救星,她深吸一口气,脸红红地说:"坐扶梯我害怕。"于是我拉着她的手走了上去。不经意间一抬头,竟发现母亲眼里含着泪。她说:"我给你添麻烦了。"

我不觉地心酸起来,印象中那么强悍的母亲,如今却渐渐老去,而我因为工作和生活的忙碌,常常疏忽了她的变化。

我拍拍母亲的后背,轻轻地对她说:"没事,不麻烦,就像曾经你牵着我的手。"

钟艳群(1997年来深,现居坪山新区统赢工业园)

搭陌生人顺风车

2007年3月24日

上午陪老板娘到罗湖嘉里中心培训业务知识，去的时候坐的是专车，听完课已是下午5点，老板娘直接返港，让我坐公交回去。我有点发蒙，到关内来得少，东西南北都没搞清楚啊。

发信息给小马，问他在哪儿有直达公交坐，他说步行10分钟可到罗湖火车站，在广场西可坐321路。我在火车站根本就找不着北，好不容易找到广场西，却没有发现321路公交，只看到停车场。

一位颇有风度的中年男子向停车场走来，我向他问路，他好像也不清楚，但随口问了句："你去哪呀？"我回答："观澜。"他说："这么巧啊，我正好也回观澜，不过怕你不敢坐我的车。"

他一激将，我心想："怎么不敢？反正我身上又没带值钱的东西，不怕你抢！再说他看起来也不像坏人。"于是我又问了他一句："多少钱呀？"来的时候司机说了，打的至少100元。如果他要得多，我也只能再去找公交了。他说："要什么钱呀，顺路带你！"我感激万分地随他上了车。

刚上车，小马发信息过来问情况，我说搭了顺风车。他就提醒我："那要小心呀，20分钟后如果看不到熟悉的建筑物，就给我打电话。"我想："都坐上来了，还能怀疑吗？再说他要想害我，还会给我打电话的机会吗？"

我若无其事地和那中年人闲聊。那中年人问我在观澜具体哪个位置、哪家公司、老家在哪儿等等，我一一如实作答，并趁机打听他的相关情况。可能是为了消除我的顾虑，他从车前挡风玻璃处放置的名片盒里抽了一张名片给我。我一看，还真是个小老板，姓陈。公司地址确实是在观澜，离我们公司挺近，心里轻松了些。

由于塞车，20分钟我们几乎没走多远，小马急了。陈老板好像听懂了我们的对话，就提示我说："在华强北。"小马还是叫我小心，我又担心起来。

幸运的是，这个陈先生确实是个地道的好人，他把我安全地送到了公司门口。一路上的提心吊胆成了多余。

苏春燕（2006年来深，现居宝安）

体验双层巴士

2007年5月26日

两岁半的乐乐对双层大巴车向往已久,每次在路上看到,都会兴奋地大叫:"两层大巴车,两层大巴车……"看他如此的渴望,我便承诺他近期一定带他去体验。今天是星期六,周末安排的第一个节目,便是带乐乐去坐双层大巴车。

1路双层大巴车属于旅游专线,我们先坐地铁到世界之窗,尽管乐乐也是第一次坐地铁,但是对于这种地下的火车,他似乎兴奋度不高,一路上想着的都是他心仪的两层大巴车。

世界之窗站台上的人超乎想象的多,到了那里一问,我们才发现原来这个1路车的起点是在南头检查站,离世界之窗还有三站。终于远远地望见了一辆双层大巴车的影子,老公一把抱起乐乐,就往站台前钻,可是等到车一开近,我们傻眼了!上上下下两层已被塞得跟沙丁鱼罐头一样,更别提有座位了,连站的地儿都没有。

我们决定采取迂回战略,咚咚咚地过了地下通道到马路对面,决定先往相反的方向坐到终点站南头检查站,然后再从南头坐回福田。

过程基本上是顺利的,我们在相反的方向很快坐到了1路车,这是他梦寐以求的两层大巴车啊,乐乐很兴奋。

当我们再次从南头起点站上了另一辆1路车后,并且坐到了绝好的位子——上层的第一排——居高临下,视野开阔,深南路上风景无限好。可是,乐乐的兴奋劲已经敌不过他的睡意,结果,还没坐到世界之窗,乐乐已经睡着了,任凭我在他耳边说着两层大巴车如何刺激有趣,他也不醒。

半个小时后,目的地到了。迷迷糊糊的乐乐望着开走的大巴车,纵然心里有再多不舍,也没表现出来。问他:"两层大巴车好不好玩?"他还一个劲儿点头:"好玩,好玩。"我们两个大人更是自得其乐,虽然折腾了大半天,乐乐没有尽兴,但我俩算是尝了鲜,因为我们也是头一回坐到这种大巴。

小培(2002年来深,现居福田)

二手的家具，崭新的梦想

2007年5月30日

今天终于把房子租好了。

来深圳一个月，都借住在同学租住的单房里。今天上午，同学的女朋友来了，要在深圳长住，我就被清理出局了。还好附近一栋楼正好有一大学生毕业离深，房子转租，一问，一房一厅房租1500元，还可以接受，就定了下来。但是，该学生提出了附加条件，就是房子里的家具和家电必须同时买下，否则免谈。我一看，家具是一张破单人床、一个小书柜，看上去最少已经用了4年，都是垃圾级别的了；家电多一些：冰箱、洗衣机、电视机、电热水器一应俱全，还有一台电脑。该同学表示，所有的家电一口价——5000元，家具算是赠送，很大方的样子。

我想了想，除了电脑没用之外（我自己带了一台），其他的虽然旧点，还能用。再说了，不把房子定下来，万一今天找不到其他合适的，总不能晚上睡大街上吧。于是，一番讨价还价之后，4000块成交。随后把自己的铺盖卷扔到了房里的那张破床上。

打扫完房子，坐在房间里，我蓦然感到一阵失落。想起在老家我自己买的房子，家具可都是新的，也是自己非常喜欢的品牌和款式。再瞅瞅现在的房子，一堆破铜烂铁，无奈啊。不过想想也就释然了，来深圳又不是享福的。人家不都说深圳是创业者的天堂吗。创业之初，艰苦总是难免的。等梦想实现了，房子和里面的一切不就新了吗？呵呵。

牛八（2007年来深，现居南山）

剪个头发被轰炸推销

2007年9月5日

坐在装修风格颇豪华的理发店里，刚才站在门前迎宾的美女一直跟在身后，在热情地递给我一杯水之后依旧回到门前站岗。剪发的师傅是个超时髦的帅哥，超酷的外形和电视里的影视明星有得一比。他自称"华仔"，先拿来一本彩色图册，让我看上面哪个模特的发型好看。剪不同的发型，价格不一。

在我完全不受诱惑的坚持下，"华仔"有点不高兴了，但也只好按我的要求剪发。不过，他一边漫不经心地剪着，一边卖力地开始推销："你这头发要是拉直会更衬脸型更好看，现在我们正在搞活动，能打8折。"看我没吱声，一脸的不感兴趣，他话锋又一转："其实我觉得你要是烫个大波浪，效果也不错，现在兴复古风，可流行了。"见我不搭理，聚精会神地欣赏着彩色图册里的模特发型，他误以为还有可推销的机会，张口还想说什么，我却实在受不了，从一进来，前后将近有半个小时，一直在我耳边不停地轰炸，于是忍不住直言："别说了，还是花点心思把我的头发剪好了实在些。"

"华仔"一听，嘴角边露出一丝不悦，小声地说："我们都是有任务在身的，如果一天找不到额定的人数来做染烫，到月底发工资的时候，可没多少钱好拿。"我一听，虽有一丝怜悯，但不能因此就得支持。我只能无奈地叹了口气，深表同情。胀了你的腰包，瘪了我的荷包，我一个打工妹，哪里消受得了。

我看着被剪得马马虎虎的短发，挺憋屈地掏钱买单。"华仔"又跟了过来，不甘心地继续推销："看你的头发容易打结，给你介绍一款适合你用的护发素。"我忍不住白了他一眼，顾不上礼貌，夺门而逃。照他由头至尾的强力推销，没个三五百块揣在身上，谁敢进这门理发。在心里给自己一个忠告：再也不来这里剪发了。

吴春丽（1998年来深，现居坪山新区）

到东门血拼

2007年11月2日

东门又打价格战了！报纸广告、电台广播里都在宣传，天虹和太阳百货都是5折的折扣，而茂业百货则是"买100送120元折扣券"。

今天上班时，我就在MSN上不断接到同事朋友的邀请，相约一下班就去东门。我正准备添几件衣服，碰到这种商家大打折的好机会，肯定不会错过了。

下班我们到了天虹后发现，各个楼层都是人头涌动，各个收银台都有人在排队。在一个品牌专柜，我还看到一件新鲜事：工作人员竟然在专柜前立起了铁栅栏，并明确分出"入口"、"出口"，营业员都站在凳子上看场，结果害得我们排了20多分钟才看到鞋子。

据说，这次茂业又是搞"买100送120元"，不过活动明天才正式开始。在商场内转来转去，还是不敢对心仪的东西"下手"，就担心今天在天虹买回去了，明天在茂业会更便宜，心里非常纠结。不过最郁闷的事情是，我上周刚刚"血拼"回来的鞋子，今天竟然在天虹商场打5折，我差不多多花了100多元，心情不好，只好又买了些商品回家，最后才感到心里略微平衡了。

不过，明天还是要再到各个商场逛逛，看看会不会还有更优惠的东东卖。

赵露（1997年来深，现居南山）

光棍节的奇遇

2007 年 11 月 11 日

与友人外出吃饭,菜没吃完,为免浪费食物,我让服务员把剩菜给我打包提回去。回到住处,一个年轻漂亮的女孩子与我一同进了电梯。电梯间里,弥漫着一股我手中提着的菜肴的香味。

旁边的美女忽地开口问我:"你提的什么菜呀,这么香?"

嗨,陌生美女居然与我搭讪了,我告诉她:"乌江鱼。"

她又问:"你有没有名片呀,给我一张。"

什么,刚问完我提的菜,忽地就转向了名片,她这也太直接了吧,难道她想认识我?今天恰好是 11 月 11 日"光棍节"呢,难道光棍节我的桃花运就来了?

我瞬间心里怦怦跳,但又很无奈:"真是不好意思,我没有名片。"

她又说:"那你能不能回去拿,待会儿再送过来给我?我就住在这栋楼。你应该就在这附近工作吧?拿个名片也应该不费时间吧?或者,现在不急,下回你有空时送过来也行。"然而,我又只能很遗憾,说:"不好意思,我真的没有名片,回去拿也没有。"顿了顿,人家都这么直接对我"表白"了,我还犹豫什么?便壮壮胆子,继续说,"不如这样,名片就不拿了,我直接把电话号码告诉你?"

"怎么,难道你们不印名片的吗?你告诉我电话号码有什么用,我又不知道你们到底有些什么。"她说。

我有些摸不着头脑了,说:"什么,我们到底有些什么?"

她也忽地惊讶了,"怎么,难道你们店里没有印外卖单、外卖卡片的吗?那你告诉我电话号码也没用,我哪里清楚你们到底有些什么菜色?我闻着你们的菜挺香的,你是附近哪个餐厅的?我下次直接上门去吃得了。"

我的天,搞半天,原来她以为我是送外卖的!我只好告诉她:"不好意思,我不是送外卖的,我是住这里的,这是我打包回来的菜。"

难道我的样子长得不像个吃饭的人,而像个送饭的人?还害我对美女会错了意,表错了情,以为人家看上了我,悲呀。

小流(2004 年来深,现居福田上梅林)

深圳,我还会再回来

2007年12月13日

不知不觉,我已来深务工10年了。在不加班的晚上,我常常走在繁华的街上,感受着深圳给予我的快乐与忧虑。但是今晚,在这寒意渐浓的冬天,离家的乡愁渐渐涌上心头。

10年的时光匆匆而过,我也迈入了不惑之年。家乡的同龄人大多数已经成家,有了自己的孩子,而我依然形单影只。昨天,母亲来电劝我辞工回家相亲,儿行千里母担忧,她循循善诱的声音让我犹豫不决。过了一会儿,我的手机嘟嘟地响了,是父亲沙哑的声音:"考虑回家了吗?"父母亲的意思很明确,先回来相亲,不管能否成功,也是一次机缘。父亲知道我对深圳依依不舍,放下电话前不忘告诉我:"如果能相中,结婚以后也可以再到深圳创业嘛。"

到底是回去,还是继续留在深圳?父母很了解我,我真的舍不得离开深圳。在深圳的10年里,我已将她当做我的第二个家乡,用自己的青春见证着她的成长与繁华。回想起10年前,只身离家来深的我怀抱梦想,吃过苦也受过累,但这座生机勃勃的城市,总会给我前进的动力。不过,父母亲说得也对,成家和立业同样重要,况且,对于年岁渐老的双亲而言,他们希望看到儿子拥有一个美满的家庭。

亲爱的深圳,我决定明天就辞工回家了,但我一定还会再回来看你。

黄荣东(1997年来深,现居广东徐闻)

金融危机，爱不萧条

2008 年 1 月 22 日

出人意料的金融危机席卷了整个世界，裁员这把尖刀终于在冬季来临了。

临出门时，丈夫站在门口，一直目送我的身影消失，他说："无论结果如何，也要早点回来。"看着丈夫温柔的面庞，我在转身时流下了泪。如果真被裁员了，我要拿什么养家啊？

"审判"大会一分一秒地开着，每个人都神情紧张，经理说："我念到名字的，就留下。"当十几个人名过去后，我听到经理念到我的名字，我几乎不相信这是事实，不是我有了幻觉吧？终于没有被裁员，饭碗保住了，我兴奋地想立刻把好消息告诉丈夫，可转念一想，何不给他个意外惊喜呢？

我忙到很晚才回家，一打开门，就闻到狭小的屋内菜香扑鼻，丈夫做了一桌的好菜。他是夜班，这个时候应该在上班了。

桌上放着一张纸条：亲爱的，恭喜你，成功留下来了，没有被经济危机打倒。

丈夫是怎么知道的呢？他一定是不放心，给我单位的同事打了电话。我喜滋滋地吃起了菜，还倒了一杯酒，丈夫手艺真是不差，今天的菜吃起来也格外地香。

吃完了，我就哼着小曲做起了家务。在倒垃圾时，我发现垃圾桶里有张揉成团的纸条，上面有丈夫的字，那是什么呢？我好奇地捡了起来。只见上面写着：亲爱的，被裁员也没什么了不起，我还有收入，我能帮你支撑起一切。

原来，丈夫准备了两张纸条，这桌酒菜并不只是为给我庆功的，也是为了安抚我可能的失败的。

王小娟（1997 年来深，现居坪山新区）

阳奉阴违话验厂

2008年3月20日

听说最近有一个很重要的认证机构要来验厂,日期没有定下来。领导们很重视这次验厂,为确保通过,下午把全体员工召集起来进行培训。

行政专员在台上教我们怎么去回答认证部门可能问到的问题,从上班时间到加班费到伙食问题再到厂规厂纪,凡是与《劳动法》不符的,事无巨细,他们都耐心而又细致地一一教我们如何作答。严重低估了我们的智商,工作这么多年了,还得学习怎么说话,还得背那些条条框框。说得太多,我只记住一点:"如果别人问:'你们犯错,公司会对你们进行罚款吗?'你们要说:'我们公司没有罚款制度,对有关违规人员只会采取口头或书面警告的处理方式。'如果回答错了,导致验厂不能通过,公司会对你们进行罚款的。"

我听了,不禁哑然失笑,这不是自相矛盾吗?我早就知道我们厂是有罚款制度的,却不清楚这是不合法的管理制度。他这一说,我倒明白了些。我想,现在绝大多数公司都有这一不合理的管理方式。只是,大家都是敢怒不敢言罢了。毕竟,胳膊拧不过大腿,没有落实《劳动法》的公司、工厂实在太多了,谁也不敢拿自己的生存问题、拿自己的明天来赌所谓的平等,即使我们赢了,最终也会失去工作。何况我们赢的可能性几乎没有呢。所以,很多时候,我们只能沉默。

口头通知之后,领导还不放心,怕我们记不住,又专门把讲过的内容打印出来,人手一份,要我们抽时间背一下,绝对不能因为某个人的"口误"误了公司的前途。他们再三强调,这次验厂很重要,如果能通过,以后订单就多了;如果无法通过,订单量就会降下来,相应地,我们的工资待遇也会随之下降。据说,凡被抽到的员工,只要能全部答对,会奖励100元。反之,后果可想而知。

说实话,我们厂在这一带还算是比较好的了,《劳动法》虽然没有全面贯彻落实,但至少落实了一大半,员工待遇比其他厂平均高出几百元。但还是存在很多不公平现象。所谓"天下乌鸦一般黑",有些事,很多时候我们只能忍气吞声、睁只眼闭只眼。《劳动法》什么时候能够全面落实,成为我们每个人心中的疑问,那一天,也将成为我们共同的期待。"阳奉阴违"的事,希望能早一天结束!

唉,牢骚发完了,还是得好好背我那份"验厂提问员工须知",以免到时因我的"口误"误了公司的前程,成为"千古罪人"……

苏春燕(2006年来深,现居宝安观澜)

城里的鸟巢

2008年3月25日

下班走在回家的路上,路两边树木成荫。忽然在茂密的树叶里发现了一簇枯草,编织整齐,凭经验,可以断定那是一个鸟巢。城市里也有鸟巢。原以为鸟巢只属于农村、只属于童年。童年的游戏里印象最深刻的就是掏鸟巢了,那时候,尽管自己是个女孩子,每次哥哥们要出去掏鸟巢,我都会屁颠屁颠地跟随其后。那时也不知道怜悯鸟儿们的命运,只知道好玩,仿佛窥视到了另一个世界。后来随男友进城,庆幸着离开了村庄,离开了贫穷和落后,但同时也为离开那些安在高高的树冠顶上的鸟巢而失落。

早上在电话里母亲还说,村后那片茂盛的树林被砍伐掉了,准备盖房子。大概是鸟儿们在农村失去了位置,才和人一样也进城安居来了?我站在树下竟有点痴想起来。我试着摇了摇树,没有动静,可见这是个空巢,或者是鸟们出去讨生活了,就像我每天都要去上班一样;或者是鸟们锁了门,回乡下的老家探亲了?我不也经常这样,逢年过节,租房的门一锁,就踏上了归家的火车……

迎面走来几个小学生,我示意他们说树上有鸟巢,他们只是抬头看了一眼,匆匆又走了。他们的脚步比我还匆忙。可怜的鸟巢,你在城里肯定倍感落寞,连小孩都对你失去了兴趣。

回到出租的房子里,老公还没下班,女儿也未放学回家。我打开房门,面对狭小却又显得空荡荡的"家",心想:"这又何尝不是一个巢呢?"

黄秀芳(1999年来深,现居宝安宝城)

婚纱照的价格

2008 年 4 月 6 日

厨房灶台墙壁瓷砖上贴的报纸已经沾了不少油污,今天下午准备换上新的,就用妻子前几天拿回来的几张,突然看到上面有婚纱摄影广告,说是婚博会期间有直减 1000 元的优惠,今天是最后一天,去会展中心或店里都能办。妻子说:"早就注意到了,但没留意截止日期,在电话旁放着就是希望我也能看看。"登记结婚半个月了,拍婚纱照还没正式提上日程,眼下机不可失!我们上影楼网站查了价格,觉得还行,要是加上优惠,就很划算了。我们决定在他们晚上下班之前去店里订下来。妻子的姐姐就是在那里拍的,向她求教,被告知:价钱往往没得谈,尽量多要照片和礼品吧。

早早吃了晚饭,直奔影楼。到了才知道,4 月份开始全面调价,网上看到的 1999 元、2999 元那两种已经没有了。我们最后选了 4500 多元的,活动期间只要 3500 多,另加 99 元,可以另外拍一套全家福,做成 19 张活页的相册。讨价还价好一阵,才把婚纱照的 30 张照片加到了 42 张,除了本来就有的两大一小三本相册、两个挂墙相框、一个桌面相框外,还多要了一个桌面相框、一张配音乐的照片 DVD、一对瓷娃娃礼品。妻子感叹,她姐姐 2004 年花 4999 元拿到的东西比我们多很多。算了算了,接待小姐已经显得很郁闷了,况且这么多年,猪肉价都涨了一大截。人家快下班了,咱也快回家吧。

来回都坐 393 路,平时不往影楼那边去,很少"享受"市区和坂田之间的直达车里比较不挤的这一趟。妻子在华强北上班,最近开始体会到连接关内外的公交车之挤,被 317 路伤透了心,有天晚上 8 点等到 10 点,车少人多,挤不上去。到梅林关转车也不是好办法,因为那个方向的车没有最挤只有更挤。

(补记:两年过去,我家的新生命就快降生了;世事变迁,317 路的拥挤不变。)

秋树(2001 年来深,现居龙岗坂田街道)

一句话，伤害了我的善意

2008年8月9日

我是一名出租车司机，今晚7点钟，我像往常一样来到交班地点接了班。

当我开出没多远时，前面路边站着一位中年男子，背一个业务包，以我职业的感觉，他好像有点在犹豫打车或坐公交大巴的状态。我开到他跟前，轻轻鸣了一下笛，示意他要不要打的。他看了我一眼，带着犹豫的脚步走到我车旁，我放下窗玻璃，他就问我到南头多少钱，我告诉他说打表。他装作"老深圳"的样子跟我讨价还价，最后，我以接第一位客人优惠打折的让利方式让步了。

一路上，那位客人很沉默，没有跟我交谈过一句话，当我们到科技园路段时，那位客人的电话响了，他接听了一个电话，还问我有没有那么快到达目的地。10分钟左右目的地到了，客人付过钱后也下车走了。我刚从南新路天桥转过弯来，就听到手机铃声响，当时我还以为我自己的，拿起来接听，才发现不是。再细听，原来这手机铃声是从后座位里传来的，我把车子停靠路边，从后座拿过电话接通了对方的来电说："你好，我是信洲出租公司的司机，你的电话落在我的车上了。"对方紧张又很不客气地说："你别走，快点把手机还给我，要不然我告你。"听他这带情绪的话语，我还是礼貌和蔼地回答他说："你现在还在附近吧，那就过来取，我在南头天桥下沃尔玛商场门口等你。"

就这样，我等了大概30分钟，那客人才过来。经核验电话内容的相关资料，我确认他就是电话的主人后，把电话归还给他。在他离开前，好心地提醒他说："先生，请以后妥善保管自己的贵重物品，别再有下次了，这次落在我的车上，算你碰上我这个好人了，否则的话你会造成不必要的损失。"我话刚说完，想不到他用很不好的态度对我说："那是你们应该做的，用不着你来提醒我。"说完头也不回地扬长而去。

这位客人的态度，和他最后说的一句话，真的伤害了我，让我的心情久久不能平静。

汉文（1998年来深，现供职于深圳信洲出租公司）

我拥有属于自己的房子了

2008年8月26日

今天是个特殊的日子，我终于拿到了梦寐以求的房产证，成为一名真正的业主。当我从银行工作人员手中接过鲜红的房产证本子时，我禁不住亲吻了本子一口，就像亲吻自己的孩子一样，充满无限爱意，感觉很幸福。回想起两年多来的房奴生活，真是百感交集。

2005年10月，我终于赶上了楼市疯涨前的末班车，在龙华中心区一个楼盘，按揭买了一套房。由于还要等银行审批，直到2006年5月1日，银行才放贷。

为了节约利息支出，我选择了十年期的月供还贷方式。这样一个月就要掏3000多元来供楼，虽然不是很多，但对于上有老、下有小的我来说，仍然有不小的压力。本来手头还有一笔不小的积蓄，但买房前，都把资金投到与妻弟合伙的一间小型商场里去了，一时难以收回成本。全家人只能坚持节省原则，过紧日子，确保不让月供少一分钱。

还贷的日子，就像一块石头堵在心口一样，始终让人无法轻松起来。况且，房产证还押在银行，即使住在自己的房子里，也总觉得不踏实。更要命的是，没有房产证，小孩上学，以及日常生活办理各种业务还是有许多阻碍。

还好，房奴的日子没有把我们压垮，反而激发了我们打造更好生活的强烈愿望。2008年7月，我们终于赚够了房贷的钱，恰逢全球金融危机，什么生意都不好做，于是我们想到提前还贷，做房子真正的主人。节省利息的支出，也算是应对危机的好办法。

经过一个月的的申请、审批、还贷的周折，总算把房产证拿到手，心里长长地舒了一口气……

刘庆方（1994年来深，现居宝安龙华街道）

你下次再来时，记住我是 32 号

2008 年 9 月 19 日

晚上和几位同学一起去一家足疗店洗脚按摩，前些时候我们几人来过一次，这里可不带什么暧昧色彩的服务，是家正规的足疗店。

技师正是上次为我服务的人，我便随口说了声："上次我们来的时候，也是你给我洗的呢！"

她和旁边一位技师听了异口同声地说："啊！我们早就说好了，你们就当我们的回头客了！"

我问："为什么？"

"因为我们每人每月都有'点钟数'任务的，也就是要有回头客特意点名要哪位技师洗。我们的基本任务是每位技师一个月要完成 150 个小时，其中 10 个小时是点号任务。平时我们技师排号一位位轮流上钟给客人服务，一天上 12 个半小时班，早班是从上午 11 点到晚上 11 点半，晚班是下午 1 点半到晚上 2 点，一个月休息 2 天。完成不了基本任务要扣 50 或 100 块钱，回头客的点钟任务完成不了也要扣 50 到 100 元，但完成了和超出了却没有什么，只是当月工作点钟数最多的人有 100 块钱奖金。"

"怎么什么都要扣钱的？"

"是啊，没有处罚，谁都想偷懒了。不仅如此，我们还经常加班的，比如快下班时来了客人，你就必须得加班，加班不会多给钱，但不加班要扣 50 或 100 块钱。其实，大家谁没个自己的事要做啊，可我们不能自己作主。你不干，就扣钱。"

我还了解到，她们在这里工作虽是包吃包住，但没有底薪，按一小时 10 块钱计提成，扣一次钱等于白干 5 到 10 个小时。所有员工都住宿舍，一间宿舍大概 30 来平米，摆 6 张上下铺铁架床，12 个人住，但每人每月还要交 100 块水电费。宿舍租金是 1900，等于老板只掏 700 块就管了 12 个人的住宿。一个月即使 150 个小时完成了，也就是 1500 块工资，但还经常被扣钱。

她们还真是不容易，和我原来想的情况不一样。走的时候，那位技师说："你下次再来时，记住我是 32 号。"我嘴里说着"好的、好的"，可是不知道，什么时候会再去。

小流（2004 年来深，现居福田上梅林）

拼车首日遭遇车祸

2008年11月17日

"你能忍受某某路车老牛一样的速度吗？如果你也是早晨8：30到某处上班点，晚上5：30回某家花园，那么加入我们吧，人够的话我看看能不能大家一起包车？"从小区论坛上一看到这则消息，我即刻喜上心头。我也一直很想拼车，每天上下班挤车成为一天中最辛苦的体力活，有时车来了挤不上去。有时勉强挤上车也要站很久，每日花在路上的时间超过三个小时。我马上留下了我的手机号和QQ号，希望加入拼车行列。

功夫不负有心人，几天后，发帖的网友开始联系大家，说是包一辆七座的商务车，单程6元，往返12元。比我们最初设想的单程7元，往返14元还要便宜。

今天是第一天拼车，我们一行人在约定的时间和地点等车。上车后，大家发现还是辆新车，车况很好。我们先把车费交给师傅，因为大家都知道不能下车时付费，个中原因不说大家都心知肚明。这辆车的车主并不在我们写字楼附近上班，用他自己的话说，拉我们并不挣钱，只是希望多认识一些人，大家公司里有商务接待之类要用车的事可联系他，车上的人满口应承。要知道能用这个价位拼上这么舒适的车，大家都感到欣慰。

车子没有走我们平时坐公交走的深南大道，而是直接走滨海大道，因为没有什么红绿灯，速度一下子快了许多。正当我们憧憬着每一天都有这方便快捷的生活时，我们的车不知何故与旁边的一辆小车发生了亲密接触。司机停下车说很抱歉，一会儿有交警要过来处理事故，没办法送我们到目的地了。我们问他下班后还会来接我们吗？司机说等他电话吧。我们知道，他有些犹豫了。首日拼车出师不利，大家都有点遗憾。

中午时分，拼车的发起人给我打来电话，说拼车取消了。我又回到每天周而复始地去挤公交车的行列中了。

蔡磊（2000年来深，现居南山玉泉路）

弟弟真的长大了

2008年11月19日

今天是弟弟再次来深打工第一次领到工资,他请我吃饭,我陪他喝了一杯啤酒,想起弟弟最近的表现,我感觉弟弟真的长大了。

在此之前,弟弟曾3次南下深圳,5次去浙江。村里人戏说弟弟不是打工,而是出门"旅游"。这话当然是反话,但用来形容弟弟,倒也合适。每一次出门,他都不能坚持,要么说环境不好,要么说工作太累,弟弟这里做两个月,那里做1个月,每每领到工资,又要打道回府。来来往往中,钱没赚到,路费倒花了不少。

我和姐姐都不能容忍弟弟如此胡闹,他挥霍的不仅仅是金钱,还有青春年华。可是批评一点用都没有,大度的母亲总是纵容他,理由永远是"他还小"。但那时弟弟已经18岁了。

这一次,弟弟是坐火车来的。我请了假,在火车站接他。一年没见,弟弟又长高了。我去帮他提行李,他拒绝了。我记得他前几次来深圳,都是我提的行李,他空着双手,哼着歌曲,跟在我身后。

弟弟进了我们工厂,我找人说情把弟弟安排到我们部门。这样,我既可以照顾他,也可以监督他。弟弟的表现比我想象中好很多。一个星期后,弟弟的领班对我说:"你弟弟不像你说得那样嘛,他做事挺认真呀。"领班对我说这些话时,我抬头,看到弟弟正埋头做事,神情极为专注。我很欣慰。

第一个月,弟弟上了20天班,今天领到了985元工资。晚上,弟弟非要请我吃饭,他点了我最喜欢吃的红烧鱼和酱猪蹄。我很开心,陪他喝了一杯啤酒。从这一刻开始,我知道,他已经不是以前的弟弟了,他真的长大了。

彭桂仙(2006年来深,现居宝安)

在沙发厂打工

2008年12月5日

全球金融危机突如其来，对于正处于失业状态的我来说，无疑是当头一棒。要命的是在这个时候，老公居然还带回来一个天大的坏消息：由于欧美订单减少，厂部决定即日起开始放假，何时上班，静候通知。在放假期间，发900元的工资，以补贴日常的生活开支。

生活的压力，两件"大事"的袭来，令人难以喘息。幸亏三天后老乡亚碧因为辞工，急寻替补上岗的人，经她介绍，我当天就在沙发厂有了一份新工作——跟单。面对这份"雪中送炭，天降甘霖"的好差事，我带着感恩的心，努力地投入到新工作中。

在这之前，还真不知道，一组沙发最终能摆放在待出货区，得经过七道工序：木架、打底、扣皮、开胶、贴棉、裁皮、车缝。

走进生产车间，牛角扇，破旧的办公桌，各种辅料散落一地，工人们有条不紊地在各自的岗位上挥洒着汗水。

来到沙发样板间，眼前一亮，跟车间相比有天壤之别。空调、写字台、大班椅、尽显奢华的陈列架——这些都是供客户来访时看的。更奇妙的是，红白相间的转角沙发、蓝色的3+2+1的组合沙发、米色的双人沙发、布艺沙发方脚踏、紫色的抱枕……在灯光的照耀下绽放出五彩缤纷的光芒，甚是好看。

工作中，少不了要跑车间跟进沙发的生产进度，看着工友们以娴熟的技巧把各种辅料加工成半成品，通过各部门的层层接力，最终拼成一组能出货的成品沙发。而我能做的则是，赶紧跑回写字楼，通过电邮，告知在香港总公司上班的同事霏：沙发已如期做好，烦请安排货柜来厂装货。并告知确切的排柜日期。

小雨（1998年来深，现居坪山新区）

援建生病记

2008年12月8日

记得是11月18日，经过接近5个小时的长途飞行，由我们10名深圳医生组成的支援甘肃地震灾区医疗队终于降落在兰州中川机场。从那时起到现在又过去3周时间了，我才静下心来整理到陇南的思绪。写到这里我有点为难了，陇南是我要生活半年的地方，再不能以过客的身份来评价和感受这片土地了，这里的一切事情都将与我息息相关：这里的路、山、街边的小吃、市场的青菜萝卜……都会真真切切地影响到我今后的日子。我将把自己看做一个新鲜的陇南人来感受这里的一山一土、一草一木。

就从我感受最深的事情开始说吧，先说来到这里后生病的故事。3号那天，开始感觉到腹痛，隐隐地，没有腹泻，不予理会；第二天疼痛加重，可是一忙起来好像又好一点，仍然不予理会；第三天疼痛缓解些，但是范围扩大，整个腹部都疼，没有特别的痛点。晚餐的时候，疼痛加剧，胃部犹如刀搅，忍耐着、牵着嘴角敷衍地说着话，站起来喝水试图缓解一下，最后发现自己痛得手脚冰冷，冒冷汗，实在没有精力招呼病人了，需要右侧卧位蜷曲着躺在床上。

来自深圳的队友们都来了，包括外科、泌尿外科、儿科、全科、内科的队友们进行"会诊"，每个人说了一种对症治疗的药物，我听了有点蒙。最后，全科的小梁把药买回来，包括我之前吃过的黄连素，总共五种：法莫替丁（抗酸药）、6542（抗胆碱药，类阿托品）、奥美拉唑（溃疡药）、诺氟沙星（抗生素）。

我看着这些药，犹豫再三，还是询问道："你确定吗？"小梁说："我可是全科医生，相信我！"虽然经常劝解别人要相信医生的话，但我还是偷偷地把诺氟沙星藏起来，"大义凛然"地把其他药吞进去。队员们安心地离开床边，从虚掩的门缝里传来他们对用药的辩论声。我顿时绝望，不是应该在用药之前进行讨论，达成共识以后才去买药的吗？

感谢这些可爱的队友，感谢全科医学的小梁，第二天早上6点醒来，发现不疼了，除了异常口干以外，好像好了。

飞飞马（现供职于福田疾病预防控制中心）

每个人都有做太阳的机会

2008年12月17日

这绝不是传说，仅有初中文凭的我，由于在深圳这座拥有千百万移民的大都市里的不懈努力，今天终于收到了广东省作家协会邮寄来的省级作家协会会员证，打开邮包那一刻，我的手颤抖了。

其实，爱好文学由来已久。10年前我刚初中毕业，由于家境贫困无力再读下去，在偏僻的乡村，我痛苦无奈、彷徨无助的时候，只能在贫瘠的土地里一天一天地枯燥劳作，在寂静的夜晚拧亮一盏灯写下稚嫩的文字。

但那时拼命投出的稿件都是泥牛入海，就在对写作灰心丧气之际，偶然，我在西安一家很有影响的青年杂志上看到一篇文章，文中报道了深圳打工妹安子的成功事迹，仅有小学文化的安子一边打工一边自学拿到大专文凭，而且成就了自己的文学梦想，出版了文学作品集《青春驿站》，激起了争抢购买的热潮，一度洛阳纸贵。特别是报道中那一句经典的"每个人都有做太阳的机会"激励着我，让我心潮澎湃，久久不能平静。

从这时开始，我知道深圳将是我梦想起飞的地方。

当我真正踏上深圳特区这片热土，成为一名普通务工者，开始着火热的打工生活的时候，我的写作热情更加高涨。在每一次加班加点之后，每一个节假日里，只要有点滴的业余时间，我就趴在铁架床上，如一尾快乐的游鱼，进入了痴迷写作的状态。

天道酬勤，经过一段长时间的努力，我的处女作在《深圳特区报》发表了，接着我又在《羊城晚报》《北京日报》《天津日报》《作品》《滇池》等数十家报刊杂志陆续发表了各类文学作品数百篇，总计有一百余万字。

真的感谢深圳，这是一个创造神话的城市，只要敢闯、敢于拼搏，每个人都有做太阳的机会。

黄荣东（1997年来深，现居广东徐闻）

今天领到居住证啦

2009 年 3 月 31 日

  天还没有亮透,我却再也睡不着。因为今天我就要领到属于自己的"居住证"了!

  一个星期前,从公司回出租屋,楼下围着一堆人。挤进去,才知道那里是居住证临时办理点,方便没有时间前往警务室办证的人办理居住证。我早就听说深圳为外来人口免费办理居住证的事,只是工作太忙,一直抽不开身去警务室办理,现在机会近在眼前,我自然不会放过。手续办完,工作人员给了我一张回执,告诉我 7 天后就可以在此办理点拿到自己的居住证。

  穿衣起床,洗漱完毕,看看表,还不到 7 点。怀着兴奋的心情下楼,我看到楼下已聚集了一群人。一打听,原来和我一样,都是来领居住证的。他们和我一样,都很兴奋。

  终于等来了发证的工作人员。大家排成一队领取证件。第一位拿到证件的是一位大哥,我听到他满心欢喜地说,他的孩子在深圳读书,每年都要缴纳很大数额的借读费,办了居住证我就可以免缴借读费了。随着拿到证件的人越来越多,欢声笑语也越来越多,有人说现在去特区,再也不用带身份证;有人说有了居住证,他就可以办机动车驾驶证;有人说可以享受医保;有人说可以参加免费培训班了……每个人都喜气洋洋的。

  终于轮到我了,我把"居住证"揣在怀里,感觉自己成了真正的深圳人。

彭桂仙(2005 年来深,现居宝安福永)

从"头"到"脚"都变了

2009 年 4 月 14 日

今天不太忙,抽空陪妹妹玩了一天,过得很充实!

早上起早,吃了早餐,开车上福龙路,直奔羊台山。这条新修的路是我盼望已久的一条通道,穿过市区后面的那一溜山就到了龙华。路面很整洁、宽敞,噪音很小,两边绿化很漂亮。车速放到 120 迈,出城的感觉扑面而来。不到 20 分钟,就到了羊台山脚下。

妹妹快活极了,她说老家现在还冷,没想到这里都快到夏天了。戴上墨镜,拿着我给她准备的"拐杖"——山下找到的一根硬树枝,她走得比我还快。不到 1 小时,我们就到了山顶。看看背面的西丽,我给她讲天晴的时候可以看到市中心。我说,这是深圳西部最高峰,她很惊讶:"深圳的山才这么高啊?"

羊台山的登山道比以前修得好多了,记得儿子四五岁时全家来过一次,小家伙爬到一半就不走了,是我抱着他爬到山顶的,那时妹妹在深圳帮我看孩子,后来在深圳打了一段时间的工。没想到她打工时间不长,学得很快,回家去这几年,竟然搞了个公司,已经开始赚钱了。

妹妹说,那次爬山时看到后面的石岩镇真乱,好像都是些小工厂,这次看变化太大了。我指给她说,那里是北大方正,那里是长城计算机,都是大公司,高科技。横穿山脚的机荷高速已经显得有些旧了。山脚那个叫不上名字的小村子变化更大,农民别墅盖了很多。以前的那个老村已经被拆掉了。

"要建新的,也不一定都把旧的拆掉呀!"妹妹如此感慨。不过,在路边卖鸡蛋的还是那个当地大婶,还是那么朴实。

毕尔(1993 年来深,现居福田)

初当房东的滋味

2009年5月25日

中午,租客陈小姐打来电话,让我过去拿租金。这是当房东以来让我最高兴的一个电话。

从陈小姐手中接过2000块钱房租时,觉得沉甸甸的。回想一个月来当房东的滋味,真是五味杂陈。一个月前,大姐要搬到新买的商品房里去住,就把旧房给我住,恰逢全球金融危机,家庭经济很吃紧,我没有理由拒绝大姐的好意,就把自住两年多的花园房子租出去。本想着坐地收租当房东一定很滋润,没想到,还未来得及细细品味当房东的滋味,就被接踵而来的烦心事搅得不得安宁。

先是一个客房没有床垫,租客陈小姐便打电话来说,要求买一个床垫,客人来了总不能睡硬床板吧。本来陈小姐当初已验收过房子,签了合同,我完全可以置之不理。但我不想给租客留下房东尖酸刻薄的印象,因为,我也是从租客走过来的,常常饱受房东的刁难,深知租客的疾苦。如今我做了房东,决定做个开明、大度的房东,遂满足了陈小姐的要求。

几天后,陈小姐又说电灯坏了,叫我去换。过了几天,又说水龙头漏水了,叫我去修一下……我纳闷,我住的时候,什么都是好好的,怎么到她手里什么都是坏的了。好在我是学家电出身的,对付家里水电小问题,还是绰绰有余。然而,陈小姐不小心打烂了我一个价格不菲的花瓶,却只是轻描淡写地说:"不好意思,打烂了你的花瓶。"只字未提赔偿的事。我虽然憋着一肚子气,但也只能强装笑脸:"没关系,下次注意点就行了。"更为离谱的是,洗衣机仅是一个指示灯不亮了,并不影响正常运作。但陈小姐硬说洗衣机坏了,要我拿去商场以旧换新。我耐心地解释了一番,但陈小姐还是一脸不悦。

以前总觉得房东只会收租,不会做事。现在才知道,当房东也不容易。收租的时候,陈小姐总算说了一句真心话,说我是她所遇到的最好的房东。而我却在暗自叫苦,你可能是我遇到的最难缠的租客,下次出租,一定要找一个省心的租客。

刘庆方(1994年来深,现居宝安龙华街道)

蜗居反映了我的现实

2009 年 12 月 20 日

今天是是澳门回归十周年纪念日,电视里各个频道都播了新闻,时间过得真快,想起澳门刚回归时,我才 19 岁,如今已 29 岁了。

看完新闻后,继续追看了一下今年的热门电视剧《蜗居》。这部今年红遍大江南北的电视剧,也产生了一个年度火爆的关键词——"蜗居"。看了《蜗居》还是感想很多,其实并不是这部剧多么的敏感,而是反映了我们生活中的现实。

在这个城市里生存的关键——房子,是个永远触及心灵痛处的词汇,剧中的种种场景引起了观众的共鸣。在深圳这个国际性大都市中,外地人的生存是多么的不容易。随着深圳经济的发展,房价的涨幅也是迅猛的;当人们还以前的记忆看待房价的时候,现在我们的房价已经飞速上涨,打算买两居室的钱,现在也就只能买个一居室。

在这部剧中有好多经典的对白被同事们传颂,正如编剧六六所说:"每一个写字楼里拥有 1 平方米隔间、月月还房贷、出门坐公交、中午吃盒饭的人,都能从剧中找到自己的影子。"剧中女主角海萍似乎说出了很多人心里想说的话:"每天一睁开眼,就有一连串数字蹦出。"

今年,我已 29 岁了,每天睁开眼后,我也在想我的房子在哪里?何时才能拥有自己温馨的家?老家的父母是没办法帮上忙的,要住进自己的房子只能靠自己每天努力。加油!

刘红(2006 年来深,现居宝安)

女儿对班主任的恐惧

2009 年 12 月 30 日

早上送女儿上学,我们在学校对面的路边下了的士,等待穿过斑马线。走到斑马线的一半时,四位身着蓝色西装的女教师并排着正要走进校门。忽然,最左边的一位转过头往后瞥了一下,表情里掠过严厉的、寒霜般的目光,什么也没说,迅即转回头,走进学校。

就在那一瞬间,我感觉女儿怔了一下。

我来不及说什么,只是有一种感觉,那位转过头的老师是不是女儿的班主任?女儿这个学期换了班主任,我一次都没见过。晚上回到家,问女儿,果然得到了证实,早上放射出严厉目光的,正是她的班主任,一位有着 30 多年经验的老教师。

平时不断地听到女儿的小报告,多是关于这个班主任的"负面消息"。据说班级有一个调皮的男孩,上课很难坐得住,还常常欺负其他孩子,很多人都被他打过,于是这位班主任便为全班同学主持了一次"复仇",让班里所有被他欺负过的同学排成长队,每人打他一巴掌。我一下想到那个男孩的家长,他要听到这件事该多么伤心!据说这位班主任有一句名言:"从来没见过你们这么笨的学生!"

女儿是班级里守规矩的好孩子,不会招致发生在那个调皮男孩身上的事件,但是我还是感受到了女儿心底的那种阴影,那是一种恐惧。

恐惧,对于人类而言是一种多么糟糕的情感!我想到了罗斯福所说的"免予恐惧的自由"。1933 年 3 月,罗斯福当选为美国总统,在他的就职演说中提出了一种新的自由说,即希望人民有言论自由、信仰自由、免予匮乏的自由和免予恐惧的自由。这些自由其实不仅是对成人的,也是对孩子的,尤其是"免于恐惧的自由",至少不应该来自于他们的亲人、师长。

耒井(2002 年来深,现居福田)

Afterword
后记

2010年是深圳经济特区建立30周年。作为深圳地区发行量最大的报纸,这一年,晶报策划组织了《深圳日记》、《深圳梦想辞典》等一批有影响的纪念性专题报道,其中,《深圳日记》为唯一贯穿全年的大型策划,获得当年度晶报最佳报道策划奖。

《深圳日记》自2010年1月1日始,至2010年12月31日止,以每天两个整版的篇幅,刊出稿件200余万字、图片2000余幅,前后有近百名编辑记者参与。在《深圳日记》所设立的各个子栏目中,"城市记忆"为主打稿件,均由晶报记者采写,这些报道对深圳特区30年历史上重大、有纪念意义的事件及被遗漏的若干历史细节进行了回访、还原、挖掘与重新发现;"私人语文"则全部来自于读者的投稿,这是晶报征集到的深圳无数打工者和曾在深圳打工者最隐秘的私人情感与生活故事,它们尘封多年,也许刚从抽屉的某个角落里翻捡出来,但它们却是特区建设者来深圳打拼时最原生态的鲜活记录。另两个栏目,"岁月花边"是深圳民间史料搜集与整理者南兆旭先生的专栏,"今日旧影"是一次深圳历史老照片的大展示。

《深圳日记》推出伊始就受到了社会各界的广泛关注,很多读者不但每天追看,而且将每天的版面珍藏。一位女士说,她在某一期"今日旧影"刊登的照片上,看到了24年前的自己,非常惊喜,想要一张报纸留起来作纪念。一位老先生有一次不小心未能搜集到一期《深圳日记》的版面,特地打电话来请求我们一定帮他找到遗失的那一期。

在读者的强烈要求下,我们从"城市记忆"和"私人语文"中筛选出部分文章,并结合"岁月花边"文章及"今日旧影"的老照片,分别编成《深圳日记》上册《不能忘记的深圳时间》和下册《私人日记里的深圳记忆》出版。

感谢大成基金热情赞助本次大型报道策划,并资助本书出版。

晶报各部门均有编辑记者参与本次策划的采访、写作与编辑,但限于篇幅,不少编辑记者的作品未能收入本书,谨此对他们表示感谢。

本书上册刊用的部分照片,因时间久远,有部分作者未能取得联系,请作者看到本书后与本书编者联系。

限于时间和水平,错漏之处在所难免,敬请读者批评指正。

编者
2011.7.1

Shen Zhen
Diary【上册】
深圳日记

一九八〇~二〇一〇
不能忘却的深圳时间

主　　编：胡洪侠
执行主编：郭洪义
执行副主编：黎　勇

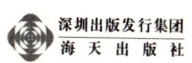

深圳出版发行集团
海天出版社

图书在版编目（CIP）数据

深圳日记：全2册/胡洪侠主编.—深圳：海天出版社，2011.7
ISBN 978-7-5507-0201-1

Ⅰ.①深… Ⅱ.①胡… Ⅲ.①社会主义建设成就—深圳市 Ⅳ.① D619.653

中国版本图书馆CIP数据核字（2011）第125050号

深圳日记（上册）

不能忘却的深圳时间

主　　编　胡洪侠
执 行 主 编　郭洪义
执行副主编　黎　勇

责 任 编 辑　徐丹娜　梁　萍
责 任 技 编　蔡梅琴
装 帧 设 计　周　洁

海天出版社出版发行
（深圳市彩田南路海天大厦 518033）
网址：http://www.htph.com.cn
深圳市皇泰印刷有限公司印刷
2011年7月第1版　2011年7月第1次印刷

开　　本：787mm×1092mm
字　　数：150千字
印　　张：7
印　　数：1—8000
书　　号：ISBN 978-7-5507-0201-1
定　　价：48.00元（全二册，本册24元）

海天版图书版权所有，侵权必究。
海天版图书凡有印装质量问题，请随时向承印厂调换。

故事,开始了
——《深圳日记》序

故事,开始了。

在南海之滨的深圳,我们曾经的异乡、此刻的家园,岁月深潜于此,30年的时光叠积于此。2010年,深圳经济特区30岁的圆融与整数,我们深情地宣告:时间,开始被我们重新激活。

不是哪位伟大的神,暗中授予我们打开岁月之门的密码,让我们能够轻而易举地唤回流失的时间。是深圳,中国第一个经济特区,她30年壮阔的心灵史,30年的生命潮动,激励我们去解释她世不多见的奇迹与暗语,去解读她此起彼伏的热情与诗篇,去探究她马不停蹄的勇敢与求新。

再精确的社区地图,也无法标示出一条"深深的田边水沟"。但现在可以明确的是,打开地球仪上的经纬,一条蜿蜒的"水沟",已经被神奇地放大,崛起成一座备受世界瞩目的城市——一个国家的符号,30年改革开放的焦点。

如果一定要追溯,可以说到龙岗区大鹏街道叠福社区——7000年前的深圳先民生活在此间。但,无论考古学家和史学家怎么发挥想象力,也不能从咸头岭发掘出来的器具中探知他们的爱与哀愁,获悉他们彻底被岁月屏蔽的私人记忆。我们的幸运在于,我们偶发的生命,曾经落点于必然的公元1980-2010。我们的幸运还在于,我们赖以生存的血脉之躯,与一个经济特区的30年联动,和一个崭新的城市共有生命。

深圳腾飞了。经济特区的命名与制度设计,改写了深圳的全部历史。更重要的是,千千万万的人,他们的欢喜忧伤,他们的耕耘创造,他们的命运变迁,无不与深圳的走势联系在一起。我们这样说:一个再神奇的城市,都来自一双双平凡无奇的手的催生。而一个城市的高度,终将来自人的高度。

人,永远是一个城市历史活的部分,流动的部分,最

需善待的部分。可以说,在一座城市中,只要有人存在,它生命之水将长流不息,这座城市也将带给它的人民以有效的哺育。深圳经济特区的30年,正是这种情理的言说和落实。

30年,多少人生被重新设计?这一定不是一个经济特区的秘史——多少拓荒的雄杰诞生又落幕了。多少智者又接续出场了。多少达人经由财富的通道大隐于市。多少远道而来的农民已经学会做梦。还有多少潮人正踏着时间的鼓点入场。

历史的节点,正是重温乃至重建我们的记忆和感动的时刻!没有矫情的伤感,没有刻意的伪饰,没有虚构的情怀;有的只是真实的力量和深潜在岁月里的、曾经模糊现在却一点一点清晰起来的心动。

是的,深圳是你的,是我的,是我们的。我们经历的,都是深圳历史不能缺少的细节与音符。而所有这些细节与音符,正是《深圳日记》所海纳和录入的。

《深圳日记》编委会

Directory 目录

1980 - 1990

002	1982年04月30日	在蛇口凯达厂当打工妹	谢婷婷
007	1983年03月14日	市领导首次集体穿西装打领带亮相	赖良青
010	1983年05月07日	饲料组长王石卖玉米	南兆旭
012	1984年03月21日	职工给市长写信请求帮助找对象	霍 敏　曾海城
016	1984年05月07日	跟着陈琳学英语	习 凤　余 芊
020	1984年07月28日	前市委常委郝敏贪污1.4万被判11年	吴建升　林燕君
024	1985年01月08日	任仲夷写三封信在深圳推广普通话	王恒嘉
027	1985年04月19日	蛇口民主试验：领导干部公开竞选	庄向阳
031	1985年08月08日	25年前深圳已设立新闻发言人	王志明　陈雅怡
035	1986年02月23日	全国首次公开招聘局级干部	肖 宇
038	1986年07月05日	《深圳青年报》现代诗流派大展	南兆旭
039	1987年06月20日	一个谣言引发20万人逃港	白 帆
043	1988年02月26日	梁湘，一个不该被深圳遗忘的老人	马骥远
047	1988年04月24日	国家干部辞职创办全国首家私人律所	焦守林
051	1988年07月01日	个体户巢中立的暴富与沉沦	南兆旭
053	1988年09月03日	全国第一家性教育杂志只出了三期	冯宇飞

056	1989年01月13日	一桩港客迷奸案引发的波澜	刘敬文
059	1989年01月20日	一只疯猴子带给深圳人的娱乐	王恒嘉
062	1989年02月24日	"民工潮"中那些被挤死的人们	马骥远
067	1989年04月04日	深圳"立法权",争了6年才圆梦	陈冰 谢银波
071	1989年06月02日	深圳国展中心走出名模陈娟红	朱健
075	1990年03月29日	深圳夜场:一个歌手的回忆	霍敏 曾海城
079	1990年07月06日	许世友原警卫全国首创武装运钞机构	吴建升
082	1990年12月24日	香蜜湖狂欢夜,那个一塌糊涂的夜晚	王恒嘉

1991 - 2000

086	1991年01月10日	海上缉私惨烈一幕震惊全国	王恒嘉
090	1991年04月18日	首家赛马俱乐部运营5年无疾而终	周亦楣 谢银波
094	1991年05月15日	证券公司走街串巷卖股票	熊燕
098	1991年12月24日	幼时没裤子穿的高森祥因受贿判死	南兆旭
099	1992年07月18日	被遗忘的中国首富村——大坑村	吴建升 林燕君
103	1992年08月10日	"8·10"股灾:一场暴富梦引发的乱局	马骥远
108	1993年01月22日	从生命垂危的道德楷模到著名学者	刘敬文
111	1993年02月04日	市民的建议让深圳放弃轻轨改建地铁	马骥远
115	1993年03月13日	小保姆受虐案震惊全城	吴建升
119	1993年03月09日	全国最早的镇级选美:"龙华小姐"评选	霍敏
123	1993年08月05日	清水河大爆炸:永留深圳的伤	马骥远
127	1993年10月28日	中国文稿拍卖第一槌拍出百万天价	刘忆斯
131	1993年11月19日	致丽厂特大火灾死亡84人	赖业玲
139	1994年07月30日	千万元巨贪王建业伏法记	吴建升 林燕君
143	1995年05月30日	深圳房价曾涨至2万后大幅降价	余彦君

149	1995年07月07日	一起活埋女婴事件引出的弃婴话题	王恒嘉 周文丽
152	1996年03月02日	"活雷锋"陈观玉：那个年代的记忆	赖良青
155	1996年10月22日	《花季·雨季》：一部校园小说的轰动	刘忆斯
158	1997年02月19日	1997，举城哀痛悼小平	肖宇
162	1998年04月03日	166个妇儿患者的感染噩梦	王恒嘉
166	1998年12月31日	冬瓜岭安置区，深圳梦开始的地方	冯宇飞
171	1999年02月01日	大梅沙海滩上的6000年前沙丘遗址	马骥远
175	1999年06月13日	深圳眼库写下中国器官捐赠史第一页	朱健
179	1999年09月07日	另一只"企鹅"，没能熬过互联网严冬	陈晓航 曾智
183	2000年10月21日	钢琴王子李云迪从深圳走向世界	刘忆斯
186	2000年11月14日	莲花山曾是深圳市区最大养猪场	霍敏

2001 - 2010

190	2001年02月08日	虞德海贪财二千万沦为阶下囚	南兆旭
191	2001年07月30日	56名女工被搜身轰动深圳	马骥远
195	2003年02月24日	首个SARS报告病例	南兆旭
197	2003年03月14日	曾记否，"猫低""有落"很流行	赖良青 曾海城
200	2003年11月01日	禁摩前传：石岩与"摩的"20年交锋	赖良青
204	2004年10月28日	安惠君：女公安局长的独特爱好	南兆旭
206	2008年09月20日	舞王大火烧出一批贪官	梁睿

附录

211 大成12年 再创新辉煌

214 后记

Shen Zhen Diary

一九八〇 ~ 一九九〇

1982年4月30日
在蛇口凯达厂当打工妹

谢婷婷

特区建立之初,由于深圳毗邻香港的独特地理优势,港资企业成为深圳外资引进的排头兵。1980年5月5日,深圳市第一家港商独资企业新南新印染厂(后为深圳中冠印染有限公司)在葵涌兴建,自此带动了一批港资企业开始进驻深圳。港资企业带来的不仅是深圳发展经济所需要的资金、技术和管理经验,对曾在那里工作过的第一代深圳打工者来说,港企也成了他们了解外面世界的一个窗口。

招工考试考 IQ 题

1982年4月30日晚,几辆大巴把120名从汕头来的年轻女孩带到深圳蛇口工业区。这些女孩是深圳第一家港资玩具厂——香港凯达公司刚刚招收进来的第一批打工者。18岁的翁纯贤就在其中,那年她刚刚高中毕业。

"其实机会挺偶然的。"今年47岁的翁纯贤坐在她现所服务的公司会议室里向记者回忆起那段经历,"那年我没考上大学,有一天在和同学逛街,无意中看到一张蛇口工业区香港凯达玩具厂招聘女工的启事。招聘启事上要求高中毕业,我决定去试一下。"

"我记得当时还有人笑我呢,说我癞蛤蟆想吃天鹅肉,哪有考试就能找到工作的?要知道,那个年代找工作要有关系的。"翁纯贤笑着回说,"考试的题目非常新颖——简单的IQ测验题,比如如何分糖果。"

尽管家里有人反对她去深圳打工,但翁纯贤坚持自己的选择,她跟家人

凯达厂有2000名女工,开餐时抢在前面,吃完可午休,落在后面的放下饭碗就得开工。　　　　　　　　　　　　　　江式高/摄于1989年6月

约定,如果在深圳过得不好的话,3个月后边防证一到期就回家。

港企很讲究诚信

翁纯贤说香港企业在管理制度上很讲究诚信。"正式上班前,他们就告诉我们,每天都有必须要完成的工作量,如果超额完成了,就有额外的奖金。"但我们听了都没当回事,因为大家还没有多劳多得的概念。

刚开始的半个月,这群年轻的女孩工作起来并不是太拼,能磨蹭就磨蹭,有时还偷懒,"这都是沿袭了老家那一套工作态度。"但这样的工作风气很快被扭转。香港企业有着一套严格的管理制度,流水线上的每一个环节都是按照强度标准严格设定好岗位人数,如果一个环节拖沓了,整条流水线都会受影响;再加上香港管理员频繁的巡视和检查,渐渐地,女孩们都不敢懈怠。

一个月后,许多人超额完成了规定的工作任务,领到工资时,她们惊喜地发现,超额的部分果然有奖金——奖金是按加班工资算的,加班工资差不多是平时的2倍，这可是一笔不小的数目。"这时候，我们才真的相信了。我当时觉得香港企业很讲信用，说了可以多劳多得，就真的多得了，我们跟在家里上班的人不一样，不是吃大锅饭。"

回家就像归国华侨

在多劳多得制度的激励下，女孩们工作得很有劲头，几乎每天都加班。按照工厂的制度，加班工资是平时的2倍，重大节日是3倍。每个月下来，翁纯贤能挣到80块，外加200港币的加班工资。

"我的一个表哥在汕头做工厂的学徒，每个月才18块，我父母都是当地的高级教师，工资算高的，一个月也就四五十块。"

"我来之前，我哥哥不让我来，说那是资本主义工厂，资本家都是剥削工人的。后来看到我在这里过得挺好的，赚钱也多，大家就再也不说这种话了。"翁纯贤笑着说。

在凯达，工厂的上层管理人员都是香港人，"我们和香港的管理人员相处得挺好，他们每周回香港，我们都会托他们帮我们带衣服、日用品甚至是一些大件的家电，我感觉他们就像大哥哥大姐姐一样。"

顾家的翁纯贤频频往家里带回大包大包的东西，"我们家老老小小，每个人我都会买东西回去送给他们，衣服、裤子、牙膏、洗发水、饮料等，都是从香港买回去的，家里人非常喜欢，很多东西都是他们从来没听过的。还有我家的几大件：电视、冰箱、洗衣机，也全是我买回去的。每次回汕头，我就像归国华侨一样，特别受欢迎，父母都以我为傲，我自己也感觉很自豪。"

受用一生的做事态度

进入上世纪90年代，深圳特区政府进行发展战略转移，即从简单的来料加工开始转为建设大型企业和高科技产业。1993年，凯达玩具厂遣散了所有员工，两年后，设在这里的加工点搬到了东莞。

尽管翁纯贤在1990年就已经提前离开凯达到了南玻集团，但和凯达的姐妹们还常有联系。2007年，当年的"凯达妹"们在深圳组织了一次"再回首，

打工妹下班后满脸笑容地走出工厂。改革开放以来,数以千万计的内地女孩来深圳打工,追求她们的梦想。　　　　　　　　深圳博物馆供图

凯达姐妹二十五周年"聚会活动。当年的打工妹差不多有一半都留在了深圳,很多人已成为企业家、银行家、金融投资商或者政府官员。而翁纯贤自己也已成为南玻集团的销售部经理。

"可以说,我们这批姐妹都比较优秀,之所以那么多人现在事业上都挺成功,凯达对我们的影响不可谓不深。"翁纯贤感慨。

她向记者列举了很多凯达姐妹都共同具备的一些好品质,"比如说严格要求自己、负责任等。我印象很深的一件事情是,毛绒玩具所有的工序完成后,还要经过专人仔细地揉捏。一开始我们不了解为什么要这么做,后来管理员告诉我们,玩具是要卖给小孩子玩的,如果玩具里面不小心遗留了针头或是尖锐物品,会对小孩造成伤害,所以产品最后一定要经过专人检查,确保不存在任何安全隐患,才算是合格的产品。"翁纯贤说,"不仅做产品,我们做人也需要这种高要求、负责任的态度。"

翁纯贤自豪地对记者说:"对自己高要求,做事认真、负责,然后还勤劳、向上,这样的'凯达妹'当然做什么都能做得很好。"

岁月花边 { **从数字看打工妹**

南兆旭

被称为"凯达妹"的女工,是深圳第一批来自外地的打工妹,也是新中国国门开放后,内地第一批背井离乡、在外资企业打工的姑娘。

也就从那时开始,外来打工妹开始大量涌入深圳。

1990年,深圳建市10周年,在公布的统计数据中,有两个数字似乎毫无关连,却非常接近,深圳10年工业总产值年增长率是69%,深圳10年打工妹的增长率是63%。这两个数字的接近,不是偶然,它包含着川流不息的打工妹与这个城市的血脉关联。

30年里,数千万忠厚、善良、勤劳、顾家的中国打工妹带着改变生活的梦想和对"经济特区"的向往来到深圳,创造了无数的世界奇迹,其中之一是:女工刘伟云坐在流水线旁给电视机的印刷电路板插绿豆般大小的元器件,日插件1.3万个,创造出连续6个月共插184.6万件无差错记录,是世界上插件女工最高的无差错记录。

2000年,深圳市第五次人口普查:在16~23岁的年龄段,性别比为100个女性对44.75名男性。其中大部分女性是来自农村并在各个工业区的打工妹,80%的打工妹留在深圳的年龄在19至25岁之间。

30年里,数不清的打工妹把她们一生中精力最旺盛,身体最健康,生命最充沛的时光献给了这个异乡的城市。她们中的大多数,在年龄大了的时候,在体力衰退了的时候,在要成家生孩子的时候,带着对这个城市的依恋、热爱和无奈选择了离开。

时至今日,深圳又迎来了春节后的企业用工高潮,却遇到了前所未有的寒流。2004年曾以37%的得票率被评为打工创业环境最好城市的深圳,如今有数十万职位无人到岗。"民工荒""招工难"带来的焦灼与困扰,再一次带动社会视角转向平日里不被关注的打工者。让我们思考:远离故乡的打工仔、打工妹,他们能不能在这个城市里有更多成长和发展的机遇?

1983年3月14日

市领导首次集体穿西装打领带亮相

赖良青

作为先锋城市，深圳在诸多方面走在内地前列，引领着潮流，着装方面也是如此。如今的深圳街头，人们穿西装打领带是再平常不过的事。早在26年前，深圳就刮起了一股"西装潮"，远远早于内地其他城市。不过，很多人可能不知道的是，这股"西装潮"是当年深圳市领导集体带头穿，并在干部会议上号召而形成的。

1983年市领导带头穿西装

1983年2月7日至9日，胡耀邦同志到深圳经济特区考察。汇报结束后，胡耀邦看大家都穿着干部服，就笑着问大家："你们为什么不敢穿西装，我50年代出国还穿了花衣服，你们工作人员穿西装我赞成，自己出钱嘛怕什么。女同志也可以穿太空裙，发型也可以改变改变。外商进来，看你们现在穿的样子，不知道投资保不保险。"胡耀邦的这番话打消了大家的顾虑，"穿西装也可以立场不变，依然是一名共产党员"。

1983年3月14日上午，深圳首次先进生产（工作）者和先进集体代表大会在深圳戏院举行。出现在主席台上的市领导们一改旧模样，个个穿西装、打领带，显得特别整齐、精神。

时任市委书记、市长梁湘同志身穿咖啡色西装，指着在座的深圳市有关领导对与会干部说：市委今天一律穿西装，希望全市各级干部和全市人民积极响应。他的话音刚落，台下响起了经久不息的掌声。

这不是简单的衣冠之变，而是心胸的开扩、观念的突破和发奋图强的决心。

1984年,邓小平视察深圳后写下了"深圳的发展和经验证明,我们建立经济特区的政策是正确的"题词,充分肯定了深圳的成绩和改革开放政策。　　　　　　　　　　深圳博物馆供图

第二天,《深圳特区报》在头版位置,报道了市委书记梁湘"身穿咖啡色西装"的消息。深圳的"西装潮"从此拉开了序幕。

为什么市领导要带头穿西装呢?"梁湘说得很生动,就是要让外面的新鲜空气吹进来,我们这里才能生长得好。"在时任市委常委刘波的记忆里,这件事仍然记得清清楚楚。也是在那一天,刘波与许多老领导一样,拥有了生平第一套西装,而且这套西装至今保存着。

"不是没钱买西装,而是穿了西装就被人家说资本化了。"提起改革开放初的经历,刘波说,那时许多人思想仍然不开放,当时满大街清一色的"七个扣子,四个袋子"(中山装),街头偶尔能见到穿西装的,也都是来深投资的外商和从事外事工作的人员。"这样保守的观念不适合特区的发展,要开放,要走向全世界。"于是,着装也要开放。

穿干部装采访险些误事

此后,上至领导干部下到生意人、工薪阶层,穿西装的人慢慢多了起来,不过,还是很有限。刘波回忆说,当时,许多领导干部即使有西装,也就开会、出差时穿一穿,平时还是照样"七个扣子,四个袋子"。

许多年后,回忆起当年的"西装潮",老新闻工作者黄年说,那时的西装是被当成"礼服"来穿的。有一次,他参加市政府在火车站举行的深港口岸工作联络小组会议,与会者个个西装革履,而他穿的是上青下蓝的干部装。市口岸办负责同志见他的着装像警服,怕引起港方代表误会,差点儿不让他进会议室采访。

深圳街头人们身上的衣服开始有色彩,是上世纪80年代中后期的事。上世纪80年代中期,电影《街上流行红裙子》热映后,似乎是一夜之间,深圳人流行穿红裙子、黄裙子,不穿就显得过时和落伍。

回老家逛街却买了深圳货

走过了喇叭裤、蝙蝠衫、健美裤的时代,深圳人迎来了超短裙、吊带裙、松糕鞋。

时间跨入了上世纪90年代。这是中国女性服装变化最快的时期之一。昂贵的专卖店和便宜的服装摊,成为年轻女性选购服装的两极。而毗邻香港的深圳占据了地理优势,不少深圳人常去香港购物,而这成了深圳人逐步引领时尚潮流的因素之一。

"因为吹着海风,吸着改革开放的空气,深圳的时尚潮流从上世纪90年代开始便逐步引领着内地。"来自西北的段小姐说,她大学毕业前穿着姐姐的衣服长大,而来到深圳后,姐姐便反过来穿起了她的衣服。

从上世纪90年代开始,深圳服装品牌雨后春笋般冒出来,"歌力思""影儿"等国内外知名的深圳一线时尚品牌,就始于那个年代。

上世纪90年代初来深工作的谭笑,十年前和老公回重庆探亲,到重庆人气最旺的解放碑附近购物。她买了一双很漂亮的靴子,带回深圳。打算穿的时候,赫然发现标签上注明:"产地:深圳。"

"现在,深圳在内地意味着品牌和档次,当然,也是潮流。"在谭笑的老家遵义,深圳品牌全进高档商场。

如今,占地面积146.12万平方米的"深圳服装产业集聚基地"已成为深圳市服装行业发展的重镇。"这将是深圳乃至全国服装行业、知名企业、配套产业的'时尚硅谷'。"沈永芳说,深圳全方位引领时尚潮流的日子,已经不再遥远。

1983年5月7日
饲料组长王石卖玉米

南兆旭

1983年5月7日,32岁的王石乘火车从广州来到深圳,第一夜,住在东门一家工厂宿舍楼改成的招待所里,楼下就是香港老板开的半导体收音机装配作坊。像那个年代无数投奔深圳的年轻人一样,在这个城市第一个落脚的地方总是和简陋、嘈杂、动荡不安连在一起。

此前,王石在广东省外经委有一份令人羡慕的稳定工作,像那个年代无数上进好学的青年一样:学英语,读各种各样有思想深度的书,酷爱音乐,同时骑着广州市面出现的第一批日本铃木摩托车,意气风发却始终没有停止寻求新的发展空间。最终,在出国留学和来深圳之间,他选择了后者。

1983年的深圳,完全是一个尘土飞扬的大工地,第一幢20层的高楼电子大厦刚刚竣工。王石在深圳的第一份工作,是在特区发展公司贸易部做饲料组组长。

担任组长的王石希望招一个员工,那时深圳还没有人才市场,也没有报纸发布招聘广告。王石找到楼下收音机装配厂的香港老板,老板很热心,带他来到光线昏暗的一楼,工人们正忙着焊接一个个晶体管,老板指着工人们说:你选吧,看上谁,你就带走。

王石没有细看,很随便点了一个,这个人就是王石在深圳的第一个员工,叫邓义泉。

几个月后,饲料组长王石就给公司赚回第一笔钱——把30吨玉米卖给深圳养鸡公司,也就是后来的上市公司康达尔。兴高采烈的王石骑着自行车、后座上夹着两个准备装钱的蛇皮袋去养鸡公司收钱。

对方要发票。王石赶回公司让财务部开了个证明:"卖了30吨玉米给深

年轻时的王石正在回答股民问题，推销公司股票。　　　　　　　　　　　资料图片

圳养鸡公司，每吨人民币1300元，共计3.9万元，特此证明。"他拿上这张"发票"再次到对方公司收钱，业务经理哭笑不得，带他到财务部，王石才第一次知道了什么是发票。他带去准备装钱的口袋也没用上，因为对方给他的是银行转账单，那是他第一次见到这种账单。

2007年，邓义泉从万科退休，24年里，他一直是个普通员工，而当年招聘他的王石卖过饲料、录像机，开过蒸馏水厂、超市、广告、礼品公司，拍过电影甚至组建过模特队。

到了上世纪90年代末，王石开始专注经营地产。之后，他带领的万科，成长为中国最大的房地产上市公司，与此同时，王石登遍了世界七大洲的最高峰。

从饲料组成长起来的万科，如今的员工已超过1万人。

1984年3月21日

职工给市长写信请求帮助找对象

霍敏　曾海城

1984年3月21日，深圳市婚姻介绍所正式开业，为来深建设者开启了一扇步入婚恋殿堂的大门。时隔26年，在这个婚姻介绍所里成功找到另一半的，已经超过万人。

然而，很多人并不知道，当年叩响这扇大门的，竟是一封写给市长的"求爱"信。

坐火车到广州找对象

孔祥阁，47岁，1983年工程兵转业到深圳二建做经营。那年他20岁。在山东邹平老家，这已经是谈婚论嫁的年龄，可在深圳，周围全是小伙子，恋爱的事，他连想都不敢想。

做经营经常要出差。这年夏天，小孔坐火车到广州办事。尽管当时已经转业，但还在使用部队的边防通行证，小孔还是保持部队里的装束：一身橄榄绿军装，还是像军人一样坐如钟、站如松。看到车上人多，他起身就将位置让给身边的人。本是无心之举，却被同行的一位大姐看在眼里。途中硬是拉住他，给他介绍对象。

一听这话，小孔羞得满脸通红。"没关系，先认识认识嘛，反正你也到广州办事，我很熟悉。"当时的社会环境非常单纯，在大姐的劝说下，小孔也没多想，加上他从未到过广州，人生地不熟，确实需要一个向导。

大姐给小孔介绍的是自己的朋友，一位在广州电器科学研究所工作的客家女子，小他一岁。然而，小孔只读到初中就辍学参军了，眼前的"高枝"

让他不敢"高攀",但对方无私帮助的热情和温婉的气质却深深打动了他。从那以后,小孔每次到外地出差,都有意识地带些当地特产给这位姑娘,却闭口不提恋爱的事。

过了3年,双方在交往中逐渐了解了,小孔才鼓起勇气把关系挑明。姑娘喜欢这位真诚帅气的山东小伙,可是,她家里人却死活不同意,撇开南北方巨大的文化差异不说,单是学历,小孔就和姑娘差了一大截。然而,让小孔没想到的是,姑娘却表现出"不要爹娘,宁要新郎"的气魄,毅然从研究所辞职,来到深圳追随小孔。

一段跨城之恋,在当年不知羡煞多少同事。因为他的同事实在是光棍太多了!找对象太难了!

"求爱"信写到市政府

基建职工找对象有多难?难到写信求市长!

1984年,老周已经28周岁了,在老家,早就有说媒的大叔、大婶踏破门槛了。而他那些入伍前就说了亲的老乡,孩子"都会打酱油了。"可老周如今在深圳举目无亲,有谁帮忙操这个心?再想回老家找,也难,离得十万八千里,姑娘都不愿为此背井离乡。

无奈之下,老周将一封"求爱"信写给了时任深圳市长梁湘,"本人现年28岁,从事比较艰苦的工作,工资又偏低,被人瞧不起,婚姻问题难以解决……"老周在信中尽抒婚恋之苦。他说,自己"曾经两次顺路到广州的婚姻介绍所请求帮助,但该所只面向广州青年。""觉得自己成了被爱情遗忘的人……"

当年写信给梁湘的还不止老周一个人。市电信大楼就有一群青年联合给梁湘写了"求爱"信,呼吁深圳早日成立婚姻介绍所,"好让年轻人解除后顾之忧。"

1984年的一项统计数据显示,深圳基建职工中22岁至25岁的约占50%,26岁至30岁的约占37%;他们都是适婚年龄,而其中的未婚青年竟占到6成以上。特区青年的婚姻问题显得愈发迫切起来。

梁湘为"爱"亲笔批示

其实,早在给市长写"求爱"信以前,就已经有人将"求爱"的目光投向报社。1984年,市政工程公司广青等就给《深圳青年报》的"知心姐"栏目写信,信中说,"我们原是基建工程兵,长期接受正统教育,见到姑娘就脸红。要凭我们自己的本事去找对象,那就别望结婚了。"信中还表示,"我们早想投书报社,反映这些问题,又怕石沉大海无回音。因此,一直等到我们自己的报纸《深圳青年报》创刊,才寄出这封信。"对爱情的渴望之情溢于言表。

"作为特区早期的建设者,他们丧失了原有的交际网络(如亲友、同学),需要寻找一种新的有效求偶媒介代替原有的网络。"在市婚姻介绍所从事了20年"红娘"工作的所长陈萍对此深有感触。

而在当时,这件事情也引起了市委有关领导、包括梁湘的高度重视,市委一位领导亲自批示:"这类问题确实需要帮助解决,望尽快办婚姻介绍所,并且多搞一些活动,使青年有接触的机会,建立感情。"梁湘也亲笔批示,建议工青妇关心大龄青年的婚姻问题,并选派专门工作人员负责此事。

就这样,1984年3月21日,分别从团市委、市总工会、市妇联抽调一位工作人员,在没有单独编制的情况下,深圳市婚姻介绍所紧急成立了。

专职"红娘"操心婚恋

最初的市婚姻介绍所连像样的办公地点都没有,只有一间茅草棚,就连现在的青少年活动中心旁边也还都是草地、树木,条件非常艰苦。然而,这些都不能阻挡单身者的热情。开业前三日免费登记,婚姻介绍所差点被挤爆门,登记者达180多人。

然而,这180多人中,只有3个是女的!面对严重失调的男女比例,婚姻介绍所里最早的"红娘"谭桂友和其他两位同事,只好到蛇口、沙河这些电子公司聚集、女工比较多的地方去发动。当年的交通远不如现在便利,他们经常要骑一个多小时的自行车才能到达地点。像华新村这样"比较近"的地方,干脆走路过去。全是泥巴路,一趟下来,早已是"花容尽失"。

"不过,看到他们成功,我们也就开心了。"有一对恋人,女方是印尼回来的归侨,来婚姻介绍所登记找对象,由于1984年登记的男士几乎全部都是基建工程兵,谭桂友就帮她挑选了一位。"以前的人都很单纯,对金钱并不看重,男的勤劳、高大点,女的温柔、漂亮点也就差不多了。"因此,双方见面后都比较满意。

接下来就是双方父母了。没想到家在梅州的女方父母就是不愿意,男的将礼物送到未来岳母家中,又被"送"了出来。为了促成这对男女,谭桂友只好趁回家看母亲的时间,辗转几趟车来到女方父母家,一次不行,两次;两次不行、三次;终于促成了这桩美事。

如今"求爱"上"鹊桥"

婚介所成立当年,共为上百名青年觅得知音,在深圳年轻人中悄悄搭起一座鹊桥。

数字连年攀升。1996年3月21日,深圳市婚介所成立12周年时,已成功为15000多名求偶者充当"红娘",其中2500多对男女从这里喜结良缘,成功率高达30%,居全国之首。

之后,虽然,有不少"将月老当财神"的婚介出现,使婚介所在市民心中的信誉度一度受挫。不过,凭借"情之旅、爱之旅""连心卡""龙凤大典""千人鹊桥会""广场化装舞会""最佳红娘"等系列活动,深圳市婚介所保持了长盛不衰的态势。尤其是近年来的"千人鹊桥会"和"龙凤大典",几乎场场火爆。

如今,在市婚姻介绍所登记的会员累计达数万人,正寻觅知音的约数千人。截至目前,该所共为13000余名男女青年成功找寻到了另一半。这里已经成为深圳人"求爱"的"鹊桥"。

1984 年 5 月 7 日
跟着陈琳学英语

习风　余芊

陈琳这个名字，"80 后"没有认识的，"80 年代"却没有不认识的。央视开播的陈琳《电视英语讲座》不啻一次学英语的全民总动员。1984 年 5 月 7 日，当陈琳出现在深圳蛇口培训中心的时候，满城皆是"陈琳英语族"。学外语的青年之于陈琳，岂是如今的"粉丝"二字所能概括？今天，当成群的孩子出国留学时，他们父辈跟着陈琳学英语的情景，已成为改革开放初期弥足珍贵的记忆。

能简单提问　就当总裁助理

1984 年 5 月 7 日，陈琳应邀从北京外语学院来到深圳，负责蛇口培训中心的英语教学讲座。除了上午为培训中心讲课外，陈琳下午还要为"上海宾馆"服务员进行基础英语辅导，时间非常紧。

"学员太多，而陈琳老师的时间又太紧，谁能用简单的英语问陈琳老师一个问题，就是我们学员中的明星。"赵嫦娥是当年蛇口培训中心的工作人员，也是英语自学者。她说，当时有一个女生因为用英语问了陈琳一个简单的问题，后来被一个外企聘为总裁助理。

"我记得陈琳讲课是在一个礼堂而不是在教室，每天上课前礼堂里都是黑压压的一大片，却安静得一点声响都没有。"当时是蛇口一家外企打工仔、如今是一家公司董事长的张浩回忆说。因为人多，如果有人提问，就会影响其他人的学习，因此培训中心明确规定，陈琳老师讲课期间学员一般不得提问。

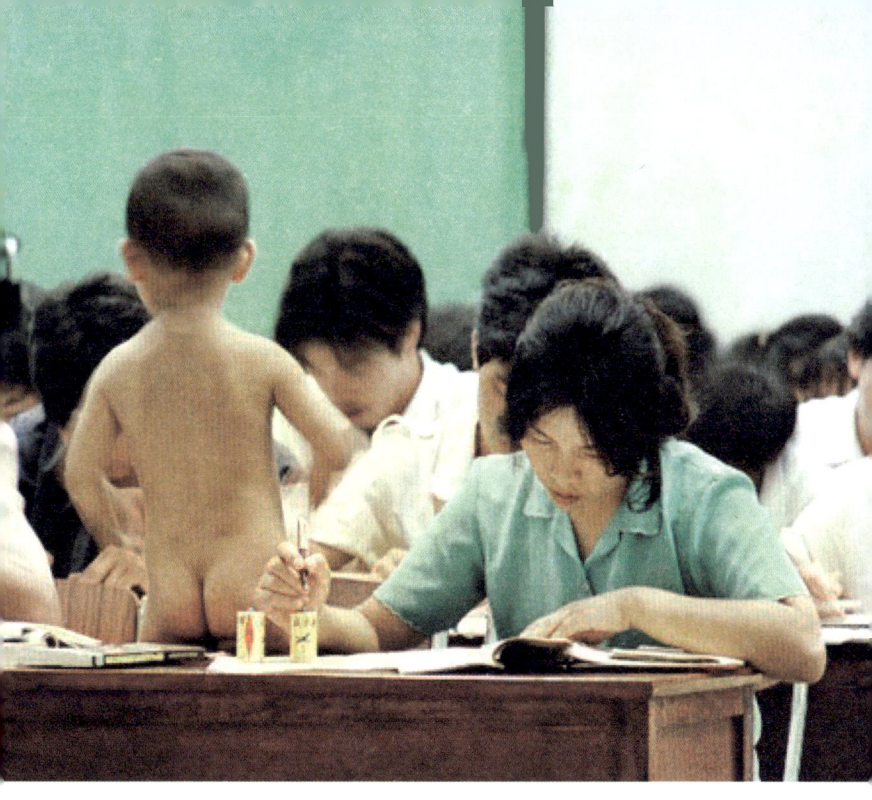

教室里，一名年轻的女士正伏案疾书，旁边，因家里没人而带在身边的孩子光着屁股坐在课桌上。上世纪80年代初，从全国各地前来深圳寻梦的年轻人学习热情很高，业余时间热衷上夜校"充电"。这名女士现为一保健养生中心总经理，"光腚娃"大学毕业后帮母亲打理生意。

周顺斌／摄于1983年

不拿英语书 不算好丈夫

1978年，陈琳、许国璋、薄冰等一批外语专家应邀到时任中共中央副主席的李先念家中吃饭。李先念问他们"外语该怎么搞"，他们认为必须采用多种形式，广播电视要一起上。多年后，陈琳接受记者采访时透露了《电视英语讲座》开办的由来。

这些事情，当年的深圳打工仔们当然不知道，他们只知道，从1978年10月25日开始，陈琳在中央电视台和中央人民广播电台早、中、晚的黄金时段向全国开讲英语。

"不学ABC,就是没志向",这大潮实在来得太快,以至于教材都来不及印。陈琳开讲后好几个月,都是讲一节课卖一节课的油印教材,直到半年后,一套"广播电视英语试用教材"才出现在各地新华书店。据统计,当年仅北京就印刷了1500万套。

1982年来深圳打工、如今是绿适环保科技公司总经理的胡奕喜说,"当时的公共汽车上,随处可见拿着陈琳英语的年轻人,如果你不随手拿一本英语书,就说明你不是有志青年,可能朋友都不好找。"据他透露,他就是拿着一本陈琳英语引起现在的老婆的关注的。

听说读写 想清楚你要什么

陈琳在深讲课期间,回答过人们提出的各种问题,对于英语教学,他有独到的认识,这些认识现在仍具指导作用。

蛇口培训中心负责人问在特区内如何搞英语普及?陈琳回答:"我的设想是在特区内搞一个教外语的专线广播或电视频道,其教材根据特区实际需要专门编纂,然后每个单位请一个懂外语的人做兼职辅导教师,在广播课教授之下做具体辅导。"

"有些人自学了一两年外语,一到实践中既看不懂又说不出。为什么呢?"陈琳认为,这有一个目的和方法的问题。一个自学者首先要明确学英语的目的是听说为主还是读写为主,应该针对自己的工作实际来选择内容,并采取一定的步骤,择急需的先学。谈到学习方法,陈教授比喻说:这就像一个小孩从模仿爸爸妈妈讲话到上学后学会自己看书写字。

学外语的改革开放30年

实际上,当年陈琳英语播出的第二天,外国媒体就敏锐地注意到这一变化的意义所在。美国《华盛顿邮报》刊登的消息说,"中国的电视英语是中国对外开放的信号"。

陈琳纯正的英语发音更让英国人感到自豪:"皇家英语响彻中国上空。"为此,英国广播公司(BBC)主动提出与中国合作。著名的"Follow Me"

节目开播。节目中,陈琳和英国女教师假扮成夫妻,模拟生活中的各个场景进行英语对话。

随之而来的英语学习热延续至今。英语培训成就了"新东方"这类培训机构,而随着电视、电脑、光盘等各种科技手段的出现,英语学习已成为人们生活中的常事,更不用说成千上万学生留学海外。有统计显示,在中国,现在有2.5亿的英语学习者。

中国人学习和使用英语的过程,也是中国国际化的过程,并改变着其他语言。"豆腐""功夫"等汉语名词作为外来语进入英文辞典。"long time no see"(很久不见)这样的纯中国句式也被外国人承认,进入了英文辞典。据美国网络监测企业"全球语言监测公司"的统计,由于中国经济增长,影响扩大,1994年以来,英语新增的词语中,中式英语占5%到20%,超过其他任何来源。

1984年7月28日

前市委常委郝敏贪污1.4万被判11年

吴建升　林燕君

1984年7月28日，曾任深圳市委常委、政法委员会主任，被捕前任广东省劳改局副局长的郝敏，因为贪污受贿1.42万元，被深圳市中级人民法院依法判处有期徒刑11年，成为深圳特区建立之初，因腐败落马的级别最高的官员。26年过去了，在特区建立30周年之际，蓦然回首我们发现，深圳反腐败的脚步从未停歇。从郝敏到许宗衡，从彭虎、安惠君到裴洪泉，从虞德海、何初本到深圳第一贪黄亦辉，这些曾显赫一时的名字，清晰地勾勒出深圳30年反腐肃贪的轨迹。

"59岁现象"典型

郝敏入狱时59岁，是深圳早期"59岁现象"的典型。他1946年参加工作，1948年加入中国共产党，1978年曾任广州部队某师副参谋长，同年4月转业后任深圳市委常委、政法委员会主任。转业地方，身居要职，地位显赫，政治待遇与生活条件都是蛮不错的。但据一位当年郝敏案件的知情人透露，他转业时已经53岁，眼见离退休不远，觉得权力不用过期作废，于是决定在退休前大捞一把。

郝敏先是为自己大修官邸。他原来住的是两层楼宇，独门独院，阔绰雅静，院墙高筑。但他觉得太陈旧了，决定另盖洋楼。他找到当时在驻军某部任后勤部长的张奎炳（后转业任深圳市政府行政处副处长），很快达成交易，条件是：郝敏找地皮与砖瓦，张奎炳找"三大材料"，两人合伙建私房。郝敏亲自出马，登门拜访某部队领导，佯称"深圳市公安支队建公房缺少材料"，请求"支援特区建设"等等，骗得部队一批价值1.96万元的建筑材料，只付给某部队7940元。

就在他的私房即将开工之际,市委作出决定,不许干部建私房。郝敏就将这批建筑材料以1.96万元的价钱卖给市公安局,除了交付某部7940元外,余下的全部落入他和张奎炳的私囊。

郝敏不仅弄虚作假,贪赃枉法,而且利用职权,安插亲信,包庇坏人,打击好人,为非作歹。从1979年至1982年6月,郝敏先后拉帮结伙,安插的亲信有25人之多。这些人多在市公安局、边检站等重要部门工作。

郝敏家的保姆,原来是个农村妇女,斗大的字不识几个,却摇身一变成了公安干警,掌管着办理"户籍"的实权。她依仗郝敏这个靠山,不仅把全家户口迁入深圳,而且干了种种索贿受贿的勾当。郝敏的外甥孙盛良,盗窃黄金、银元。市公安局向郝敏汇报,郝不仅不严加批评惩处,反而大骂公安局领导,结果孙盛良被拘留几天就放了出来。

贪1.4万,判11年

郝敏案是在1982年春天揭开的。当时,深圳特区在全国性的打击经济领域严重犯罪活动中发现一宗"连环案"——参加革命近40年的前任市委常委郝敏,利用手中的权力,几年来伙同妻儿亲家,通过给人办理渔民下海证、居民出港证或迁入户口等大肆索贿。所受的贿赂大至奔驰汽车、摩托车、电冰箱、音响组合、彩色电视机,小至收录机、照相机、手表等等,几乎齐全到可以开家用电器商店。

案件一曝光,时任深圳市委书记的梁湘就明确对时任市委常委、市政法委主任方苞和市委常委、市纪委书记刘波说:"郝敏虽与我们相熟,但我们共产党人不能搞'官官相护',老虎屁股就是要摸!"

案件被查之时,郝敏已调任省公安厅劳改局副局长。省委领导对他"约法三章",不许他来深圳干扰办案。但郝欲以攻为守,来个"恶人先告状"。他放出风声:"他们(深圳市委)现在仍按'四人帮'那一套搞冤假错案,把我一家搞得家破人亡。我要跟他们拼了!"1982年11月28日,郝敏身穿警服,腰别手枪,回到深圳,气势汹汹地闯入一知情人家中说:"有人说我被抓了,现在我不是在这里吗?枪还在!"

刘波把这些情况向梁湘作了汇报。梁湘说:"……如果我们连这样明显的贪污案件也不敢去碰一碰，贪污腐败就会在特区横行，到了那时特区的前途就不堪设想了！"

郝敏的犯罪事实很快水落石出，被依法逮捕并由深圳市检察院提起公诉。深圳市中级人民法院审理此案后查证确凿，郝敏贪污受贿总额1.4万余元，数额巨大，情节严重，影响极坏，已构成贪污、受贿罪。案发后，郝敏与同伙订立攻守同盟，毁灭罪证，威胁办案人员，认罪态度不好。1984年7月28日，案件在深圳戏院进行了公开宣判：依法判处郝敏贪污罪徒刑4年，受贿罪徒刑7年共11年；没收郝敏犯罪所得的赃款赃物和非法所得人民币2865元，上缴国库。

反腐倡廉"试验田"

一位退休多年的老检察官谈起郝敏案时问记者："贪了一万四，放到今天能判个啥刑？"记者默然。30年前与现在，国情、社情、司法及法律均发生了翻天覆地的变化，定罪量刑的标准的确无可比性，就像我们无法将建国初的刘青山、张子善案的结果，与贪污了3600多万的原市民政局局长黄亦辉案相比较一样。

但郝敏案告诉我们这样一个事实，深圳特区从建立之初起，就把反腐倡廉放在市委、政府工作的重要议事日程上，对贪官污吏从严从重处罚，决不手软。而这一优良传统和作风，数十年来一直得到传承和发扬。

在网上搜索"深圳反腐"几个字，一连串曾经显赫一时的名字会立刻跳出来：上个世纪90年代末，南山区原区委书记虞德海、区长何初本、区人大常委会主任彭虎因腐败相继落马；2004年底，原市民政局局长黄亦辉，因受贿3600多万被判死缓；2005年，原罗湖公安分局局长安惠君因受贿落马，后被判有期徒刑15年；2007年，深圳市中院原副院长裴洪泉因法院腐败案落马；2009年6月，原深圳市市长许宗衡因贪腐被双规，几个月后，龙岗区原区委书记余伟良也因贪腐被双规……

这一个个曾显赫一时的名字，清晰地勾勒出深圳30年反腐肃贪的轨迹。

作为全国改革开放的"试验田"，深圳在许多方面都是"摸着石头过河"，在反腐肃贪方面也一样。"摸着石头过河"，决定了深圳必须敢为天下先，也必须不断地开拓和创新。

早在 1987 年,为了对付深圳特区改革大潮中政府官员中可能出现的贪污腐败及经济犯罪分子,深圳在全国首家设立了行政监察局,比国家监察部还早了 3 个月。在此后的多年中,又根据形势的发展,在反贪防腐方面不断推出新举措。

2008 年 8 月,中纪委副书记李玉赋向深圳 1100 多名领导干部解读中央出台的惩治和预防腐败工作体系规划时表示,深圳因为在很多情况下走在了全国前面,遇到的新问题也很多,所以深圳"既是改革开放的试验田,也是反腐倡廉的试验田"。一些办法在深圳先行先试后,总结概括提高后在全国进行推广,"深圳的贡献是有创造性的。"

1985年1月8日
任仲夷写三封信在深圳推广普通话

王恒嘉

1985年1月8日,深圳市政府批转有关推普工作意见的通知,规定从1986年1月1日起,干部、职工不会讲普通话者不予定级、晋升和签订合同。今天深圳什么语言是主流?你问任何一个人,他都会告诉你:"普通话"。而在20世纪80年代的深圳,情况似乎并不明朗……

语言带来的误会无所不在

1984年,一封寄给深圳新闻媒体的信讲述了一位读者的遭遇:"我到市邮电局寄两本挂历。一个女服务员一看就说了'八毫'两个字。于是,我买了八角钱邮票贴上。可是,当我把邮件递给那位服务员时,她却说:'谁叫你贴这么多邮票的?''不是你叫我贴的吗?'我反问她。这时,另外一个服务员解释说:'她是叫你把挂历包好'。我这才恍然大悟。因为语言不通,竟闹出这样的误会,双方都不愉快。"

现任深圳大学教授的张卫东当时刚到深圳不久。深圳大学开学典礼,一个领导上去讲话,自小说普通话的张卫东听不懂他在讲什么,问旁边来自广东的同事,结果同事说"我也听不懂"。原来,这位领导是在讲广式普通话,结果讲普通话的和讲粤语的都听不太懂。后来,张卫东分了房子后上街去买床,在蛇口雇了一辆三轮车拉回去,三轮车师傅讲粤语,他说的"二十文"张卫东听成了"一十文",结果到了地方就给他10块钱。师傅急了,晃着两个手指重复着"二十文",最后才明白是双方出现了误会。

1984年初,张卫东和同事逛街时发现,新设立的路牌注音竟是按粤语注的，比如解放路的"解放"是"GAI FANG"，建设路的"建设"是"JING SHE"，而且字母也基本是英语字母，不是汉语拼音的写法……

1984年，有人做如下记录：在和平路一商场，有个外地顾客想买枝电子圆珠笔，并要营业员告诉他使用方法。无奈，顾客说的是普通话，且带有较浓的北方口音；而上了年纪的营业员又只能讲粤语，顾客讲的普通话，他连听都听不懂。彼此比划磨蹭了老半天，营业员也显得不耐烦了，说，我是广东人，我不会讲普通话，你讲的我也听不懂，你到别处去买吧……

甚至有位河南来的同志给媒体写信说："来深圳出差，最大的不便是语言不通！"

有误会就会有需求，一位香港商人回忆自己早年来深圳的情况，说当时要带三四个"翻译"来办事，分别翻译非香港味的粤语、客家话、潮州话、普通话……

"所有大都市的建立过程中都会有'语言关'的问题，不过，虽然沟通会发生很多误会，但是当时的深圳讲普通话并不受歧视，从未把不会讲本地话的看作'乡下人'。"多年后的今天，张卫东若有所思地说。

任仲夷的三封信

当时的官方对推广普通话有多重视，单看时任广东省委第一书记的任仲夷的态度就知道了。

1984年11月21日，任仲夷视察深圳中学时题词："希望深圳中学全体师生员工，努力学习普通话，成为特区推广普通话的模范。"1984年12月，媒体报道："任仲夷在广东迎宾馆会见中国文字改革委员会主任刘导生一行时，就我省推广普通话问题提出了重要意见，强调：广东必须用普通话统一全省的语言……他还说，深圳的人员来自五湖四海，很多人讲普通话。深圳推广普通话现在是最好时机。否则，不出三年就广州话化了。"

1985年5月15日，任仲夷致信深圳特区报社称："我们的任务不仅是用普通话统一深圳的语言，而且要以普通话来统一广东省的语言……希望深圳在推广普通话工作上，不仅能推动全省，而且能影响港澳。"

1985年7月9日，任仲夷致信深大干部郑欢道，信中说："深圳市的'推普'工作，颇有声势，而且取得了不少成绩。这当然是由于党政领导和有关部门的重视，同时也是和那里有一批'推普'工作的积极分子分不开的。"

1986年12月8日，任仲夷致信当时的深圳市领导和相关部门，称："我最近在佛山看到深圳电视台的节目，图像和伴音都很清晰。不过，有一个问题我想提醒你们一下，就是用什么语言播音的问题。那天晚上9点，在用普通话播出的一个电视剧中间，插了一段用广州话播出的新闻，使人感到别扭。我看，还是改用普通话为好……"

省委书记如此重视推广普通话，深圳市自然也异常重视。1985~1986年，深圳学习普通话的热潮一时风起云涌。

学普通话的"思想关"

从当时的新闻报道来看，1985~1986年的新闻中，某某单位大力推广普通话的新闻几乎每天都可以看到，而推广的主要方式，就是请老师去教普通话。

张卫东当时就被请到新园宾馆去教服务员们说普通话，服务员们大多是从梅州招来的，之前说客家话，一教起来张卫东就发现，事实上她们说普通话的难点并不在语言本身，而在思想。

原来，她们的家乡当时很看不起那些出去几年回来就改了口音的人，认为那样是"忘了祖宗"，是一种"背叛"。张卫东于是用自己的亲身经历说服这些女孩子，张卫东是胶东人，小时候离开家乡，但他经常温习家乡话，回到家乡仍然可以与乡亲们打成一片。

"只要你们还会说家乡话就好，如果你们不学普通话，就永远走不出家乡。"张卫东的劝说最终起到了效果，这些服务员最后大多说好了普通话。

今天的深圳，普通话已经成为主流，但依赖方言生存的粤剧和客家山歌等文化却日渐衰落。"许多戏剧和歌曲的曲子，本来就是根据方言的特点写的，那些戏剧和歌曲之所以好听，也是因为方言的魅力。所以，在普通话已经占据主流的今天，现在要考虑的，恐怕是保护一些方言的问题了。"张卫东说。

张卫东还预言说："未来在深港大都会流行的，必然是有南方口音的普通话，就和'京片子'一样，具有强大的辐射能力，一听到这种话，就知道说话的人来自'深港大都会'。"

1985年4月19日

蛇口民主试验：领导干部公开竞选

庄向阳

上世纪80年代中期，蛇口开始了被称为"四月地震"的选举试验。1985年4月19日晚起，蛇口育才学校阶梯教室，袁庚、梁鸿坤、梁宪、熊秉权、陈金星、彭顺生、周为民等15人分3天以蛇口工业区管委会委员候选人的身份走上演讲台，向选民们报告自己的施政方案。领导干部候选人以公众人物的身份接受选民的检验和选择，这是蛇口以及深圳历史上无可置疑的第一次。

蛇口的"四月地震"

翻开《袁庚传·改革现场》一书，扉页之后是蛇口工业区最早的规划图，制图时间为1980年4月。这份随着岁月逝去而渐渐泛黄、模糊的蓝图，显然没法呈现工业区的缔造者们关于蛇口的所有畅想，干部制度改革则是这些畅想中极为重要的一个。

1983年，随着工业区的工作重点由基建转向工厂建设和经营管理，工业区建设指挥部完成了历史使命。那时，袁庚从香港返回蛇口，船一靠岸，总是有人搀扶，有人张伞，前簇后拥，这反而引起了他的警觉。他深谙："绝对的权力绝对导致腐败。"当年2月9日，时任中共中央总书记胡耀邦视察蛇口，袁庚当面请示，讨得"尚方宝剑"：民主选举领导干部，把掌握权力的人置于群众的监督之下。

1983年4月4日，蛇口工业区管委会成立，袁庚任主任。管委会在工作报告中提出：今后将废除干部职务终身制，实行聘任制，对管委会领导每年进行一次信任投票，两年改选一次。候选人由中层干部推荐，选民以两轮

1979年7月20日，伴随着蛇口移山填海的第一声炮响，2.14平方公里的蛇口工业区建设成为中国改革开放的标志性事件。　　　何煌友/摄

选举、半数差额的形式，无记名投票选举产生的。选举过程中，每个候选人都要面对公众，进行数场"竞选演讲"，当场回答选民们的提问和质疑。首届管委会1985年4月到期，果然采用投票方式选举第二届管委会。

蛇口工业区的领导班子，1987年起由管委会改称"蛇口工业区有限公司董事会"。1985年至1993年，先后进行了4次班子换届选举。这4次选举，就是蛇口人所说的"大地震"；非选举年份，一年一度对工业区班子成员的信任投票，则是"小地震"。

候选人成为公众人物

在蛇口生活了27年的余昌民先生，是蛇口开创与建设的亲历者，见证和亲历了蛇口多年的"地震"。1985年4月，招商局蛇口工业区职工直接选举最高领导层——管委会，首先推选出15位候选人。正式投票前，每个候选人须作15分钟的演说、20分钟的答辩。与历届不同，那一次采纳余昌民的建议，"为展现入围候选人的综合能力兴致勃勃地设计了'规定动作'（书面问卷）"。至今他还收藏着当年15位候选人的书面答卷。

答卷的第五个问题是："您每天的生活是怎样安排的？您有哪些兴趣和爱好？"对此，每位候选人的答案不长，少则十来字，多则上百字。

时任蛇口工业区党委副书记乔胜利的回答是："我每天约有10个小时的时间从事工作（包括与人谈工作），其余的时间大多是看书学习、思考些问题，星期一、三、五晚上在深圳大学参加工商经济管理课程听老师授课（有时因事逃课）。早上7点起床，边做操边听新闻广播。有时安排晚上到俱乐部或工人集体宿舍走一走。"

时任蛇口工业区团委书记彭顺生答道："每天坚持跑步，听新闻，上班之外，有空就读几页书。有烹调的兴趣，爱炒几个菜。"

也有一位候选人这样回答："与蛇口人的生活一样。兴趣、爱好较为广泛。"时隔25年，在余昌民看来，乔胜利的答案"真是'如实招来'，显示出第二代掌门人的忠厚"；彭顺生的答案则是"雄心流露；取亲民的姿态"。但最后一位的回答就是："耍一个花腔，等于不答，要么是没弄懂，要么是不在乎"。

平常的问题，波澜不惊的回答，放在当年的历史背景下，仍是不可低估的重大变化。这种变化的一个重要意涵，就是使位居高位的候选人成为了公众人物。一位化名"北良"的蛇口人在当时的《蛇口消息报》上这样写道："既做公众人物，就要经得起公众的检验和选择。只要心系天下，志在改革，只要既富其才，又富其德，只要给蛇口百姓们做过像样的事情，大家投你的票，把你拥上台的可能性总要大些。天下为公，人心是秤，公众的选择总是相对公道的。"

几天后，历经两轮同台PK的15位候选人，其中的9位在1170位选民的选票中胜出，进入工业区第二届管委会任职，首届管委会7名成员中有3位"老人"出局。

1990年，激情投入参选

1990年，又逢选举年，10月，当选举照常举行的消息发布后，各路人物纷纷争相参选，成为群众参与度最高、气氛最热烈的一次。

余昌民说，1985年、1987年的两届选举，"我都是作为热心者、助动者积极投入的。我参与筹备，构思细节，勤于补阙，现场助阵。"他还没有与工业区的元老们"略争长短的妄想"。余昌民时任发展研究室主任，在研究室年轻人的鼓动下，他终于决定参选。研究室的同事陈安捷也报名参选，结果，两人都通过首轮投票入围14名候选人的名单中。

有意思的是，他与陈安捷共用一份竞选宣传单。简短的引言之后，是一连串的设问："未来的董事，你具备必要的知识和经验吗？你拥有开拓的勇气和不屈不挠的意志吗？你真正为国家利益、蛇口前途而不是私利殚思竭虑吗？你会力排众议、坚持真理吗？你头脑敏捷、冷静而又处事果断吗？你认为人人皆有人格价值，而从内心尊重他们吗？……"

竞选演讲阶段，余昌民排在首日的第三个出场。演讲都安排在晚上，但黄昏时分就有人涌进育才中学阶梯教室占座了，演讲开始前走道里都站满了人。那种庄严而热烈的气氛，让余昌民深有感触："经历过的人才相信，这无法用对戏剧性——对领导人的解秘或'拷问'——的追逐来解释，在人心净化、意志趋同的那一刻，与蛇口共命运的人们熔冶在了一起。"

那一年，余昌民以得票第三的高票当选为蛇口工业区董事。

令人怀想的一段历史

1992年12月，76岁的袁庚自招商局退休。1993年，第三届董事会选举照常进行。外人当然难以意识到，这是选举试验的尾声了。

袁庚力推的选举试验给蛇口人留下了不尽的怀想。在余昌民的博客上，有着很多留言。网友"老俩口"把那段历史称为"蛇口的一段历史，更是共和国这部大书中具有特殊意义的一页"。网友"塬上尘"写道："那是一段非常重要的历史，虽然那段民主非常稚嫩，但是尤显珍贵。"

"这样的选举也许选不出最有才华的人，但肯定选不出坏人。无论结果怎样，是你们自己的选择……"袁庚不止一次说过的一段话，仍然令人回味。

邹尔康近影。1985年,邹尔康出任深圳首席新闻发言人。

张定平/摄

1985年8月8日

25年前深圳已设立新闻发言人

王志明　陈雅怡

深圳是全国最早建立政府新闻发布制度、设立新闻发言人的地区之一。1985年8月8日,深圳市政府就率先成立了向国内外发布新闻机构——市政府新闻处,时任市委秘书长邹尔康出任首席新闻发言人。

"当时深圳经济特区刚刚成立不久,国内外所有的目光全聚焦到这里,大家对这个新生事物充满疑虑、猜测,甚至是非议和攻击,所以需要主动对外进行解释和回应,让大家消除疑虑和不安,为特区发展稳定军心,让外商放心前来深圳投资。"站在舆论风口浪尖最前沿的邹尔康,向记者讲述了深圳设立新闻发言人的来龙去脉。

这位深圳经济特区首位新闻发言人表示,新闻发言时,不能打太极,也不要隐瞒,而是实事求是、直截了当地回答提问,让自己的回复经得起事实的检验。

全世界关注"真假长短"

深圳经济特区成立之初,吸引着海内外的眼球。当时,经济特区的特殊之处,一是更加开放;二是更加优惠,这些优惠条件比内地优惠,比香港和全世界其他地方还要优惠。当时的所得税深圳为15%,而相邻的香港是17%;加上优惠的土地政策和便宜的劳动力,让许多港、台、海外商人看到了深圳特区的巨大商机,纷纷跑到深圳来视察和了解。

但是因为中国以前对待资本家的历史态度,投资商人还是对自己以后的资产安全、长期发展和未来政策心存疑虑。对中国改革开放的试验田这一新鲜事物模糊的认识和误解，也令海内外舆论呈现一片质疑和非议。这在当时主要集中在几个方面：中国建立经济特区是真的还是假的？是长期的还是临时的？

许多海外投资商和大财团都在犹豫，要不要来深圳投资？中国改革开放的政策会不会变？投资到深圳经济特区的钱有没有保障？

种种担心影响了投资者的信心，影响了大家的投资。面对这潮水般的质疑，深圳必须表达自己坚定的态度。

"价值十亿美元的交锋"

1984年5月8日，日本《读卖新闻》驻香港记者户张东夫乔装成一位游客来到深圳，进行了17天的明察暗访。在调查结束后，户张东夫才亮明身份与时任市委秘书长邹尔康进行了一场长达7小时的"赤裸对话"。

随后，户张东夫发表了《深圳特区能长寿吗？——访深圳特区秘书长邹尔康》一文，记录了户邹对话的内容。邹尔康实事求是、经得起检验、耐心的解答，使得日本国内乃至整个西方世界开始拨开特区的云雾，对特区的概念、前景有了更为清晰的认识，解开了西方世界的心结。这篇报道在全球都引起了强烈反响，尤其在西方掀起了一场关注中国改革开放，探讨深圳特区使命与未来的巨澜，有40多个国家近300家主流媒体卷了进来。这场对话，后来被媒体誉为"一场价值十亿美元的交锋"。

云开雾散后，外商的疑虑逐渐消除，纷纷来到深圳抢滩，"想来的来了，来了还不想走，这在当时很难得。"邹老现在回忆起来还颇为动情。

港媒再次引发交锋

如实而及时的新闻发布和回应在后来的又一次舆论风波中，对维持特区军心、稳定资本的信心发挥了不可替代的作用。

1985年7月间，香港《信报》针对小平同志此前发表的讲话，连续发了十多篇署名"邓凡"的评论文章，其中包括《建筑在假大空的基础上》《有关特区"输血"的争论》《百病缠身的"深圳特区"》《由上到下大发"改革"财》等。这些评论又引起各界的关注,对刚刚建立起来经济特区声誉、外商投资者脆弱的信心又掀起了"波浪"。

当时深圳还不能当天看到香港的报纸,等市委市政府有关领导辗转几番看到这些言论和报道后,马上安排邹尔康接受香港《大公报》记者陈永平的采访,就深圳经济发展和香港《信报》的批评,作了客观而诚恳的解释与澄清。随后,邹尔康一行再去香港时,还约见了数十家香港媒体,对相关问题进行沟通和交流,风波才逐渐平息下来。

新闻发言人制度应运而生

从特区创办到1985年,有110多个国家和地区的外宾和传媒来深圳访问,共有1980多批的15600人。虽然此前还未成立新闻处和设立新闻发言人,但邹尔康对中央政策、深圳经济特区的总体情况都比较熟悉和了解,所以一有外宾、内宾来到深圳,就由他来接待,实际上已经担当起了新闻发言人的职责。

"1984年和1985年是海内外对深圳的质疑声音最大的两年,正是在这样的形势下,客观、公正的发布信息对回应海内外质疑、消除疑虑的作用充分体现出来。"邹尔康说。为了正确地宣传我国对经济特区的决策,对一些不正确的理解、非议、攻击作出必要的回应,解除投资者的顾虑,新闻发布制度应运而生。

1985年8月8日,时任市领导决定成立新闻处,设立新闻发言人制度,并由邹尔康担任首席新闻发言人。此后,深圳每年数次邀请香港新闻界、学术界来深圳,向他们介绍情况,回答问题,让世界各国和国内各界准确地认识、了解深圳经济特区,为深圳投资环境营造良好的舆论氛围。

全面推广新闻发言人制度

经过不断探索和积累,2004年5月,深圳开始全面推广新闻发言人制度。深圳市政府专设1名新闻发言人,市外事办、市台办、市政府新闻办各设新闻发言人1名,协助市政府新闻发言人工作。各区政府、市政府各直属单位也推选出"新闻发言人"。

根据深圳市政府办公厅的相关要求,市外事办、市台办和市政府新闻办的新闻发言人由分管负责人担任,各区政府的新闻发言人须由了解全面情况的区政府分管负责人或综合协调部门的主要负责人担任,市政府直属单位的新闻发言人由分管负责人担任。

新闻发言人工作实行"行政首长负责制",由各单位的行政首长对实施新闻发言人工作制度负领导责任,各级新闻发言人代表行政首长开展新闻发布工作。为使新闻发言人制度有效运作,深圳还明确将为发言人配备1到2名"新闻助理",助理们不但要协助新闻发言人工作,包括新闻发布会的申报、筹备、会务组织等,还要为记者们提供相关服务,监测新闻发布效果等。

2010年5月下旬召开的深圳市第五届党代会上,还首次设立新闻发言人,为设党委新闻发言人探路。

新闻发布要经得起检验

作为深圳第一位新闻发言人,邹尔康深切体会到及时、客观、公正、坦诚地对外发布信息的重要性,"如果你讲得不清晰,不清楚,人家不会相信,就不敢来投资。"邹尔康表示,新闻发言人要有全局的观念,针对尖锐问题,要实事求是,直截了当地回答,发布的事实要经得起检验。"不能打官腔,不能打太极,不是强词夺理,而是摆事实,讲道理。只有这样,新闻发言制度才能真正有效地发挥作用。"

1986年2月23日
全国首次公开招聘局级干部

肖宇

1986年2月23日,经深圳市委批准,市委组织部对外宣布,开始面向社会公开招聘市审计局、市标准计量局(市技术监督局前身)正副局长四名。这是深圳经济特区广开才路,选贤任能的新尝试,在全国首开干部人事制度改革的先河,一时间一石激起千层浪。

从选调到招官

特区创建之初,百业待兴,困难是显而易见的:缺资金、缺设备、缺人才,尤其是高素质、技术型人才,当时全深圳大规模建设在即,没人怎么办?为此,从筹办特区开始,深圳就不拘一格面向全国广开才路。

1981年12月初,中组部发文,支持深圳经济特区到北京选调干部,尽管工作开展颇费周折,最终还是从各部委推荐名单中,选调了72名深圳最稀缺的专业人才。但面对深圳巨大的人才需求,仍远远无法满足。

特区建设形势逼人,当局者只能采取非常之举,突破选调程序,面向全国直接改调为招,只要符合条件,愿来就来,随时可走。1983年,中组部再次下文,允许深圳到上海、北京、天津等地招聘干部。一时间,深圳调干组兴奋地奔向北京、上海等地,开始了全国首次招干征程。

随着招聘工作的正规化,深圳引来了无数人才,初步缓解了人才稀缺的瓶颈局面,随着深圳全面建设的深入,专业化的政府管理部门建设被提上了议程。1986年2月23日,市委市政府决定,选择专业性较强的市审计局、市标准计量局为试点,公开招聘局长,首开全国公开招聘局级干部之先河。

悄悄报名应试

1986年7月11日，历经近5个月的筛选考察，备受关注的深圳首次公开招聘局级干部工作终于圆满结束，任命通知正式发出。而这一天也是黄镜钊终生难忘的日子，他被任命为市标准计量局局长。1986年对于黄镜钊一家人都是充满机遇的一年，妻子考上电大，女儿保送上高中，儿子考上大学，而他也由一名普通的项目经理一跃而成为局长。

时至今日，旧事重提，已从局长岗位退了下来就任深圳市认证同业公会会长的黄镜钊满脸笑意，言语中闪烁着喜悦，"当年仅仅是抱着试一试的想法，没想到这一考，竟然成了局长。"

1964年，黄镜钊毕业于北京航空学院，原任陕西运输机制造厂的副总工程师，1984年调任深圳中航深圳工贸中心企业部项目经理。当时的黄镜钊从报纸上得知深圳将首次公开招聘标准计量局局长，便有了跃跃欲试的冲动。"局级干部一向由组织任命，怎么破天荒搞起公开招聘？出人意料，加上妻子的极力支持，我也就执意一试，认为这是个机会，就算考不上，对于我个人经历也是一种积累。"

"那时刚来深圳才两年，什么关系都没有，全靠公平竞争，当时儿子还开玩笑说，老爸不怕考试，就怕走后门。"黄镜钊说。由于担心原单位不放人，当时的应聘是悄悄地进行的，组织部甚至还规定，应聘人讯息暂时不要向单位透露，考试通知也从不打电话，都是寄信。为此，通知信件一度引起了同事的好奇，"黄工，怎么老有组织部的信，有同学啊？"整整三个月时间，这场公开应聘一直悄悄在进行，直至黄镜钊拿到组织部的任命通知，公司同事们才恍然大悟。

面试回答引笑声

当时招聘历经3个月，分初选、复选、精选和审批几个阶段。初选过后，96人中只有67人参加笔试。笔试及面试之后，44人中只有11人进入最后答辩。考试内容包括专业知识、政治理论、管理科学。其中，专业知识考核，由专家命题、评卷，按照高考标准进行。

"当时根本不知道怎么考,一无提纲,二无资料,只能凭着平时的经验与真才实学发挥,因此心态很放松。"一轮轮筛选结束,黄镜钊过关斩将,顺利迎来了最后一轮面试。

"如果你在重要会议上讲话时,上级突然来电话,让你汇报工作,这时家里又突发情况,没钥匙进不了门,怎么办?"这是在最后一次面试会上,主考官抛给黄镜钊这样一道题。

"先开会,再交代下属去汇报,让家人来拿钥匙。"黄镜钊的回答引来一阵笑声。此后,他常与家人开玩笑:"出门记得带钥匙!"最终的结果出乎黄镜钊意料,他真成了特区首批公开招聘的局级干部之一!

"消息一出,家里接到了从各地打来的电话,亲朋好友纷纷询问,那个人到底是不是我!"黄镜钊笑道。当选后的黄镜钊没有辜负期望,在当时深圳比较薄弱的标准计量事业基础上,建起了一套完整的标准计量、质量管理及监督体系。

公开招聘成常态

自首次公开招聘局级干部之后,1986年10月,深圳市委市政府再次在全市范围内招聘一批局级单位的领导干部,经过考核,最终选定了8个单位的正、副局长,共计19人。

如今,见证了那段历史的相关考试通知、任命书都已被深圳市博物馆珍藏。"自己报名当局长,这不是伸手要官吗?"——当年的这种争论早已平息,深圳广开才路、选贤任能的思想得到人们认可,而面向社会公开招聘干部、公务员也成了常态。

1986年7月5日
《深圳青年报》现代诗流派大展

南兆旭

一直到1986年7月5日前,《深圳青年报》除去略微新潮一点,依然与国内其他青年报刊没有太大区别,既登载市民对价格、服务投诉的来信,也连载金庸的武侠小说,还讨论新文学的发展方向。发行3万份的数字也使它的影响局限在深圳。

一切从1986年7月5日的那封信开始发生变化。那一天,担任《深圳青年报》副刊编辑的诗人和评论家徐敬亚向全国几十位诗歌朋友发出了名为《我的邀请·"中国诗坛1986'现代诗流派大展'"》的信:

> 我欲在《深圳青年报》副刊上举办一次"中国诗坛1986'现代诗流派大展'",或称"中国诗坛1986'现代诗流派雏展'"的整版专辑。一版不足,便两版,便三版,便四版……最富魅力的,不是领取赞同的目光,而是自身对自身的体察与确认。没有宣言可以写宣言,没有主张可以写主张。无体系的,可以筑之!艺术常常告诉我们,我们也应常常告诉艺术!

连徐敬亚都没有想到,邀请信在全国引起地震般的反响,寄来的诗稿堆满了报社小小的办公室。《深圳青年报》临时决定:把大展增加到4个整版,连登两天。

后来,全国的30多位青年诗人自费来到深圳,自己承担食宿费,每天到报社志愿整理堆积如山的稿件。10月21日,《深圳青年报》和安徽《诗歌报》与刊发了64个诗歌流派、100余位诗人的作品与宣言。

1986年的诗群大展是上世纪80年代中国青年情感、思想和才华在深圳的一次聚集,80年代深圳城中的一些热血青年,希望在这个公认的商业城市里立起精神的标杆,创造文化的感召。在他们手中,曾诞生了许多充满启蒙力量的中国第一。

1987年6月20日
一个谣言引发20万人逃港

白帆

1987年6月21日凌晨1时20分,惠州市鹿颈居民范世平,用自行车载着其13岁的女儿,从深圳沙湾检查站返回惠州。途经龙岗下坡头路段时,被香港运输公司的大货车撞倒,范世平受重伤。而一个小时前,惠阳澳头居民陈朝阳骑自行车至惠深公路坪山松子坑路段时,被香港新峰运输公司司机曾三强驾驶的大货车撞倒,送往医院抢救无效死亡。据相关权威媒体报道,这两起事故发生的原因在于两人听信了"深圳海关开闸三天,可以自由出境"的谣传。

20万人涌向深圳

据海天出版社于1991年9月出版的《深圳市十年大事记》记载:"1987年6月20日,惠阳地区一些群众听信'海关开闸三天,可以自由出入香港'的谣言,约20万人沿着惠深公路涌来深圳,试图前往香港。持有边防证的已进入特区,没有边防证的就集结在沙湾检查站外,伺机偷渡出境。"

广东省公安边防总队原总队长林杰元描述说:"我是1983年成立的深圳经济特区检查站的第一任站长。事件发生时,我在聚集人数最多的沙湾边防检查站现场指挥群众疏散。哎呀,整个沙湾边检站的外围,那个山上、路上、村庄……到处都是人,整个现场水泄不通的。"除了到处都是人,沙湾边检站外还停靠着许多车辆。"有一辆小四轮,我亲自发现的,里面载了二十几个人,密密麻麻的。"林杰元说。

当时任第七支队三大队副队长的宋广南,负责从小梧桐山到横排岭一带

逃港过程中受伤的难民。　　资料图片

的疏散工作。他说："当时整个二线关外的山头，全部的草、矮一点的树都被踩平了。我负责的这一段就有五万人，有些地方整个村、甚至整个乡，由村长、乡长带头有组织地来了。当时我记得清楚的是惠州到深圳正常坐中巴的票价是三块钱不到，结果不到三块钱的票涨到五百块一张。为什么呢？大家以为到了深圳，过了二线关就是香港。有些人甚至把房子卖掉，在干活的有些锄头一丢，马上就跑到深圳这边来，我甚至看到有些人打赤脚过来。"

很多人游向对面的香港

记者查阅相关资料发现，自 1951 年封锁了边界后，随后的 20 年里，深圳共出现了 4 次大规模偷渡。第一次是 1957 年前后，实行公社化运动期间，一次外逃了 5000 多人。第二次是 1961 年，经济困难时期，一次外逃 1.9 万人。第三次是 1972 年，外逃 2 万人。第四次是 1979 年，撤县建市初期，有 7 万多人沿着几条公路成群结队地涌向边境线，伺机越境。最后外逃 3 万人。对于当时只有11万劳动力的宝安县来说,这是一次空前的大失血。

1987年6月的逃港潮,对于家住白石洲的原住民卓丽英女士来说,就是村子里的绝大多数年轻人和外面来的一群人,一起游向对面的香港。

按照卓女士的理解,这些外来人之所以削尖脑袋要进关内偷渡去香港,是因为本地人会看"流水"。"但凡是河,总会有汛期和干旱期。本地人因为常年生活在这里,对深圳河的流向以及干旱期了如指掌。外面的人不懂这些,所以游的时候,距离会很长,不少人就这样淹死了。"关于偷渡的地点,卓女士表示有很多:"红树林这里有,沙头那边也有。"至于为何会有如此多的人想要偷渡去香港,卓女士给出的答案很简单:"因为穷啊。"

2008年第2期的《文史精华》杂志,刊登了刘明钢所写的文章《从内地居民逃港潮到港人北上定居潮》。文章中写道:1978年深圳农民的年均收入是134元,而一河之隔的香港新界农民的年收入却是1.3万港币,相差几乎是100倍……包括深圳在内的广东地区普遍流传着"辛辛苦苦干一年,不如人家8分钱"(指寄信到香港叫亲属汇款回来),"内地劳动一个月,不如香港干一天"的说法。到了1987年,这样的状况尽管得到了一定程度的改观,但只有一水之隔的深圳河对岸,丰厚的收入依旧吸引着无数广东青年。

从香港梦到深圳梦

都说"三十年河东,三十年河西",这句话用在深港两地30年的变化上再恰当不过。从当年不惜冒着生命危险也要"逃"到香港,到如今的港人"北上"深圳安家置业、消费娱乐,香港城市大学中国文化中心助理主任马家辉对这一现象有很好的解释:"深圳就像个学步的小孩,进步很快,如今它长成了大人,香港不是那个高高在上的叔父,更像是兄长。曾经深圳人的香港梦在慢慢演变,可能转变为香港人的深圳梦,这些梦是交织在一起的。"

因为生意的关系,港商何先生每周大半的时间是在深圳度过的。现在,只要周末休息,他一定会来深圳。"早上从罗湖口岸过来喝早茶,然后去粤曲社唱戏,接着喝下午茶,晚上和朋友去酒吧娱乐。第二天再去购物,然后大包小包地回家。"何先生说。

港人"北上"之风,不仅仅体现在港人到深圳度假、休闲、娱乐等方

逃港死难者的坟墓。 资料图片

面,到深圳置业也已成为近年来港人在内地投资的重要选择。根据资料显示,2001年港人在深圳购买的物业在8500~8700个单位之间,2002年已达到10500~10700个;更于2005年达到12200~12600个。而港人2006年在深圳置业的金额高达147亿元。

港人"北上"是生活方式的改变,更是态度的变化。老家在贵州的赵亮先生上世纪90年代中期曾在香港工作。"许多香港人,根本不知道贵州在哪里。他们谈起内地总是离不开穷、破、脏。"十几年后,赵先生再次来到香港工作。"可以明显地感觉到,香港同胞谈内地的调子和表情都变了。我的香港同事们每次从深圳、广州或珠三角其他城市回来,都说那些地方楼多高,路多宽,东西多丰富、多便宜,他们亲戚的生活过得怎么好。"

深港一体化,CEPA政策的深化推进,与香港毗邻的地理优势,深港两地交通的迅速发展——如今的深圳,俨然成为了港人工作、生活的"第二城市"。

梁湘。

1988年2月26日

梁湘,一个不该被深圳遗忘的老人

马骥远

1988年2月26日,新华社发布消息,中共中央最近决定:设立中共海南省(筹建)工作委员会,梁湘任副书记。在当年8月26日举行的海南省人民代表大会第一次会议上,梁湘当选海南省首任省长。这位曾长时间担任深圳主要领导的老人,在海南走过了政治生涯的最后一程。"梁湘同志在深圳5年,我跟他工作4年,没见他休息一天。"原深圳市司法局局长、曾担任过梁湘秘书的邹旭东感慨地说。梁湘以年逾花甲之躯来到深圳,然而他以自己的勤奋与激情告诉世人,他有一颗年轻的心;他以超前的眼光,为深圳日后的发展奠定了坚实的基础。

任仲夷慧眼识才,花甲梁湘南下深圳

"梁湘同志1981年被任命为深圳市委第一书记和市长的时候,已经62岁了。"邹旭东说,梁湘当时实际上更愿意继续在他长期任职的广州工作。关于此事有一个流传很久的说法:为了这事,梁湘还和习仲勋吵了一架。这个传闻和事实有些出入。因为在1981年的时候,广东省委第一书记已经不是习仲勋,而是任仲夷。

作家李春雷在报告文学《木棉花开》中写道,当时深圳特区刚刚创办,百废待举,任仲夷意识到,深圳特区必须有一个具有开拓精神的领导班子,经过多方考察后,他认定省委常委、广州市委第二书记梁湘是最佳人选。梁湘是延安时期的老革命,建国之前即随叶剑英南下接管广州,还十分熟悉城市管理和经济工作。更重要的是,任仲夷发现,他身上充溢着一种饱满的理想主义激情。

1981年1月的一个夜晚,任仲夷把梁湘叫到自己的办公室,促膝长谈。由于两人都已作古,具体谈了什么已无法考证。但是,1981年2月,梁湘欣然南下深圳,出任了深圳市委第一书记、深圳市市长。

现在的深圳,高楼林立、花团锦簇。可是在梁湘刚来的时候,深圳不仅无法和当时的大城市相提并论,即使与很多县城相比也有不小的差距。当时深圳只有东门那一带有200多米长的街道,市委市政府领导,就住在通心岭一带的铁皮房子里。梁湘晚上批阅文件的时候,一群群嗡嗡叫的蚊子几乎是向他"撞"过来;与别人谈工作,一张嘴几只蚊子就冲进口中。陈宏所著的《1979~2000深圳重大决策和事件民间观察》中写道:后来,梁湘"晚上开会看文件只能躲在蚊帐里,因为蚊子太多",无法好好休息,梁湘来深圳刚刚半年多就病倒了。1981年8月,他住进广州市第一人民医院,切除了左胸的一个肿块。

心细如"发"的领导

人们常说"心细如发",这个词在来深圳不久的梁湘身上还真的应验了。这不是比喻,而是他真的管到了深圳建设者的头发。1983年春节前夕,梁湘来到市中心一个公司检查工作,看到许多建筑工人头发很长,有的甚至盖住了脖子。梁湘问工人:"你们是不是工作太忙,连理发都顾不上了?"工人回答说:"就算有时间理发,也找不到理发店!"又有几个四川籍工人说:"好长时间吃不到辣椒了!"

梁湘听后,心情非常沉重。回到办公室,他立即打通了驻深部队领导的电话,向对方提出了一个请求:"请你们支援一些'理发兵',给我们的建筑工人理头发,他们头发太长了,这是我作为市长的失职啊!"于是,部队的理发员来到了工地,工人们终于在春节前理了头发。梁湘还通知商业部门采购了一批辣椒和辣椒干送到工地,让川籍工人过年吃上了辣味。

就像这次"头发"问题一样,梁湘对于在日常工作中发现的民生问题,从不拖延,立即解决。在他刚来深圳不久,他陪同外宾参观,看到市邮电局挤满了前来寄包裹的市民和香港同胞,队伍一直排到大街上;他一问才知,市邮电局的地方太小,而且无处扩建。于是梁湘记住了这件事,平时驱车外出的时候就到处物色可以用于邮电局扩建的地方,终于在市供电公司旁边看到了一块宽敞的地方,立即交待规划部门把这块地划给市邮电局,深圳人为寄包裹排队的

"长龙"这才消失。

年轻人都很难追上他的脚步

梁湘来到深圳时,已经是年逾花甲的老人,可是他的工作节奏,有时却让身边的年轻人很难跟得上。"梁湘同志除了吃饭睡觉以外,唯一的娱乐和休息活动就是,每天早晨起床散一会儿步,其余的时间,他都在工作。"邹旭东说,梁湘身上保持着军人的作风,雷厉风行,说干就干。"下基层检查工作,说几点走就几点走,只会提前不会推后;有几次,我是按照通知的时间准点到的,结果车已经走了。"邹旭东说,以梁湘的劲头,年轻人都很难跟上他的步伐。

邹旭东保存的52个笔记本记录着梁湘在1982年至1986年所有的工作日程,基本上每天的上午、下午和晚上都排得满满的,就连出差也不例外。其中一个笔记本上记录着1984年3月底4月初在北京参加沿海城市座谈会时的情况,从"3月31日上午请电子工业部领导谈电子工业发展"到"4月4日晚上与中国石油总公司领导谈南海石油开发",5天之内,梁湘在紧张的会议间隙,在北京跑了10多个单位,谈合作、谈项目。邹旭东说,作为当时已经65岁的老人,梁湘不是不累,不是不愿意在宾馆里休息或者出去游览一番。可是,当时改革开放刚起步的时候,经济领域权力还比较集中,特区建设的项目、需要的建材、运送建材的交通工具等等,都需要去中央部委争取,梁湘深感重任在肩,压力沉重,他是闲不住的。

力排众议,为深圳长远发展打下基础

改革开放之初,经济特区的建立在政治思想领域引起了不小的争议,不少人抱着"左"的一套,对特区的实践横加指责。1982年,国内一家报纸刊登了《旧中国租界的由来》这篇文章,含沙射影地对特区进行指责。梁湘不怕"帽子",顶住压力,实施了大刀阔斧的特区建设。

邹旭东回忆说,1983年夏天,一场罕见的台风袭击深圳,造成严重灾害,梁湘当时正好出访香港回不来,只能挂长途电话,从上午9点挂到下午1点才接通,整整耗费4个小时。于是,梁湘下决心解决电话不通的问题。指示深圳市邮电局和英国大东电报局合作。这下又引来了"出卖主权""泄露国家机密"

的争议。邹旭东1983年7月6日的工作笔记上记录着:"见英国大东电报局主席夏普先生……谈邮电问题,在此期间先后给谷牧同志(时任国务院副总理)打了电话。"在中央领导的支持下,深圳市电信发展公司与英国大东电报局合资的深大电话有限公司于当年11月成立,深圳通信发展的资金、体制障碍得以解决,全市范围内很快实现了市话、长途、国际长途自动化电话服务。1985年初,深圳自动电话发展到3万多台,几乎每户一台电话。

1984年11月11日,深圳市委市政府再次"吃螃蟹",在中国内地率先取消票证,放开粮食、猪肉、棉布等商品价格,成为中国第一个完成价格改革的城市。梁湘还有两句名言,当时的深圳人都记得,一句是:"我们就是勒紧裤带,也要把教科文卫建起来。"于是深圳体育馆、图书馆、博物馆、大剧院、科学馆等八大文化设施在上世纪80年代中期都建了起来,全部是当时全国一流水平。另一句是:"我即使卖掉裤子也要兴办深圳大学!"于是,1984年9月,深圳大学一期在深圳湾畔落成……

"很多事情在当时有一定争议,但是,从后来的发展看,这些都是为深圳未来发展打基础的工作。"邹旭东说。

"如果我必须死一千次,我也愿意死在这个地方"

1986年5月22日,深圳市举行局级以上干部大会,时任广东省委书记的林若宣布,中央和省委决定,梁湘同志不再担任深圳市委书记职务(市长职务此前已改由李灏担任)。梁湘在离职讲话中,引用了南美文豪聂鲁达的一段话,表达自己对深圳的深厚感情:"如果必须生一千次,我愿意生在这个地方;如果必须死一千次,我也愿意死在这个地方。"说罢,在座的老同事,很多人热泪盈眶。邹旭东说,梁湘确定离任的时候,他曾劝梁湘可以休息一下了,梁湘十分严厉地回答:"休息什么,现在不工作以后就没机会了!"邹旭东感慨,梁湘就是这样一个挚爱深圳的老人,深圳人不该忘记他。

梁湘离开深圳之后,担任广东省顾委副主任。1987年,中央筹备海南建省,梁湘再度出山,先后任海南建省筹备组副组长、海南工委副书记、海南省省委副书记,1988年8月至1989年9月任海南省第一任省长。1998年12月13日,梁湘在广州逝世,享年79岁。

1988年4月24日
国家干部辞职创办全国首家私人律所

焦守林

深圳是诸多改革梦开始的地方,比如律师制度的改革。1988年4月24日,《深圳特区报》在头版刊登了这样一则消息——深圳将开办私人律师事务所。在消息刊登10天后的"五四"青年节,全国第一家私人律师事务所——段武刘律师事务所在深圳成立。该律师事务所在中国律师业改革标尺上的意义重大,当时世界七大通讯社都发表了该所成立的消息。它的成立标志着我国律师队伍不再是清一色的"国家干部",开始尝试由国家法律工作者向社会法律工作者的角色转变,律师在深圳开始"下海"了。

律师曾是"国家干部"

段武刘律师事务所的名称来自3个人的名字,他们是段毅、武伟文、刘雪坛。"段毅、武伟文、刘雪坛三人拟合伙开办民事律师事务所,合伙人不再占有国家编制而成为社会的法律工作者,为此我们三人正式提出退职申请,请准予办理退职手续。"这是1988年2月25日他们提交给深圳市司法局的退职申请报告中的内容。当刘雪坛律师拿出20多年前的这份退职申请报告给记者看时,纸张微微泛黄,字迹也已变得模糊,但从字里行间仍旧能嗅出当年3位律师投身改革的气息。正是这份退职申请使他们由国家法律工作者变成了社会法律工作者,不再占国家编制、不再是国家干部。

段毅和刘雪坛是大学同学,都毕业于中国人民大学法律系。1983年大学毕业后,段毅被分配到北京市房山县(现房山区)法律顾问处,刘雪坛则被分配到北京市司法局干部处。刘雪坛告诉记者,律师事务所在当时还叫做法律顾问处,隶属于司法机关,他的身份当时就是国家干部。为了心底的改革梦,怀着创一番事业的雄心,1984年,他与段毅一起被选调到深圳司法局,巧合的是,武伟文也从湛江地区法律顾问处调到了深圳市司法局。同年,深圳特区经济贸易律师事务所成立,段毅、武伟文、刘雪坛都进入了这个律师事务所工作,3个年轻人就这样聚在了一起。尽管经济贸易律师事务所当时已率先在律师界开始实行承包,自负盈亏,但3人的身份还是国家干部,人事编制也在司法局。

时间流转到1988年,司法部开始酝酿律师体制的改革,着手"合作制律师事务所"的试点工作。试点合伙制律师事务所的初衷是要求具有律师资格的人员自愿组合成立,完全不要国家经费、并实行自负盈亏,这要求律师必须辞去公职身份。刘雪坛回忆说,当时,司法部曾在辽宁、河北、北京等地选点试办合作所,但由于当地的律师都不愿辞去公职,试点工作迟迟没有进展。1988年,时任司法部长的蔡诚来深圳考察,刘雪坛与同在经济贸易律师事务所的段毅、武伟文主动提出了辞职,要求放弃国家干部的身份,不再占国家编制,成立合伙制律师事务所。3个人的请求很快得到了批准。于是,就在这一年的"五四"青年节,3个青年律师主动放弃国家干部身份"下海"了,他们成立了全国首家合伙制私人律师事务所——段武刘律师事务所。

赊账举办开幕酒会

律师体制改革破题的重任就这样的落在了3个年轻人身上,时任深圳市司法局副局长的徐健在当时说:"这家律师事务所的成败将影响我国3万多律师的改革前途。"

是什么原因让3个青年律师主动放弃国家干部的优越身份呢?刘雪坛律师告诉记者,当时大家都年轻,30来岁,非常想干一番事业,身上涌动着改革梦想和创新精神,尽管也知道有风险,但还是选择了放弃国家干部身份,去做第一个吃螃蟹者。当时他们的开幕酒会是赊账举办的,在国贸大厦的办公室也是赊账租赁的。

刘雪坛说:"当然,当时我们对未来也有一个预期和憧憬,比如,私人合伙后经济收入上会有一个很大的提升等等。"当记者问到有没有遇到家人和亲戚朋友劝阻时,刘律师说,那时社会改革创新的氛围很浓,家人朋友都很支持,不像现在的年轻人都争着去当公务员。

内地律师界首拿"大哥大"

当律师是国家干部时,端着的是"铁饭碗",尽管稳定,但其发展也必然会受到编制和经费的限制,积极性难以调动起来,在收入上也比较平淡。提到合伙制后他们经济收入上的变化,刘律师很是自豪地说:"改制后,我们的个人收入高于内地同行业的律师,并且有比较大的差距。"他们的律师事务所前3个月收入就有40万元,而当时"国资所"的律师每月收入才400多元。他回忆说,段毅律师和武伟文律师是内地律师界最早拿"大哥大"的。"大哥大"在当时3万多块钱才能申请到一部呢!同时,他们的律师事务所也是内地律师事务所里第一个买轿车的。

对于收入提高的原因,刘雪坛说:"主要是因为体制的变化受到了社会各界和外商的欢迎,因为在这之前,一些外商听到律师是国家干部就缺乏信任感;同时,私营经济中的个体户也希望聘任自己信任的律师来维护自己的合法权益。"他说,那时有很多客户从外地特意来找他们的律师事务所,香港的律师也主动和他们合作。

奠定现存律所模式

律师事务所实行合伙制,不再隶属于司法局,现在已经是常识。但段律师说:"当时改革只是摸着石头过河试一试,我们不知道到底会是个什么样子,不确定这就是一个潮流。"关于这一点在当时的新闻报道中也能看得出来,当时《深圳特区报》的报道里曾有这样一段话:"几名上了年纪的律师对记者表示,成立私人律师事务所,是改革的大胆尝试,但能否成功现在还很难说,不敢过作高评价。"可见当时第一个"下海"吃螃蟹者所面临的风险。但后来的事实证明,这就是方向。从1993年开始,律师的合伙和私人化开始大面积铺开,现在律师事务所的模式,包括社会角色的定位基本上是段武刘律师事务所时的模式,只是管理上更精良了。

由于种种原因，段武刘律师事务所存在的时间并不长，但以历史的眼光打量，它为中国律师的体制改革开了先河，在中国律师发展史上书写了三个第一：第一家民间性的律师机构、第一家采用合伙管理制的律师机构、第一家以社会法律工作者的名义提供法律服务的律师机构。

也正是从段武刘律师事务所开始，律师不再是清一色的国家干部，律师事务所开始由单一体制变为多种体制并存的格局。截至2010年3月底，深圳共有律师事务所325家，其中合伙所293家，个人所31家，国资所仅剩下了1家，就是这一家律师所，律师的身份也不再是国家干部。

多项律师业改革在深破冰

除了律师在深圳首先下海，其实，深圳在律师业的诸多改革都是开风气之先的。

比如，1995年2月24日，全国第一部律师业地方法规——《深圳经济特区律师条例》出台；2003年7月17日，中国第一位由律师代表直选的律协会长在深圳产生。

除了在组织形式上的创新，业务开拓上的贡献也比较突出：深圳律师办理了中国第一件律师见证业务、代理了第一宗涉外破产案、承办了第一例股票上市的法律服务。

1988年7月1日
个体户巢中立的暴富与沉沦

南兆旭

1988年7月1日,巢中立在春风路新开的"巢中立美术社"生意日渐有了起色,这位半年前选择来深圳开店的生意人那时还没有想到,他将在这个城市会有怎样沉浮起伏的人生。

来深圳之前,巢中立就已是湖南常德第一个穿西装、第一个用大哥大、第一个买家庭小轿车的个体户。1988年春天,在三次考察深圳后,他将在常德的全部产业换成10万现金,南下深圳,在春风路选了一间面积只有30平方米的店铺,开办了"巢中立美术社"。

初来乍到,店铺狭小,巢中立起早贪黑,四处奔波,出色的手艺和经营手段使美术社生意蒸蒸日上。上世纪90年代初,深圳许多餐厅、商场、大型活动的招牌和广告,大都出自巢中立之手。

随着生意的兴隆,巢中立声名鹊起。在全国100多家媒体对他的报道中,他被塑造成"自幼坎坷,个人奋斗,文化致富"的个体经营者的楷模,后被评为"广东省纳税标兵",担任过两届深圳政协委员,鼎盛时期,各种政界、商界的头衔多达12个。

被各种荣誉包围的巢中立,只要政府动员,都会积极捐款或购买各种国债和股票。1988年底,万科筹备上市,扫街式地推销原始股,到处碰壁。但在个体协会的动员会上,巢中立一下子认购了3000股,是当时深圳认购数目最高的个体户。在政府动员之下购买的原始股票后来狂涨,也扩大了巢中立的财富。

暴富后的巢中立戴着粗硕的金项链、劳力士手表、绿宝石钻戒,最多时腰里别了3部"大哥大"(手提电话)。家乡只要有人来,喊一声"巢哥",

巢中立当年在深圳自己的家庭图书馆里，意气风发。

他都会热情而诚恳地请吃饭，甚至给钱。

最为招摇的是，他买了29台彩电，在家中堆成一道电视墙，每次看电视都会将29台电视机全部打开，每个台放一个频道。

2003年初，与好些女人纠葛不断的巢中立与第二任妻子婚姻破裂。同一年，巢中立离开生活了14年、给过他无数财富和荣耀的深圳，他将所有的现金、房产和股票，全部留给了妻儿。只身携带10万元回到了常德老家，试图东山再起。

2005年正月初九，巢中立在自己经营的小店里悬梁自杀。

离开人世前，巢中立宣称:他一生赚过2000万，与2000个女人上过床。在他自尽后，欠房东徐师傅两个月的房租也正好是2000元。

他上吊前给自己穿好寿鞋，身边撒满了纸钱。为自己写好的墓志铭是：纵千古春秋，似一粒朝露。

深圳30年，有过多少不甘庸常的男人在都市的丛林中爬摸滚打，迅速地攀升，迅速地荣耀，又迅速地跌落。没有人知道他们艰辛创业、草莽生长的过程对心理和性格有什么样的影响，也没有人知道他们体面人生的背后还有一种什么样的生活，红尘万丈，欲海沉浮，最终都是稍纵即逝的"一粒朝露"。

1988年9月3日

全国第一家性教育杂志只出了三期

冯宇飞

1988年9月3日，52岁的张法琨百感交集——年过半百的他，竟然在深圳当上了一家名为《性教育》杂志社的社长，当时这本只能内部征订的杂志，被媒体称为"新中国建立以来第一份专门谈论性问题的杂志"。然而，这一当时"思想解放"难能可贵的产物，却在出版3期后夭折了。

22年后，当记者辗转找到已是深圳大学师范学院教育系退休教授的张法琨、廖丽珠夫妇时，这两位曾分别任《性教育》杂志社长和副总编的老人，向记者回忆起当年《性教育》创刊与停刊的曲折往事依然百感交集。以下，是两位老人的口述。

1980年率先提"性爱"

张法琨：我是福建省上杭县人，1936年出生，1956年考入华东师范大学教育系学校教育专业本科班，毕业之后留校，选拔进外国教育史研究班学习。1963年，研究班学习结束后在华东师范大学留校任教23年。老伴廖丽珠小我一岁，福建厦门人。1955年厦门师范学校毕业后，当过一年小学教师，随后考入华东师范大学教育系学校教育专业本科班，专攻心理学，毕业之后留校当了3年助教。此后在上海的中学当了17年的老师，1981年调入华东政法学院犯罪学系。我和廖丽珠是大学本科的同班同学，从1960年到2010年，我俩的婚姻长达半个世纪，相濡以沫，感情很深厚。

老伴是研究心理学的，工作中接触到的青少年青春期问题非常多，调查研究也累积了许多素材。1980年，她发表的《最危险的年龄》《少女犯罪与性爱心理初探》等文章，在社会上曾一度引起轰动。因为她率先用了"性爱"一词，而当时很少把性和爱放在报刊杂志上在一起谈。

1984年，我到香港当访问学者，途中路过深圳，感觉不错。次年深圳在全国招聘教师，我就过来了。老伴晚我一年来深圳。当时她犹豫了很久，身边的朋友都笑我们傻，好好的上海户口不要，要知道那个时候，上海是"只出不进"啊。在派出所办理迁户口手续的人告诫了老伴好几遍："想好啊，上海只出不进啊！"可是老伴后来还是把户口转到了深圳，连房子也退了。那时候，我们决定来到深圳发展，是因为觉得深圳是个年轻的城市，在教育思想这方面应该也比较先进。那时最大的愿望，就是要在青少年教育方面有点作为。

首办"中国性教育研讨班"

廖丽珠：1988年8月30日，我们在深圳创办了建国以后第一份谈论性问题的杂志——《性教育》，双月刊，内部发行，每册工本费0.80元。当时老张是深圳教育学院、深圳师专教育系主任、深圳市港澳台文化研究中心副主任，也是《性教育》的社长。我是同校的教育系教授，也是《性教育》的副总编辑。

其实，我们办这本刊物，主要是面对负有性教育责任的中小学校长、教师，甚至包括幼儿园；另外也给家长、医生提供帮助，使他们从中获得指导青少年健康成长、夫妻保持和谐，以及在社会生活中防止性犯罪的知识。当时社会性犯罪率有所增加，甚至有一些还是初中生，看到这种情况，我在深圳首先发起成立了深圳市心理学会、深圳市家庭与性教育研究会，还曾经办过青少年性教育研讨班，每5到7天就开讲一期。这期间，还请了当时的上海性学研究中心主任刘达临来深圳讲课。当时，我们经常收看香港一家电台一个由心理治疗专家吴敏伦主讲的《人之初，性本善》节目，发现他讲得很好，也请他来为研讨班给大家讲课。当时他还想带些"性工具"来班上讲解，结果过关时全部给海关扣留了。

通过"中国性教育研讨班"，我们初步搭建起了期刊发布的"门路"——工会、妇联、青年团、大学等系统有不少内部订数。当时这可不能在马路上卖，一摆出来就会被抓的。那时我们就听说，《性教育》卖得很火，原先内部发行的杂志，居然被人在广州街头沿街兜售。这也说明了当时社会已经有这个需求。上海当时还比较保守，对"性教育"连提都不敢提，我们的杂志是在广东省出版局申请完刊号后，才拿到印刷费用较便宜的上海铁路局印刷厂开印的，之后再发行到我们办班的全国各地的干部们手里。当时办这个期刊，是办一期申请一期的，每次都是要社长亲自去跑的腿。

除了办班、办《性教育》杂志，我们还办起有关青少年性教育题材的展览会。有一位青年教师胡振国，当时也是在研讨班授课，他发现广州一部队里有完整的性教育图片，就联系引进到深圳，然后在深圳图书馆、蛇口体育馆举行性教育展览会。虽然票价2块，但是看的人还真不少！

性学杂志"夭折"

张法琨：《性教育》办了三期之后，就停刊了。至今我们都觉得很可惜——首先，主要是经费问题，毕竟单单靠研讨班、展览会及内部发行，收入还是很有限；其次，当时有一大部分经费被杂志社的一个副主任给弄走了。结果，经费不够，印刷厂也停印了。

廖丽珠：值得一提的还有一件事，我至今印象深刻："青少年性教育"讲习班在蛇口育才中学开了课，这是全国第一个在学校里开"性教育"课程的学校。当时的校长是乔树德，他一听到我要开课的建议，想都没想就答应了，说"好啊，来试试看"。后来，就由我先指导一名女教师，再由女教师来为学生们讲课，一周一次课。

其实，我当时陆续问过好几所学校，如上步中学、实验学校、深圳中学，结果这些学校都不敢开，说是要请示教育局。当时的蛇口是"试验田"里的"试验区"，蛇口育才学校归蛇口工业区管，工业区的领导把决定权给了乔树德校长，这才使蛇口育才中学得以成功开了课。

张法琨：这么多年过去了，我仍是希望，中国的教育思想可以更加开放，那时连"性教育"这3个字提都不敢提，而现在的教育，在对待青少年的生理卫生常识上也只是停留在基础教育，对"性教育"的很多"关键点"仍是避而不谈。"性"是人生的组成部分，如果刻意不去讲，越压抑反而会触发更多的犯罪事件，青春期作为人生的关键阶段，更应该合理倡导、自然发展。我就有个疑问，为什么性的问题就不能登大雅之堂呢？希望未来，社会对这方面的问题能更加重视。

1989 年 1 月 13 日

一桩港客迷奸案引发的波澜

刘敬文

1989 年 1 月 13 日,《深圳特区报》在"社会广角"栏目刊发长篇通讯《精心布设的骗局——不法港客陈裕荣奸淫 6 位女青年内幕》,并配发评论,称"不法港客陈裕荣预设圈套,奸淫女青年的罪行令人发指","这些色狼好大的胆子,钻进特区来了!吾人哪能等闲视之?"这个案子被作为当年的头号恶性案件处理,引发关于社会主义特区"精神文明建设"的讨论。

案中案揭发色狼

《深圳特区报》1989 年 1 月 2 日报道:1988 年底到 1989 年初,全国范围的严打又一次拉开序幕。深圳在 3 天的全市统一大行动中抓获各类违法犯罪人员 500 多名,摧毁盗窃、抢劫、勒索、走私等犯罪团伙 50 余个。其中,在雅园宾馆 319 房抢劫香港太平洋贸易行董事长陈裕荣钱物的案犯郑国军、杨小妮、尹丽君 3 人当天上午就被抓获归案。

这本来是一宗普通刑事案件,可是,干警们在深入调查嫌犯作案动机时发现案中有案。这位所谓的香港太平洋贸易行董事长陈裕荣根本没有开设任何公司,他一直以"招聘女秘书"和"培训美容按摩技术"为名先后迷奸了 6 名女青年,杨小妮、尹丽君是其中的两位。

武汉姑娘尹丽君描述了她的被骗过程:1988 年 9 月 17 日,20 岁的尹丽君在广州看到了一份港报上刊登的招工广告:"美资洋行现聘大陆人才在深圳工作。职位一:女助理,职位二:女秘书",尹见了十分高兴,她立即按广告要求往香港寄去了近照和应聘信,9 月下旬,尹在武汉家中收到了发自香港的电报,要她于9月29日中午12时在深圳新都酒店大堂见面。她在男朋友的陪同下,果然见到了在那里"恭候"多时、西装革履的港客陈裕荣,陈把她和她的男朋友带到该酒店七楼的客房,并叫尹填写了一份"招工表"。

10月初,尹在武汉的家中又收到了陈裕荣的电报,要她马上到深圳面谈。当尹抵深依约进入陈的房间后,首先接到的是一份烫着金字的"聘书"。陈裕荣告诉她:"你现在就是我洋行的职员了,恭喜你"。尹满怀喜悦地连声道谢。

陈裕荣接着煞有介事地把"洋行"的业务范围及发展情况讲了一遍。还说,过一段时间,准备在深圳搞一间美容院,要尹除任"秘书"工作外兼职"美容师傅",并说,现在就教她美容技术。陈裕荣接着从皮袋内取出一套背心和短裤来,要尹某换上,诡称这是以后搞"美容"时穿的衣服,随后拿起尺子给尹某量身体,说,"稍肥、稍矮一点",并称自己从香港带来了一种药,吃后几个月就可以增高几厘米,还可以减肥。尹某听后半信半疑,但又不好拒吃。于是,勉强吞下了那两粒白色药片。十多分钟后,药力发作,尹某进入了迷糊状态。当她醒来以后,发现自己已被陈某奸污了。她气愤地责骂陈某下流卑鄙,并声称要到公安局报案。可是,陈裕荣威胁说:"我不怕你告,我要把事情告知你的男朋友和父母,公开出去……"

对特区的道德期待

以同样方式被骗的还有另外5名女子,其中受害者杨小妮是尹的朋友,她受害后向陈裕荣提出归还"工资"被陈拒绝,杨就把尹受害的事情告诉了尹的男友。1988年12月28日晚7时多,杨与尹的男朋友郑某冲入雅园319号客房,郑朝陈的头上打了一拳,责骂他无耻,并问他这事是"公了"还是"私了"。陈裕荣答应"私了"。随即,郑某把陈身上的3500元港币、500元人民币以及回乡证等拿走,并威胁说,这些款项还不足以补偿,还要多拿几万元。经过讨价还价后,陈答应次日叫香港的亲属送2万元过来。29日凌晨3时,罗湖分局接到陈某报案,当日上午9时30分把郑等三人抓获。

此事在当时的特区引起很大波澜,因为案发前不久,某港商利用投资按摩院为名诱奸一名女青年的事刚好被揭发,连续发生的此类案件触痛了人们的神经,当时的舆论基本从道德和法律两个方面进行反思。

受害者不应当用非法的手段来报复,这是报社刊发此条长篇通讯的其中一个观点。不过,当年舆论更重要的反思是在物质文明之外如何建设精神文明的问题。当时的一篇评论这样写道:深圳是社会主义经济特区,既要通过引进,发展经济,提高技术和管理水平,从而辐射内地,促进祖国的社会主义建设;又要十分重视加强精神文明建设。教育干部和群众,提高社会主义觉悟,清除外来的不良影响,使经济特区社会空气清新,人们情操高尚,蚊子苍蝇无活动藏身之处。

道德告诫并非仅仅针对单方面,例如作者在评论中反问:"陈某之流的骗术并不高明,可以说一戳就穿,然而仍然有一些女青年不断地受骗上当。不但是天真无邪的姑娘们,还有她们的家长、亲朋都应从中吸取血泪的教训,切莫因钱障目,误入陷阱。"六位姑娘的"秘书梦"变成了悲苦的"青春泪",她们掉入色魔陷阱的教训,难道不应当引起一切天真无邪、富于幻想的姑娘们的警惕吗?

"老深圳"、深圳大学文学院教授钱超英认为,从当时的评论能够看出,改革开放初期,深圳成为中国的"新闻热点",改革开放的信息呈辐射状向全国和海外传输,深圳在创造经济奇迹的同时,也面临着道德上的诘责和质疑,在这样的道德期待的压力下,这一类涉及道德问题的刑事案件就会引发社会层面的讨论。

20年后的一桩同类案件

2008年1月,一桩元素几乎相同的案件出现了。一个自称香港警察的香港男子在内地屡次骗财骗色,以招工为名,从佛山骗到江门、深圳,在佛山被抓后被判刑两年。不料刚从佛山放出来,两个月后他就在深圳布吉涉嫌以和事主"结婚""能办理香港出入境证件"为由进行诈骗。近日,这名香港男子被龙岗检察院批准逮捕。据调查,此人之前曾多次涉嫌诈骗,且屡屡得手,因其出自警察世家,十分熟悉香港警察运作方式,故而冒充起来有板有眼,简直是一个"冒牌港警专业户"。

港客"招工"骗色,这几乎就是新版本的"陈裕荣案",只是增加了网络元素。而跟20年前不同的是,此案并没有引起任何社会层面的关注,受害女子均循法律途径向这名港男要求赔偿。

1989年1月20日
一只疯猴子带给深圳人的娱乐

王恒嘉

1989年1月20日,中国第一家由"企业筹办、政府扶持"的综合性经济类报纸——《深圳商报》正式创刊,深圳市民的纸质新闻阅读多了一种选择。

深圳文化产业的发展,如今是日新月异,与群众需求的结合也日趋紧密。而从建立特区直到20世纪90年代初的十几年间,虽然在政府主导下也兴建了很多文化项目,但大众的文化生活却似乎始终处于饥渴状态……

"著名景点":疯猴子

谁也不会想到,早年的工人文化宫留给人们最深刻的记忆,不是人的表演,而是一只疯猴子。

后来曾担任深圳市旅游局局长的李小甘有这样一段回忆:

1981年夏,我第一次到深圳。我走进深圳戏院,那里正在上映一部老掉牙的片子,戏院一位女服务员劝我们到附近的工人文化宫走走,说那里有猴子看。

于是,我们走进文化宫,里面有湖,但湖里没船,只有湖畔几台游戏机嘎嘎叽叽地转,在后面杂草萋萋的旷地上,果真有一只猴子,猴子被锁在笼子里,瞪着血红的眼睛奔来蹿去,嗷嗷乱叫。旁边的人说,这是一只疯了的猴子,香港那边不准放鞭炮,香港人到深圳,除了上老街买点土特产,便跑到这里燃烟花、放鞭炮,将那猴子都吓疯了,但没想到一只癫猴也能成为深圳当时人们娱乐的一个"景点"……

深圳本土作家梁兆松也有类似的回忆:公猴被吓得疯后,像个醉猫。猴

上世纪80年代初期的春节,深圳市工人文化宫前,市民在观看耍猴。

江式高/摄

子不乐,孩子们也乐不起来。为了让公猴早日康复,文化宫的工作人员不知从哪儿找来一只母猴,给公猴做伴。公猴长期独处,现在与异性共处一室,自然喜不自禁,没有节制。深圳的家长们不想自己的孩子到文化宫去接受猴子的"性教育",便对当时文化宫主任提出意见,要他好好管教公猴。于是这位主任到猴子笼前观察了几天,最后找人借来一支小口径步枪,在一天晚上夜深人静之际,瞄准公猴,扣动了扳机……

主要娱乐看香港电视

据梁兆松回忆:1978年春天,香港工联会专程派人隆重地给深圳工人文化宫赠送了一部26英寸飞利浦彩色电视机,这是深圳第一部可以接收香港电视节目的电视机。当时,深圳尚未成立特区,政策规定,严禁收看香港电视节目和收听香港电台。每天晚上10时半,中央电视台的节目播放完后,工人文化宫的职工干部立即清场,把所有的外人赶走,然后,从主任到员工一个个像做贼似的,悄悄地溜进电视室,把大门关得严严实实,熄灭了室内室外的全部电灯,拉下厚厚重重的窗帘,然后,把电视机调到香港频道,把音量降至最低,端坐在电视机前,细心欣赏,经常一直看到天亮。深圳工人文化宫的员工，成为内地第一批观看境外电视节目的平民百姓。

1986年7月9日，市青少年活动中心的"大家乐"舞台开张，无论是谁，只要交五角钱的报名费便可登台表演，观众免费。从上世纪80年代末到90年代初，"大家乐"共有3万多人自荐登台表演，有超过300万以上的观众观看演出。因为大家都很珍惜这一稀有的文化资源，在那么拥挤的人群中，连续多年都没有发生一例盗窃或其他案件，"也许小偷都看得入迷了"。

文化生活日渐丰富

1989年1月20日，随着《深圳商报》的创刊，深圳市民的纸质新闻阅读多了一种选择。而在今天，仅仅在深圳报业集团，就有《深圳特区报》《深圳商报》《深圳晚报》《晶报》4份主报提供给读者。

1989年9月，修建了两年的"锦绣中华"正式对外开放，在缺乏文化生活的深圳引起轰动，每天都有3万多人涌入园中。深南大道不得不封闭一半用来停靠车辆。在以后的几年里，节假日期间深圳的冲印店中80%的照片背景都是锦绣中华的景观。人满为患的锦绣中华在电视上播放了它的第一则广告："希望深圳本地市民节假日暂时不要参观锦绣中华"。

而广东电视台于1986年底派一支10人考察团通过罗湖桥进入香港。最后明白了一个道理："他们（香港电视台）是研究了香港观众，他们是真正以观众为上帝的，他们是迎合观众的口味来制作电视剧的，他们是依赖观众而存在的。"根据这个原则，他们拍出了电视名剧《公关小姐》。

今天，在每位深圳人的家中，只要打开电视机，100个左右的电视频道让人"左右为难"。曾有过看疯猴子、偷看香港电视经历的梁兆松近日告诉记者，他正准备去美国，开始体验长达一月的异国生活。

1989年2月24日
"民工潮"中那些被挤死的人们

马骥远

2000年2月16日,湖北省蕲春县14岁女孩王芳,在前往深圳打工时,在蕲春火车站登车过程中被蜂拥上车的人潮挤压致死。

王芳,一个普通的名字,普通得像深圳成千上万来自全国各地的打工妹一样。如果她当年顺利到达深圳,也许在某个大工厂的生产线上可以看到她身穿工作服的身影,也许全世界各个角落"深圳制造"的产品中,有很多件出自她的手工;当然,也许她在深圳见了世面之后已经回到老家做起了小买卖,现在已经为人妻为人母。但是,这一切都不可能了。因为,王芳的来深打工之路,在2000年2月16日登上火车的刹那间,与她的生命同时戛然而止。

深圳30年的历史,有一个名词如影随形:"民工潮"。每年春节后,像王芳这样走出家门奔赴深圳的内地青少年,不计其数。他们也许是深圳的过客,但同时也是深圳的栋梁。我们可以不认识他们,但不能忘记他们。

14岁少女火车站被踩死

"10年前的事情,谁还能记得!"当笔者打电话到王芳生前所在的湖北省蕲春县有关单位询问她的死时,无论是她家乡的乡政府、村委会,还是出事的火车站的有关人员,都给出了这样的回答。

是的,10年前的事情确实有点遥远。当时的《深圳特区报》驻武汉记者,现任《晶报》经济新闻部主任习风对当时的情景还有些印象:听《长江日报》社跑春运的记者说,蕲春火车站挤死人了,于是立即采访当地铁道部门。几经周折才了解到,被挤死的女孩叫王芳,家住蕲春县向桥乡白水村。2000

黑压压的民工大潮。　　张新民/摄

年2月16日,农历正月十二。14岁的王芳和同村几个兄弟姐妹一起,从家里出发,挤上一辆破旧的中巴车,前往火车站,准备坐火车南下深圳打工。从白水村到蕲春火车站,距离为38公里,农村路况较差,车子颠簸了1个多小时才到。

这是王芳生命中最后的一段路程。当天中午,她在挤上火车时,被汹涌的人潮挤倒在地,窒息身亡。深圳,成了她永远到达不了的目的地。

挤火车如闯鬼门关，一次挤死 4 人

王芳并不是 2000 年劳务工南下过程中唯一的牺牲者。据习风回忆，当年仅湖北一省至少还有两名女青年在南下的列车上被挤死。那段时间，几乎每年春节之后都有类似的消息从春运一线传来。在王芳之前，已经有多名内地农村女青年倒在了南下的路上。

时钟再往前拨一年。1999 年 2 月 25 日，农历正月初十。河南商丘 20 岁的农村女青年邵雪英和堂弟堂妹、老乡，一共 7 人来到商丘火车站，准备搭车南下深圳打工。尚未完工的商丘南站广场上人山人海，拥挤不堪。早上 7 点 30 分，北京开往深圳的 105 次列车晚点 30 分钟后进站。滚滚人潮疯狂地向车厢冲去，买了 11 号车厢票的邵雪英等人，被人群裹挟着到了车门口，11 号车厢的门却没有打开。于是，人群又涌向打开车门的 12、14 号车厢，蜂拥而上。邵雪英挤上车之后，又被人潮挤到了 13 号车厢，在拥挤过程中，她被一层又一层的人群压在身下。

10 多分钟之后，13 号车厢的乘客发现邵雪英不省人事，连忙呼救。此时的邵雪英已经头发蓬乱，满脸是汗，脸上还留有鞋印，嘴角有一丝血迹，嘴唇发青。列车行至阜阳站时，邵雪英被抬下车抢救，与她一同被抬下车的还有 3 名被挤得奄奄一息的女青年。在阜阳站，4 名女子全部抢救无效死亡。

"那些年，每次过完年坐火车来深圳，就有种过鬼门关一趟的感觉。"在宝安石岩台湾工业区打工的孙晓磊回忆起当年的路程，仍然心有余悸：通常都是一班男女同乡一起挤火车，车子来了，身强力壮的男性首先往上冲，一般不考虑车门，而是从车窗爬进去，男的上车之后，站台上女的把行李一件一件递上去，然后男的再把女的拉上车。"一般来说，挤丢几件行李是家常便饭，挤伤人也是常有的事，只求大家能全胳膊全腿地到达深圳。"孙晓磊说，这话或许有些夸张，但是每年春节后南下深圳路途之艰难，由此可见一斑。

"盲流"退出历史舞台

深圳，离家如此遥远；来深圳的路，又如此艰难。那么到了深圳之后，能够实现离家时的梦想吗？现实，很少有温情脉脉的时候。很多内地年轻人

抢购回乡火车票。　　张新民/摄

踏上深圳的土地之后发现，找工作并不像在家里想象的那样容易。

1989年2月24日的《深圳特区报》报道了这样一条消息：大批盲流人员涌入广东，聚集在深圳宝安，带来严重社会问题。消息说，春节后湖南、四川、广西、湖北、河南等省区大量人员听信谣言，误以为深圳等珠三角城市容易找工作，容易赚钱，蜂拥而来；来到之后，不但找不到工作，且不少人身上带的钱已用完，有的病倒，有的甚至用香蕉皮充饥，现在他们处境艰难，并由此而导致近来盗窃、抢劫、诈骗等刑事案件急剧上升。省政府要求深圳等城市做好遣返工作。

后来，随着市场经济的发展，"盲流"这个词不再使用。但是，大量外来工春节后涌入，仍然时常让深圳劳动力难以消化，不堪重负。从1999年起，深圳市劳动局遵照广东省政府的有关规定，严令市内各企业春节后一个月内不得新增外省劳务工；并要求返乡过年的外来工，回深时不得带"新"人前来。

于是，为数不少的外来工历尽艰辛来到深圳之后，不得不无功而返。就在湖北蕲春少女王芳在来深途中被挤死之后数天，来自江西赣州的农民邱承华到达深圳,但是在深圳、广州转悠了9天之后,仍然没有找到工作,不得不遗憾地返回老家。他成了深圳的过客,深圳在他的生命中,其实也是匆匆掠过的一幕。30年来有多少这样的过客,无法统计。

深圳是他们的梦想家园

来深圳的道路是如此艰险,深圳的现实又是如此残酷,但是每年还是有为数众多来自全国各地的打工仔打工妹,进入深圳的工厂、商店、餐馆,成为这个城市生产链、商业链的一个个"零部件"。他们中的绝大多数,最终不可能获得深圳户籍,甚至很多外来务工人员,在深圳生活几年,却连"关内"都没有进入过。

他们算不算"深圳人",这个问题很难回答。2004年深圳曾就城市认同感做过一次全市性的社会调查。受访者中深户人员占29%,非户籍,也就是外来工人员占71%;调查结果,自认为是"深圳人"的占34%,自认为不是深圳人的占66%。这和户籍与非户籍人口的比例大致协调。但是,66%的被访者非常热爱深圳,64.1%的被访者认为深圳是实现自己梦想的家园。长期关注深圳外来工问题的深圳市社会科学院院长乐正评价说,深圳是给人以梦想的城市,来到这里的人们,大多会把自己的事业、追求,和这座城市紧密地联系在一起,这就是深圳的独特魅力。

事实证明,很多在深圳打过工的人,即使离开了深圳,内心深处还留着对这个城市深深的认同。深圳市见义勇为基金会理事长张振方说,深圳有史以来见义勇为牺牲的69人中,大约80%是没有深圳户籍的外来务工人员。"这说明,不管你来自哪里,有没有户口,大家都把深圳当成了自己的家;所以深圳要善待外来务工人员,这样我们的城市才有凝聚力。"张振方说。

1989年4月4日

深圳"立法权",争了6年才圆梦

陈冰　谢银波

1989年4月4日,七届全国人大二次会议上审议深圳市立法权议案时,反对和弃权率高达40%,这是全国人大历史上投反对票最多的一次。那时深圳还没有成立人大、政协,争取"立法权"的行为甚至被戴上了"违宪"的帽子。但是,深圳争取"立法权"的行动并未停止,3年后梦想成真。有识之士认为,深圳因为有了"立法权",才成了真正的经济特区。

反对和弃权率高达40%

精神矍铄的汪斌谈起深圳立法权,依然保持着当年的激动:"当我们把立法权议案提交人代会讨论时,没想到反对的声音那么激烈。包括广东省的主要领导,都加以反对,说我们还没有'户口'就想要'粮票'。让我感受最深的,人大原来不是'橡皮图章'!"

后来担任深圳市政协副主席的汪斌,是1989年参加"两会"的深圳市四位全国人大代表之一,也是深圳立法权议案的起草者之一。"给深圳立法权,是国务院提议的。不过,要提交人大通过,就必须有30位人大代表署名,才能成为议案,少了30人就只能是建议。但是深圳只有4位人大代表,变成议案还要请市外的人大代表联名签署。于是我们根据国务院的意见,写成议案,然后请广东省代表团的刘秋容女士帮忙,连夜敲开其他代表的门,让他们签名。刘秋容当时不是深圳市代表,但她人缘很好,广东省代表团的文艺活动都是她领衔搞的。一夜之间,她让30多名人大代表签了名,我们就向全国人大提交了议案,4月1日主席团将此议案列为大会表决议案。"

1982年6月,深圳在深圳特区与非特区之间建立特区管理线,俗称二线,全长129.7公里。2010年7月,深圳特区版图扩至全市,但铁丝网现在仍然存在。

钟国华/摄于1983年

听说深圳向全国人大提交了立法权议案,简直像炸了锅似的。最早反对的是上海市人大代表团的代表,他们认为广东已经有立法权了,又有那么多的优惠政策,现在还要再给特区立法权,将进一步扩大政策差距。广东省代表团讨论时,省委领导近乎有点发火,"他说我们广东省已有立法权,深圳没必要再搞一套嘛,你们有什么需要立法的,省人大支持就好,干吗非要立法权?一个省弄得四分五裂,而且违反国家法律的统一原则,说严重一些是'违反宪法',这样不好。"汪斌说,"更多的反对意见则从程序上着眼,认为深圳连人大及常委会都没有,没有'户口'就先给'粮票'的做法不妥。"

面对人大代表们的反对声音,全国人大副委员长彭冲估计深圳立法权议案恐怕通不过,委员长会议对此议案作了调整:授权全国人大常委会在深圳市依法产生人大及其常委会后,再对立法权议案进行审议,做出相应的决定。这个变通,意味着对深圳立法权的讨论范围,从全国人大代表层面缩小至全国人大常委层面,也意味着深圳立法权分两步走——先建立人大及常委会,然后再讨论立法权。

4月4日下午3点,全国人代会举行闭幕式,同时表决"授权全国人大常委会进行讨论通过国务院授权深圳市制定深圳经济特区法规和规章的议案"。宣读完议案,当时非常知名的台湾省代表黄顺兴要求发言,他在众多的港、澳、台和内地记者的包围下,来到设置在会场的麦克风前,表示坚决反对此项议案,并陈述了四点理由。

黄顺兴发言后,万里委员长宣布将此决定付诸表决。结果反对票有274票,弃权票805票,两者相加共1079票,高达实际到会代表的40%。万里委员长宣布此决定以多数票通过。

深圳"立法委员会"本已挂牌

汪斌当年开人代会时,是知识分子代表,时任深圳市委书记李灏也是全国人大代表。"当时开会李灏出面的时候较少,我也不太清楚国务院提议给深圳立法权的背景,后来才知道,李灏是深圳争取立法权的主要主持者之一。"

深圳立法权的渊源,可以追溯到经济特区建立之初。那时除了《刑法》《治安处罚条例》《婚姻法》外,中国的法律在很多领域都是空白,尤其在经济领域。1980年深圳特区建立时,中央要求把改革开放政策法制化,通过立法对外公布和保障实施。只有法律才能让境外人士相信,人家才敢来投资。

1986年,深圳开始酝酿要"立法权"。虽然广东省有立法权,但深圳的立法计划上报后,不仅周期长,而且适用范围大大缩小,有些创新的内容根本通不过。深圳市法制局局长张灵汉向市委提出,深圳要真正加快发展,要真正做到有法可依,必须要有自己的立法权。这一提议马上得到市委的同意。

谋划"要权"计划之后,法制局就开始外出取经,组织人力去香港以及国外等地考察学习国际经济法的立法经验。考察回来,他们拟定了借鉴移植香港和国外经济立法经验、加快深圳立法的方案,计划在5年内制定135项经济法规。

1987年夏天,广东省经济法研究中心在深圳召开"经济特区立法研讨会",邀请了国务院法制局、全国人大法工委、省政府、珠海、汕头和厦门三个特区的相关负责人以及中山大学等一些法学研究机构的专家学者。研讨会上张灵汉抛出"深圳立法权"话题,法学专家们一致赞成,但省人大和省委的一些同志坚决反对,批评深圳"要立法权是违宪"。尽管如此,深圳市委在年底还是把要求立法权的文件报送给省委、省政府、省人大以及中央、国务院和全国人大。

一年以后,一位中央领导到深圳,说专门为深圳的立法计划和立法权而来。市委书记李灏安排张灵汉做汇报,不久李灏接到这位领导意见,说中央决定同意给深圳立法权，但不同意深圳设立法委员会，要成立人大，并授权人大立法。同时，国家体改委派人到香港做调查研究，之后给国务院写了一份报告，提出"全面执行香港的法律制度"。中央领导看完报告后批示：除了全面执行香港的法律制度外，其他都同意。随即，中央有关部门成立小组，开始着手起草经济特区立法权的议案。作为关系深圳命运的一件大事，很多深圳官员激动不已。那么，如何向全国人大提"授予深圳立法权"的议案？由谁来提？深圳和国家体改委协商的结果是，议案由国务院提交给全国人大。

1989年4月全国人大作出深圳先成立人大、政协的决定后，深圳的立法权事宜有所改变。张灵汉告诉记者，"在这之前，深圳市法制局甚至已经挂了'立法委员会'的牌子。本来是打算不设人大政协，但为了立法权，在这一点上深圳做了妥协。"

"立法权"通过前先游说

1990年12月，深圳市成立了人大。举行成立大会当天，市委马上派张灵汉和人大分管法治的副主任闻桂清到北京，向全国人大汇报深圳市有人大了，希望早点讨论立法权问题。

全国人大常委会办公厅的负责人告诉他们，深圳的立法权虽然有中央领导支持，但还是有不少人是反对的。为了让"立法权"得到常委们的理解和认同，时任全国人大办公厅主任的曹志给他们"支招"：何不把人大常委会委员们分批请到深圳考察，给他们解释深圳为何要"立法权"？

那么请哪些人呢？张灵汉找到自己的大学老师、全国人大法律委员会副主任江平，著名的经济学家、国务院经济研究中心副主任蒋一苇，请他们列一个名单。根据两位前辈的指点，深圳市给100名有影响力的人发了邀请函，分四批到深圳考察，进行"院外游说"，解释立法权对深圳的重要性。

1992年春天，邓小平再次视察深圳，指示深圳继续解放思想，"大胆地试，大胆地闯"。市委书记李灏向邓小平表达了特区立法权的想法。7月，七届三次全国人大第一次常委会讨论并通过了《关于授权深圳市人民代表大会及其常务委员会和深圳市人民政府分别制定法规和规章在深圳经济特区实施的决定》，90%以上的常委投了赞成票。至此，深圳获得立法权。

1989年6月2日
深圳国展中心走出名模陈娟红

朱健

1989年6月2日,位于八卦岭西北角的深圳国际展览中心迎来了特区建立以来的首场国际展览,深圳展览业从此蒸蒸日上。而鲜为人知的是,趁着这股展览业的春风,深圳的模特行业也曾火红一时,包括陈娟红、叶继红等顶级名模都是从这里走出中国,走向世界……

零距离接触后台的模特

一个周末的下午,深圳国际车展的后台,绮丽的服装挂满四壁衣架。模特小棠正穿着参展商提供的衣服,对着镜子比来比去。她的经纪人贾先生则坐在室中的沙发上,手指间缓缓燃着一支香烟。

不一会,参加车展的模特陆续来了,几乎每人都穿着细长的牛仔裤。周末的懒觉似乎还没有睡醒,慵懒的姿态把她们瘦高的个子拉得更长。小棠点了支烟,深深吸了一口,似乎非常解乏。

其他的模特坐了一屋子,之间也没什么话聊。"都是跑不同场子的,很难成为朋友。"

在以北方人为主的模特中,小棠是土生土长的广东人,从那所著名的艺术院校毕业后,出来闯深圳。她说自己并不缺钱,"做模特,比较自由。"

闲聊中,无意问一句:"你知道陈娟红吗?""知道,是那个名模吧。"

头两届超模冠军深圳包揽

陈娟红现在很忙,作为国内从模特儿转型为"时尚商人"最成功的人,

叶继红(中)在首届"新丝路中国超级模特大赛"中夺冠。

陈娟红(中)在第二届"新丝路中国超级模特大赛"中夺冠。

她目前旗下拥有模特经纪公司,有模特学校,还在着手打造的高级女装品牌Judy·Galaxy(陈娟红·莱希)。

如果把T台人生比作长跑,那么,在"深圳国展中心表演队"的那段经历,给陈娟红的生活、事业以及价值观带来了很多变化。

当年担当起深圳会展业急先锋的国展中心,经历了太多的岁月变迁。这里曾经是深圳国际会展业的起点,也是深圳模特业发展的起点。

《中国模特大事记》中记载到:1989年10月,首届"新丝路中国超级模特大赛"在广州举行,来自深圳的哈尔滨姑娘叶继红夺冠;1991年,第二届"新丝路中国超级模特大赛"举行,同样来自深圳的浙江姑娘陈娟红夺冠。在上世纪80年代末和90年代初,叶继红、陈娟红等一众名模正是"深圳国展中心表演队"的成员。

那是遥远的20年前,和现在的小棠一样,陈娟红年纪尚小,略显懵懂。走在深圳大街上,由于高挑的身材,她只能说自己是排球运动员——因为,人们谈到"模特"这个词时,总会把嘴角向下弯曲,一副暧昧的眼神。而此时包括深圳在内的整个中国正默契地遵守这样的约法三章:模特不允许称为模特;要强调表演的业余性质;要突出健康向上的中国特色。所以,陈娟红所在的深圳国展中心模特队,每当要上台表演时,名号用得最多的也是"时装表演队"。

"在深圳的日子很苦"

当年对绝大部分内地人来说,"深圳"不仅是一个城市的名字,意味着更多。

"那个年代,一个女孩子独闯深圳,听起来不是一件太好的事情,尤其在我们那个小地方。"接受采访时,陈娟红回忆说,"家里的人都反对,爸爸还把户口本藏了起来。"陈娟红认定了这条路,支持她的妈妈,偷偷地把户口本瞒着父亲拿了出来,这才"办好了边防证,来到了深圳"。

国展中心模特队实力很强,因为当时几乎所有中国老一辈著名模特都在那个公司。"模特队各方面的条件都特别好,包括训练和食宿等等,我觉得自己很幸运……"

但来到深圳后,生活却展现出了另一面:每天早上4点钟,陈娟红和队友就得起床参加体能训练。一般都是教练在前面开着车,她们在后面跟着绕深圳大学跑;下午和晚上穿着高跟鞋,在排练厅里练走台步以及进行一些基本的形体训练。

在深圳一年多的时间里,陈娟红连东门都没好好逛过,"在深圳的日子很苦。我们两个女孩住一个房间,里面什么也没有。"问及那时最大的娱乐,她答道:"写信啊,天天写。"

模特行业的现实困局

沧海桑田,时代变迁。当年在国展中心一起经历过冷暖的女孩们,都纷纷离开深圳,奔向更广阔的天空。陈娟红忙着自己的事业;姜培琳成为四家公司的董事长——公司分布在北京、上海、广州和大连,产业涉及文化、教育、商业地产等领域;叶继红退出时装模特界后,成立了一家艺术设计公司。

如今的国展中心鲜见高端时装发布会,这座城市已经很多年没有诞生顶尖模特——更多的情景是,像小棠一样的年轻女孩在这个行业迷茫着,徘徊着。2008年9月份的《深圳商报》发表一篇名为"深圳模特业低端困局待破"的文章,借业内人士的口,一针见血地指出,"深圳无名模,这与一个城市的定位和综合氛围有关。从这一点来说,深圳离时尚之都还有不小的距

2002年12月，17岁的哈尔滨女孩王磊怀揣着梦想来到深圳成为签约模特，2005年夺得"亚洲小姐"桂冠。与陈娟红、叶继红、王磊等女孩一样，众多女孩在深圳实现了她们的梦想。 新华社图

离。或者说，虽然深圳经济发展水平很高，但时尚软环境却不配套。"

从深圳起步，又在深圳发展多年的名模周樵也说，现在很多模特越来越懒散，越来越没有激情，工作能混过去就行了。"当然，这不能完全怪模特，也有氛围的问题，比如不规范的市场，不鼓励公平竞争的环境，低水平的演出等等。"

不过，事情也有转机。根据2008年通过的《深圳市女装产业区域品牌2008年至2012年发展总体规划》，未来几年内，深圳将逐步打造"深圳·中国时尚女装之都"的区域品牌。作为时装产业链上必不可少的一环，深圳模特行业的重新崛起，并不只是痴人说梦。

1990年3月29日

深圳夜场：一个歌手的回忆

霍敏　曾海城

深圳城市的发展造就了夜晚的繁荣。1990年3月29日，一则"深圳市歌舞娱乐厅联合会"成立的消息见诸报端，记录了深圳作为全国歌舞娱乐行业"黄埔军校"的历史。

从上个世纪80年代开始，无数歌者打理起行囊，从四面八方投入到深圳这片充满活力和诱惑的他乡，戴军、陈明、陈思思、黄格选、陈楚生……还有今天故事的主人公张露云，都曾在深圳夜晚的霓虹灯下歌唱过、奋斗过。

夜色阑珊，吸引寻梦者

"晚风吹过来，多么的清爽，深圳的夜色，绚丽明亮……"

上个世纪80年代，当人们还《在希望的田野上》，以《军港之夜》，传唱《乡恋》之时，来自深圳的一首《夜色阑珊》，以扑面而来的青春、都市气息，征服了人们渴望滋润的心。在歌声中，人们知道了有一个城市叫做"深圳"，知道了这座城市连夜色都绚丽明亮，他们为之吸引，不惜背井离乡。

张露云就是其中一位。1992年，刚刚从贵州艺术学校毕业的她来到了深圳。那时，她的父亲张小宁已经来深圳5年了，在一家歌舞厅当经理。

可父亲并没能为张露云在深圳的工作帮上什么忙，天南地北的歌舞界人才都挤到深圳来"试水"，在"歌手一个月一换，经理两个月一换，老板三个月一换"的大背景下，要想寻求机会只能靠真本事。露云很想唱歌，可她不懂和观众互动，只能先从跳舞开始。她最早应聘的是一家位于笋岗路上的歌舞厅，做舞蹈驻场，一个月挣600块钱，和20个人同住一间大宿舍，每天连上厕所都要排队。并且，住宿的地方还比较偏僻，每天从灯火通明的歌舞厅拖着疲惫的身躯回到宿舍，望着四周黑漆漆、寂寥廖的一片，曾让她一度怀疑自己的选择。

夜空下，浓妆艳抹忙跑场

然而，情况很快就得到好转。深圳歌舞厅多，跳槽机会也多。很快，露云就跳到了阳光酒店的歌舞厅，这一次，工资一下子翻了几番。随后，她又接连跳槽，工资数目不断上涨。这极大地提高了露云的自信心。

到1993年5月，环宇大酒店招聘歌手时，她终于鼓起勇气向自己的梦想挑战，以一首《篱笆墙的影子》登场，浑厚的女中音使现场所有评委眼前一亮，环宇当即决定拿掉当时正在深圳走红的一位歌手，让露云顶上。也正是从这时起，露云开始加入跑场大军，步入了自己职业的歌舞娱乐生涯。

当年，罗湖的歌舞厅有200多家。一个歌舞厅一个晚上只给一个歌手最多半个小时的时间，酬劳在80块钱左右，最低的才30块钱。而且歌舞厅晚场的黄金时间也只在晚上9点到凌晨1点这短短三四个小时内，为了多赚些钱，歌手们不得不疲于奔命地跑场。每当入夜，霓虹灯照耀下的深圳街头，化着浓妆、穿着演出服的歌手演员们在不同娱乐场所之间穿梭，成为当时的深圳一景。

暴雨中，游过积水去赶场

露云最多的时候一个晚上要赶5个场，每个场中间只有十几分钟的间隔，为了保证准点到达，往往要提前"踩点"，以选好最近的路线。在路上狂奔的他们，经常会遇到熟识的面孔，连招呼都来不及打，抬抬手，继续埋头猛蹬自行车，奔向下一个演出地点。

救场如救火。只要是演出时间定下来了，即便是遇到暴雨、台风，也一样得按点到达。上个世纪80年代末，深圳的城建基础设施还不完备，下水管道太细，一下暴雨就堵塞，路面积水经常像发了洪水一样，尤其是建设路侨社附近，有时候积水甚至没过脖子。歌手们为了及时赶到演出现场，走到这一路段，只能将自行车一丢，一手举着演出服，一手拨水，游过水面。尽管到场时早已是如落汤鸡般花容失色，但只要音乐声响起，他们依然要打扮停当，欢天喜地地上台表演。

因此，当年在深圳当歌手，不仅要有好唱功，还要有好体力。骑着自行车狂奔在深圳夜晚的街头，等到凌晨收工时，经常是累得没了一点力气，倒头就睡。

脸上流着血也要登台

后来，开始有"摩的"盯上了这块生意，使歌手们的出行多了一种选择，可这种看似省力的选择却差点要了露云的命。

一天晚上，露云刚出完一个场，眼看下一场的时间只剩下十几分钟，她抓起风衣，立马跳上早已在楼下等待的"摩的"，直奔下一个歌厅。时值深秋，露云的长发随着风衣在摩托车的疾驰中"呼呼"作响，将要演唱的《月亮代表我的心》已在脑海中酝酿。然而，就在这时，意想不到的事情发生了，当摩托车行至十字路口的时候红灯亮了，摩托车来了个急刹车，还没等她反应过来，过膝的长辫子连同风衣一起就被绞进了车轱辘中。露云一个踉跄，被甩下了座位，四腿朝天摔在了冰凉的深南大道上。当时她脑子还清醒，顾不得流血的伤腿，爬起来催促司机给下一个场的经理打电话报信："出车祸了，今天的场赶不到了。"

露云的父亲张小宁说，生存的残酷竞争，使深圳的歌舞厅完全成为"铁打的营盘流水的兵"，很多歌手在一个歌舞厅里呆上十天半月便被淘汰，能呆上一年半载的歌手，就已经相当不容易了。

"由来只有新人笑，有谁听见旧人哭……现实就是如此，尽管很残酷。"身为歌舞厅经理的张小宁，目睹了太多这样的故事。他记得有一位歌手，在跑场的路上出了车祸，摔得满脸是血，当他坚持着赶到歌舞厅时，他的演出时间段已经过了一大半，正焦急得团团转的张小宁来不及过多地询问伤情，让他擦把脸，坚持上台唱完最后的几首歌。

厌倦了流浪，她渴望有个家

歌舞娱乐场所的狂热一直持续到上个世纪90年代中期，受宏观调控政策的影响，深圳的娱乐行业一落千丈，乐队人员裁减、歌手工资拖欠，一度沸腾的歌舞娱乐界仿佛一下子冷却下来。

在被拖欠了一万多块钱工资、找歌舞厅索要无果，还遭遇打手威胁后，露云突然感到在歌舞娱乐行业里从未有过的孤独和寂寞。1996年，在"购房入户"的号召下，露云倾尽跑场的所有积蓄，再加上父母的支持，在布吉关口的德兴花园买了一套70平方米的房子。她渴望一个家，给她一个歇息的港湾。

当歌舞厅式微之后，深圳娱乐行业的新生儿——酒吧又诞生了。没有人放歌，也少有曼舞，尽管还没来得及弄清酒吧为何物，深圳人已经开始纷纷踏入这整晚放着音乐，各自闷头喝酒的地方。

不需要唱歌的地方，没了露云的舞台。

歌舞娱乐外舞台更精彩

在舞台之外，露云开始用心开辟新的生活舞台。2002年，恰逢东莞的一所演艺学校招生，凭借多年坚持不懈的努力和积累，露云顺利考取了。3年的学习一晃而过，毕业时，由于表现突出，露云曾留校教书一年。不过很快，她又返回深圳。

此时的深圳，各式各样的酒吧，红火一如当年的歌舞厅。可这些已无法再吸引露云的目光，因为她已经开始开辟新的生活：青少年宫、青少年活动中心等等，培养孩子们艺术修养的课堂上常活跃她的身影。有时，她还会帮社区的文艺活动出谋划策，间或与丈夫一起，去往甘肃泾川这样的地方，将慈善和爱心送到那里。

只是偶尔，她也歌唱。比如在2008年汶川大地震之后，由张小宁作词作曲，张露云演唱的《我拿什么来报答你》表达了灾区人民对全社会抗震救灾的感激之情："青春的脚步总有些慌乱，惶恐的心灵总有些萎缩……不论夏日酷暑，不论冬天严寒。我孤独的心中，坚守承诺。"

当音乐的旋律再度响起，露云仿佛又找到了18年前那段寻梦的记忆。

1990年7月6日

许世友原警卫全国首创武装运钞机构

吴建升

1990年7月6日,专门从事现钞、金银珠宝和有价证券武装装甲车转递运输业务的深圳市保安公司贵重物品运输部正式开业,这是我国首家武装押运机构。几年后,国内各大城市纷纷来深"取经",武装押运也如雨后春笋,在全国各个城市生长、发展起来。

庞德礼,曾为广州军区司令员许世友警卫,1979年自广州军区退役,转业到深圳市公安局内保科任职,是深圳保安服务公司创始人之一,贵重物品运输部(现改名"雄狮武装押运公司")首任经理。6月30日,庞德礼接受晶报记者专访,讲述了创业及发展过程中很多鲜为人知的故事。

香港"鸟枪"押运的启迪

"1984年,深圳全市警力只有二三百名,当时有大量贵宾来深圳,除上级领导,还有国外考察团,还经常有级别很高的大型公益活动,靠这点警力根本不够,当时有人提议能不能办个保安公司,作为警察的辅助力量。"据庞德礼回忆,1985年2月,经上级批准,深圳市保安服务公司正式成立,庞德礼出任办公室主任。

"贵重物品押运部成立于5年后,但准备工作从1988年左右就开始了。"庞德礼说,当时市保安公司去香港考察时发现,香港已经有专门的押运钞公司,但武装人员拿的都是鸟枪(猎枪),大家最初觉得有些好笑,后来又觉得受了启发——深圳的外企、银行都有大量武装押钞需求,而我们也不缺真正的枪支弹药,为什么不可以开展类似业务呢?

经过两年多的考察调研，市保安公司决定成立贵重物品押运部，时任公司办公室主任的庞德礼出任该部首任经理，于1990年7月6日举行了开业仪式，这是当时全国首家武装押运机构。"成立时只有5个人，在海天出版社大楼上租了几间房作办公室，后又在社会上招聘了一些退伍军人和武术散打冠军，组成了一支十几个人的武装押运队伍。"庞德礼说，当时用的都是军用枪支——AK47、微型冲锋枪、五四手枪等。

第一张超级大单

"贵重物品押运部成立后的第一单业务就是张超级大单。"庞德礼说，当时国家的外汇都是每隔一段时间集中在广州，然后存入香港渣打银行。通常都是由火车从广州运到深圳文锦渡口岸，中国银行在此与渣打银行进行移交，再由香港押钞公司武装人员持猎枪武装押运，最后存入渣打银行。这种押运方式一是手续繁多，二是风险较大。

"押运部成立前我们就开始跟渣打银行谈判：由渣打银行的运钞车直接到广州运钞，由我们出动武装人员从广州押运到文锦渡口岸，再移交给香港运钞公司。渣打银行很赞同这种方式，押运部成立开业那天双方举行了签约仪式，这是我们开业后的第一单业务，也是个超级大单。"庞德礼说，当时的押运大约每周一次，每次押钞几千万到上亿不等。

5吨硬币飞粤闽

2003年，深圳保安公司贵重物品运输部更名雄狮（保安）武装押运公司。"在2000年前的头十年，由于业务范围有限，公司发展规模也不大，真正取得长足发展是在进入本世纪以后。"雄狮（保安）武装押运公司办公室主任王保业告诉记者，从2000年起，根据上级要求，公司将军用枪支一律更换为防暴枪支。2003年起，总公司从内部抽调了一批骨干力量加入雄狮公司，使专职押运人员从最初的十几个人发展到至今的300多人。同时着力拓宽业务范围，以深圳为中心向全国辐射业务，在珠三角及全国拓展业务网点1600多个，运钞车从最早的二台增加到现在的上百台。

在王保业的记忆中,最难忘的就是"5吨硬币飞粤闽"那次。那是2005年6月的一天,公司要从深圳押一批硬币去厦门。当时王保业还是大队长。

早上8点,他们出动运钞车到银行去装车,5吨硬币,整整装了5车,每辆车两名司机,两名武装保安两条枪。为了安全,路上如厕时,5辆运钞车必须一字排开,由6名保安持枪四周守护。押送人员途中不能到餐馆用饭,必须在车上吃自带干粮。"如果去餐馆用餐,万一碰到不法分子下毒怎么办?"

运钞车装甲本就厚重,加上一吨硬币,行驶较慢,到达厦门时已是下午6点多。等到给几家沃尔玛商场移交完硬币,已近晚上9点钟,但他们却不能在当地过夜,只能立即返回。"因为按照有关规定,如果我们移交了货物后要在当地住宿过夜,不但要到当地公安机关给枪支备案,还要把枪支交由当地派出所保管。"王保业说,像这种马不停蹄跨省往返的业务是家常便饭。

守卫国宝兽首

2004年始,广州、深圳两市每年都要举行珠宝展销会。"从开始到现在,深、广两市珠宝展销会仓库都是由我们武装守卫的。"雄狮武装押运公司大队长丁向阳说,广州珠宝展销会现场,每天24小时都有警车不停绕场四周巡逻,但每晚展会收场后,参展珠宝都要送到外面一个特设仓库储存保管。"进入仓库后,直到第二天重新进入展场前这段时间,所有珠宝的安危就系在我们的保卫人员身上。"丁向阳说,整个晚上,他们的十几个武装保安人员,都会荷枪实弹,隐藏在仓库内外的每一个特殊位置,他们个个都是神枪手,不法分子一旦出现,会立即陷入神枪手的火力网。

丁向阳最自豪的是今年5月间,国宝兽首系列来深在福田区艺术馆展出,他带领公司数十武装保安昼夜守护。"那些日子,我们一边在馆里守卫,同时一遍又一遍看着幻灯片介绍这些国宝的由来,讲述百年前这些国宝被西方强盗抢走,流落海外的辛酸历史和国家历尽艰辛收回这些国宝的过程,我们的内心无比震撼。"

1990年12月24日
香蜜湖狂欢夜，那个一塌糊涂的夜晚

王恒嘉

1991年1月31日，深圳市政府办公厅宣布：市民关注的香蜜湖"圣诞狂欢夜"事件情况已查明，决定没收"狂欢夜"组织者的非法所得和承办者的全部收入，并予以通报批评；责成华灯会组委会就该事件向全市人民公开检讨；华灯会主要负责人、"狂欢夜"活动承办者由其主管单位给予适当处分。1990年12月24日的"圣诞狂欢夜"事件，是深圳在上世纪90年代一个引起关注的公共事件……

回家走路走出血来

一位老深圳在博客里这样回忆自己当年的经历："我当时住在岗厦的农民房里，和一个同事早早地骑着自行车就去了，到处乱逛，只见到处是人，都是乱哄哄的，宣传中各种美妙的活动倒是找不着。印象最深的是看见几个头发极长的男人在一个临时搭成的台子上乱吼乱跳，人说这是黑豹乐队。不知是音响太差还是风格如此，我一句也没听清。眼见得人越来越多，我开始担心如何回去的问题。和同事一商量，没多大意思，看这个情形，宣传上说的到午夜12点大派各式礼物的事也不能太当真。于是11点左右的时候我们骑着车往回走，一路上，看着无数兴高采烈的人们骑着车或者坐着公共汽车往香蜜湖赶。那时候深圳的车还不多，可也把整条路都塞满了，一辆接着一辆都朝着'大狂欢'的方向，开着大灯，把反方向空荡荡的路也照得雪亮，我们骑着自行车，真还有点阅兵的感觉。"

这位住得比较近，很早到达、又提前离开的老深圳是当天的幸运儿。12

月24日当天,下午6时多到深夜11时多,东自皇岗立交桥,西至深圳湾,大批车辆不能疏通。

1990年12月25日,事件发生的第二天,市长专线电话、市文委、市消费者委员会乃至市领导本人的电话都成了热线电话。

比较有代表性的电话记录有:蛇口一位工会干部说:"蛇口上万名职工从'狂欢夜'回来,感到被人愚弄了。"红会医院一位医生说:"我们夫妇俩高兴而去、失望而返,节目单上的15项节目只看到4项,50元一张门票太不值了。"市妇联一位干部说:"我们组织100多人参加活动,因途中塞车,根本无法到达目的地,只好半路返回,50元算是白花了。"市文化部门的几位同志反映当晚12时从香蜜湖步行回市区,花了几个小时才赶到家中。深圳北站的100多位同志反映自己凌晨3时半才回到宿舍。

据说因为聚集的人太多,坐车不可能,步行也是寸步难行,有的人住得远,到天亮都没到家。不少坐车来的女孩子只能脱了高跟鞋光脚往回走,磨破了脚又穿上,最终据说有人走出血来。

悲剧的起源

"圣诞狂欢夜"最开始是颇有点天才的策划:邀请香港内地的名歌星、名演员联袂表演,还有假面舞会、十万元大抽奖、灯展、各地风味小吃等活动。聚集5万人到香蜜湖狂欢。简单算一下账:门票50元,5万人就有250万元。请歌星、广告开支、大抽奖各项费用在50万元左右。不算当晚出租场地给各商贩的租金,一晚上也净赚200万元。而对于5万深圳人来说,一晚上花50元玩个痛快,两全其美!

策划这个活动的是深圳大学的一位年轻的在职女研究生,她的策划在执行中,有的方面做得太好,有的方面又做得太差。

宣传做得很好,组织者为了招徕观众,炮制了"精彩"的传单大肆宣扬,还在各大报纸刊登广告。宣传品上赫然写着"香港、内地影视歌舞明星大荟萃"。

而整个活动的组织,则完全处于失控状态。比如按照当时规定:邀请香港艺员来深公演,须提前3个月向有关部门报送完整的资料。可组织者直到12月4日,才匆忙提交邀香港艺员来深演出的申请,市文委当天批复:"时间不及,不予批准。"但组织者仍然以此为噱头宣传。

对广告宣传中署了名的众多协办单位,承办者最后交待:"邀请谁作为协办单位,主要是基于职能的需要来确定,所有协办单位都没有取得相应证据。"结果事发后,"被协办"的市总工会、市妇联、团市委、深圳大学等单位纷纷向他们提出批评质问,迫使承办者逐一检讨。

最严重的问题出在门票销售上,组织者对门票销售预先没有计划,不加限制,而且多方代销。导致活动当天上午他们还对参加人数心里没有底,盲目地估计为四五万人。公安部门只好就此作了相应安排。

但调查显示,组织者共印制"狂欢夜"票券124936张,已出手70829张,而按照观众进场时所领取的兑奖券计算,进场人数为74200人,如果加上儿童,进场人数近9万人。场外还有大批观众等候进场。原先准备了2000部容量的停车场,结果停了9000部,深南路上还有大批堵塞的车辆。他们事先租用的88部公共汽车,也因交通堵塞而不能投入营运。

当晚出于安全的考虑,组织者临时取消了几项过于刺激的节目内容,加上不能兑现的"香港艺员"等,大量计划没有实现!

"民告官"的官司

1991年2月3日,"华灯会组委会"在报纸上刊登致全体市民的公开检讨信,信中提到:"我们组委会缺乏组织大型活动的经验,本身又与承办者在思想要求上存在着分歧,因而整个活动显得草率、仓促,漏洞不少、管理失控……由于这次活动带有强烈的鼓动性,使得深圳市第一次出现这么大的群众活动场面,第一次出现如此严重的交通堵塞事故……"

事件还没有就此结束,事发后,市公安局福田区分局对"狂欢夜"活动的组织者——香蜜湖华灯会副总指挥陈舜清、卢胜春,作出治安拘留10天的处罚决定。陈舜清、卢胜春不服处罚决定,多次向市公安局进行申诉,而市公安局均"维持裁决"。为此,陈、卢两人于1991年5月向福田区人民法院提出上诉。成为当时很少的"民告官"的官司。

1991年6月3日,福田区人民法院作出判决:维持市公安局福田分局对陈舜清、卢胜春治安拘留10天的裁决。

整个事件就此尘埃落定,但是这个夜晚却给人们留足了教训!

Shen Zhen Diary
一九九一~二〇〇〇

古伟红烈士
1969.10.12~1991.1.10

廖玉添烈士
1963.6.19~1991.1.10

1991年1月10日

海上缉私惨烈一幕震惊全国

王恒嘉

1991年1月10日,深圳市反走私斗争发生罕见事件,一走私快艇撞沉缉私快艇,造成4名海关缉私人员2人牺牲2人受伤。牺牲的烈士为古伟红、廖玉添。受伤者为刘伟明、汤如荣。该案件当时引起了中央、省、市有关部门高度关注。

"古伟红、廖玉添、刘伟明……"缉私人员汤如荣泡在冰冷的海水里,一边吃力地游泳,一边用嘶哑的嗓子一遍遍呼喊着战友的名字,可是没有回音。远远的,有船来了,等近了一看,那是走私分子的小艇……

这是发生在大鹏湾海面的惨烈一幕,两名英勇的海关关员古伟红、廖玉添牺牲。19年前,这一事件轰动深圳,并成为全国性新闻。

当事人汤如荣在1993年离开了海上缉私一线,先后在皇岗海关、沙头角海关从事"行邮监管",查人、查货。记者在沙头角海关找到他时,他正忙得不可开交。"现在很忙,但工作很稳定,不会有危险了。"汤如荣点燃一根烟,开始讲述,袅袅的烟雾中,19年前发生的事情一点点浮现出来……

追击

1991年前后,海上走私空前猖獗。走私分子开始使用大马力的快艇"大飞"运载走私物品,"大飞"是1500马力,而一般的缉私艇只有750马力。于是广东省有关部门统一部署了打击"大飞"的行动,通过掏岸上窝点,捣毁了一些走私网络。而这,让走私分子们更加疯狂。

1991年1月10日晚上6点多钟,大鹏湾海面风平浪静,几艘缉私艇和一艘缉私大船出发了，其中707缉私艇上是4个人：古伟红、廖玉添、刘伟明、汤如荣。这个快艇小组平时总在一起执行任务。

很快，大船上的雷达发现了状况，在大船南面约15海里的地方，发现有光点在迅速移动，707缉私艇奉命出击。古伟红、廖玉添紧握住手中的枪，刘伟明准备好了喊话器，而汤如荣则驾船出发了。凭借着多年的经验，只用了15分钟，汤如荣就驾船接近了走私船。手持探照灯雪白的灯光照射在走私船上，廖玉添、刘伟明开始喊话"我们是中国海关，请立刻停船接受检查"。

走私"大飞"却没有停船，而是加大马力沿着海岸线方向开始逃跑，汤如荣也驾艇追了上去。当天的海面上风平浪静，缉私艇的马力可以发挥最大效用。而走私"大飞"装了很重的货，跑不快。双方一前一后地开始了追击与反追击的竞赛。

前面出现了两个小岛，小岛中间是一条狭窄的水道，"大飞"放慢速度通过了水道。而汤如荣凭借对环境的熟悉，快速通过。于是在通过水道后，缉私艇追上了"大飞"，并把"大飞"压制在小岛边。这时候，古伟红、廖玉添开始对大鸣枪警告。

"大飞"似乎放慢了速度，但接下来发生的事情出乎所有人的预料……

撞船

"大飞"突然调转船头，向缉私艇冲过来。从调头到撞击，只有几秒钟。等到汤如荣意识到对方是想撞船，猛打方向盘的时候，已经来不及了。"大飞"的船头正撞在缉私艇中间的船身上，几乎把缉私艇拦腰撞断。4名缉私人员都被甩了出去，汤如荣先是撞上了胸前的方向盘，然后就从挡风玻璃上飞出去。冰冷的海水一激，他很快清醒了。他首先想到的是寻找战友。

因为身上已经没有救生衣，他只好一边游，一边大声地喊叫。可是没有人回答。远远的有船来了，近了才发现，那是走私人员的接应船，他们也是来寻找"自己人"的。他们发现了汤如荣，把他拉上了船，汤如荣机警地拿起了旁边的一把小刀与他们对峙。几个走私人员愣了一下，才发现拉上来的是缉私人员，于是又合力把汤如荣推下了水。

汤如荣又回到了冰冷的海水里。而那艘接应小艇，竟然调了一个头，向汤如荣冲来，想把他撞死在海里。汤如荣潜下水去，才避开了撞击。

等他再浮出水面的时候，他继续喊叫着战友的名字，并听到不远的地方有喘气的声音，游过去一看，是战友刘伟明，刘伟明受了重伤，已经喊不出声音，两条腿也断了。汤如荣托着刘伟明，游到了两百米外的海边沙滩上。对讲机已经被泡得不成样子，汤如荣拿出枪来对天开了一枪，报告自己的位置。很快另一艘缉私艇赶来了，战友们和当地村民一起，用一辆"小四轮"把刘伟明和汤如荣送到了南澳医院。

与此同时，寻找古伟红、廖玉添的工作也在紧张进行着，深圳出动了很多船，同时还联系香港方面进行搜救，但找了很久，都没能找到。

一周以后，在西冲附近的海面和沙滩上，人们发现了古伟红、廖玉添的遗体，庄严的海关制服仍然穿在他们身上……

烈士

事后查明，撞船"大飞"上装有价值100多万元的录像机，100万在当时是笔巨款。"100万当时可以买好几套房子。"汤如荣感叹说。

廖玉添当时新婚不久，妻子肚子里的宝宝刚刚两个月。而古伟红参加工作还不到一年。两人后来被追认为烈士。

而汤如荣因为自救、救人时的机智和英勇表现，被授予"五一劳动奖章"、深圳市十大杰出青年等众多荣誉。他还见到过那艘"大飞"，整个头已经凹进去了，后来，"大飞"上的走私人员也被抓获了。当时，这起事件被广泛报道，很多人捐款，有人还指名道姓要给汤如荣。汤如荣把许多给自己的捐款转给了两位牺牲战友的家人，"毕竟他们更困难啊！"

现状

汤如荣和刘伟明先后康复出院。刘伟明现在也仍在海关工作。他们现在仍然关系密切，"同生死共患难过的兄弟，关系怎能不好呢。"每到阴天下雨，两人受伤部位都会隐隐作痛，他们在一起喝茶聊天的时候，会说起自己的伤，然后说起当年的事情,最后他们都会想起自己的战友,接下来便是沉默。

廖玉添的孩子现在已经长大成人。而汤如荣的孩子每听到这段历史,都会觉得"老爸很伟大"。汤如荣目前是沙头角海关的主任科员。他说,自己已经很多年没有在一线了,不过还是经常会关心海上的情况,听说现在很多走私船周围装上了专门用来撞击的钢棱,还把船侧、船帮设计出斜度,防止缉私人员跳船。"缉私什么时候都很难啊,只要有利益,就会有人去做,利益越大,走私分子就越疯狂。"

1991 年 4 月 18 日

首家赛马俱乐部运营 5 年无疾而终

周亦楣　谢银波

1991 年 4 月 18 日，深圳赛马俱乐部成立，打破了中国内地赛马场"零"的突破。尽管它改头换面，第一个吃"螃蟹"的深圳人还是在家门口看见了香港赛马的"影子"。时隔 6 年后，深圳赛马俱乐部却因多种原因停赛，未能创造香港赛马那样的"辉煌"。时任深圳体育运动委员会群众体育处副处长的王忠信说："那只螃蟹吃得太早了。"

尝鲜赛马得"神运"

1992 年 4 月的一个周末，老王叫上老婆孩子，要去赛马场"尝个鲜"。朋友圈里都在热议，深圳弄了一个赛马场，买一张 8 到 10 元的"兑奖券"就可以"猜头马"。老王决定也去凑凑热闹。

10 点钟到达赛马场的时候，已经坐了 1000 多人。比赛前 20 多分钟开始相马。六七匹高大健壮的骏马在马厩里溜达着，鬃毛顺滑，四肢有力，赛会给出了每匹马的资料，但在"外行"老王看来，都是"顶呱呱"的好马。老王对儿子说，看起来都一样嘛，选啥好呢？儿子指了指新疆马 6 号"神运"，"就这个吧，'神运'，神来的运气。"老王一拍手，好，就买这个。

在兑奖券上填了"6 号"，老王投进了同号的"6 号"窗口。他没有暗自祈祷，也没有双手合十，因为他根本没想着中奖，只是要看看这个风靡香港的赛马到底是怎么玩的。

比赛正式开始了。7 匹骏马从马闸里冲了出来。瞬间，人们从座位上跳了起来，激动地呐喊着。原本气定神闲的老王也坐不住了，眼睛紧盯着 6 号

1992年5月17日,深圳市赛马俱乐部在香蜜湖赛马场举行一场慈善赛马比赛。
王叙照/摄

"神运"。看着周围的人,握着拳头,涨红着脸,满怀期待地叫着自己猜的"头马",老王"莫名地紧张起来,一股热血就冲上来了",老王说,本没想着中奖,只是看看热闹,然而情绪是会感染的,没有参与过赛马的人很难体会到那种感觉。

1400米的赛程,在最后300米,落后的"神运"开始发力。老王欣喜若狂,竭尽全力叫喊着"神运"的名字。"没想到,'神运'真的带来了'神运'。"老王说,"'神运'拿了第一,都是名字起得好。"

拿着兑奖券的副券领了奖金,过把瘾后的老王再没去过赛马场。他解释说,只是尝个鲜,没这个爱好,更没想过靠赛马发财。几年后,老王想带外地来的朋友再去赛马场看看,一打听,赛马场没了。

赌马?"想都不要想"

老王说的赛马场位于香蜜湖中国娱乐城内,占地7.9万平方米,可容纳2000多名观众。1991年4月18日,深圳宏昌实业有限公司和香港梁氏公司共同创办了深圳赛马运动俱乐部,出资比例分别为宏昌51%、港方49%。这是我国内地首家赛马运动俱乐部。

打那时起,深圳赛马场上响起了"得得儿"的马蹄声。"听说过香港赛马那么多年,终于能在家门口看赛马了。"老王说,兴奋之余,更多的是好奇,深圳的赛马会用什么样的方式比赛呢?

在香港，赛马又称"赌马"，有100多年的历史。它是指对跑马结果竞猜的一种特殊彩票。赌马在香港是合法的，据说，每三个香港人中就有一个是赌马迷。赛马的入场费是10港币，每张下注的马票最低10港币，高了不限。买中头马（称为"独赢"）或二马（称为"位置"）都可以得到奖金。奖金额按投注总额而定，一旦冷门马夺冠，奖金就高，曾有过10元马票赢近百万元的记录。

"深圳的赛马和香港的赛马不一样。"时任深圳市体育运动委员会主任的马志久说，当初有公司申报举办赛马活动，体育局表示同意，市工商、税务部门也颁发了相关执照。但有一个严格的底线，"赛马必须是群众性的活动"，也可举办比赛，开展训练。至于赌马，"想都不要想"。

成立当天，深圳赛马俱乐部就办起了首届"宏昌杯业余骑术大赛"，随后又举办了"93深圳亚洲地区马术邀请赛"，"94深圳国际马术（障碍）邀请赛"等比赛。

打擦边球"猜头马"

然而，赛马贯穿利润法则，具有明显的商业化色彩。初来深圳"试水"的赛马运动俱乐部，开始寻找不触"底线"的盈利模式。

1992年2月23日，深圳赛马俱乐部首次创设了一种具有"深圳特色"的"猜头马"有奖游戏，兑奖率限定为"一赔三"，即如果猜中头马，即可获得相当于门票值3倍的奖金。

1992年3月2日，深圳赛马俱乐部第三次"猜头马"的这天，一个新方案抛出来了：将出售兑奖券收入的65%用于奖金，这65%的金额除以每匹马的投票总金额，即得出每匹马猜中后兑奖的倍率。接受投注越少的马匹一旦成为头马，兑奖率也就越高。该方案一出，引来更多人参与。2月23日深圳第一次跑马仅400名观众参加，而到4月5日的第四个赛马日，参加者已达到近千人。

中国国家马业网登载的《对深圳赛马活动的研讨》一文，将"猜头马"定义为"有奖智力公益赛马"。1995年5月17日，全国助残日，深圳赛马俱乐部以"助残赛马日"为主题举办全国首次慈善赛活动，将兑现奖金后的全部所得近4万元捐赠给残疾人基金会。时任民政部部长的崔乃夫、深圳市委秘书长任克雷等领导参加了这次赛马活动。崔乃夫部长在接受香港无线电视台记者采访时说，赛马是一种娱乐，至于是好是坏，时间最后会证明。

"螃蟹"吃早了

就在看似蓬勃发展的深圳赛马业被看好的时候，1997年2月9日赛马却戛然而止。有报道将原因归于香蜜湖马场租期已满，不能再订合同，俱乐部先后选址龙岗、西丽，但因环境保护区的限制和场地不合要求等原因被搁浅。但王忠信认为，那不是根本原因。

时任深圳市体育运动委员会群众体育处副处长的王忠信说，"那时候，深圳还没有充分具备赛马的条件。这个'螃蟹'吃得太早了。"王忠信认为，深圳市民大多只是好奇，没有形成赛马的氛围，政策上也禁止"赌马"，归根结底还是经济的原因。

前深圳市体育运动委员会主任马志久对这种说法表示赞同，他说，在深圳饲养一匹马的成本还是很高的。要配备空调房、兽医，而且马匹吃了稻草容易反胃，还要从北方运来干草、黑豆等，算下来一个月需要数万元。没有高额的盈利保障，是养不起马的。

1999年12月，《人民日报》发表了题为《马术运动必须健康发展》的文章，文章指出："我国政府三令五申：只允许开展体育性、竞技性赛马，决不能搞有博彩性质的赛马。""不能抽掉社会性质谈'现代赛马'，这不符合社会主义中国的国情，对于外来的东西，不能盲目照搬。"

中国马业协会工作人员在接受记者采访时表示，"赛马"一词需要慎用，目前国内还没有严格意义上的赛马。如今，不在看台上观看赛马的深圳人有了新的选择：去马场骑马。据了解，目前深圳有南澳西冲的牧马庄园，光明农场的光明骑士会等十余个马场，有上万人参加了这项运动。

1991年5月15日
证券公司走街串巷卖股票

熊燕

1991年5月15日,深圳市政府正式颁发《深圳市股票发行与交易管理暂行办法》,这是我国第一个股票市场管理条例,6月15日起实施。它标志着作为我国证券市场试点的深圳股市进入了由直接行政管理向依法间接管理的重要转折。近20年的岁月里,股市历经暴涨暴跌,上演了一幕幕人间悲喜剧。

深交所诞生:先生孩子后拿准生证

说到深圳不能不提股市,说到股市就离不开深交所。众所周知,中国第一个证券交易所是上海证券交易所,而事实上从运营角度看,深交所才是中国第一家证券交易所。这是记者昨日从深交所的筹备人之一王喜义口中得到的历史真相。

王喜义1962年毕业于东北财大,在中国人民银行总行工作27年后,于上世纪80年代南下深圳,任人行深圳分行副行长,后又任行长,兼任过深圳市证券领导小组副组长,深圳证券交易所理事长。

75岁的王喜义在接受记者采访时回忆说,1988年11月,深圳市政府成立了资本市场领导小组,着手进行证券交易所的各项筹建工作。1989年9月8日,深圳市证券市场领导小组及人行深圳分行向中国人民银行报送了《关于筹组深圳证券交易所的报告》,1989年11月15日得到总行批复。

1990年11月30日,市委书记李灏来到深交所筹备小组询问开业准备工作,当听到筹备准备工作全部就绪后,李灏果断决定马上开业运营。12月

1日，我国改革开放后第一个投入运作的证券交易所——深圳证券交易所终于诞生了！17天之后，上海证券交易所经批准正式挂牌开业。至此，我国出现了深沪两大股市并肩而立、相互呼应的格局。

1991年7月1日，中国人民银行总行批准深交所正式开业，深交所诞生7个多月得到了出生证。

王喜义说，改革开放是要建立市场经济，市场经济的发展一定要有金融市场的配合。证券市场的建立使得企业可以从资本市场直接融资，直接融资和间接融资两条腿走路给企业注入了极大活力。深圳的金融业也因此而获得了长足的发展，成为三大经济支柱之一。

首批股票：深发展成股市风向标

在中国股民总数过亿、上市公司逾千家、股票市值超过国民生产总值的今天，有谁想到，中国的股票在20世纪80年代是一个名副其实的"灰姑娘"。

当时的深圳大规模的建设全面展开，急需筹集大量资金。1986年，深圳市政府制定了《深圳经济特区国营企业股份制试点的暂行规定》，一些企业根据规定进行了股份制改造，有的还向社会公众发行了股票。1987年5月，市政府决定由人行深圳分行批准深圳发展银行首次以公募方式，采取自由认购办法，向社会公开发行9.65万股，每股面额20元，筹集资金793万元作为股本金。1988年4月，深发展股票首次在深圳特区证券公司挂牌，拉开了深圳股票交易的序幕。

王喜义告诉记者，当初选择深发展作为第一只股票来发行，主要基于深发展是由深圳几家城市信用社组建、股权结构比较明晰，实施股份改造比较简单。但是，最初在向人行总行上报深发展的发行方案后，方案却被总行否决了。王喜义并不泄气，他建议总行派人来深圳调查，调查的结果是，总行最终同意深发展作为深圳第一只股票发行。在此后十多年里，深发展一直是深市龙头股的代表，很多老股民炒股时，都把深发展的走势当成股市的风向标。

之后，万科、金田、石化、宝安、物业、华发、中厨等原属国营企业都对社会公众发行了股票。这些企业融资上市后，获得极大发展动力，同时，上市后企业成立董事会监事会，这种约束促使企业不断完善管理机制、努力提升业绩,深圳也由此产生了像万科、招行、平安这样优秀的世界级现代企业。

第一家券商:员工上门推销股票

在深圳中心区和蔡屋围金融街,林立着大大小小的证券公司和基金公司,提起这些金融机构,人们的语气也都是充满了羡慕。白领、高收入成了证券公司的代名词。然而,深圳最初的几家证券公司可没有这么风光。

1987年11月14日,特区证券公司由深圳人行独资兴办改组为10家金融机构出资组建的股份制证券公司,1987年他们承销了深圳发展银行发行的股票,1988年4月11日又与深发展签订协议,将深发展股票挂牌买卖,成为深圳股票柜台交易的先驱。

王喜义告诉记者,当时为了推销深发展股票,特区证券公司全员出动,同深发展的员工一起走街串巷,上门宣传,甚至开着大喇叭敞篷车摊派推销。有的员工被摊派到任务时,对方说没有钱买,他们就先把股票给人家,待发工资再扣款。有的同志在推销中遭到白眼,甚至被轰出门,"当时深圳的人甚至全国的人,都不知道股票是怎么回事,都不敢买,况且当时人均工资也就六七百元一个月。所以,摊派推销股票也成了一种手段。"

此后,特区证券经过变身巨田证券直至最后被银河证券收购,如今这个名字已不复存在,但深圳证券市场在经过20多年的历练后,规模不断发展壮大。到2009年,深圳券商数量已达18家,而北京为17家,上海为14家,区域券商数量更是跃居全国各大城市之首。

第一代股民:疯狂的新股认购大战

1989年,股价35元的深发展中期分红2送1后,股价又回到35元上方。不久深发展又推出配股方案:10配6,股价很快又被炒到70元以上。1990年初,深发展拆分,面值由20元改为1元,每股价格变为2.8元,到4月又涨到11元。此后,几个月时间里,面值1元的深发展从11元涨到24元,面值20元的金田从24元涨到81元,面值1元的万科从1.3元涨到7.5元,面值1元的安达从1.5元涨到8元。

但是,由于卖家惜售,报价失去意义,随后深圳出现了兴旺的黑市交易。

1990年3月以后,深圳的黑市交易公开化了,炒手们为通报各个点的价格,用上了当时刚刚出现的无绳电话,即"大哥大"。当时每部"大哥大"的价格高达两万元,话费非常昂贵,用"大哥大"是财富的象征。

1992年8月7日,深市发布1992年新股认购抽签发售公告,宣布该年发行国内公众股5亿股,发售抽签表500万张,中签率为10%,从理论上说,买到十张表必能中签一张。抽签表要凭个人身份证购买,这就在深圳之外引发了一场身份证收购大战。当时有一个邮局收到一个包裹里装有700多张身份证,而据当时有关部门估计,大约有320万张居民身份证"飞"到了深圳。

到了8月初,150万来自内地各个省份的人涌入深圳买认购证。

记者日前采访到当年从湖南来深圳买认购证的老股民老蔡。老蔡今年40多岁了,他告诉记者,1992年8月初,在湖南衡阳一所中学当老师的他,听在深圳打工的弟弟说买股票能发财,就趁着暑假揣着全部身家3000多元来到深圳。他清楚地记得,8月9日,在罗湖一家银行的门口,几千人的长队排到马路上,男女老少,勾肩抱腰,紧紧靠在一起,才能防止别人加塞。因为在他们看来,买上认购抽签表,就拿到了财富的敲门砖。老蔡当时还是小蔡,排在小蔡前面的是一名东北大汉,他不停地抱怨小蔡抱得太紧他热得受不了,8月的深圳正值酷暑,"就是一个人站着都热,别说几千人了。"

因为认购证的供应数量有限,发售过程中出现徇私舞弊、截留抽签表的现象,一部分排了一天一夜队而没领到抽签表的群众开始焦躁起来,8月10日终于爆发了群体性骚乱,这就是"8·10"事件。之后,国家在长达一年的时间里停止了新股发行工作。

老蔡告诉记者,当时深圳发行股票是抽签表方式,一张抽签表50元,一个人排队只能买一张抽签表,一张抽签表可以分配十个号,也就是十张身份证参与摇号,在十个之中摇出一个中签号,所以,只要排队买到了一张抽签表,那接下来必然会有一个中签的股票认购证,然后就可以认购一千股。

老蔡买到了一张深南光的抽签表,在扣去1500元的认购成本之后,他赚了2000多元,那可是他在衡阳当老师一年的收入。于是老蔡决定,不回衡阳了,留在深圳继续炒股。后来的很多年,老蔡炒股赔过也赚过,如今他只拿很少的钱炒着玩玩:"现在股市不像过去那么好赚钱了,还是做实业扎实点。"现在老蔡在横岗开着一家小印刷厂,手下百十来号人,专门给商场超市印宣传画册,"当时来深圳还真来对了。"老蔡对现在的状态很满意。

1991年12月24日
幼时没裤子穿的高森祥因受贿判死

南兆旭

1990年8月10日,时任中信实业银行深圳分行行长的高森祥被逮捕。担任行长的两年里,高森祥收受贿赂现金及实物折款港币173万元,人民币63万元,美金5000元,而因他收受贿赂导致银行无法收回的贷款与担保损失达上亿元。1991年12月24日,高森祥被执行枪决,他是深圳建市以来第一个因受贿被执行死刑的银行高管。

高森祥案是"深圳市经济罪案举报中心"挂牌后办理的第一个大案。当年,在纷杂的举报中,一封检举信引起办案干警的注意:蛇口泛信磁电厂短短时间从中信实业银行深圳支行拿到了1个多亿的贷款,大笔的贷款账面上居然没有贷款利率,没有还款日期,没有担保单位。检察官立即传唤了泛信磁电厂总经理陈民先。陈民先不仅交代了自己如何骗取贷款,同时也端出了和高森祥的交易。

高森祥跑回老家梅县,随后又潜回深圳,他持有高价买来的多米尼加护照,试图逃到香港然后出国,没有成功,最后落网的地点是广州东山宾馆1322房间。

高森祥出生在广东梅县一个农民家庭,从小放牛,念小学的时候只有一条裤子,放学回家,母亲先让他把裤子脱了才可以去放牛,如果裤子在山上被灌木挂破了,第二天上学就会没裤子穿。案发时,当年只有一条裤子的放牛娃同时有3个情妇。他给每个情妇都买了一套房,挥金如土的追逐,深深打动了一位情妇的母亲,他嘱咐女儿:高行长是个好人啊,你要对得起他。带高森祥出入香港风月场所的港商感叹:高行长玩女人,比香港的阔老板出手要大方得多。

案发前,高森祥回家探亲,前面是银行的押钞警车开道,后面是专门的行李车,中间是5部轿车的车队。

高森祥曾对向他行贿的商人说:以前穷怕了,现在不管他什么,就是要钱。

高森祥与30年里深圳其他落马的官员没有多大区别——贫寒的出身,勤奋刻苦的少年,努力向上的青年,春风得意壮年和利令智昏的中年。应验了古人一句话:穷寡生勤奋,勤奋生富贵,富贵生昏聩,昏聩生骄奢,骄奢生灾祸。

高森祥们的智商都不低,这个轮回,却参不透,挣不脱。

1992年7月18日
被遗忘的中国首富村——大坑村

吴建升 林燕君

1992年7月18日,深圳东部大鹏湾畔因一夜间冒出一个"中国首富村大坑村"而引起海内外媒体的关注。香港媒体曾惊呼"北有大邱庄,南有大坑村"。

但在以后的近20年中,大坑村似乎被人遗忘了。今天,深圳已没有几个人知道大坑村还是曾经的中国首富村。

核电站征地大坑村搬迁

大坑村原位于深圳大亚湾畔,全村一百多号人世代打鱼种稻为生。因为地处偏远,交通不便,几乎过着与世隔绝、日出而作、日落而息的生活。

但他们这种田园牧歌式的生活,随着大亚湾核电站的兴建而终结了。

1983年,大亚湾核电站选址在大坑村的所在位置,政府就把大坑村人动迁到新盖好的位于王母墟的大坑新村,即今天的大鹏街道迎宾路。

大坑新村是1985年建好的,都是崭新的二层小楼,在当时的深圳乃至全国都不多见。大坑村由两个自然村——大坑上村和大坑下村组成,各自独立核算,搬迁新村后仍保持原状。由于历史和地理的原因,大坑村40年代、50年代、60年代出生的人大都流居海外,人数有四五百之多,剩下的多半是老人和小孩。搬进新村时,全村共39户,130多人。

土地没有了,国家给他们每人补偿1万元,再加上部分搬迁费,近2万元。这笔费用除了在镇上为每户建设一套新房和用于必要的生活安置外,总计尚剩130万元,都由村集体掌握。

当时不少村民提意见,这钱既然是给我们的补偿费和搬迁费,就应该发到大家手上，由个人支配。可在这件事上村干部没敢听取村民意见，因为这点钱发到个人手上，可能很快就花光了。而村里没了地，钱花光了，村民以后的生活靠什么维持呢？

投资入股造就全国首富村

钱没分给村民，但到底用来做什么，村干部心里也没底。当时大坑村隶属宝安县大鹏公社，村干部向公社领导讨主意，公社领导就反映到宝安县主管拆迁的部门，最后一级一级报到县市领导那里。

原深圳市人大主任李广镇接受媒体采访曾回忆过当时的情景。他在特区成立前曾做过大鹏公社书记，特区成立恢复宝安县建制时又担任过县长，为了筹集县建设资金，他上任不久就倡议成立了宝安县联合投资公司（即中国宝安集团的前身），公开发行股票。"当时县里负责搬迁安置工作的同志就来找我，问我剩下的钱该怎么安排？我提出三条：第一，这是集体的钱，不能分发到个人；第二，可以拿来盖工厂房发展经济，搞来料加工；第三，建议投资到宝安县联合投资公司作为股东。"李广镇说。因为他曾在大鹏担任过书记，村委回去一商量，一听是老书记的意见，考虑到办厂房管理也有困难，干脆就把130万投进股份公司，每年参与分红。

投资宝安联合投资公司后，大坑村人很快尝到了甜头，公司每年分红派息，村委会把这些红利按每个劳动力每月400元，每个中学生每月补贴350元，小学生补贴250元发放。在上世纪80年代，大坑村百十来号人这样的收入绝对达到了小康水平。大坑村人做梦也没想到他们会一夜暴富。

1991年宝安投资公司改制后更名为深圳宝安实业有限公司，并准备在深交所上市。上市前进行了一次大规模分红，每1股配送9股，大坑村人投下去的130万元，即130万股，变成了1300万股。1991年6月25日深圳宝安股票上市亮相，定位在3元多，就是从130万一下翻了30多倍。接着在此后的18个月内，每股从3元多涨到了33.95元，即130万猛翻了300多倍。

大坑村人的财富在股票上市后的日子以几何速度增长到天文数字。

全村人心跳加速。

世代打鱼为生的大坑村人对股票这种新玩意不太放心，他们只相信花花绿绿的钞票，强烈要求村委会变现发钱。

可当时的宝安股是法人股，不能上市流通。好在当时股市监管并不规范，只要找到关系，拿到证管办的批文，办理一些相关手续，即可到市场去抛。村干部如法炮制，终于弄到了批文，相继抛掉了600万股，获得6000多万。3000万存入银行吃利息，3000万用来买房产买地皮。

到了1992年7月，大坑村当时人均净资产已近200万元，超过了号称"全国首富村"的天津静海县大邱庄和闻名全国的江苏江阴市华西村。引起了海内外媒体的关注，当时有香港媒体以"北有大邱庄，南有大坑村"为题作过报道，并称大坑村为真正的"中国首富村"。

"首富村"只想低调生活

记者如果不是采写深圳日记查询资料，根本就不知道大坑村曾是中国首富村的这档事。相信今天的深圳人也没有几个知道。

一个不容回避的事实是，在过去的好多年里，曾经的中国道富村大坑村已经被遗忘了。

日前，经大鹏街道党工委办工作人员指导，记者致电大坑村委询问村里多年来的发展和村民们的生活情况。上坑村戴村长（村民小组长）说，他很忙，没时间接受采访。下坑村徐村长（村民小组长）则有些愤愤然地说："什么中国首富村，全是假的，都是记者瞎编的！"

7月9日上午10时20分许，记者辗转找到了位于大鹏街道迎宾路的大坑新村，却怎么也无法将其与"全国首富村"挂上号。

这是一个用围墙圈起来的大方院，正门砌得像个牌楼，在金黄色的琉璃瓦顶盖下，书写着"大坑新村"4个金字。进门后便见4排整齐但极其残旧的住宅楼，多为上下两层，一看就是上世纪80年代的建筑风格。楼间是绿树成荫的水泥小道。上下村各占两排楼，当中没有分界。每户人家有上下两层房和一个院落，居住面积一二百平方米不等。院内很安静，除了路边偶尔坐着的老人，几乎再无人走动。

因为残旧低矮，大坑新村的建筑与周边的建筑显得有些格格不入。更无法与市里那些城中村相提并论。仅以此来看，也许在深圳算是贫困村还差多。在下坑村委会办公室,记者一提到当年"首富村"的话题,留守的徐女士就说:"那些都是假的,是记者吹出来的。"记者请她谈谈大坑村村民这么多年的生活和工作情况,她说:"我们很困难,这些我跟你说了又有什么用,你们能帮我们重新盖房子吗?"她坦言大坑村前些年被一些媒体的不实报道"害惨了",所以现在村里上下一律拒绝接受任何媒体的采访。记者随后联系大鹏社区和居委会,想了解大坑村这些年的发展情况,均被以太过敏感,不便相告而婉拒。

当天,大鹏街道宣传部副部长颜允波告诉晶报记者:"大坑村不愿接受采访其实没别的特殊原因,他们只是不想再成为社会关注的焦点,只想平静低调地生活。"

卖光股票套现 2.3 亿?

据大鹏一位熟悉大坑村情况的人透露,当年搬迁后,全村35岁以内的青壮劳力,都被安排到核电站就业,剩下的人就靠分红和从事其他一些生计维持生活。但在上世纪90年代末期,由于宝安公司连年亏损,村里有好多年都没分红派息。2002年,上坑村因为拖欠水电费,其所持股票曾被法院以每股0.25元的价钱拍卖过,但最后拍卖没能成功。

记者查询发现,在中国宝安集团股份有限公司2008年年报中,深圳龙岗区大鹏镇大坑上村位于前10大股东中的第四位,共持有中国宝安集团1067.18万股有限售条件股份,占总股本的1.03%;大坑下村持有726.29万股有限售条件股份,占总股本的0.7%,居第七位。不过,中国宝安集团股份有限公司公布的2009年年报显示,公司前10大股东中已不见大坑上村和大坑下村的身影。与此相关的一个信息是,中国宝安集团2009年5月25日公告称,大坑上村1067.18万股限售股和大坑下村726.29万股限售股自25日起上市流通。这表明,大坑上村和大坑下村在此后的半年里采取了大幅度减持动作。而在这半年多时间里,中国宝安的股价在10至15块的区间震荡,按平均价12.5计算,如果大坑上村和大坑下村将股票全部卖出,则套现约2.3亿元。

1992年8月10日

"8·10"股灾：一场暴富梦引发的乱局

马骥远

1992年8月初，户籍人口不到百万的深圳，短短几天之内涌进了上百万人。这些来客随身携带的行李非常简单：大把的钱，大把的身份证。到了深圳，他们就迅速扑向深圳的各大证券营业网点，参与当年深圳乃至全国的一桩盛事——新股认购抽签表的发售。但由于新股认购抽签表出现严重供不应求以及发售过程中的舞弊现象，一场骚乱最终爆发。

1992年8月10日，这一天注定要写在中国改革开放的历史上。

原始股，深圳的神话

深圳证券行业资深操盘手查韬是1990年大学毕业后来到深圳的，20年来一直在深圳证券行业闯荡。他对晶报记者说，1992年的"8·10"不是一个孤立的事件，它是深圳甚至全国证券行业发展的一个重要节点。

上世纪80年代末90年代初，中国内地股市还处于幼年时期。1990年12月1日，深圳证券交易所试营业，第二年7月9日正式开业。紧接着，就是1991年的新股认购。

查韬清楚地记得当时的情形：申购人要携带身份证，每人最多可以拿5张身份证，每证领取一张申请表；集中抽签之后，中签者再办理购买手续。查韬从亲戚朋友那里借了6张身份证。11月10日新股开始发放新股认购申请表，查韬11月9日晚上在红岭大厦一楼的申购点排队。第二天上午，查韬用其中5张身份证领到了5张申请表，后来有一张中签，买了2000股深康佳原始股，发行价3.9元。"过了几个月后抛出，每股净赚20多元。"查

1992,深圳。这位来自江西的小伙子在发售股票前半小时,被清洗出列,他从头到脚全被汗水淋湿,眼窝里挂着豆大的眼屎,手里紧攥着捆的结结实实的钞票和身份证,对着记者的镜头绝望地喊:"我排了两天两夜啊……"

张新民/摄

韬记忆犹新。这种因认购新股带来的暴富效应，使得原始股在全国人民心中成了一个神话。1992年的股市风波，也许就此埋下了伏笔。

空前的身份证大挪移

1991年深圳新股发售的中签率为4.9%，按这个比例，大约有10多万像查韬这样的幸运儿买到了原始股，"暴富"了一把。这无疑为1992年的深圳新股发售起到了最好的"预热"作用。

时任深圳市委书记的李灏同志后来回忆道，1992年新股上市方案大体沿用了1991年的做法。发放时间为8月9日至10日两天；发售新股认购表500万张，一次性抽出50万张有效中签表，中签率约为10%；每张中签表可以认购本次发行公司的股票1000股。为减少排队人数，每一排队者最多可持有10张身份证买表，每张抽签表收费100元。

于是，一场可能是中国历史上空前绝后的身份证"大挪移"开始了。

1992年7月，在湖南省湘潭市务农的李勇民接到了在深圳工作的大哥李伟民打来的电话，要他和妈妈火速收集身份证，越多越好。"我和母亲挨家挨户地找了20多张身份证。但到了广州才知道，去深圳的火车票早就被抢购一空，只好从黄牛手里花200多元买了原价40多元的票。"

事后统计，那段时间有来自全国的320万张身份证"飞"到了深圳；从外地来深圳购买申请表的，有近百万人。

人，挤成了"羊肉串"

据查韬回忆，1991年11月他申购当年新股的时候，申购点前排的队大约200多米长。这与1992年8月的情形相比，无疑是小巫见大巫。

1992年8月8日傍晚6点多，查韬来到红岭大厦的发售点一看，傻眼了：深南中路、红岭路的几个发售点，全都人山人海，里三层外三层的人流互相拥挤、层叠。

就在查韬排队的同时，李勇民和哥哥李伟民也在数百米之外的另一个发售点排队。李伟民回忆说，队伍里很多是被雇来排队的民工，每人一天能赚

日夜排队，人抱着人领取股票抽签表。　　　江式高/摄

50元到100元的酬劳，不断有人为了加塞而故意冲乱队伍。

拥挤、炎热、不安的两个昼夜之后，8月9日终于到来了。"刚刚开门10多分钟，里面的工作人员就说，申请表已经卖光了。"查韬回忆说。

截至8月9日晚上9点，全深圳300个发售点全部宣告申请表售完。而原定的申请表发售时间是8月9日和10日两天。"里面肯定有猫腻。"查韬说，"我们前一晚排队的时候，就不断有保安放出话来，说里面的申请表关系户都不够分，早就没了。"

于是，极度疲劳、极度失望的人们愤怒了。他们纷纷把矛头指向申请表发售中的舞弊行为。深圳电视台当晚报道称，由于发售组织工作存在失误，一些网点发生内部舞弊行为。其中有些发售点刚刚宣布卖完抽签表，就有"黄牛"手握几十、上百张的抽签表，以每张700至1000元的价格兜售。

冲突，在愤怒中爆发

"我们看到人们的情绪越来越激动，感觉情势不妙，马上就离开了队伍。"李伟民和他的弟弟、女友回到集体宿舍，一边休息一边观察事态发展。

到了8月10日下午，几千股民开始聚集、围观，继而打着"坚决反对作弊"、"反对贪污"、"我们要公平，我们要股票"的横幅，从东门南塘街聚集后，会合宝丰大厦聚集的人群沿着深南中路向市政府方向游行。

中央电视台新闻评论部主编陈耀文，1992年还是一名部队的宣传干事，当年8月10日他正在深圳出差。2010年8月,他接受晶报记者采访时回顾了那天的情景:"那天晚上,一个朋友请我在深圳著名景观'邓小平画像'对面的水晶宫大酒店吃饭。晚上7点多从住宿的三九大酒店出来,街上很难打到车。好不容易坐上车,顺着深南大道开着开着就走不动了,只好步行。突然,我听到震天的口号声,举着白色横幅的人群像潮水般涌过来。"

据当时的报道,游行队伍很快来到市政府,秩序相当混乱;晚上9时28分,公安防暴队向密集人群施放了催泪弹,又动用高压水枪来驱散游行队伍。

紧急增发申请表平众怒

面对危机,时任深圳市委书记的李灏同志提议,把第二年的500万股票额度提到今年发行。当晚9点40分,深圳市政府发布《公告》称:新股认购中的腐败一定要惩治;市里决定增发500万张抽签表,将明年的额度提前发行;明天还在原来的销售点排队购买。

这个决策立竿见影,李勇民对记者回忆说:"8月10日深夜,《公告》广播之后,闹事、围观的人们一下子就散了,又跑到认购点排队去了。第二天,绝大多数排队的人顺利地买到了抽签表。"

当年12月,一份调查结果出炉:在全市11个金融单位300个发售点,有10个单位共95个发售点受到群众点名投诉举报;清查出内部截留私买的抽签表达10万多张,其中,金融系统内部职工私买近6.5万张,执勤、监管人员私买2万多张,给关系户购买近2万张。一批责任人受到了查处。

"8·10"事件的教训是深刻的,但这一事件也促进了中央证券监管机构的诞生。当年10月底,国务院证券委员会成立。此后,国家和深圳出台了一系列政策法规,促进中国股市逐步走上健康发展的道路。

深圳大学教授魏达志近影。
吴铠峰/摄

1993年1月22日

从生命垂危的道德楷模到著名学者

刘敬文

魏达志，现任深圳大学产业经济研究所主任，著名经济学者，细心的读者会发现他经常在媒体上对经济热点问题发表自己的专家意见。时间回溯到1993年1月22日，《深圳特区报》刊出消息《魏达志维持生命面临难题》。当时魏达志患有肾衰竭被预言只能活5年，而他在病中坚持学术研究，出版了两部著作。

舆论"替补"了医保

在讲故事之前，先要说明的是，魏达志先生的故事带有那个时代的明显烙印，是无法复制的，尽管时间也仅仅过去了不到20年。在上世纪90年代的特区，他被认为是活在我们身边的保尔、吴运锋式的人物，魏达志至今仍然真实地活着，著作已达20部。

"青年学者魏达志目前亦喜亦忧：尽管双肾功能完全丧失，但他的病情仍得到控制，可以和正常人一样活下去。但是他的医疗费用将成为很大的难题。三九医院非市属单位，未和市医疗保险挂钩。魏达志的医疗保险费能否顺利转到三九医院血液净化中心还不得而知。另外，魏达志在这里的医疗费用每月高达数千元，医疗保险只能承担其中一部分。"

就是对特区没有任何了解的人，读了这篇1993年的《深圳特区报》报道，也会得出一个疑问：为什么一位有前途的知识分子，连基本的医保都享受不到？

当然，这个疑问提得很有时间代沟。要知道，那个时候正处于社会保障转型阶段，社保医保十分不完善。20年后，魏达志回忆说："当时，我所工作的赛格集团的马总很照顾我，批了5万元医疗费，可是，这连日常血液透析的费用都不够。"魏达志的故事并没有因此而结束，因为，深圳的舆论界这时候站出来了。

"魏达志"作为一个新闻题材，被深圳媒体抓住了，媒体开始连篇累牍地报道，记者们用当时特有的抒情笔调，呼吁社会关注这位有震撼力的人："在深圳，就有这样一位青年知识分子。他身患肾功能衰竭症并到了尿毒症晚期，靠每周两次的血液透析维持生存，一旦间断，生命就会终止。站在死亡的边缘上，他没有畏惧，没有彷徨，继续在自己心爱的学术领域作不倦的探索。他忍受着疾病的种种折磨，克服了重重困难和阻力，在医院的病床上，写下了一篇又一篇颇有独到见解的研究报告和论文，赢得了行家们的钦佩和赞赏。他正致力于履行自己的诺言：要用自己生命的最后一点热能，去创造属于社会也属于自己的一份价值。"

1993年7月9日，《深圳特区报》以超乎寻常的篇幅刊发了长达17000多字的报告文学《中国魂在深圳震荡》。

调动财政专款支持换肾

关于魏达志的连续报道在社会上引发很大的反响。

魏达志38岁生日的那一天，深圳一位姑娘专程到广州看他，并在一个"心"形的有机玻璃盒子里，装进了亲手叠制的三十八颗"幸运星"。上海复旦校友会专门开会，决定接魏达志到上海换肾，并安排好每人轮流去医院护理。广州市医药卫生研究所、深圳长寿补品厂，都为他送去免费营养液。深圳复旦校友会发起设立了魏达志抢救基金，校友柏晓彬等人四处奔走，为他募捐。他们到处宣扬魏达志的事迹，先后为魏达志募捐到2万多元。

1992年青年节，在深圳电视台演播厅里，举行了"《达志文集》出版发行暨赠书仪式"。200多位各界代表出席，魏达志把6000册《达志文集》无偿地奉献给社会各界。深圳市委、市政府专门作出了《关于对魏达志同志予以奖励的决定》，并当场奖给2万元奖金。

这部《达志文集》是魏达志在重病期间写就的著作中的一部，另一部则是《特区企业集团跨国经营论》。他的一句"别人留下个孩子，我留下两部书"，把记

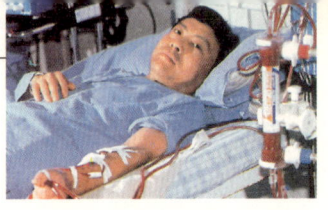

每周3次透析的日子,魏达志过了5年。
资料图片

者感动得落泪,他的座右铭"自在云里走,脚往泥里行",被不少热心读者传诵。

事件的高潮发生在1994年,当年夏天,魏达志的病情恶化,需要去北京做肾移植手术,当时的深圳市委书记厉有为亲自审批20万元作为他的手术费,用财政专款资助魏达志到北京换肾。

包袱和亮点

魏达志在北京治疗期间,中宣部组织拍摄的电视专题片《魏达志》向全国发行,把"魏达志"作为一个来自特区的道德楷模和知识分子典范形象,推向全国。

换肾回到深圳后,魏达志任深圳政协委员。1997年,他被调往深圳大学,重新回到高校,身体开始有所恢复的魏达志日夜不休,他的经济学专著《体制选择与结构预期——共和国经济变迁五十年》《转型期社会与经济》《高科技产业化的十大条件》《危机与重构——世界国企研究》《市场经济的两大结构》等一本接一本面世,其中三部专著分别获得全国性和深圳市社科优秀著作奖。

更有意思的是,魏达志还通过媒体找到了生活的另一半,1998年6月10日,《深圳商报》为魏达志免费刊登征婚广告。2000年8月,魏达志在《深圳晚报》上再次刊登征婚启事,短短一个月,就有100多位女士应征。2002年,魏达志和来自江西南昌的女教师谢梦结婚,深圳商报社的朋友为他主持了婚礼。时任深圳大学党委书记的姜忠说过一句这样的话:"原来以为达志是个包袱,后来才知道他是个亮点。"

故事仍在继续

现在的魏达志仍然忙碌。作为学者,他最近一次获奖是其著作《深港大都会形成机理研究》获国家新闻出版总署的原创图书奖。

他身份越来越多样化,在媒体上,他是经济学专家,对诸多经济热点问题频频发言,而在报纸的副刊版面,他又作为一名书法家屡屡登场,他和兄长及已经去世的父亲、书法家魏大愚的三人书画展曾在深圳博物馆展出。

记者问魏达志对于20年前的那些事有什么感受,魏达志说:"经过那些事,现在的生活我会感觉特别甜。"

1993年2月4日
市民的建议让深圳放弃轻轨改建地铁

马骥远

　　1993年2月4日,深圳市城市铁路客运(地铁)领导小组第一次会议透露,深圳地铁首期工程将于年内开工。眼下,深圳最大的在建工程,莫过于地铁了。五条地铁线路建设齐头并进,一方面给深圳人的出行带来了方便,同时也勾画了一幅未来轨道交通时代的美好蓝图。实际上,深圳轨道交通的规划从1989年就开始了,不过,最初规划的却不是地铁,而是轻轨!

　　1992年7月,深圳轻轨建设规划已经获得了当时国家计委的批复,眼看箭在弦上。可是仅仅3个月之后,市委市政府就修改了此前的决策,决定不建轻轨,改建地铁。此中玄机何在?我们无法一一还原历史,但是可以确定的是,邓耀庆——一位当时还没有深圳户口的普通市民,他的一次"瞎操心"起到了积极的作用。

轻轨,深圳筹划了3年

　　"轻轨"这个词出现在深圳人的生活当中,始于1989年。当年2月3日,深圳年度重点建设工程之一的深南路—皇岗路立交工程开工建设,这项工程建于深南大道与皇岗大道的交汇点上,是皇岗口岸的主要配套工程。市建筑工务局公布的资料显示:立交桥建成后,深南路中间将预留12米宽的轻轨电车道,以适应今后城市交通发展的需要。一条重要的信息由此透露出来:深圳轻轨的建设已经提上了议事日程。

　　一年多以后,轻轨的规划逐渐清晰起来:1990年12月24日,市建设局计划处工程师陈作炯在与市政协委员对话时透露,深圳将铺设一条从罗湖口岸至蛇口的轻轨线路，同时还考虑分别修建一条通往机场以及一条接驳香港轨道交通的轻轨线路。《深圳特区报》的报道说，政协委员们听到这个消息后，欢欣鼓舞，纷纷叫好。

1991年，市政府敲定了城市大动脉深南大道的扩建方案，明确规定，大道中间是16米宽的双向运行的"电动轻轨车道"。几乎同时出台的福田中心区规划也清楚地确定了轻轨线路沿着深南大道穿越中心区的计划。

1991年10月15日，时任市长郑良玉在深圳市第一届人民代表大会第二次会议上作的《关于深圳市国民经济和社会发展十年规划和第八个五年计划纲要（草案）的报告》中说，深圳特区的第二个十年（即1991年至2000年），要大力抓好"轻轨铁路等基础设施项目建设"。

1992年7月，深圳轻轨建设规划获得当时国家计委的批复，市规划局立即将其列入"八五"期间深圳100个重大项目。眼看深圳轻轨的蓝图即将变成现实，是什么让它戛然而止呢？

一个喜欢"瞎操心"的市民

说到这里，本文的主角邓耀庆要出场了。这是一位其貌不扬的男青年（现在已经是中年了），从扬州大学商学院毕业后不久，辞去政府机关的工作，南下深圳闯荡，在冶金部下属一家公司工作。和其他初到深圳的年轻人不同，邓耀庆似乎对多赚钱没有太大兴趣，他业余时间全部用在"瞎操心"上了。

1980年代后期，深圳国际机场建设刚刚上马，港英当局也计划修建香港新机场，取代原有的启德机场，珠海、澳门国际机场也在筹建中。"我觉得小小珠三角建那么多机场是一种资源浪费。"邓耀庆说，于是他开始了到深圳之后的第一次瞎操心。他对珠三角进行了一番考察之后，发现了内伶仃岛这个地方，几乎处于深圳、珠海、香港、澳门的中心位置，如果在这里建设一个大型国际机场，再通过四通八达的高速公路网络连通珠三角地区，岂不是经济实惠的好事？于是他花了3年工夫，起早贪黑，写出了上万字的调查报告《桥坝机场布伶仃，港澳深珠携手飞》，寄往国务院港澳办。后来，香港《文汇报》发表了这篇调查报告。虽然深圳、香港、珠海、澳门修建机场的计划没有因此改变，邓耀庆的"瞎操心"还是引起了世人的关注。当时的香港总督卫奕信专门给他发来了感谢信。进入21世纪之后，"珠三角国际

2003年盛夏，一名工人正在深圳地铁工地施工。到2011年6月30日，深圳地铁已开通5条线，共176公里。　　　　　　　　　　贾玉川/摄

机场过于集中"的论调逐渐高涨，此乃后话。

面见市领导，建议轻轨改地铁

虽然没有改变什么，但是这次经历刺激了邓耀庆"瞎操心"的热情。1990年代初，深圳轻轨建设箭在弦上，又引起了邓耀庆的注意。"看了报纸上披露出来的轻轨规划，开始感到挺高兴，后来就发现有些问题。"邓耀庆说，轻轨在当时的中国是个新鲜玩意，已经很先进，它能适应的单向最大高峰小时客流量为1–3万人次；但是，与地铁相比，还是"小巫见大巫"：地铁的单向最大高峰小时客流量为3–6万人次，比轻轨高一倍。

"轻轨建起来之后，初期肯定能满足城市交通需要，但是如果城市规模扩大了呢？"邓耀庆思考，城市基础设施建设不能只考虑眼前，要想到今后几十年；短短10年，深圳就从一个小渔村发展到常住人口几百万的大城市，

那么 20 年、30 年以后呢？"按照当时的速度发展下去，深圳终究还是要建地铁才能满足城市交通的需要，先期修建的轻轨就成了无用功，不是很大的浪费吗？"邓耀庆说。

此外，在深南路上建轻轨，是对地面交通的干扰。"80 年代末的深南大道（现在的深南中路和深南东路），在全国城市道路中已经是很宽很直的了。"邓耀庆说，但是你现在能想象这条路中间有 10 多米的空间被轻轨车道占据吗？以今天的车流量，交通会拥堵成什么样子！

基于这些分析，邓耀庆认为，深圳不应该修轻轨，而应该一步到位修建地铁。

邓耀庆清楚地记得，1992 年 9 月下旬的一天，时任深圳市委副书记、市人大常委会主任厉有为接待群众来访。他早早来到活动举办地点蛟湖街道办（今东门街道办），向厉有为呈上了他撰写的《对深圳城市铁路规划建设的建议》。"厉有为同志接过我的材料，感到有些意外的样子，抬头看了我一眼。"邓耀庆说，可能是因为其他来访群众反映的都是切身利益问题，只有他是"瞎操心"的吧！简单的谈话之后，他的建议被批转给市运输局和规划局。后来，邓耀庆又向这些部门的负责人阐述了自己的观点。

风向突变，轻轨下马，地铁开建

后来市委市政府怎样讨论这件事情，作为一介平民的邓耀庆就无法跟进了。但是，陆续传出的消息足以证明，邓耀庆的建议得到了高度重视：深圳市委常委会议 1992 年 10 月作出决定，将拟建的轻轨铁路改为建设地铁；1993 年 2 月 4 日，深圳市城市铁路客运（地铁）领导小组举行第一次会议，决定首先建设地铁 1 号线一期工程（规划从火车站至南头），初步决定当年开工（后因故推迟）；1998 年 6 月，深圳地铁一期工程正式立项，同年 12 月 20 日动工。2004 年 12 月 28 日，深圳地铁一期工程正式通车。此前，为了迎接 2011 年世界大学生夏季运动会，深圳五条地铁线路建设全面展开……

提出轻轨改地铁之后 2 年，邓耀庆的户口才调入深圳。如今，他是深圳市泛珠三角创新技术发展研究院院长。时隔 18 年，他依然对那次"瞎操心"念念不忘。他说，一个非户籍居民的"瞎操心"，竟然能够对市委市政府的决策提供有益的参考，这就是深圳作为特区的魅力。

1993年3月13日
小保姆受虐案震惊全城

吴建升

1996年7月8日,一个叫杏花的女孩参加工作。她的故事注定成为无数个7月8日里令人无法忘却的事。

1993年她是深圳一户人家的小保姆,因为惨遭主人虐待而引起全社会的关注。在她因伤住院期间,一家公司与她签订了劳动合同,准备聘她到公司工作,因为她尚未成年,公司便出钱送她回老家河源读书。

三年后她长大成人了,公司便接她来深圳工作。7月8日正是她入职的日子。

行踪诡异的"老太婆"

这是1993年3月里的一个日子,上午9点多,罗湖区翠华居委会两位工作人员在小区办事途中,发现一个老太婆从远处慢慢走过来。老人家走起路来佝偻着腰,一步一步朝前挪,看上去很瘦,似乎一阵风随时都可能把她吹倒。小区以前可没见过这样的老人家,是谁家刚来的老妈吗?

更让人惊奇的是,那个老太婆显然穿着小孩子的花衣服,莫非是精神失常的老人?

两个工作人员站在那里,一直等着"老人"走近才吃惊地发现,这原来是个十多岁的小姑娘,只是因为脸变形了,而且瘦得皮包骨头,才让她们的视觉出现偏差。

小姑娘脸上、脖颈上伤疤累累,两个眼珠赤红,一只耳朵变形。她手上吃力地提着菜篮子,每走一步路,都似乎强忍着剧痛。脸上是半睡半醒的样子,好像许久都没睡过觉一样。

这是谁家的孩子，怎么会被打成这样？打人的人怎么如此心狠手辣？一位工作人员问道："小姑娘，谁把你打成这样？"

小姑娘像被从梦中惊醒了，看了看问话的两位居委会工作人员，脸上忽然现出恐惧神色，提着篮子拼命朝前跑去。

小保姆惨遭变态主妇虐待

居委会在社区调查得知，姑娘是在一对名叫郑涛和许蕾的夫妇家当保姆。

居委会意识到这可能是一起虐待保姆案，就几次上门去调查情况，都被女主人许蕾挡在门外。1993年3月13日中午，派出所的同志来许蕾家查户口，许蕾硬不开门。一个小时以后，门终于开了，许蕾却闪身出门不知去向，小保姆被带到了医院。

医生掀开孩子的衣服，在场所有的人都目瞪口呆：孩子胸部、背部、腹部，甚至阴部都布满了青紫色的伤痕。

在闻讯赶来的罗湖区妇联领导的开导下，一直惊恐万状、不敢开口的小保姆，才讲出了事件真相。

小保姆叫袁杏花，是广东河源龙川县龙母镇大庙村人。1991年9月，14岁的小杏花经人介绍，从龙川县来到深圳当保姆。

这个家庭的主妇许蕾对小杏花十分刻薄，吃饭只准她盛一碗，挟一筷子菜，端到厨房去吃，吃不饱不准再添。规定夜里2点和4点要起床给她儿子换尿片。有两次杏花睡熟了没起来，从此后夜里不准再上床，只准趴在床沿上睡。冲凉不准关门，规定只准用5分钟，超过时间就又骂又打。

有次许蕾去天津探亲，带上杏花给她看孩子。到天津后，规定杏花没有她的批准不准吃饭。有次她出门回来晚了，那位亲戚家人就让杏花吃了饭。她回来后便抓住杏花的头发往墙上撞，血顺着头发往下滴，到现在头上还有伤疤。

杏花刚来时，许蕾承诺每月给她工资60元，但至今只拿到600元。许蕾还要把给杏花的几件旧衣服、去天津的车票算进工资，这样一算，杏花给她家干了一年半，反而还欠她的钱。

妇联为小保姆讨公道

居委会工作人员问小杏花,你见了我们为什么那么害怕,为什么拼命逃?

小杏花说,许蕾经常吓唬她说,你没有户口,没有暂住证,又是童工,如果别人发现你了,就会把你抓走。"你如果把我打你的事说出去了,我就会找你全家拼命,我知道你家在哪里。"许蕾还硬逼杏花脱光衣服,给她照了一些裸体像,对她说:"你要是把我打你的事情讲出去,我就把你的这些裸体照拿出来给别人看。"

小保姆袁杏花惨遭雇主虐待的事情曝光后,在社会上引起强烈反响,罗湖区妇联和市妇联多方奔走为小杏花讨公道,广大群众呼吁要严惩打人凶手。深圳在全市范围内展开关于如何正确对待保姆的讨论。

此后许蕾被缉拿归案,并被提起公诉。检察院的公诉书显示,就在袁杏花于3月13日被居委会送进医院后,许蕾很快又把她接回家中,为了惩罚她敢在外边乱说话,15日,许蕾又用脚踢袁杏花前胸和下阴等部位,用手抓袁的颈部,将袁的下阴表皮踢破,并用脚将杏花前胸踢至多处表皮损伤,背部臀部大面积软组织挫伤,皮下出血,面部、颈部多处抓伤。

经法医复核鉴定,袁杏花全身多处软组织挫擦伤、抓伤,其损伤面积占伤者身体面积的23.375%。经司法精神病鉴定,许患有精神障碍(间歇性精神病),其伤人行为是在控制能力受损情况下所发生,可酌情从轻处罚。后法院依法判处灭绝人性的雇主许蕾有期徒刑两年(监外执行)。

受虐小姑娘已结婚成家

在1993年3月小杏花住院后的日子,她成了深圳最受关注的人,社会各方纷纷对她施以援手。

深圳益民食品联合有限公司领导在代表员工去慰问小杏花时,与她签订了一份《深圳市临时工劳动合同书》,准备让她伤好出院后到公司去上班。但由于杏花尚未成年,公司决定出资让她回家读书,待其成年后再来上班。在此后的3年里,公司除每月给她寄去60元的生活费外,还给她写了十多封信,鼓励她努力学习。

1996年7月,袁杏花从家乡的龙母中学初中毕业,已年满18岁,益民公司兑现了自己的诺言,把她从家乡河源市龙川县龙母镇大庙村接回深圳,安排在公司配菜小组做工人,任务是把各种半成品蔬菜配好后装在盘中,然后再封上卫生薄膜做成盘菜。

　　7月8日这天,是袁杏花正式入职上班的日子,公司召集所有员工为她举行了欢迎会,18岁的袁杏花进入车间,正式成为一名自食其力的工人。

　　前不久,益民食品公司工作人员接受记者采访时表示,事隔14年,公司的领导都换了好几任,袁杏花也于多年前去职,返回龙川县老家结婚成家,过上了平淡而幸福的生活。

1993年3月9日

全国最早的镇级选美："龙华小姐"评选

霍敏

在"选秀"风靡全国各地的当下，也许很少有人会想到，全国最早的镇级选美其实发生在深圳。1993年3月9日，由当时的龙华镇组织评选的"礼仪风范小姐"正式诞生。尽管这一年，梅林关还没有开通，横亘在龙华与福田之间的梅林山郊野公园尚未开建，现有的梅龙路两旁也还处处是农田，但是这些都没有阻挡当时的龙华人勇敢追求时尚、追求美的脚步，他们以评选"龙华小姐"的方式，吸引了来自全国的目光。

镇级评选引来新华社

当年有报道显示："龙华礼仪风范小姐"诞生当日，吸引了上千名省内外嘉宾及热心观众，仅来自省市新闻单位的记者就达数十名，南方日报、羊城晚报、广州日报、广东电视台、广东人民广播电台、深圳特区报、深圳商报、深圳法制报、投资导报、深圳电视台等十多家新闻单位，甚至连新华社的记者都被吸引来了。一时间"形成了龙华历史上的空前盛况"。

时任龙华镇委副书记邱福源告诉记者，当年的"选美"绝不同于现在的"选美"。因为1993年前后的龙华，不少地方依然是菜田相连、稻花飘香，习惯了天黑闭户的农民，一下子还很难接受身边的人穿泳装、走T台，"这种活动，别说是一个镇，就是在全国都非常少。"

之所以想到这个主意，和当时龙华的发展形势密不可分。上世纪90年代初，龙华开始快步向工业化迈进，至1992年，已经建起了14个工业区，工业企业达到492家，工农业总产值达2.3亿元，工业总产值达1.5亿元，

1993年3月9日,首届"龙华小姐"选举冠亚季军合影。　　　资料图片

人均收入达到5484元。对比1978年前的人均收入140元,当年的深圳特区报用"火箭速度"评价这种变化。

尽管如此,当年"龙华"在很多人心中还是"农村"。"当时还没有梅林关,从市区到龙华,必须从布吉兜过去。"邱福源说。地理上的距离带来心理上的差距。为了提升龙华的知名度,使其更上一个新台阶,龙华镇的领导班子绞尽脑汁,开始在精神文明上下功夫。1992年,龙华先后兴办了有线电视台,创办了全国第一家镇级机关报,举办了首届农民运动会,还率先取代算盘,采用会计电算化,农民洗脚上田,开始学做城里人、现代人了。正是在这种大背景下,"龙华小姐"的想法应运而生。

泳装登场，挑战传统观念

"主要是想借此直观地展示现代人的形象和理念。"邱福源说。评选的动员工作落在镇妇联身上，时任龙华镇妇联主任曾秀珍告诉记者，"三八妇女节"来临之前，他们就开始将任务层层传达到各村妇联，动员当地村民以及广大外来工参与。然而，得知要在大庭广众之下穿泳装登场，很多人都不愿报名。结果，尽管龙华共有十几万人口，但报名的只有几十人，当地村民的人数更是少得可怜。

很快，就连仅有的几名村民也被刷掉了。"因为评选活动不仅仅是考脸蛋，更是考脑袋。外来工学历高，水平高，自然就容易脱颖而出。"曾秀珍说。为了办好这次评选活动，镇里专门拿出二三十万，从广州聘请了文化传媒公司，对佳丽们进行培训，历经近两个月，最终筛选出15人参加最后的决赛。她们中，有教师、播音员、管理人员等"白领丽人"，也有生产第一线的"打工妹"。

其中，最引人注目的是13号选手，这位来自广东梅县的客家女孩身高1米65，年芳二十。一上台，清新脱俗的气质就让所有人"眼前一亮"。"更重要的是她的综合素质非常高。"曾秀珍说，这个略带羞涩的女孩当时是一名幼儿园老师，虽然平时略带羞涩，但一走上T台却相当从容淡定。"有人用'出得厅堂，入得厨房'作为选择妻子的条件。那么请问你选择丈夫的标准是什么？"13号选手一上台，就遇到一个棘手问题。没想到她灵机一动，用"出得厅堂，入得厨房"巧妙作答，赢得现场阵阵掌声。这一回答不仅为她赢得"龙华小姐"的桂冠增添了砝码，更让她因此结识了现在的丈夫。

考脸蛋，更考脑袋

其他选手的表现也各有千秋。8号选手徐夏云在小品表演中被主考官问及自己最美的一点是什么时，不落俗套地回答："最美的不是外表，而是心灵。"而面对"如果你当选龙华镇镇长，你要做的第一件事是什么？"她脱口而出："我首先要办一所大学。因为这样可以进一步提高龙华人民的整体素质和文化生活水平，为龙华经济的再次腾飞创造有利条件。"

除了现场问答外,还有精彩的小品、舞蹈、越剧,以及用标准的普通话进行诗歌朗诵等等,这些无不让习惯了低头种田的龙华人,开始抬起头来,看清外面丰富多彩的世界。

媒体更是对这次评选表现出极大的热情,报道中一个个"没想到……"流露出对比赛的赞赏之情。其中,羊城晚报就由衷赞叹"乡下妹多'威'!"而深圳特区报则评点"眼前为之一亮!"

除冠亚季军外,这次比赛还评出了智慧奖、语言奖、上镜奖、微笑奖。用结果再次证明,比赛看重的不仅是佳丽们美丽大方的外表,还有积极向上的内心。

"被遗忘,是我的希望"

令人遗憾的是,由于镇妇联换届等种种原因,"选美"再也没有继续下去。但从这一年起,龙华的发展开始驶入"快车道","感觉一天一个样。"冠军13号说。时隔17年,现在的龙华更是飞速发展,那里已经被划为"二线拓展区",不仅有梅林关直接贯通,还有福龙路可以直达,连接福田口岸的地铁4号线很快也要开通了,早已不用再靠"选美"缩短与市区的心理距离,也很少有人提起这次"美"的记忆,包括当年的亲历者在内。

"那次参选不过是个小小的插曲——然而也是美丽的插曲——"当记者联系到当年的冠军13号时,她这样告诉记者,并反复叮嘱记者不要提及她的名字。她说,时隔多年,自己和那次评选一样,已淡出人们的视野,渐渐被人遗忘,而这也正是她所希望的。

"很多人可能会以为,评选后,她们会被调到领导身边工作。事实上,一个都没有。"邱福源说。"这就是一次评选,事后没有给选手工作上任何特殊安排。"曾秀珍说。

17年过去了,冠军13号依然在幼儿园从事着教育工作。现在,她最大的爱好就是看书,回忆起那次比赛,她认为自己最大的收获就是认识了她的先生,收获了现在平静而幸福的生活。

1993年8月5日

清水河大爆炸：永留深圳的伤

马骥远

1993年8月5日13点25分,"轰"的一声巨响。很多深圳人感到地动山摇。顷刻间,无数人看到浓烈的黑烟从清水河方向冲天而起,刺鼻的气味飘散在深圳上空。

这就是永远铭刻在深圳特区历史上的"八·五"大爆炸。这个惨烈的下午,清水河化学品仓库两次强烈的爆炸吞噬了15条生命,其中包括当时深圳市公安局的两位副局长;7座存放化学品的库房被夷为平地,不计其数的危险化学品被暴露在空气中;最令人揪心的是,爆炸现场咫尺之遥就是液化气仓库区,一旦被点燃,后果不堪设想。

年轻的深圳,面临着一场血与火的考验。

第二次爆炸时，他按动了快门

回忆人：赵青（《深圳晚报》摄影部主任，时任《深圳商报》摄影记者）

"1993年的时候,深圳商报社还在租用的南光大厦办公。"《深圳晚报》摄影部主任赵青回忆说。当年8月5日下午,快到1点半的时候,一声巨响从清水河方向传来,赵青意识到出了大事,马上驱车直奔清水河。20多分钟后,赶到了现场。

"当时我穿着背心、短裤和球鞋,没有任何防护措施。"赵青说。现场炽热的空气仿佛要把一切烤焦,刺鼻的异味令人窒息;他拿出相机不停地拍摄着几名冲在最前面的消防队员。情势之严重令人难以想象。发生爆炸的是距肉联厂约200米、占地约2000平方米的清水河化学危险品仓库,仓库里违

清水河危险品仓库大爆炸发生时，深圳电视台记者孟远等在采访现场。大爆炸吞噬了包括当时在现场指挥的深圳公安局两位副局长在内的15人。江式高/摄

规存放的大批量化学原料引起了爆炸。着火的仓库连绵5公里，火场四周弥漫着毒气、浓烟。距离火场数十米的1号仓库，有4个双氧水罐，正受高温的炙烤，一旦双氧水罐爆炸，进而引爆南面不到300米的深圳市燃气公司液化气站，深圳特区改革建设10多年的成果，可能会"付之一炬"。

赵青回忆，当天下午2点20几分，他看到3名警官出现在面前，赵青本能地把镜头对准了他们，"刚一按下快门，就感觉一股热浪撞在我身上，整个人仿佛被火烧焦了，感觉到自己好像飞了起来，我被冲向天空……"

这时，时间指向下午2点28分，现场发生了第二次爆炸。赵青面前的3名警官，是正在现场指挥抢险的深圳市公安局副局长王九明、杨水桐、黄振芬。其中，王九明和杨水桐在爆炸中英勇牺牲。

后来发生的事情，都是赵青醒来后才知道的。第二次爆炸之后，现场指挥部决定，死保南面的双氧水库，以防第三次爆炸，在气罐库区与火场之间铺设一条水泥隔离带。不幸中的大幸，当天风向没有朝着双氧水库和气罐库区的方向刮，第二天火情基本得到控制，深圳避免了更大的劫难。半个月之后，明火被全部扑灭。

赵青在这次采访中付出了惨重的代价。头部、腰部、腿部多处受伤，腰部被炸裂，留下一个永久的三角形伤疤。他在医院里躺了半年才痊愈。出院后的第一天，赵青就来到清水河的废墟，为自己留了个影，作为死里逃生的纪念。

救护车,在那一刻"飞"了起来

回忆人:苏小莲(市二医院高压氧治疗中心护士,时任深圳市红会医院急诊科护士)

就在赵青对着王九明、杨水桐、黄振芬按下快门的时候,离他不远的地方,停着一辆救护车。这辆来自深圳市红十字会医院(以下简称红会医院,今深圳市第二人民医院)的车子,是大爆炸发生后第一辆赶到现场的救护车。红会医院22岁的护士苏小莲正在车内焦急地等待着。

那天中午,当她得知清水河危险品仓库发生爆炸后,便立即和急诊科主任张春山一同登上救护车,前往现场救助伤员。

大约15分钟后,救护车到达现场,在火场外面被一位武警战士拦住。冲天的蘑菇云、灼热的空气、令人窒息的气味,不要说刚参加工作3年的苏小莲,就连急诊科主任张春山都觉得心里发毛。时间一分一秒过去,并没有一个伤员送出来。

突然,苏小莲看到前面几个穿着制服的警官飞速跑过来,一边跑一边喊:"赶快撤!"救护车司机韦义民立即启动车子,掉头准备往回开。"刚刚掉完头,就听到一声巨响,我感觉到车子飘了起来,然后就什么也不知道了。"苏小莲说。

后来她才知道,自己的耳朵在爆炸中受到严重的损伤,几乎听不见了。所幸爆炸的气浪把救护车冲了起来,但是车没有翻。司机回过神来,立即把车往医院开,路上看到很多头破血流的居民,就停下来拉了4个伤员。

1993年8月5日下午2点28分的第二次爆炸,给苏小莲留下了耳鸣、失聪的后遗症。经过3年的治疗,才恢复部分听力,而最大的后遗症是心理上的。"不知做了多少次噩梦,每次都梦见我坐着那辆救护车,有时候是开到海里去了,有时候是开到深山里找不到路了。"苏小莲说。不过,她仍然觉得自己是幸运的。"这些年我对人生的成败得失看得很开,活得开心才是最重要的。"她说。

拆除深圳的"定时炸弹"

回忆人:邱玫(市人大常委会原副主任,时任深圳市环境监测站副站长)

在"八·五"爆炸中，7座存放危险品的库房被炸毁，暴露于环境中的有害化学品不计其数。爆炸现场周边，乃至于全深圳的空气和水还能不能适应人类生存，老百姓要不要疏散，一切都是未知数。爆炸现场散落的有毒有害化学品怎样处理，更是一个严峻的问题。稍有不慎，这些东西都将再次成为深圳的"定时炸弹"。时任市环境监测站副站长邱玫正是在这种情况下"临危受命"的。

"爆炸发生后1小时，应急监测技术小组就开始行动了，4小时以内，各监测点就开始监测。"邱玫回忆说。

首先需要解决的，是居民是否要疏散，周围工厂能不能开工等最急迫的问题。事故发生24小时之内，市环境监测站就拿出了应急监测结果：以爆炸现场为中心，直径7公里以内，空气中某些污染物有所增加，甲苯、砷、氮氧化物等污染物指标不符合国家标准，但其含量还没有对人群健康构成威胁。事故发生48小时后，监测报告称：空气中污染物逐渐下降，除现场50米范围内，其他各处空气质量均符合国家标准。除空气之外，饮用水质量也是重点监测对象。

"监测结果表明，爆炸发生后，深圳市各饮用水源的水质没有发现变化。"邱玫说。8月7日，爆炸现场下了第一场雨，监测结果显示，事故现场附近雨水中砷和氰化物超标；第二天全市普降大雨，邱玫和同事们多处收集雨样分析，仅砷等少部分指标高于平时，但未超过国家标准。

"有了这些监测报告，市委、市政府心里就有了底，最终拍板决策，不用疏散市民。"邱玫说。附近的企业也陆续恢复开工，事故现场周边的居民很快走出了慌乱，恢复了正常生活。

火势被控制之后，清理现场也成了一个难题。邱玫和同事们冒着中毒的危险，进入现场采样分析，很快绘制出《清水河仓库区危险品分布位置图》，为制定清理现场的方案提供了可靠的依据。

市环保局随后立即组织专家进入现场，排险、消除爆炸隐患、把清理出的化学品分类。10天后，爆炸现场的1300吨残留化学品、近2万吨被污染土壤和建筑垃圾，终于被安全地运到原红梅采石场的堆放场。1995年3月，市政府又拨款4000万元在红梅采石场建成了中国内地第一个达到国际标准的危险废物填埋场。这些威胁深圳安全的危险品，终于不再是深圳的"定时炸弹"了。

1993年10月28日
中国文稿拍卖第一槌拍出百万天价

刘忆斯

1993年10月28日,"深圳(中国)首次优秀文稿公开竞价"活动,敲响了中国文稿拍卖第一槌,第一次把市场竞争机制引入精神产品生产领域。来自全国各地的400多位作者寄交的2000多万字的文稿,在本次文稿竞价活动中全部成交,著名演员刘晓庆仅仅10个字的书名"从电影明星到亿万富姐",更是拍出了当时令人瞠目的108万元。

敢闯精神的又一次实践

邓小平说,深圳的主要经验是"敢闯",一言以蔽之:就是敢为天下先。

回顾深圳特区30年的历史,能够体现深圳敢闯精神的有著名的"两槌":在物质文明建设上有1987年土地(使用权)拍卖第一槌,在精神文明建设上则有1993年文稿拍卖第一槌。这"两槌"敲开了中国经济市场化和精神产品市场化的大门,前者为人熟知,后者鲜为人知。

文稿竞价这"第一槌"敲得十分艰难,主办者们曾承受了巨大的压力。后来,人们越来越明确地认识到,文稿拍卖第一槌敲对了,深圳人这一次又闯对了。

1993年初,当时的《深圳青年》杂志社社长兼总编辑,现深圳市委常委、宣传部长王京生向时任深圳市委常委、宣传部长的杨广慧提出,要筹划首届全国文稿拍卖活动。杨广慧听了觉得非常好。

当年3月,《深圳青年》向共青团深圳市委、市新闻出版局和市委宣传部写了一份请示报告,报告中说:在全国一片"下海潮"的冲击下,一大批"文

1987年12月1日，深圳敲响中国土地使用权拍卖的第一槌。1993年深圳举办的中国文稿竞价拍卖，其意义不亚于此。　　　　　刘廷芳／摄

化精英"们也被搅得坐立不安……他们极不情愿继续爬格子，因为这样下去甚至连一个打字小姐的收入都赶不上……贫穷、困惑、无奈，已成为当今中国大多数文人的生活写照……文化市场的发育，急需注射一针强有力的"催化剂"，而这个"催化剂"就是文稿竞拍……只有把竞争机制引进文化市场，才能让文化作品成为最有价值也最具大众化的消费品，才能使中国文人的创造价值在实行市场经济的今天得到升值……

深圳市领导对这个报告表示了肯定和支持，当时的深圳市委书记李灏批示："是一项有意义的实验"；时任深圳市人大常委会主任厉有为的批示是："组织好，策划好，可一试"……为了把这个活动搞好，市委决定由杨广慧担任首次文稿竞价组委会的总监督，王京生任组委会主任。

"为文人造个海"

得到市委的支持，作为主办单位的《深圳青年》杂志社开始投石问路，派人到北京去看看作家有什么反应，结果很多作家都很感兴趣，纷纷为深圳这个创举叫好。5月25日，活动组委会举行了第一次新闻发布会，引起海

内外强烈的反响。

1993年7月,《深圳青年》刊登卷首语《为文人造个海》,实际上是首次文稿竞价活动的章程序言,呼吁"建立起一个市场,一个公平地体现出知识和知识分子价值的市场,让文人凭着自己智慧,富起来;让智慧仗着文人的经济腰杆,流通起来。"

文中提出:"攥住了经济的杠杆,就能提升起文化和文化人的命运;攥住了知识产权的杠杆,就能提升起优秀文稿的地位和价值……优稿优酬,也许惊世骇俗,其实顺理成章。在一个能够点石成金的时代,我们不能让已有的金子湮没在沙砾之中。"杨广慧认为,这篇文章是中国精神产品市场化的第一篇宣言。

首次文稿竞价,不仅意识先行、振聋发聩,而且筹备工作也有条不紊。组委会找到了太平洋保险公司深圳分公司,商定好进入竞价序列的各类文稿保证能够让作者获得保底价:小说每千字100元,纪实文学每千字150元,散文、随笔、杂文每千字500元,电视文学脚本每集5000元。这么一来,凡是获得竞拍资格的作品,都能保底,成交低于预期价格、甚至比现行的稿酬标准还低,那么保险公司将对不足的部分予以补足。

在质疑声中迎风前行

文稿竞价活动的新闻发布后,全国各地的作品陆续寄来深圳。第一个正式报名竞价的是北京作者彭于强,他的作品是30万字的一部纪实文学;第一个报名竞价的境外作者是香港的阿视,他寄来了散文集《秦川人》……这些人中年龄最大的83岁,最小的仅10多岁,其中不乏名家,包括从维熙、冯骥才、叶永烈、权延赤、贾鲁生、刘心武、莫言、张贤亮、张抗抗、池莉、方方、马原、顾城、刘晓庆等文化名人。

文稿竞价的卖方被动员起来后,组委会于6月开始请审读委员会的评论家们如雷达、白烨等,到深圳审稿。那么,谁会成为买主呢?组委会起初对"买主"的排序一是国内外出版机构及报刊社,二是企业,三是个人。但出版社似乎观望的很多,而企业家才是真正的买方。

首次交易成功的消息发布后,立即在国内引起极大的反响,有人叫好,也有人给出了强烈的质疑。9月底,上海的一家文学报刊登了《漫天要价,轻率叫卖》的报道。压力之下,从维熙等6位作家发布声明,不再担任文稿竞价的"监事"。这本来是很正常的人事变动,可一些媒体仍给这个事件定性为"六作家哗变"。不过,这一事件并没有影响整个文稿竞价活动的有序进行,10月,经审读委员会筛选,组委会决定挑选20部文稿竞拍,后又调整为11部。

奇峰迭起的文稿第一价

1993年10月28日下午2点40分,中国首次优秀文稿竞价会在深圳图书馆演讲厅举行,海内外100多名记者云集于此,他们记录下了:长篇小说《世纪恋情》起价3.2万元,以8万元首先成交;张抗抗2000字的随笔《恐惧的平衡》,以1.6万元成交;魏明伦的杂文集《巴山鬼话》,是全场唯一用个人名义以8万元拍走的作品;争夺最激烈的当数10号作品《深圳传奇》,这部由北京作家倪振良采写的讲述深圳特区创业史的长篇纪实文学,起叫价为4.5万元,数次叫价后被深圳天虹商场以88万元竞得⋯⋯

在这次文稿竞价活动中,褒贬不一、争议不断的著名演员刘晓庆也再次轰动全国,她的新书《从电影明星到亿万富姐》当时还未动笔,只有一个选题,就被一家美发城先以17万元拍得。然而美发城老板只顾高兴,却忘记了3天内要付订金,而刘晓庆也并不满意17万的价格,于是她在一个月后又对该选题开了一次拍卖会,最终被人以108万元拍走,创下了此次文稿竞价活动的最高价!

主持此次文稿竞价活动的拍卖师郑晓星,当年只有34岁,是深圳恢复拍卖业后上岗的首批拍卖师。郑晓星如今已主持了千场各类拍卖会,曾被媒体称为"中国第一槌"。

回忆这段往事,郑晓星记得在拍卖会现场有人曾提问:"假如我们支付了30%的订金后,一年后刘晓庆交不了稿怎么办?另外,一年之后,万一刘晓庆破产了,买这本书的人怎么办?"然后,全场就是一片大笑。郑晓星对此事的评价是:"这件事看来像一场游戏,不过并没有违反规则。"

1993年11月19日
致丽厂特大火灾死亡84人

赖业玲

1993年11月19日13时25分,龙岗葵涌致丽工艺制品厂发生特大火灾,死亡84人,伤45人。所幸的是消防队员赶到火场后,冒着生命危险锯断二楼和三楼窗户上的防盗钢网,使困在火海中的200多名打工妹得以死里逃生。这是深圳建市以来死亡人数最多的一次火灾。事故带来血的教训,深圳痛下决心全面排查整改,这些年来,深圳在经济快速发展的同时,防火的弦一直绷得紧紧的。

惨案:84名打工妹被夺走生命

在深圳市公安消防局,记者拿到了一本书——《深圳火灾警示录》,其中第一篇就是葵涌致丽工艺制品厂的大火。书中记载,消防官兵在接到火情后5分钟就赶到了现场。救援人员立即寻找水源,可是厂房外连消防栓都没有!消防车要到1公里以外去取水。现场施救时,能想的办法都用上了,如多方断电、提水灭火、爬墙救人等,1小时20分钟后火势终于被控制,3个小时后被彻底扑灭。

这次火灾造成84名打工妹葬身火海,20人重伤,25人轻伤,烧毁厂房1600平方米,直接经济损失260万元。大火震惊了全国。

原因:违规操作出口被堵

事后认定,葵涌致丽工艺制品厂大火完全是一场"人祸"。

葵涌致丽厂火灾废墟中的女工遗物：写满少女情怀和美好憧憬的日记本。

南兆旭 / 供图

该厂长期超负荷用电，电源总闸曾多次冒烟被烧。为防断电，工厂雇用的无证电工竟用铜丝代替配电房闸刀开关的保险丝，最终导致火灾。11月19日下午1时25分，正当404名工人在兼作宿舍的厂房内午休时，一楼东北角仓库内380伏高压动力线破损短路。熔珠引燃了堆放2米高的海绵、化纤布料，酿成特大火灾。

更糟糕的是安全疏散通道堵塞，工厂负责人为了便于管理工人，违规将4个通道堵了3个，剩下的一个出口两侧又上了铁栅栏，成为一个长约8米，宽不足0.8米的狭长通道。火灾发生后，员工无法快速疏散，事后发现，在西楼梯下被焊死的卷帘门后有不少被熏死的打工妹。

事发后，法院以重大责任事故罪分别判处原致丽玩具厂厂长兼防火责任人黄国光、香港致高宏业有限公司董事兼致丽玩具厂经理劳钊泉、经理梁建国、刘姓电工4人有期徒刑6年、2年、3年和2年。

见证：多数打工妹是被呛死的

发生大火的消息传出后，媒体记者第一时间赶到了现场，也包括香港记者。现任深圳特区报社区中心宝安新闻部门副主任的张连成，当时在深圳法制报当记者，他以最快的速度到达现场。

张连成说，过火后现场警戒很严，厂房里一片死寂，打工妹挣扎的气息似乎还全未散尽。厂里到处是烧剩的原材料，最触目惊心的是满地的鞋，大门口处尤其多，这是打工妹拥挤着逃生互相踩掉的。

事故发生后，省市领导紧急开会部署责任追查、抢救伤员以及做好善后等工作。对香港记者报道的死亡100多人的消息进行纠正，实际数字是死亡

84人，伤45人。张连成随后到了医院，原本想采访几个劫后余生的打工妹，可到了医院一看，这些多数来自河南、不满20岁的小女孩，死里逃生后还处于惊恐之中，根本说不出什么。到了殡仪馆，告别大厅里齐齐摆着死者的遗体，工作人员在为死者整理遗容。死者身上很少有烧伤的痕迹，她们多是被烟熏后呛死的。

由于当时太受震动，对于这场大火的采访记忆，很多情景至今仍刻在张连成脑海中。

预防：从图纸设计上开始

葵涌致丽工艺制品厂大火后，深圳市领导意识到，经济建设绝不能片面追求经济利益忽视安全生产，当年年底前全市即进行防火排查整顿，并着手增加人力物力，建立全面的防火机制。深圳公安消防局防火处的警官说，经过不断实践，这些年来，深圳积累了丰富的火灾预防经验，整体消防形势稳中有降。

不过，与上世纪90年代不同，现在深圳消防的重点场所已不是当年众多的"三来一补"企业。随着深圳进行产业转型，大型的产业园区不断建立，防火的重点转移到这些大型产业园区、高层建筑和地下建筑、人员密集场所、重点单位等。

根据《消防法》，建设工程的消防设计都必须符合国家的有关消防技术标准，从图纸设计就开始把关。凡是综合楼高24米，10层以上的楼宇都配备基本的消防设施，包括自动喷淋装置、消防栓、排烟系统、自动报警等7大设施。对查出有重大火灾隐患又不整改的单位，消防局将其列入黑名单。2007年至今，已有423家单位上了黑名单。消防局除对这些单位进行经济处罚、责令整改外，还将其曝光。目前已有412家企业在监督下完成了整改，其余11家正在整改中。

从2009年开始，消防部门开展了对公共聚集场所、易燃可燃材料的专项整治，共检查相关单位1317家，责令拆除可燃装饰材料11065平方米，其中251家宾馆酒店的可燃物被全部拆除。在宣传教育上，消防部门目前已投入300万元制作消防知识公益广告，分别在电台电视台等媒体和街道LED播放，以提高市民的消防安全意识。

致丽厂火灾后的现场。　　深圳公安局消防局资料图

公安消防局：市民不必恐慌高楼防火

据公安消防局的警官介绍，虽然目前的防火云梯最高只能到52米，但高层楼的居民也不必恐慌，因为深圳的许多高楼消防基础设施齐备，大楼的自动化消防设施可以自动发现火情，喷淋系统可自动启动灭火。

消防部门还经常进行全市的火灾隐患排查。2009年2月以来，已开展了多次专项整治，对全市3200多幢楼宇进行了检查，排查隐患并查检楼宇中的自动化消防设施，要求各单位对建筑消防设施实行"每日一巡""每月一测""每年一检"，要求大楼与专业的消防设施维修单位签定合同，定时检修设施，以保证发生火情时设施能正常运转，以提高建筑物抵御大灾的能力。

除此之外，对各高楼的防火责任人、管理员和控制中心的工作人员，消防部门已累计培训2万人，使大楼管理人员学会基本的消防管理。"高楼防火是重中之重，市民居住其中不必恐慌。"消防警官说。

岁月花边 { **有关致丽火灾的民间纪事**

南兆旭

1 书信

1988年3月初，刚满18岁的姑娘王小芳在深圳葵涌致丽玩具厂找到了第一份工作，成为意大利CHICOO玩具生产线上的一名工人。安顿下来，王小芳寄出了她的第一封家书：

尊敬的奶奶、父母及弟弟：

你们好！近来全家身体一定很健康吧？生活也很愉快吧？农活也许不大忙了吧？但我又觉得你们的农活担子是否又更重了，不是吗？等着要栽大秧，准备收麦子等。特别是妈妈的担子更重，也许在喂小蚕？是否喂订下的六克蚕种？望妈妈及全家辛苦一下，喂好蚕，赚点钱，做零花用。

半个月前，为了供弟弟上学，四川忠县拔山镇的姑娘王小芳决定外出打工，她背着行李，在崎岖的山路上步行了一个小时到镇上和女伴们会合，坐了两小时汽车赶到县城，又坐了10小时的船到了重庆，挤上了南下的火车。一天一夜后，终于来到深圳，几乎没有任何休息停留，就站在了流水线旁。

1990年3月，日夜加班的王小芳给家里写了那一年春节后的第一封信：

尊敬的奶奶、父母及弟弟：

还是谈谈我工作的事吧，我将（这个月的）工资表示意如下，你们看一看。一共159块8毛7，不过工资的多少，还得由每月的货多货少、价格的高低、做货的好不好决定。

这月自己认真干,挣得了这点钱,我准备寄150块回家。在生活上,我基本上习惯了,每天两餐,早上买3毛钱的东西吃,菜是白菜,有时改善一下是豆腐、豆芽,白菜里有几点肉和着。

身体也很好,只是有时上火,也许是水土不符(服)吧。不过,这个请你们不要担心,我自己会处理好的。

1993年11月14日,小芳寄出了生命里的最后一封家信,23岁的她计划好两周后回家办婚事,信中写道:

"由于要回家过春节,这次只能邮200元回家,还得把回家的路费、打杂费留着……过完春节我们完婚后,明年还打算出去。"

5天后,11月19日中午,葵涌致丽玩具厂发生火灾,正在流水线上加班赶制圣诞玩具的王小芳被逃命的工人活活踩死。在那场大火里,和王小芳一起丧生的有84人。

小芳死后,她家里一共拿到的赔偿是3.3万元人民币。

2 后事

葵涌致丽玩具厂火灾让84个打工妹丧生、数十人留下终身残疾。这场深圳建市以来死亡人数最多的大火刚刚熄灭,中国人民大学的常凯教授就赶到葵涌,通过朋友的关系进入严密封锁的现场,常凯后来的文字记录了这一段情景:

"那些幸存得以逃命的人们,卷走了自己的小铺盖卷。那些遇难工友的行李和杂物则无人收敛。人已去,她们的亲人们不愿再睹物伤情。一些纸片、饰物和女孩们喜欢的小玩意,堆积和散落在床板、地面和走廊上,随着阵阵的西风,在杂乱不堪的地面上轻轻地飘浮、缓缓地滚动,使得这座本已森森然的建筑物更加满目凄凉。我不经意弯腰捡起脚下的几张纸片,原来是几封打工妹的信件,稚嫩的笔迹还夹杂着错别字。然而,信中的内容却一下子抓住了我的心:'姐姐,我累得实在受不了了……',这种质朴和真实的关于打工妹的生活和感情的描写,是我在任何书籍、文件或座谈会上都没有看到或听到过的。"

常凯教授收集的109封打工妹书信，成为这个城市30年里最真实、深刻、珍贵的历史文献之一。随后他写下3万字的《废墟上的凭吊》，国内著名的报刊都怕惹事，不给发表，最后只在一本叫《中国工人》的小刊物上分两期登出。

大火中，来自四川忠县拔山镇的兰淑、兰淑琼、兰明秀和兰秀兰4位表姐妹同时遇难，年龄最小的兰秀兰出门打工的时候还不满16岁，致丽玩具厂无休止的加班和停发工资让兰秀兰想转厂，但没有身份证不能找新工作，她写信让父亲把身份证给她寄到深圳。然而，直到出事，父亲也没有把身份证寄出来，成为父亲终身的自责。

火灾中丧生的兰秀兰因为年龄小，全部的抚恤金只有2万元。这笔钱用途是：葬礼花了1000多元，家里盖房子花了一万多元，剩下的钱用来供弟弟上学。

大火中侥幸逃生的陈小英，除去头部外，全身烧得没有一寸完好的皮肤，成为完全失去工作能力的残疾人，被送回四川农村，6年里伤口一直发炎流脓，无奈之下，只得截掉一条腿。

火灾发生时，女工们正在为意大利的名牌CHICOO赶制圣诞礼品。5年后，民间人士反复力争，CHICOO公司提供了20万美金的抚恤金。国内却没有一个机构能提供死者与伤者的名单，最后是中国社会科学院的学者谭深个人调查受害者和家属，发放这笔来自意大利的抚恤金。

被判了两年徒刑的致丽玩具厂香港老板劳钊泉提前释放，又组建了的"致×集团"，工厂迁到了顺德。

3 贿赂

1993年5月27日，深圳田贝消防中队干警吴星辉，收下了葵涌致丽工艺制品厂厂长黄国光送来的港币3000元。当天，吴星辉就强令下属给致丽厂发放了消防合格证。

一个半月前，消防干警到致丽厂检查，发现并指出13条火险隐患，其中有：保险器全部用2.01毫米的铜线做保险线；易燃材料的仓库设在一楼车间内；两个防火疏散卷闸门一个用电焊焊死，另一个紧锁……

检查组当即给致丽厂开了通知书，限期整改，身在香港的港方老板劳钊泉得到消息后，通过电话指示厂长黄国光："想办法搞掂。"拿到用3000元贿款换来的消防合格证，致丽厂并没有对安全隐患做任何整改。

6月，葵涌镇政府到致丽厂检查防火工作，遭到黄国光喝斥："我厂已领了消防合格证，你们不要经常来麻烦我，你们再来，我水都不给你们喝！"

11月19日，领到消防合格证后的5个月零22天，致丽厂的三根电源线短路，不断喷溅的火星点燃了仓库内堆放的布料和海棉，引起大火。当时，300多名工人正在为即将到来的圣诞节赶制意大利品牌CHICOO的玩具，厂长黄国光自己打开窗户，攀爬着绳子逃走。

火焰和浓烟中，员工慌乱逃生。但窗户被铁条钉住，四个出口中的三个门被锁死或焊死，加上燃烧的化纤物散发出大量有毒气体，许多员工被毒气熏倒在楼梯口。

当消防员把楼梯口焊死的卷帘门用斧头劈开时，人们惊呆了，从一楼的拐角一直到三楼，全是打工妹们的尸体，有的打工妹四五个人抱成一团，掰都掰不开……大火最终导致84人死亡，51人受伤。死者当中，除了两位男工之外，其余的都是打工妹，最小的年纪只有15岁。

1994年12月，吴星辉被判17年有期徒刑，黄国光被判6年有期徒刑，港商劳钊泉被判刑2年。

看过判决书，人们才知道：在1993年3月至6月短短的三个月里，身为消防干警的吴星辉利用消防整治工作的机会，共索贿人民币5.8万元，港币1.3万元，个人得人民币2.45万元，港币1.2万元，其余与他人分赃。

命丧黄泉的女工们当时的工资每月连加班费都不到300元，姑娘们并不知道她们创造的血汗财富中还要留出一笔赃款，她们也不知道：正是这笔3000港币的黑色交易最终会把她们送向了死亡……

炽热的大火中，饱受苦难的打工妹已张开双臂，飞向天堂。在天堂，她们用企盼的目光注视着深圳，盼望这个城市能记住她们，记住30年里数千万来来去去的打工妹为深圳做过的一切，记住要善待正在这个城市里付出辛劳和青春的姐妹。

1994年7月30日

千万元巨贪王建业伏法记

吴建升　林燕君

1994年7月30日，深圳市计划局财贸处原处长王建业受贿千万元特大案曝光。1995年12月28日，一声枪响，王建业用生命偿还了他欠下的罪孽。

15年后的今天，王建业早已归为尘土。当年他出逃泰国，如入海泥牛，没留下任何蛛丝马迹，检察机关又是如何将他从泰国抓捕归案的呢？

日前，深圳市人民检察院原主管反贪工作的副检察长冯百友，接受晶报记者专访，讲述了当年擒巨贪的内幕。

权力的妙用

"王建业1991年8月开始任计划局财贸处长。"冯百友说，"当时的计划局财贸处长一职，直接掌握着深圳市每年的进口物资免税指标和外汇额度的审批大权，求王建业办事的人太多，以至于谁能请到王建业吃顿饭竟成了吹嘘的资本，他的防线就是从此开始决堤的。"

一次，某公司经理将一份申请2万多吨进口免税钢材指标的申请书递到了王建业手上。王建业神秘一笑说："批钢材好说，但总不能白批吧？"1992年8月13日，那位经理便把以"王建业"名字开户的40万元人民币存折递到了王建业手上。"这么容易就捞到了40万元，王建业顿时觉出权力的妙用，从此就一发不可收拾了。"冯百友说，时隔不到4个月，在王建业的"关照"下，那位经理又得到一笔200万美元的外汇额度。3天后，他就把40万美元汇到了王建业的指定账户。

1993年3月，为了归还私人借款，王建业狮子大开口，主动向深圳市某集团公司下属某公司经理一次索贿人民币312万元。同年6月,王建业给深圳某建材公司批了150万美元外汇额度后,向对方索贿110多万元。

在1992年至1993年6月不到两年的时间里,王建业利用职权,索贿受贿多达1120万元。

将计就计

1990年,王建业结识了蛇口某公司综合部副经理史燕青。一个是手握外汇审批大权的官员,一个是急需靠山的艳妇,两人各取所需,一拍即合,很快如胶似漆。

因为有了王建业做靠山,史燕青以公司的名义先后从市计划局申请到进口免税钢材6500吨、胶合板5700立方米、外汇额度450万美元,又转手倒卖给他人,从中获利人民币361万多元,摇身一变成了"大富婆"。

一些公司知道史燕青有门道,想要外汇额度就让史燕青去想办法,史也是来者不拒,乐为王建业索贿受贿牵线搭桥。

"群众的眼睛是雪亮的嘛,大概是1993年6月,市检察院收到举报信,熊秉权检察长就指令我办理此案。"冯百友说。在掌握大量证据后,检察官们于7月4日凌晨1时突击搜查了史燕青的住宅,当场搜出几十万元现金和两本洪都拉斯护照,上面的人一个叫"约翰"、一个叫"苏姗",检查官仔细辨认护照相片,发现叫"苏姗"的女人就是史燕青,而叫"约翰"的男人正是计划局财贸处长王建业。

"我们正准备传讯王建业,王建业闻听消息后却自己找上门,被办案人员逮了个正着,但这家伙很鬼,拒不交代自己的犯罪事实。"冯百友说。当天凌晨6时许,王建业趁看管人员不备逃得无影无踪。与此同时,所有与王建业有犯罪有牵连的行贿人也闻风而逃。

王建业一逃几十天没消息,办案陷入僵局。"当时我们为了麻痹王建业和与王建业有关的人员,改变办案策略,故意对外放风,说王建业和行贿人都跑了,案件办不下去了,放一段时间再说。"冯百友说。这一招果然起作用,到了9月份,竟然有人与我们的办案检察官联系,说王建业想不惜花大价钱,把史燕青弄出去。

"那位检察官立即向我们作了汇报,经研究后认为,这是个将计就计找到王建业踪迹的好机会,就指令那位办案检察官佯装被对方条件打动,跟对方周旋谈条件,而且一定要求要跟王建业本人谈。"冯百友说。当时把方案向省检察院做了汇报,省检领导指示,方案可行,但要让对方相信,就得显得更"贪"一些,索要数额不能太小,最后决定"要"180万港币。

王建业果然信以为真了,有一天终于打响了这位检察官的电话,一看区号,是泰国曼谷的。

王建业的尾巴终于露出来了。

曼谷擒巨贪

"虽然根据那个电话号码,运用侦查手段查到了王建业在曼谷的住处,但当时我们的办案人员没到泰国的现成护照签证,时间不等人啊,我就请求省检院紧急派人支援,省检察院分管反贪工作的陆成景副检察长非常重视,马上派遣两名省反贪局的处长立即飞赴泰国缉拿王建业。"冯百友说。两位检察官到达曼谷后,与泰国警方进行了联系。1993年9月20日的清晨,正当王建业在屋内与我们那位办案检察官讨价还价谈条件之际,泰国警方破门而入,将王建业生擒。

"王建业被擒后我们才知道,那天他从办案点逃出后,马上给几个向他行过贿的同伙打电话,说他出事了,让他们也赶快逃走。"冯百友说。随后,王建业又约了青山泉和曲河一同出逃。青山泉是某建材保税行经理,曲河是市某石化公司一个部门经理。二人均因王建业批的免税物资指标发了横财,王建业出了事,他们自然成了一根绳上的蚂蚱。3人租乘一辆"的士"逃到广州,后又逃到长沙、昆明等地,最后从云南瑞丽偷越国境,先到缅甸,后到泰国,在曼谷一间公寓里躲了起来。后又让国内一个同伙,跑到香港给他汇去了200万港元。

在泰国的王建业仍对史燕青念念不忘,企图以巨款行贿承办此案的检察官,让他设法将史燕青放出来,然后再远走高飞,没想到反而露出了行踪。

在泰国警方的看守所里,青山泉自感问题严重,畏罪自杀。1993年9月30日和10月23日,王建业和曲河先后被押解回国。

打铁还得自身硬

1995年12月28日上午,深圳市中级人民法院在深圳体育馆召开宣判执行大会,依法判处王建业死刑、剥夺政治权利终身。宣判后,王建业被押往刑场,验明正身,执行枪决。

"那天全市副处级以上干部6000多人参加了公判执行大会,警示教育作用真是无法估量。"冯百友说。王建业案件是深圳反贪史上的经典案例,对以后的反贪工作影响深远。

其一是在反贪切入点上,要从社会的热点、最易出问题的部位入手,这样反贪工作容易出成果和社会效益。"当时外汇额度就是最热点的部位,我们接到举报信后,立即去找线索,果然就查出了巨贪。"

其二是在反贪过程中要灵活运用政策。王建业被从泰国引渡回国后,向他行过贿的人一片惊慌,四处逃散,有的还逃到了国外。王建业当时死不开口,如果没有人证物证,就无法给他定罪。可如果一定要给这些行贿者定罪,可能他们都不敢回来,案子就会陷入僵局。"最后经请示上级检察机关和市委领导同意,我们宣布,行贿的人只要能主动回来,讲清问题,退清非法所得,并能揭发王建业的罪行,就可从轻甚至免除处罚。"后来这个消息一公布出去,并经办案人员的耐心细致的攻心工作,外逃的行贿者们陆续都回来投案自首,彻底交待了王建业向他们索贿的犯罪事实,并积极退交非法所得。一个专门为王建业管理钱财的"管家",就从美国回来投案了,他把王建业在香港等地的好多账户都交了出来,成为日后为王定罪的最主要证据之一,而且,检察官正是通过这些账户,追回了王建业受贿的绝大部分赃款,为国家挽回巨大的经济损失。

冯百友1944年生于广东五华,1962年参军,曾任43军军事检察院检察长,1984年转业到深圳市检察院从事反贪工作。他感叹从事多年反贪工作,最大的感受是"打铁还得自身硬"。"反贪工作随时面临各种各样的诱惑,如果自身意志不坚定,可能随时都会有失足之险。"他说,好多人都是让家属连累了,所以他很庆幸自己有个贤内助。"她跟我一样都是军人出身,脾气正直,如果有人上门送礼,她那一关就首先过不了。"

1995年5月30日

深圳房价曾涨至 2 万后大幅降价

余彦君

深圳的房价疯了。一套 90 平方米、近 30 年房龄的老房子,因一个遥遥无期的"拆迁概念",短短 2 个月,房价从 150 万元飙升到近 300 万元……房子涨得让很多没买房的人开始绝望。上世纪 90 年代初,深圳房价最高也曾达 2 万元/平方米,但泡沫刺破之后,接踵而来的是长达 5 年的低迷期。1995 年 5 月 30 日,深圳市首家房地产交易市场——深圳房地产交易中心正式成立,这个带着官方色彩的"中介机构",其诞生便背负着"活跃市场"的使命。

交易中心为"活跃市场"而诞生

1995 年 5 月 30 日,由深圳市规划国土局设立的深圳房地产交易中心在振华路兰光大厦开业,成为深圳首家房地产交易市场。

在交易中心,60 余家由房地产开发商和中介机构组成的会员在交易市场里面各设展位,房地产项目就如商品,购房者可观看模型,比较价格,交易中心还提供办理房产证、公证、银行按揭、物业资产评估、房地产项目审批等一条龙服务,市场开业后短短 20 天便吸引很多市民来"逛市场"。

"深圳市房地产交易中心是带着活跃市场的使命诞生的。"见证这个市场开业的潘女士说。此前,深圳房地产市场和全国其他城市一样,经历过上世纪 90 年代的泡沫期,但到了 1993 年,随着国家启动宏观调控,房地产市场进入调整期,房价泡沫被刺破后,市场长期低迷。"1993 年以前,深圳地产市场是高速成长的阶段,价格增长是可预见的,商品房就等于高价格。"时任深圳市房地产交易中心总经理助理的彭远表示。

深圳也曾上演"疯狂抢房"的一幕,卖得最为火爆的外销楼宇当推1991年12月销售的"海丽大厦",曾创下购楼者排队7天7夜一日售完的奇迹;1992年5月天安国际大厦发售时再创新高,商住单位售价高达每平方米2万港元,开创当时国内外销售楼宇的最高纪录。

1990年从东北来深圳、目前在一房产中介工作的曾女士回忆说,她刚来深圳时在一家小公司当文员,工资1000元出头,但当时房子就卖到1万元/平方米左右,价格高得吓人。

为刺激楼市,深圳市房地产交易中心开业后,于当年四季度相继举办房展会、交易会,但效果不明显。1996年9月,该中心发布的调查结果显示,经过近3年全面调整,深圳房地产市场的消费、投资和外销需求仍处低潮。一般情况下,房地产市场10%左右的空置量,即实现90%以上销售率是正常和合理的,但1996年上半年,深圳全市商品房总销售率仅为35.6%,深圳房地产市场促销形势十分严峻。

"回归概念"将追高买房者套牢10年

1997年7月1日,香港回归祖国怀抱。之前,"回归**概念**"带动了香港楼市的火爆,这种市场气氛也蔓延到深圳,给深圳房地产市场点燃了"冬天里的一把火"。

从1996年到1997年上半年,深圳在香港举办多个房产推介会和展销会。1996年12月14日,深圳房地产交易中心在香港举办深圳经济特区房地产(香港)展销会,50家深圳房地产公司,共推出67个优质现货楼盘供港人选择。

时任深圳市房地产交易中心总经理的李艳洁表示,67个楼盘的建筑面积76万平方米,展销期间,可为当场买楼的港人提供咨询、公证、办证、办牌等服务,买楼者有具体的优惠,其中包括:凡一次性付清房款者,将在现场获发《房地产证》,同时允许转让;购买楼宇总额达400万港元以上者,可给予办理一张深港过境私家车牌,以及免征契税等等。

1997年2月,位于罗湖区的惠名花园在香港推出后,首期185套销售一空,购房者全部为香港人。"看到房价蹭蹭地往上涨,我也在中银花园买了套房,价格约 1 万港元 / 平方米。那时,港币比人民币值钱啊,没想到,香港回归后,房价不但没涨,反而阴跌。"曾女士说。到 2005 年上半年,她那套房子的价格市场报价还不到 6000 元 / 平方米。无奈,她只能把这套房租出去。"到 2007 年,我那套房子才涨回来,差不多被套了 10 年,当年像我这样追高买房被'套'的人还有不少。"她说。

楼市曾大幅降价大打价格战

在 1997 年 "火"了一把后,深圳楼市随着 "香港回归" 的利好兑现后,重新归于平静。

1998 年国家启动房改,福利分房制度终结,当年 4 月推出新的个人住房按揭办法,银行向个人提供的贷款最多可至 7 成,且年限延长至 20 年,但深圳商品房市场的颓势不改。"那时候房地产广告铺天盖地,很多楼盘还请明星代言。"曾女士说。

从 1998 年 3 月以来,只要翻开报纸房地产广告就能看到 "折扣" 二字,买楼打折已成为开发商适应市场变化普遍采用的一招,当时,深圳一些大的房地产中介机构也认为:房地产降价战实际已经开始。

有资料显示,当年,7 月下旬,城建集团以最少 5%,最多 20% 的折扣出售市中心的百花公寓、东湖大厦、园东花园;深圳振业股份公司紧随其后,以 2%~5% 的折扣出售景洲大厦、业城阁等楼盘。同时,布吉关外的国展苑打出 "每平方米 2600 元起" 低价销售广告,该楼盘最高价时曾卖到 6000 元 / 平方米的高价,降价幅度之大引人关注。

也有开发商推出各种优惠措施,各种 "送"、"免" 等隐性降价行动更是层出不穷。银行提供最多按揭是 7 成,但就有房地产商打出了付一成就可成业主的广告。显然房地产商纷纷以让利形式展开有限市场空间的争夺。

价格战的结果是,"销量上升,销售额下降"。1998 年前 8 个月,深圳全市售出商品房面积为 183.6 万平方米,比 1997 年有所增加,但销售收入为 35 亿多元,比 1997 年同期减少 14.85%。

房价曾 10 年只涨 3%

如今,深圳的房价疯了。一套 90 平方米、近 30 年房龄的老房子,因一个遥遥无期的"拆迁概念",短短 2 个月,房价从之前 150 万元,飙升到近 300 万元……房子涨得让很多没买房的人开始绝望。

深圳市房地产研究中心副主任王锋表示,1992 年全国地产出现泡沫,深圳地产价格增长最快也是 1992、1993 年,深圳房地产过热,曾出现开发投资增长率高于 GDP 增速的 4.53 倍、当年房价飞涨 2 倍以上的泡沫现象,这是地产市场极度波动时期。当时,市场供给整体上升,但价格也在上升,住宅销售均价最高涨到每平方米 5500 元,这个价格保持了两三年。

不过,从 1996 年至 2004 年,深圳房价较为平稳,平均涨幅未超过 5%,供给关系始终在市场自身的调节中变化,需求一旦上升,供给立刻可以跟上,

梧桐山上俯瞰深圳全景，高楼林立。刘必健/摄

自身能够平衡，价格水平上涨幅度不大，房地产市场呈"慢牛细步"行情。

2003年深圳的住宅销售均价也只是5680元/平方米。这个价格仅比1993年的均价上涨168元/平米，10年涨幅3%左右。"地产市场不成熟才会出现大幅的波动，房价的平稳代表着市场的理性。"王锋说。

对深圳房价的稳定，2001年到深圳工作的顾小姐也很有感触。"我和男朋友刚来深圳时，根本没觉得买房是一个很紧迫的事。我们租了套40平方米的房子，住在里面，心里很踏实。当时，我们心里有个信念，只要好好工作，房子肯定会有的，因为那时房价似乎很平稳。"她说。孰料，到2005年下半年，深圳的房价开始涨了。"我们看着形势不对，在2005年年底，在北环附近买了套65万的房子，不到100平米，真贵啊。不过，幸好那时候买了，要是搁到现在，无论如何也买不起的。"她说。

岁月花边

深圳30年楼价史

南兆旭

1979年1月23日,国务院正式批复广东省革委会,同意撤销宝安县,设立深圳市,也就在这一天,招商局蛇口工业区筹建处和水头湾的蚝民谈定了海边8栋两层小楼的征用费,每栋价格3万元。

1981年3月,中国内地的第一个商品房小区东湖丽苑266套房出售,平均售价每平米2730港元,按当时的汇率,一平米约1000元,每套房配备3个深圳户口名额,大部分买房的香港人是为了将内地农村的亲友转换为城市户口。

1986年下半年,当时全国最长的大楼长城大厦交付使用,购买者寥寥无几,发展商费尽周折,动员核电公司买走长城大厦1号楼群的一大段,价格是每平方米731元。

1987年,深圳房价第一次飞涨,年初,每平米597~720元,年末涨到650~920元,半年后又涨到1700~2200元。

1987年12月1日,建国后内地第一块拍卖土地以每平米8588元价格卖出525万元,一年后在这块地上盖起的东晓花园以每平米1600元出售,154套住宅一小时内售完。

1988年10月,深圳在全国最早实施房改,将住房商品化。当时的规定是:1986年6月1日前竣工的房子264.15元/平方米,此后建的房397元/平方米,1991年后建的新房480元/平方米。这是准成本价。若要取得房子的全部产权,还须支付土地开发费每平方米137.60元。

1992年,小平南方视察,深圳经济大热,最高房价第一次突破每平米1万元。

2004年4月16日,香蜜湖地块"9万3(平方米)"以9.5亿元的价格拍出,深圳首次出现楼面地价超出平均楼价。一年后,盖在这块地上的"香蜜湖1号"以每平米7万元起的价格开盘,32套底价至少在3000万元以上的别墅不到10分钟全部卖完。

从3万元一栋的小楼,到3000万一栋的别墅,这个城市只用了24年。比房价增长更快的是这个城市的国民生产总值,从1979年到2009年,增长了2900倍。伴随着传奇的生长,伴随着地产大鳄的沉浮起落,伴随深圳百姓渴望蜗居和豪宅的酸甜苦辣,深圳的楼价还将有怎样的起落,谁能知晓?

1995年7月7日
一起活埋女婴事件引出的弃婴话题

王恒嘉　周文丽

1995年7月13日,深圳媒体报道了一起骇人听闻的事件:一女婴在出生后被活埋,从地下发出哭声而被路人发现,后获救生还……愈来愈多的弃婴现象引起人们的重视,人们发现,重男轻女是造成弃婴较多的重要原因之一。但近年来,出生缺陷正逐渐取代性别歧视,成为发生弃婴现象的主要诱因……

被埋女婴奇迹生还

1995年7月7日晚6点30分,南山区塘朗新伟京音箱厂的工人林春荣等人,在工厂附近塘朗村翠园荔枝园里散步时,忽然隐隐地听到婴儿的哭声,寻声找去,却看不到人。仔细再找,才发现一棵树旁有新翻过的土,哭声好像出自地下。他们小小翼翼地用手挖开土,突然,露出了一张婴儿的脸。他们吓得拔腿就跑,跑到工棚仍惊魂未定,半个多小时后才想起应该去报案。南山公安分局塘朗派出所民警迅速赶到现场,从土中挖出了一个女婴。女婴身体冰凉,全身赤裸且有血迹,肚子上还有脐带,当时仅有微弱呼吸。民警到附近人家要了两块布包起女婴,直奔医院。

西丽医院的医生蔡志超当年接受采访时说,女婴刚送到医院的时候脸色苍白,一动也不动,就像死了一样。用听诊器一听,心脏还在跳。医生赶紧把电扇全关上,因为女婴失血过多,最怕凉。蔡志超先用热水刺激了一下女婴的胸口,女婴吸了一口气,蔡志超随后给她接上了氧气袋,剪掉了脐带,又用热水兑生理温盐水,给她擦干净身体。医生随后又给她打了一针破伤风、一针青霉素。

这期间,西丽街道办事处的吴北如副书记赶到医院,说一定要尽力抢救孩子，费用由他们负担。后来因为西丽医院条件有限，当晚女婴又被转到了南山医院。而婴儿生还的奇迹之所以出现，蔡志超解释说，是因为婴儿出生不久，刚刚脱离母体，对外界氧气的依赖性还不太强。当晚10点，南山医院产科接受了西丽医院送来的弃婴，立即送入恒温温箱，进行观察。两天后各方面都比较正常，女婴脱离了温箱。

亲生父亲活埋孩子

是谁活埋了这个女婴？

就在当天晚上，塘朗派出所开始追查被埋女婴的父母。派出所最终将目标集中到埋婴现场附近的一家外来菜农身上。据妇女主任回忆，5月份，曾经在那里见到过一个孕妇。

最终，在那个孕妇家里，妇女主任发现了血布、血衣等物品。那家女人躺在床上，显然是产后不久，然而家里没有婴儿。于是，警察就将那家的男人杨强明带回了派出所。杨强明来自广东信宜，32岁，只有小学文化，已有三个孩子，一男二女。最终，他承认活埋了自己的孩子。女孩是在当天下午5时许出生的，生下十几分钟便遭活埋。"一看是女孩，就埋了。"杨强明说。杨强明最终因涉嫌故意杀人罪被捕。

被弃女婴身体状况恢复良好，几天后吃得比别的婴儿还多。晶报记者曾试图找到该女婴最终的去向，但警方表示，时间已经太久，恐怕很难查找。

从性别歧视到出生缺陷

记者调查发现，近年来，深圳的弃婴现象愈演愈烈，导致发生弃婴现象的主要诱因，也在发生变化……

深圳市社会福利中心是收留深圳市福田、罗湖、南山、盐田四区被遗弃孩子的唯一机构。2009年6月前任深圳市社会福利中心主任的付天跃，在接受记者采访时说，他是2003年2月来到深圳市社会福利中心的，当时在院的孩子有180多个，当年又接收了100多个被遗弃的孩子，而这100多孩子中有30%是完全健康的，当年被领养走的孩子也有100多个。付天跃说，当年的弃婴男女比例是各占一半，女婴几乎全是健康的，而男孩里有出生缺陷的则比较多。也就是说，当时性别歧视还是弃婴现象发生的主要诱因。

而在2008年年底，福利中心在院的孩子达到430多个，2008年当年被送来的孩子达到240个左右，其中95%患有各种各样的先天性疾病。其中比较常见的是先天性心脏病、兔唇、脑瘫。因为健康孩子比例比较少，每年的送养也遭遇了一些困难。2008年被领养的只有50多个，是2003年的一半。

付天跃和龙岗、宝安乃至广东省内的一些福利中心的管理者交流过，发现这几年的情况都是大同小异：有缺陷孩子数量越来越多、比例越来越高，少见的畸形也越来越多。

现任深圳市社会福利中心主任的唐荣生2010年7月接受采访时告诉记者，2009年到现在，状况依然没有多大改变，甚至更加严重。目前深圳市社会福利中心共养了576个孩子，比2008年年底时又增加了146个，增加的孩子里95%以上是有各种出生缺陷的弃婴，而弃婴里又有70%是女婴。

环境污染导致出生缺陷

是谁在扔掉自己的孩子，又是什么原因导致有出生缺陷的孩子逐年增加？

搜索深圳近15年来与弃婴有关的新闻，记者发现，扔掉自己孩子的家长无非三类：一是所生孩子是非婚生子女，父母是已经分手的恋人，或属于情人关系；二是家境窘迫，收入很少或严重超生，抚养孩子有困难；三是性别歧视，想要男孩因此扔掉女婴。

而近年来，有出生缺陷的孩子的增加使得情况更加复杂。2007年，有一名丢弃自己有出生缺陷孩子的来深打工人员被抓，他说："我连健康孩子都养不活，更不要说给她治病了。扔了她，她也许反而能找条生路。"

记者采访了广东省出生缺陷监测网负责人夏建红、北京大学人口研究所研究人员武继磊等众多专家学者。他们表示，数据统计表明，污染严重的地区出生缺陷率明显高于污染较轻的地区。武继磊参加了与出生缺陷有关的"973"国家科研项目。他说，出生缺陷率整体的升高是不争的事实，但要确认污染和出生缺陷的关系，还得找到实际的因果证据。

1996年3月2日

"活雷锋"陈观玉：那个年代的记忆

赖良青

1996年3月2日，沙头角水产公司退休职工陈观玉获得了一个引人瞩目的荣誉："广东省学雷锋标兵"，成为这座城市的爱心名片。时至今日，她仍然活跃在爱心队伍中，也仍然活在一些人的不解和误解中。

中英街上的"活雷锋"

老深圳都知道中英街有个陈观玉，一辈子坚持学雷锋，留下了一些近乎传奇的故事。

改革开放之初，陈观玉单纯地想"支援特区建设"，将香港亲戚给她用于治病的钱，拿来购买当时无人问津她也不懂的股票，没想到意外地赚了45万元。当晚她就和家人说"要还给社会。"从此，一张张汇款单飞向灾区，飞向需要帮助的人……

她背着自备的理发箱走遍沙头角大街小巷义务理发，别人惟恐避之不及的给死者剪发装殓的活儿她都乐意干。她家里至今仍放着两个脱漆的木箱，一个写着"活人理发箱"，一个写着"死者理发箱"。

她还曾一人照顾沙头角13位孤寡老人，像亲生女儿一样在老人床前嘘寒问暖，端饭送水，在老人们的家里连续度过20多个春节。有的老人甚至是握着陈观玉的手静静地走完人生之旅的。

陈观玉家一般不会上锁，为的是方便外来打工人员看电视、打电话。她全家老少9口人，全部是义工。

老沙头角人冯叔说，陈观玉的钱都是为别人准备的。

媒体报道陈观玉时，都会写到很多人说她"傻"。陈观玉周围，一直有误解和不解，比如有人说她喜欢作秀。但市慈善会秘书长房涛很钦佩陈观玉，笑着说她"影响了一大批人，如果全市1000万人都在作秀，这个城市一定很美好"。

陈观玉说："一个人去做，免不了有人说三道四，大家一起来做，自然都很开心。"

滴水之恩涌泉相报

当记者近日第一次面对陈观玉的时候，才真切地感受到，她只是个普通的体弱多病没太多文化的71岁老人，她早在上世纪60年代就患上了癫痫病，有时一天就要发作五六次；她自己还患上了严重的眼疾，面临失明的危险……家里经济清贫，却为助人花了五六十万。

值得吗？尤其是遇到一些不能知恩图报的人。这也是义工们常被问到的问题。

陈观玉有159个干儿女，都是她帮助过的人。陈观玉坦言，确实有人受助后就没有再联系。陈观玉却很淡然，她说："有没有联系我不在乎，只要他们过得好。"

陈观玉做好事坚守数十年的背后，是因为一个朴素道理——滴水之恩，"最好是感恩和回报"。

解放前陈观玉命似黄连。这个出身南洋橡胶园的老人，从小体味到世道艰难，幸好她遇上了解放军。50多年前，一位素不相识的解放军战士塞给她5块钱，让她不必辍学。她因天生的癫痫病多次发作栽到河沟里、水井边时，每次都是解放军把她从死亡边缘拉回来；当她卧病在床无人照料时，也是解放军战士给她送来水饺、羊血和大米……心地善良、经历饥寒的陈观玉，把回报之心撒向整个沙头角、整个深圳乃至全国各地。

市关爱办副主任陈励非常推崇"关爱·感恩·回报"的关爱行动理念，在她看来，缺了哪一环，都不是一个和谐的整体。陈观玉正是以一生来诠释这个理念的。

送人玫瑰手有余香

"干妈,你在哪里?我来看望你,却找不到你。"这个春节,陈观玉刚到罗湖看病就接到干女儿赵女士的电话,说要来拜年。赵女士是一位老师,家庭幸福,但时光倒流到15年前,她只是一位从黑龙江搭火车,站厕所一两天站到深圳来寻求陈观玉帮助的18岁小女孩。干儿女牵挂,陈观玉自然开心。但她说起孩子们做好事,笑得更灿烂。她喜欢说,不要回报我,要回报这个社会。

1996年春节,陈观玉在电视上看到河北省张北县一女孩家贫失学,让她彻夜难眠。第二天一早就寄出了捐款。两个月后在张北,她把已经复学的小姑娘紧紧搂在怀里。回深后,陈观玉提出,由她一家捐助张北县22名儿童复学。这一义举,引发了沙头角和张北之间的"1+1"助学活动。短短几天内,沙头角各界人士就捐献了140多万元……

力所能及快乐助人

丛飞感动了全国,也引来非议:自己家庭负债一堆没解决,帮助别人有必要吗?

同样的问题也曾摆在丛飞"干妈"陈观玉的面前。陈观玉举了个例子,她的两个小孩从小到大很长一段时间里,都不知道鸡腿是什么味道,但还经常受妈妈所托,端鸡汤鸡肉给五保户吃。有次实在挡不住诱惑,便用手轻轻沾了点鸡汤尝尝味道,这一幕刚好被邻居看到了,于是,"陈观玉是后母,对小孩苛刻"等声音就传开来了。陈观玉对委屈的孩子们说:"你们以后能吃肉的机会还很多,可是这些五保户他们却没多少这样的机会了。"

做好事已经成为陈观玉的生活方式。市慈善会秘书长房涛说,陈观玉提倡的力所能及地、快乐地去助人也是现在流行的慈善理念。"不需要大英雄气概,但却更人性化,更日常化。公益要成为随手可做、随时可做又能做的事情,这就是慈善的生活方式化转变。"

1996年10月22日

《花季·雨季》：一部校园小说的轰动

刘忆斯

1996年10月22日，《深圳特区报》的连载版刊登了这样一则消息："本版明日起连载深圳青年作者郁秀反映校园生活的长篇小说《花季·雨季》，敬请留意。"第二天，深圳特区报刊登了《花季·雨季》的第一章——"又搞突然袭击！"从此对这部小说开始了长达三个月56次的连载，直到1997年1月28日全文刊完。

回首深圳文坛硕果累累的成就史，《花季·雨季》绝对是无法绕行的一根标杆，它不仅是首次获得全国"五个一工程奖"图书大奖的深圳小说，更曾经影响了一代深圳青少年读者。有意思的是，这部讲述花季少男少女校园故事的小说，正是出现在深圳特区成立16载的年头。一个花季故事讲述了一座正值花季年龄的都市故事。

两年"潜伏"创作

《花季·雨季》的作者郁秀，1974年生于福建，10岁时随父母来到深圳。从南头小学、深圳中学、深圳第三中学（现深圳上步中学）到育才中学后又到深圳大学，走马灯似地转学迁学，大大地增加了郁秀的人生阅历与生活感悟，丰富了她对校园生活的体验和理解。用郁秀自己的话说："我的作品中找不到我的影子，但可以找到昔日同窗的影子和母校的场景。"

郁秀的父母都是大学文科教师，受家庭影响，从小她就酷爱文学，家中的藏书大部分都被她勾画翻阅过了。其中，古典小说《红楼梦》对郁秀的影响最大，要问《红楼梦》看过多少遍？连郁秀自己也记不清了，反正小说中的众多人物关系以及一些重要的段落和对话,她都能一字不差地背下来。

郁秀写《花季·雨季》时正上高中一年级,时年16岁,到她上高三时,全书完稿。在这两年多的时间里,郁秀每天都坚持在课余时间写500到1000字。两年下来,她用完了9瓶墨水,单是搜集的剪报就装了满满三大纸袋。当她将这部长篇小说的底稿手抄在23本厚厚的笔记本上捧至父亲面前说"我要出书"时,她的父亲大吃一惊。原来,郁秀的创作一直都瞒着父母,家里人谁也不知道她在"潜伏"写小说。

郁秀的父亲郁龙余,当时任深大中文系主任。据郁龙余回忆,起初自己是坚决反对女儿"出书"的,首先,他认为女儿没有生活阅历和文化积淀;其次,在郁龙余看来女儿的创作技巧还不够成熟,属于闭门造车,出门未必合辙。不过,凭着执着的性格与一股少年心气,郁秀对自己的创作充满了自信,她绕开了父亲,主动找编辑修改并联系了出版社。

从三万册到百万册

1996年10月,深圳海天出版社出版了郁秀共20多万字的长篇小说《花季·雨季》。起初,很多人都没有想到这本小说会取得巨大成功,该书第一版本来要印5万册,但出版社怕卖不完,就只印了3万册。出乎所有人的意料,这3万册首版《花季·雨季》很快就脱销了,深圳有一家书店一天之内就卖了近两千册。

随后,《深圳特区报》的连载、荣登第七届全国书市畅销书榜首以及各方面的好评接踵而至,1997年9月2日,《花季·雨季》获得全国"五个一工程"大奖,并从全国12万余种图书中脱颖而出,荣获第三届国家图书奖提名奖。当年才22岁的郁秀,成为"五个一工程"图书奖中,最年轻、且以处女作获奖的作者,而《花季·雨季》更是在全国范围内热销。据统计,迄今这本小说共在全国销售100多万册,盗版书据说更是超过了200万册!

《花季·雨季》的畅销,让郁秀少年成名,不过客观地说,这种名气给郁秀带来的冲击,并不如后来许多"出名趁早"的少年作家那样巨大。原因之一是郁秀从未想过以写作谋生,此外,在1996年她已经出国留学,就读于美国加州州立大学。远离名利的漩涡,反倒让郁秀后来重新拿起笔写小说的那份纯粹感保留得更加完整和新鲜。

《花季·雨季》虽然是郁秀的处女作，但她以平实质朴的语言、明快清丽的笔触，尤其是文中那股难得的清新纯净，成功地描写出了特区中学生纷繁多姿、五彩斑斓的校园生活。此外，郁秀以一个花季少女独有的眼光，观察自己所属的社会，审视同为花季年岁的深圳。郁秀的《花季·雨季》堪称一个"文坛现象"，而作品中九中高一（4）班的这群少男少女，在深圳这一毗邻港澳、东西文化交汇激荡、商品浪潮汹涌澎湃的现代化都市里，经受并目睹的学业竞争、深圳绿卡、勤工俭学、父母离异、出国热、早恋热、炒股等生活时代现象。

笔下的青春依旧

随着图书《花季·雨季》的风靡全国，这部小说很快就被改编成电影、电视剧、广播剧等各种艺术形式，并由此衍生出同名歌曲、连环画等。郁秀被看作"首开少年写作风气之先"的代表作家，更有人称她为"中国第一位少年作家"。"来美近一年，对世界有了新的体认，也积累了不少新的素材。希望将来有机会，将这些素材写成新的作品，比现在的这部成熟一点，奉献给大家，弥补这部处女作的不足。"郁秀在《花季·雨季》后记中这样写道。她这一搁笔就是4年。

自2000年起，郁秀又陆续推出《太阳鸟》《美国旅馆》《不会游泳的鱼》等作品。尽管已不再是"少年作家"，但郁秀依旧以自己独特的视角关注着青少年的成长。郁秀的这些作品，大都结合了她成长的疼痛和异乡的孤独与疏离，虽没有像《花季·雨季》那样造成轰动，却是郁秀潜心书写的成果，字里行间都反映了她对青春、反叛等问题的思考，写作技巧也更趋成熟。

郁秀现居美国洛杉矶，丈夫是美国人。郁龙余说，连他们都没见过这位"洋女婿"，只在网上视频聊天时有过交流。郁秀在国外的生活平静而充实，一方面"打政府工"，安排老年公益服务社工等工作，另一方面仍然在写小说和游记，不时在国内的《人民文学》等杂志发表作品。时隔多年，喜爱她的读者仍会欣慰地发现，郁秀还是当年那个安静清秀、笔下生花的女孩。

1997年2月19日
1997，举城哀痛悼小平

肖宇

1997年2月19日夜里，一代伟人邓小平逝世的消息传来，举国上下沉浸在一片悲痛之中。面对这样一个消息，和邓小平有着特殊感情的深圳市民，不愿相信，更不愿接受。一时间，位于深南路与红岭路交汇处的邓小平画像前，潮水般涌来大批自发悼念邓公的市民。在众多记录当时场景的照片当中，有3张显得格外珍贵与独特，它们真切地刻画出深圳市民对小平同志的思念之情。

通宵不眠赶排《号外》

"铃，铃，铃……"1997年2月20日凌晨零点20分，一阵急促的电话铃声惊醒了江式高，这么晚了，谁打来的电话？老报人江式高半梦半醒中暗想，退休以后很少有这样的深夜电话了。接通电话，电话那头传来惊雷般的消息：小平同志走了！

除了难以置信，江式高脑海里就只有震惊。原来，这是《深圳特区报》编辑部来的电话，小平同志逝世，他被紧急召回报社参与版面编辑。理由很简单，邓公两次来深视察，江式高都是深圳唯一一位全程跟拍的摄影记者。

零点40分，江式高火速赶到报社，但不凑巧，资料室管理人员不在。他二话不说，立即驱车赶往石厦南接人，1点20分开始挑选邓小平的照片。在正常情况下，此时报社的所有编排工作早已结束，报纸已经送上印刷机。而此次为了赶制《深圳特区报》创刊以来首次《号外》，整个报社灯火通明，直到凌晨4点，江式高怀着悲痛的心情回到家中。

中午时分，当江式高来到离家不远的邓小平画像前时，眼前的一幕再一次将他震撼：小平画像前已挤满了手持鲜花自发前来悼念的市民，绵延数公里。

"小平画像周围摆满了几层花束、花篮，大多都是百合花与菊花。沉浸在悲痛中的人们手持鲜花，排着长队缓缓向邓公画像前移。"出于职业习惯，江式高转回家取来相机，换上了难得一用的反转片。对江式高来说，此时此刻的心情，可谓五味杂陈。两次见证了小平同志视察深圳的历史性场景，原本以为还有机会再见到小平同志，可如今只能对着小平同志的画像寄托哀思。

在小平画像前三鞠躬后，江式高从正面拍下了一张鲜花拥簇画像的照片，画面不以人物为中心，突出的重点是鲜花与画像本身。

"画面动态性不强，但它是一个特定的场景照，明亮、宏大，虽不以人为主体，但从侧面展现了深圳市民的真切之情。记不清拍了多少张，按动快门的手指无法停下来。"江式高与所有人一样，被一种发自肺腑的情绪感染、震撼。

"记得小平同志曾说过，他一定要去香港，就是坐轮椅也要去，哪怕在香港的土地上站一分钟也好。1992年邓公南巡时，小平同志精神焕发，健康状况非常好，多日的辗转参观，也不见他有任何疲惫之态，当时我很有信心，小平同志一定能在香港回归之际，实现他的愿望。可如今，这个遗憾只能深深地埋在我心里。"江式高说。

男子手捧画像痛哭

"1997年2月19日晚，我因采访CBA比赛留在东莞，第二天才得知邓公逝世。事情太重大了，一大早我急匆匆地踏上了返深的车。"尽管时隔多年，但深圳特区报摄影记者郑东升谈及这一幕，仍觉得仿佛事情就发生在昨天。

没有小平同志就没有深圳，当年小平同志将"杀出一条血路来"的重任托负给深圳人民，而深圳经济特区也没辜负小平同志的厚望。小平同志走了，深圳人民刻骨铭心的想念却丝毫未减，如何将这种感情传神表达？一路上，郑东升思绪不断，一到深圳，郑东升骑着摩托车直奔邓小平画像而去，在他心目中，那里是市民离小平同志距离最近的地方。

1997年2月20日，一名男子在红岭路邓小平画像前悼念时，抱着《深圳特区报》邓小平逝世号外版仰面嚎啕大哭。

郑东升/摄

献花鞠躬之后，一名身着深色毛衫的青年男子引起了郑东升的注意。他双手紧扣，将印有小平同志画像的《号外》捧在胸前，站在小平同志画像前，低头静默，突然间，青年男子仰面嚎啕大哭，所有人都为之震憾，这不正是真情流露吗？郑东升顾不上其他，冲到人墙前，用手中的相机定格了这一瞬间。

"这是谁都没想到的，我很幸运，刚拍完，他就转身离开了。由于广场上人太多，等我追上去时，他已到马路对面。"如同所有看到这张照片的人一样，郑东升很想知道该男子的身份，是什么原因让他这般情不自禁。但遗憾的是，他仅得知该男子是一名内地游客。直到如今，郑东升为此深感可惜。

"事后，我一直在想，如果他是深圳人，一定会来找我要回照片，太珍贵了。可惜时至今日，这仍是我心中的等待。"

在纪念邓小平逝世十周之时，深圳一家媒体还为此刊发了一则寻人启事，但该男子仍似石沉大海一般，其背后的故事成了谜，但有一点可以肯定，这就是深圳市民对小平同志的真切感情。

秉烛寄哀思

第三张照片是时任深圳特区报记者、后任晶报记者的杨政所拍的夜景。照片中的几位市民身处手捧鲜花的长队之中，手持点燃的蜡烛，晚风吹拂，他们神情肃穆，双手小心翼翼地护住烛苗。当时人们还为这张照片起了一个满含深情的名字——"烛光点点"。

现在就职于某广告公司的朱焱就是当年照片中的一位，当天傍晚时分，他来到小平广场，前来寄托哀思的市民仍络绎不绝。

"当时天色已暗，我和几个朋友觉得献花已不合适，应该用一种特别的方式表达哀思，于是决定以蜡烛寄托我们的怀念。我们来到广场时，仍是人山人海，但秩序井然。长长的队伍缓慢前移，因为有风，担心吹灭蜡烛，每人都小心翼翼用手护着烛光。而这一幕恰好被人拍了下来。"

由于当晚少有秉烛寄哀思的市民，因此当他们将手中的蜡烛点燃，在料峭的夜风中，温暖的烛光吸引了很多人的目光。有了这几支蜡烛，现场气氛更加显得庄严。

朱焱自小在北京长大，在他心中一直有一个遗憾，没能亲眼目睹小平同志的风采，而且命运与他开了两次玩笑，让他两次错过了良机。

"1984年国庆阅兵，我所在的北京第27中学属国庆学生方队，可我8月份才从上海转学回北京，错过了队列训练，没能上场，只能眼睁睁地看着自己的同学走过天安门，接受小平同志的检阅。而我弟弟作为优秀少先队员在天安门广场举旗，也看到过小平同志。"更令朱焱遗憾的是，1992年3月份，公司指派他到深圳工作时，他又恰好错过了1月份小平同志第二次视察深圳。

小平同志其实并没有离开深圳，他永远地活在深圳人民心中。如今，每天都有不计其数的市民，来到深圳莲花山小平铜像前，来到红岭路小平画像前，来到仙湖畔小平同志栽下的高山榕下，瞻仰、追忆这位深圳经济特区的缔造者，这些地方也都成了深圳人民心中永远的圣地。

1998年4月3日
166个妇儿患者的感染噩梦

王恒嘉

曾在当年引起全国极大关注,其影响力不亚于后来的三鹿奶粉事件的深圳市妇儿医院感染事件,发生在1998年4月至5月期间。据卫生部后来发布的通报,"该院1998年4月3日至5月27日,共计手术292例,至8月20日止,发生感染166例,切口感染率为56.85%。"

为什么会发生如此大面积的感染?这个问题曾一度成谜,而对感染者的治疗也因此遭遇困境。有感染者在后来接受采访时说,那次感染好像一场噩梦……

难以治愈的感染

在当时媒体的报道中,李一航和商心(化名)是两个比较典型的感染者。

1998年4月中旬,刘洪波和丈夫带着1岁多的儿子李一航到深圳市妇儿医院做了包皮切割手术。10天过去了,他们发现儿子的伤口一直没有愈合迹象。询问医生,医生说没事,但两个多月后,儿子的情形依旧。深圳市妇儿医院几乎将所有类型的抗生素药物都用到了李一航的身上,结果收效甚微。半年以后,李一航的头发全部脱落,肝功能和心电图异常,肠胃中辅助消化的粘质被严重破坏……

同样是在1998年4月,商心入住妇儿医院待产。4月30日,商心上了剖腹产手术台,产下一婴儿,孩子出生后不幸夭折。一周后,手术缝合的伤口开始疼痛,伤口由针眼般大裂至1公分左右。商心从西安赶回深圳妇儿医院就诊,该医院开出普通抗生素治疗后,丝毫不见好转。医院第二次会诊后,要求商心住院治疗4个月。期间,商心服用了大量的对肝功、听力及免疫力有较大影响的大剂量抗生素。1999年初，商心停服医院处方药，但耳鸣却仍持续，她的头发已大量脱落，脊柱疼痛得厉害。医生说商心子宫的伤口、内壁皆受感染，B超检查不能判断能否正常生育……

商心受感染的消息传出后，周遭的朋友、同事开始远离她。给她的感觉是："我感到自己是不健康的人，是另类。"

而因宫外孕做输卵管切除手术的陈小姐，很可能再也没有办法做母亲了，因为治疗感染的过程中忘了及时给另一侧输卵管通水。她当时向记者说："我们现在夫妻关系还能维持，全靠以前感情基础打得牢，我们现在夫妻生活都没法过。"而另几名妇女感染者称，丈夫的手一碰到她们布满伤疤的肚皮，就浑身痉挛。有两名女患者与她们的丈夫离了婚。其中一位的丈夫与她离婚的原因是"你已经没用了"。

不少患者回到单位后都发现，别的同事在用异样的眼神看待自己。29岁的李××，出院后另外找了一份工作，和以前所有的朋友断绝了往来，她不愿意见到她以前认识的所有人，"一切从零开始"。

可怕的"龟型分枝杆菌"

当时一名患者这样描述伤口："我们一而再，再而三地愈合后再溃破，再清创……做引脓流、清创、缝针，然后再等下一次的破溃……"什么样的东西会造成这样可怕的后果？

事发后，院方将有关样本送到湖南、上海等地培养，两地专家称，从培养的样本中分离出了非结核分枝杆菌和金黄色葡萄球菌及白色葡萄球菌。

"非结核分枝杆菌"感染在当时是一种极其罕见的感染。当时国内专家对这种感染并没有丰富的临床经验。有专家当时告诉记者，分枝杆菌是一种条件致病菌。它对一般抗生素不敏感，必须使用多种抗生素。最可怕的是它有一个冬眠的特点，冬眠期间伤口暂时愈合，这个过程使分枝杆菌在人体产生抗体，而病人认为伤口愈合却停止用药，这样第二次病发时此前用的药就无用了……

卫生部事后发布的通报中认定"此次感染是以龟型分枝杆菌（非结核分枝杆菌之一种）为主的混合感染。"

那么，可怕的龟型分枝杆菌是如何进入感染者体内的呢？

浓度只有十万分之五的消毒液

事发后,院方负责人向前来采访的记者出示了一种强化戊二醛消毒灭菌剂的标签,并说,妇儿医院从1994年开始,一直使用的是将浓度为20%的戊二醛稀释10倍(即浓度为2%)的消毒液。后来购买的浓度为1%的消毒液未在标签上注明浓度,制剂员误以为它的浓度和以前一样是20%并按此浓度进行稀释,导致了这次事故。

而妇儿医院的制剂员在一份调查材料中说:"我按照原制剂室负责人徐××的配料单投料配制,即20%强化戊二醛300ml,亚硝酸钠90kg,加蒸馏水60000ml。"就是说,药水比例为1:200。即使是20%的戊二醛,按此比例稀释后有效含量也仅为0.1%,远低于院方所称的2%。而一旦配制原料变成1%浓度的强化戊二醛,按此比例稀释后有效含量只有0.005%。

卫生部后来的通报也明确指出:"戊二醛用于手术器械灭菌浓度应为2%,浸泡4小时,而该院制剂员将新购进未标明有效浓度的戊二醛(浓度为1%)当作20%的稀释200倍供有关科室使用,致使浸泡手术器械的戊二醛浓度仅为0.005%,且长达半年之久未能发现……部分医护人员违反消毒隔离技术的基本原则。6月份现场调查发现,手术室浸泡手术刀片、剪刀的消毒液近两周尚未更换,明显违背有关规定。"

当时的报道还称有证据表明,早在出现4~5例病人的时候,就有医生提出这个感染不是一般的感染,而院方负责人未予重视,继续接受病人进行手术。

赢家?输家?

当时,感染事件引起了全国乃至世界的关注,湖南、上海、香港等地的专家来到医院制定了几套治疗方案。应患者要求,有关部门还曾通过国际互联网向国外求援。

最终,经深圳市卫生局、广东省卫生厅组织国内外有关专家积极治疗,大部分病人伤口在1999年年初闭合。深圳市卫生局对有关责任人进行了严肃处理,院长陈一臻被免去院长职务,直接责任人主管药师何莹被开除公职。

1998年9月起,先后有120名患者委托律师提起诉讼,要求妇儿医院承担感染及感染引发的并发症的医疗费用，赔偿原告的经济损失和精神损失，每人标的在200~500万元之间，总标的达2.3亿元。由于标的巨大，患者和律师曾谋求到广东省高院起诉，省高院建议他们向深圳中院起诉。120名患者只好转向深圳市中院提起集团诉讼。深圳市中院建议最好以个案来处理。

集团诉讼流产后，医院分别约部分患者调解。陆续有数十名患者与医院签订了调解协议，获得了1~7万元的赔偿。而准备起诉的患者则从1999年3月起，向深圳市中级人民法院提起诉讼，诉讼标的大多超过300万元。对近3万元的诉讼费，有患者以长期治疗经济困难为名，向法院申请缓交诉讼费，但都没有得到批准。于是更多患者转向调解私了。截至2000年3月，有50多人与医院达成协议，另有46人立案成功。

李××等两名受害人以自己在感染事件中损失特大为由，向市中院递交诉状，索赔300多万元。中院受理后又于1999年9月发出通知，称此案已移交福田区法院审理。

2000年7月15日，福田区法院第一单判决作出。原告李××索赔303万，但最终获赔128422.38元。但李的代理律师称，李××获赔的12万余元中，需扣除医疗费70270元、4040元的伙食补助费等，李××实际只得到50112.38元，还要另承担案件受理费21082元；如果李上诉，又要另交25160元的上诉费，再加上律师费等费用，实际上入不敷出。而一些感染者事发两年后仍称，自己身上有后遗症未愈。

记者曾试图找到几名当年的感染者，了解他们后来的情况，但许多线索都中断了。最后，记者发现广东诚公律师事务所当年曾为感染者们提供了法律服务，记者2010年7月14日联系到诚公律师事务所主任甘勇明时，他告诉记者，当年正是他代理了60多位感染者的官司。据他所知，走法律途径的感染者中只有2位没有请他做代理人，因为那两位感染者的亲属中有人做律师。感染者中有人曾在一审后提起上诉，但最终在2002年年底前，全部逐一与医院方面达成了和解，赔偿的具体金额他已记不清楚。而在2002年之后，甘勇明也就与感染者们失去了联系。

1998年12月31日

冬瓜岭安置区，深圳梦开始的地方

冯宇飞

"请问，你知道冬瓜岭安置区吗？"如果问的是"80后"，得到的答案十之八九是"NO"，但如果你问的是一位上了年纪的深圳人，他会拉着你讲一箩筐故事——那些十几平方米宿舍里的奋斗故事、甜蜜一刻、艰难时光，还有关于爱情的难忘回忆。

但凡早年来深圳打拼的人都有一些记忆深刻的东西，有的已消逝，成为一个特殊名词，安置区就是一个。事实上，黄木岗、冬瓜岭、莲花山安置区对于老深圳的意义，犹如白石洲、岗厦对新移民的意义，它们都是无数新移民在深圳打拼的起点。经由这些起点，他们中的许多人在深圳闯荡出一片新天地。

安置区是南来"孔雀"的人生驿站

深圳的临时安置区，形成于上世纪90年代前后，其中规模较大的有莲花山、黄木岗和冬瓜岭3处安置区。冬瓜岭片区大致位于莲花北住宅区以东，北环路、莲花路与彩田北路的合围中，也就是现在彩田村与长城盛世小区所在的大片区域，属市区中心地带，位置与环境优势十分突出，是非常适合居住的一块宝地。

曾任深圳规划国土局副总规划师的赵崇仁，曾向媒体讲述了安置区诞生的原因。上世纪90年代，持续近十年的改革开放促使深圳经济迅猛发展，"孔雀东南飞"逐渐成为一种现象，随之而来的是外来人口快速增加，关内几个区更是人满为患。而当时房地产业还很不发达，市场上的商品房数量很少，在这种情况下为安置这部分来深圳打拼的"孔雀",兴建安置区的设想应运而生。

"至于为什么都集中建在了福田区,主要是因为当时冬瓜岭和莲花山有几片没有进入规划的空地,而且还处于特区的中间地带,交通也很方便。"赵崇仁回忆。决策作出后,市里拿出一部分土地整备金,在安置区进行基础建设,然后吸引社会力量投资,几片安置区很快就拔地而起了,其中冬瓜岭安置区1988年建成,莲花山安置区1992年立项建设,为大批刚来深圳的人提供了栖身之所和便利生活。

安置区是深圳人温馨又惬意的回忆

如今,虽然那些房子已不复存在,但那时的一切,都已镌刻进早年来深闯荡者的记忆中,甚至融进了他们的血液中;虽然当年的安置区是临时性的,简陋杂乱,但那里承载了很多人的梦想。让人诧异的是:记者采访的人中间,大多数人认为住在安置区的日子温馨而惬意,回忆起那段时光的时候,竟是那么的亲切。现在还在深圳打拼的双双女士就是其中一位。

早年的来深建设者双双,就在冬瓜岭安置区住过。1994年来深圳的她对冬瓜岭有很多的不舍,讲述冬瓜岭的历史,就像讲述自己的孩子般亲切:"冬瓜岭安置区(就是现在彩田村的位置)里面有很多公寓,主要是给刚来深圳的年轻人提供廉价出租屋。包括亚太公寓、飞龙公寓、花园公寓等,那里的公寓都是4层楼的单身公寓型,带个洗手间和阳台,阳台上可以做饭,租金大概600元左右,一间有30平方米。每栋公寓都配了保安和清洁工。"在双双的回忆中,冬瓜岭安置区汇集了全国各地的美食,可以吃到很多地方的菜,有上海的包子档,也有湖南的啤酒鸭,还有一个设施较简陋的电影院。在安置区居住,有趣的事情很多,下班后可以结伴去爬莲花山,那时候的莲花山没有雕琢的痕迹,都是原生态,登山道是被爬山的人爬多了"爬"出来的。

冬瓜岭除了是一个美食天堂外,也是一个娱乐天堂,双双和同事们就经常去多丽舞厅和中康舞厅跳舞,去骑士酒吧唱卡拉OK,日子开心得很。双双告诉记者,她以前在思捷公司工作,在冬瓜岭租住期间,结识了很多朋友。

农民工拥挤狭窄的宿舍。　　　张新民／摄

"在安置区和同事们住在一起,大家结下了很深的友谊,情同姐妹。现在,大家都结婚生娃了,过着平凡而又幸福的小日子。"

双双说,其实冬瓜岭安置区从1997年就开始慢慢拆了,"安置区消失得太早了点,拆了那一片后,现在的小区都是分给公务员住。"直到今日,双双和她的朋友们仍然认为,拆掉冬瓜岭和莲花山安置区,让很多当时的在深外来建设者觉得心里有些难受。

湖南人夏学义1996年从湖南老家的法院辞职来深圳,现在他是深圳某大型律师事务所的资深律师,今日的老夏事业有成,但回忆当年在冬瓜岭安置区的历程仍然有一箩筐的故事要讲述。

且说夏学义来深圳的第一站就是在冬瓜岭安置区落脚,当时是投奔他的一个远房表亲,"房子就十多平方米,整个夏天我都住在他家的阳台上,虽然酷热难当,但是好在有个地方落脚。"在夏学义的回忆中,在冬瓜岭的日子虽然苦点,但今天把当年的记忆翻晒出来,仍然觉得有滋有味,"主要是年轻人多,每个人的血液中都流动着青春的元素,夏天的晚上,认识不认识的人都会在安置区的舞厅里跳舞,跳完舞在街上光着膀子喝啤酒,大家吆五

1991年,一间20多平米的女工宿舍住了近8个人。　　　张新民/摄

喝六,极尽快乐之能事。"

安置区已完成它的历史使命

上世纪90年代末,安置区和深圳现代化的城市形象日益不协调:土地使用期已过,大多数出租屋设施简陋、电线老化、消防设施残缺。近百间歇业的酒楼隔开后出租。区内垃圾乱堆、污水横流,一些不法分子利用出租屋作为窝点……

1998年,市政府发出了《致冬瓜岭住宅区所有居民及个体工商者的一封信》,信中说冬瓜岭住宅区建设于1988年,当时由福田区国土局批准的地皮使用期限实际上早在1996年就已经到期,根据深圳市国土规划局的规划,未来的冬瓜岭地区,将建设成彩田村大型住宅区,因此,所有冬瓜岭地区的一切建筑必须在1998年12月31日前拆除,请市民务必于12月20日前到管理处办理搬离手续,逾期后果自负。

在冬瓜岭拆除前夕,也发生了一些故事。网友"扬荣"后来在西祠胡同社区发表了长篇网文《漂在深圳》，绘声绘色地描述了当年和太太在冬瓜岭经营"芳芳湘菜馆"的故事——仅仅是华强北电子科技大厦，芳芳湘菜馆就可以日送外卖500份，利润可谓日进千金。不过，《致冬瓜岭住宅区所有居民及个体工商者的一封信》宣告了政府将拆除冬瓜岭安置区，也间接宣告了芳芳湘菜馆命运的终结。网文中描写道："老板芳芳放弃不下自己为之奋斗的湘菜馆，甚至请了几家媒体的记者撰写有关冬瓜岭继续存在非常有必要性的文章，试图以此劝阻政府放慢拆除安置区的步伐。"不过，"芳芳湘菜馆"的命运还是和众多在冬瓜岭安置区的商店一样，最后都在城市化发展的浪潮中消失。

1998年12月31日，冬瓜岭安置区大规模开拆。

2004年5月28日，在现场数千人的见证中，随着一声令下，黄木岗安置区的标志牌也轰然塌下，深圳最后一个安置区彻底消失了，取而代之的是现代化的小区、市政公园和大规模的绿化带。

值得一提的是，深圳拆除"安置区"也引起了民间不同的声音和质疑，有人认为废弃"安置区"是深圳城市发展与建设的失误，也是今日许多违法建筑的根源之一。更有关于冬瓜岭安置区亚大宿舍被拆除后引发的行政诉讼案，至今仍余音未绝。

如今就住在莲花北（冬瓜岭旧址）的夏学义告诉记者，他很理解深圳拆除"安置区"的原因，因为深圳的高速发展需要向城市要更多的空间。"只是不知为什么，现在我想去找刚来深圳时的记忆，却找不到了，很多东西都被抹掉了，有点伤感。"

和夏学义一样，当年黄木岗、冬瓜岭、莲花山安置区被拆除的时候，曾经有人建议应该立一座碑，以纪念安置区。在早期闯深圳的人们心中，安置区的地位并不仅仅是一个浅层次的地名，更确切地说是已经成为他们内心的一根软肋和图腾，每当触及这些，他们就会想到自己人生那段热血沸腾的激情岁月。

1999年2月1日

大梅沙海滩上的6000年前沙丘遗址

马骥远

1999年2月1日,深圳市主要新闻媒体刊登了这样一则消息——《旅游要开发,文物要保护,大梅沙沙丘遗址留待国家发掘》。报道透露,大梅沙沙滩将于当年5月1日向公众免费开放,然而就在这片后来深圳最热闹的沙滩上,却有一个距今6000年前、始于新石器时代的人类文化遗迹——大梅沙沙丘遗址。市及盐田区有关部门已经将这片区域妥善保护好,留待今后国家的发掘。那时,是它被发现的第17个年头。今天,又是11年过去了,沙丘遗址仍然静静地躺在大梅沙海滩上,默默地注视着熙来攘往的游人。

发现,大梅沙海滩藏着宝

大梅沙,是目前深圳唯一免费向公众开放的海滨浴场。深圳居民当中,没有在大梅沙下过海的,或者没有在大梅沙海滩上玩过沙的人,恐怕是凤毛麟角。但是说起大梅沙除了海滨浴场还有什么,可能大多数人答不上来。

实际上,大梅沙沙丘遗址发现的时间,要比海滨浴场的建设与开放早得多。据深圳博物馆编纂的《深圳考古发现与研究》记载,1982年,深圳建市仅仅3年之后,广东省搞了一次全省文物普查,结果在大梅沙海滩上,找到了一些新石器时代的陶片,以及1件青铜戈和1件青铜镞。这对当时的深圳来说,可是件了不得的事情——一个建市刚刚3年,还没有来得及梳理自己历史的城市,突然出现了石器时代、青铜时代的文物,多么令人喜出望外。

不过,那时候深圳特区尚处于草创阶段,条件有限,全市几乎没有一个从事文物保护的专业人员。因此,除了1983年市政府将大梅沙沙丘遗址列

1992年，深圳市博物馆考古队正在挖掘大梅沙沙丘遗址。

大梅沙沙丘遗址出土的部分青铜戈，现陈列于深圳博物馆。

为市级文物保护单位以外，没有采取进一步的动作。

"深圳对于大梅沙沙丘遗址的态度，就是想把它作为深圳考古事业的'家底'，先不去动它。"现任深圳市博物馆副馆长叶杨说。国家在当时对于文物发掘有着严格的规定，以抢救、保护为主，如果没有足够的保护、开发能力，那么在没有人为因素破坏的情况下，一般不进行主动开掘。1984年，叶杨北京大学考古学专业毕业以后，被分配到新成立的深圳市博物馆考古队工作，从此与埋在深圳地下的文物结下了不解之缘。

抢救，"就差没有躺在推土机前面了"

时间的巨轮滚进了1990年代。随着1992年邓小平同志南方谈话的公布，神州大地再起春潮，各种建设项目雨后春笋般地拔地而起。终于，沉寂了10多年的大梅沙也热闹了起来。

叶杨回忆说，虽然大梅沙沙丘遗址当时没有进一步发掘，但是凭着考古工作者的经验，他知道这必定是一个文物的"富矿"。"远古时代，只有人类聚居的地方，才会留下大量文物，而大梅沙就是这样的地方。"叶杨说，大梅沙是海边的港湾，很少大风大浪，多鱼类贝类，附近又有淡水河，在人类征服自然能力还很低下的时期，这样的地方是先民绝佳的栖息之所。

可是，沉睡地下的文物还没有等来考古队员，却先听到了推土机的轰鸣。1992年，罗湖区一家经济开发公司与深圳一家大型地产公司合作，要在大梅沙海滩开发旅游度假中心。挖掘机、推土机浩浩荡荡开上了沙滩。

叶杨和同事们当时就着急上火了。深圳文物好不容易保存下来的家底，要是让你推土机一下子就推平了，我们何颜面对祖先？叶杨说，要是在陕西，不论什么建设项目，都要事先到文物保护部门开具许可证才能上马，以免伤到地下的文物。可是这里不是陕西，这里是1990年代初的深圳，为了发展，为了过上好日子，很多人顾不了那么多了。

"为了保护大梅沙沙丘，我们想尽了一切办法。"叶杨回忆说，他和考古队的同事们找到施工队，苦口婆心地劝说，这里埋有文物，按照《文物保护法》的规定，开建重大工程之前必须先行报请文物行政部门，在工程范围内有可能埋藏文物的地方进行考古调查、勘探。叶杨自我解嘲地说，当时他们就像现在各地拆迁时的"钉子户"一样，就差没有躺在推土机前面了。

发掘，挖出了"青铜时代"的深圳

后来，经过时任罗湖区副区长李锋（现任汕头市委书记）的积极协调，大梅沙海滨旅游度假中心的工程终于暂停，深圳市博物馆考古队立即对大梅沙沙丘遗址进行了保护性发掘。"那是1992年的5月到6月。"叶杨记忆犹新，那时候他和同事们整日整夜盯在大梅沙海滩上，争分夺秒地在沙土里挖掘、寻觅。

"施工方虽然不敢公开阻挠，但老是在旁边捣乱，嚷嚷'挖不出什么东西的啦'，想把我们赶走。"叶杨知道，只有挖出点什么才能让他们闭嘴。功夫不负有心人，在大梅沙海滩中段，他们挖出了新石器时代的石斧、石锛、石刀、砺石、陶罐等文物。叶杨说，根据推测，这批文物属于新石器时代中期，距今大约6000多年，与几乎同期发现的咸头岭遗址大致相当。

真正让叶杨兴奋的，是在大梅沙海滩西南部的发现：11件青铜器。有短剑1件、长矛2件、短矛1件、钺2件、矛型器5件。这是当时，也是迄今为止深圳地区一次性发现青铜器最多的一次。

叶杨说，大梅沙发现的青铜器据推断应属于公元前1000年左右至公元前4世纪前后，相当于西周后期到战国时期。按照1836年丹麦皇家博物馆馆长汤姆逊提出的人类"石器、青铜、铁器"三个时代的分歧序列，史学界对于岭南地区是否存在过青铜时代一直颇有争议，很多专家认为岭南地区的青铜完全是从中原地区引进的，没有自己铸造青铜的历史。那么，大梅沙的大批青铜器出土之后，可以推翻这个结论，因为这些青铜器的形状和同期中原地区的青铜器是不同的，联系到香港、珠海近年来出土过疑似用来铸造铜器的陶范，可以认定岭南地区历史上曾经有过自己的青铜时代。

那么，青铜时代的深圳是什么样子？"和中原有明显的不同。"叶杨说，中原地区出土的青铜器以容器、祭器为主，如著名的司母戊鼎、司母辛鼎等，兵器只占一小部分；而大梅沙出土的青铜器，则几乎全部是兵器。

这说明什么？《史记·东越列传》曾经记载田蚡对汉武帝说："越人相击，固其常。"《汉书·高帝记》记载，汉高祖刘邦说："越人之俗，好相攻击。"叶杨说，这说明了在先秦时期一直到汉朝初期，岭南（当时叫百越）地区战乱不断，大梅沙出土的青铜器，充分地印证了这些说法。叶杨分析说，这是因为当时岭南地区没有一个国家政权，部落之间你争我夺，互相残杀，谁也吃不掉谁。这种状况一直到西汉时期中央政权确立对岭南的统治之后才告结束。

"从大梅沙的考古发现可以得出结论，深圳历史上有过青铜时代，这一时代的深圳，还没有建立奴隶制国家，部落联盟之间不断互相征伐，就像是军阀混战。"叶杨说。

沙丘，仍然在等待

1992年差点把大梅沙沙丘遗址推平的那个工程，最终也没搞成。到了1999年，市政府决定将大梅沙海滨向市民免费开放，作为深圳最大的海滨公园。"你要是到大梅沙海滨公园，进门以后，往右边走，可以看到一块用铁丝网围起来的地方。"叶杨说。那里就是当时市规划局划的"红线"，留待今后进一步发掘，"2002年前后，曾经听说盐田区准备在大梅沙海滩上建立沙丘遗址博物馆，但是后来就没动静了。"10年过去了，沙丘还在默默地等待，至于里面还会不会有未知的宝物，那要挖掘之后才能知道。

在深圳从事了26年的文物发掘保护工作，叶杨最不愿意听的一句话就是"深圳是一座没有历史的城市。"除贯穿新石器时代到青铜时代的大梅沙沙丘遗址，深圳还有石器时代的咸头岭、叠石山遗址，汉、晋、唐、宋、明、清等朝代的古墓，更重要的是，有晋代设立的南头古城和明代设立的大鹏所城，沿着大鹏湾和深圳湾有数不尽的古代文化遗产。"相信深圳人和来深圳旅游的游客，总有一天会认识到深圳历史文化遗产价值的。"叶杨说。

1999年6月13日
深圳眼库写下中国器官捐赠史第一页

朱健

每年的6月6日,是全国爱眼日,但我们真的懂得眼睛吗?

从婴儿的第一声啼哭,人类就开始与光明结缘,开始了五彩斑斓的生命之旅。每一双感知光明的眼睛,正是生命的原动力。

爱则是我们这座城市的眼睛,正因为有了爱,我们才得以互相传递温暖,正因为有了爱,我们才能在苦难和阵痛中看见前行的光。

角膜·向春梅

在深圳角膜捐赠史上,"向春梅"是重要的注脚——这个生命停止在灿烂的29岁的大学教师,凸显一个人展现"大爱"的可能,并且让我们在感动中得到安慰。

1999年6月13日,深圳大学教师向春梅因癌症离世。病榻上,她请丈夫执笔写下了申请书:"我愿在死后献出我的一切有用器官。我相信我的两个角膜是完好的,也许能给需要它的人带来光明。"

遗愿得以实现,她的角膜使两个人重见光明:先天失明的秦惠芬、双目失明10多年的刘礼珍。历史这样定义向春梅——"深圳无偿角膜捐献的第一人,开启了中国器官捐赠史新的一页"。

向春梅的自觉行为,在当时的深圳乃至整个中国实为罕见,深圳掀起一股学习向春梅的热潮,而在医学伦理和社会法制上,随后也发生一系列的变化。

2000年,在深圳市卫生局、深圳狮子会的支持下,深圳眼科医院成立了深圳第一所眼库,并为年仅10个月大的男婴成功移植角膜。

又因为"角膜捐赠"引起的巨大社会效应,2003年8月22日,深圳市第三届人大常委会第二十六次会议通过了《深圳经济特区人体器官捐赠移植条例》。

这部地方性法规的出台,是我国器官捐献史上的一座里程碑,它填补了我国器官捐献立法的空白,让器官捐献从此步入法制化轨道,使市民捐献器官有法可循,使志愿者可以放心捐献,也使医护人员可以安心进行移植手术。

劝捐·陈淑莹

一个世界的人说,看啊,她就像光明使者。另一个世界的人说,看啊,她如此令人厌恶。

在7年前,陈淑莹的选择就像一道考题,测试着人们对"角膜捐赠"的理解程度。

2003年4月,为了鼓励更多的人加入到捐献角膜这项爱心事业,深圳眼科医院在全国首开先河,公开招聘深圳眼库的专职劝捐员。

那年的5月8日,眼科医院护士陈淑莹成为该医院眼库唯一的专职工作人员。岗位:劝捐员,也是中国第一个人体器官职业劝捐员。

当时有6人来应征这个岗位,录取陈淑莹是因为她会讲白话、客家话等方言,沟通能力比较强。

但这个"很会和患者打交道"的女孩没想到,从那之后,自己成了一个"不受欢迎"的人——饱受惊讶、猜忌的眼神,甚至还有愤怒的驱赶。

有一次,陈淑莹正给家属做思想工作,旁边病床的人竟感叹:"这个社会上怎么什么人都有,做这份工作的人也会有。这是什么世道呀!"

误解随时发生。"有人以为我是搞地下活动的,还有人以为我是拿角膜去卖。"

还有一次,她还被病人家属直接推出门去,"砰"的一声把门关上,还说:"我不希望再见到你!你给我马上走!"

陈淑莹创造了历史,自己的努力换来尽可能多的人重见光明。但对另外一些人来说,陈淑莹的身影又是那么避之不及。毕竟,这个人的出现提示即将到来的死亡,而且,她希望拿走的那样东西是——躺在病床上的人的角膜。

手术·姚晓明

叙述一件功绩或者一个英雄人物时,可以用荣耀、感动、勇敢等词,但是调整一个向度,我们又看到困境、纠结、痛苦的存在。

姚晓明,博士,深圳眼科医院眼科主任。我国第一部眼库专著的编撰者,《角膜捐献立法议案》的起草者,我国人体器官捐献移植立法进程的直接参与者和推动者……

头衔很多,但也许,这样称谓姚晓明更接近本质:"一个努力让更多人看到光明的人"。

去过姚晓明办公室的人都知道,在他的阳台上,一眼就能看到位于市眼科医院院内的那尊洁白的向春梅雕塑——当年,正是他亲手为向春梅摘取了眼角膜。

通过手术,姚博士让很多人重见光明,但印象最深的一次,却是2005那年中秋节,他给自己母亲做摘取眼角膜的手术。"之前,母亲感觉自己将不久于人世,与市红十字会签下角膜捐献协议,她提出要让我亲自动手术。"

手术的过程,漫长,有着不同寻常的感受。生命本源和职业本能,足以将人撕成两半。"欣慰的是,老人家离开人世后,她的角膜移植给了8位有需要的患者。"

这个故事感动了很多人,姚晓明也因此成为2005年感动中国的候选人。导演崔雅丽据此还改编成公益电影《母亲的眼睛》,于2008年5月11日在全国公映;深圳作曲家文莉,也在感动之余,写了一首感人肺腑的歌——《美丽的眼睛》。

光明·追逐的幸福

所有的努力都应该得到尊重,因为他们说出的,是我们心底的沉默。他们做出的,是我们内心的追逐。

姚晓明,依旧在为"更多人的光明"辛勤工作着。而在刚结束的深圳两会中，作为政协委员，他还提出"引入港资医院促进深圳医改"的提案。

陈淑莹，辞职回老家，目前从商。接替她位置的是哈医大研究生余莉，但现在不叫"劝捐员"，改为"协调员"。

他们不是唯一一拨为"光明"奉献的人，正是在这些先行者的影响下，越来越多的人加入到这个事业中来。

2007年，深圳作曲家文莉发行了一张《天籁童心》的专辑，里面的歌全部由盲校的孩子演唱。作为一直和姚博士合作的爱心人士，文莉这样说："音乐也是一扇窗户，我希望，那些在黑暗中的孩子们，能从中感受到光明。"

2010年，深圳红十字会成立了"器官捐赠志愿者服务队"，越来越多的年轻人加入到"劝捐"的工作。

而截止到2010年6月，深圳眼库累计接受角膜捐献近400例，使千余人重见光明，其中有十多位港澳台同胞成功接受移植角膜，重见光明。

深圳眼库由此成为全国年受捐量最多的眼库之一，同时也是唯一对全国开放的眼库。

1999年9月7日

另一只"企鹅",没能熬过互联网严冬

陈晓航 曾智

1999年9月7日,5个年轻人在华强北赛格工业园创立蓝点软件技术(深圳)有限公司。后来蓝点在美国三板市场上市,市值一度达4亿美元。

当时工业园里有两家以企鹅为公司标志的企业:楼上的腾讯和楼下的蓝点,从高端研发人才储备和技术研发影响力而言,当时的蓝点还强于腾讯——但最终的差别在于,腾讯这只企鹅成功地熬过了互联网的冬天,但蓝点没有。

刚获评深圳30年杰出人物的腾讯创办人马化腾,在深圳经济特区建立30周年庆祝大会上发言。蓝点曾经和腾讯同期"出道",同在深圳创业的众多IT人士,成功的不成功的,想必都感慨万千。

曾经有很多深圳的IT企业,一度走在腾讯的前面,蓝点软件就是其中的一家——11年前的今天,5个20多岁的小伙子,在深圳创立了蓝点软件技术(深圳)有限公司,他们的蓝点Linux软件,曾一跃成为中文Linux最大的供货商。此后,蓝点公司在美国三板市场上市,市值一夜之间达到4亿美元。然而,当美国三板市场股灾来袭时,他们没能熬过"互联网的冬天"。

昨日,记者辗转找到了当年蓝点的创始人之———时任蓝点董事长的康哲。

新闻高才遇到3个电脑奇才

蓝点软件是中文Linux先驱。1996年,Linux操作系统进入中国。1999年7月,蓝点几个年轻的创业者最早在全球发布了在framebuffer上进行汉化的中文Linux版本Bluepoint Linux。1999年9月7日,蓝点软件技术(深圳)有限公司创立。2000年3月7日,蓝点神奇地在美国三板市场挂牌上市。

上市首日，股价暴涨400多倍，市值超4亿美元。创造这个奇迹的，是4位没任何外资背景的小伙子——康哲、邓煜、廖生苗、李凌。当时，他们都才20多岁。

除蓝点的董事长康哲外，蓝点的总经理邓煜、技术总监廖生苗和研发部经理李凌都是电脑奇才。他们来自不同的城市，性格迥异，却有着共同的梦想。其中的灵魂人物，便是最年轻、学历最浅却最富传奇色彩的邓煜。13岁时，邓煜随父母从南昌迁到深圳，1997年加盟深圳数据局下属的龙脉公司，负责网络规划、实施和调试，并在网上结识了深圳万用网专攻Linux的廖生苗。随后又在BBS上认识了毕业于华中理工大学计算机专业、在校时便获得高级程序员证书的李凌。颇有远见的邓煜认为，他们几个人都是技术型人才，但一个项目要成功推向市场，需要一个能把技术商品化、市场化的人。邓煜选择了盛润网络系统公司的康哲。

和他们三人不同，在广东潮州长大的康哲，创业前走的是另一条路。1990年他考入武汉大学新闻系，在《经济日报》实习时就拿到了全国首届韬奋新苗奖一等奖，毕业时曾同时接到《经济日报》《南方日报》《深圳特区报》《证券时报》四家报社的接收函，但当时他没有选择深圳。邓小平南方谈话掀起改革开放新热潮。1993年，康哲放弃了在北京的工作，来到了《深圳特区报》。他希望自己能在改革开放的最前沿释放自己的潜能——他递了一份"商业计划书"给当时的深圳特区报社社长吴松营，获得认可。之后，便独自一人撑起了特区报4个版的《电脑时代》，版面办得有声有色。

上世纪90年代末，中国拉开信息技术时代的序幕。康哲觉得，"与其做一个旁观者或者评论者，不如投身到时代变革的大潮中。"于是，1999年3月，他从深圳特区报社辞职，加盟盛润网络系统公司——这是中国第一批从硅谷拿到风险投资的互联网企业。正是在这里，他认识了邓煜。

1999年4月28日，康哲、邓煜、廖生苗、李凌在深圳名典咖啡厅聚会，开始郑重筹划公司的成立问题——4个人就这样被命运的红线牵到了一起。

蓝点上市首日股价暴涨400%

1999年7月下旬，公司第一次筹备会议在深圳一家菜馆的餐桌上举行。

在这次会议上，公司的商业计划书和远景规划包括公司的框架、每人所占的股份、规章制度等都被确定下来，为今后事业的发展奠定了坚实的基础。按照这个规划，4人的分工是这样的：康哲为董事长，负责蓝点的企业发展策略规划；邓煜出任总经理，主持全面工作；廖生苗任技术总监，李凌为研发部经理，两人负责技术开发。康哲还叫来了好友、毕业于北京外经贸大学财会专业的曾颖帮忙。9月7日，他们5人自筹资金20万元，注册成立公司，并在深圳赛格科技园租了一间不到30平方米的办公场所，开始了艰苦的创业。

1999年10月1日，蓝点发布了Linux1.0RC版，在IT界引起轰动，并被深圳市政府列为高交会11大推荐项目之一。蓝点软件早期以做内核汉化的中文发行版为主，很快在业界享有相当高的技术地位，在个人OEM版市场占有率、零售市场都是国内第一，也是当时国内最早实现赢利的Linux公司。

2000年3月7日，蓝点成功在美国OTCBB市场（俗称三板市场）"借壳上市"，股票代码为"BLPT"。上市第一天，股价一天之内暴涨了400%。这意味着蓝点的市值一夜之间达到了4亿美元。《三联生活周刊》当时撰文报道他们，题目用的是《小鬼当家》（他们中康哲和廖生苗1971年生，李凌1974年生，邓煜1975年生）。

蓝点公司未能熬过股灾

天有不测风云。就在蓝点上市一个月后，席卷全球的股灾骤然爆发。当时美国三板市场崩盘，以及随后接踵而来的"9·11"事件，使资本市场突然间失去融资的能力，当时的网易还一度停牌，蓝点股价在美国三板市场也一路狂泻——蓝点当时主要盯住技术前沿做高端研发，商业模式主要是以收取上游客户的执照和代理开发为主。危机发生后，上游产业合作伙伴的海外订单突然消失，原有赢利的桌面版本的收入此时已难以支撑蓝点高额的研发费用了。而与此同时，国内某些国资背景的Linux公司，从国内获取了巨大的资金支持，开始在蓝点挖人。"内外夹攻，整个市场格局已难以容纳作为民营企业的蓝点生存了。"

其后，蓝点主要股东把部分股权转给一家在香港上市的汽车仪器企业的股东,这一公司成了蓝点新主人。

鲜为人知的一段往事是,当时,华强北赛格工业园里有两家以企鹅为公司标志的企业,那便是楼上楼下的腾讯和蓝点,两家公司的人员私交不错,蓝点早于腾讯上市,搬家时,照例买了乳猪,赛格工业园里不少创业者都跑来吃烤猪喝啤酒庆祝乔迁之喜。从高端研发人才储备和技术研发影响力而言,也许当时的蓝点还强于腾讯。但最终的差别在于,腾讯这只企鹅成功度过了那个互联网的冬天。采写《马化腾的腾讯帝国》的中国著名IT观察人林军曾提及,当时楼上的马化腾也一起来吃烤猪,一位腾讯当时的创业元老还曾和林军感慨,说最开始腾讯的目标是超越蓝点。

"在深圳,激情容易被点燃"

十多年过去了,康哲回头看这段往事,这样评价自己的这段岁月:"从上世纪90年代初到深圳以来,我有幸和深圳这座城市以及中国高新技术产业一起脉动,一起成长。我有幸与一班青年才俊去建功立业,一起奋斗,一起努力,亲手去创造历史。回首往事,如果用一个词形容我的感受,那就是'自在'"。

如今,蓝点创始人之一的邓煜,在北京做一个企业客户管理的营销软件通卡公司,并获得深圳创新投资。而康哲,先后成立了卡诺能源公司、天盛弘泰顾问公司等企业,主要为企业及政府提供科技咨询顾问服务,参与有关公共政策的制定工作,为众多高新技术企业提供高端培训咨询服务。

康哲说,自己已离不开深圳这座城市。"在深圳,激情很容易被点燃,而我可以从容自在地在这里做有价值的事情。"

2000年10月21日
钢琴王子李云迪从深圳走向世界

刘忆斯

波兰当地时间2000年10月20日,确切地说,应该是北京时间10月21日,四年一届、为期两周的第14届肖邦国际钢琴大赛在波兰华沙落下大幕。在来自25个国家的98名年轻钢琴家中,来自深圳艺术学校的高三学生李云迪以无可争议的成绩位列榜首,成为15年来第一个获得此项赛事金奖的选手。这位当时只有18岁零13天的少年,也成为首次摘得这一世界最高级别钢琴大赛桂冠的中国人。

与肖邦的时空约会

2000年10月4日,还有4天才满18岁的李云迪和他的恩师但昭义来到华沙,他是所有选手中年纪最小的一个。过了4天,李云迪的比赛还未开始,却迎来了自己的18岁生日。为了给爱徒减压,但昭义带他去吃了一顿炸鸡,并以可乐代酒预祝李云迪能取得好成绩。

不知道是不是老师的炸鸡、可乐起到了效果,李云迪这次与肖邦的百年约会从初赛到复赛、半决赛,再到最后的决赛,一路都走得非常顺利。其实,李云迪并不知道,早在听完他的初赛演奏后,本届大赛的评委会主席亚津斯基就已经和其他评委达成了一个共识:"看来,本届比赛的金奖不会再像上两届一样——空缺了。"

和所有参赛选手一样,未足弱冠之年的李云迪在比赛中也很紧张。比如在第二轮比赛开始前,因为紧张,他的脑子一片空白,幸好这时但老师递上了一张写着"无私无畏"四字的纸条,这才让李云迪得以平复情绪。事实上,但老师为爱徒做的"心理按摩"远不止这些,在半决赛开始前,但老师曾带着李云迪来到肖邦公园瞻仰这位钢琴诗人的塑像——"云迪,你是否觉得自己离肖邦更近了……"

大赛终于进入决战之夜。李云迪在决赛曲目上选择了《e小调第一钢琴协奏曲》,这首作品是肖邦于1830年创作的,那年他刚满20岁。在演奏这首作品时,才华横溢的李云迪并没有自由发挥,而是充分尊重了古典主义时期作品的风格,同时又在色彩上融入了浪漫主义的手法。

当乐曲最后一个音符的回响淹没在全场如潮的掌声之中,在场观众全部起立为这位中国少年喝彩,没等宣布比赛结果,一位俄罗斯选手已经把李云迪高举起来。是的,李云迪获得了肖邦大赛的金奖,成为了该赛事73年来最年轻的金奖得主。亚津斯基评价道:"李把肖邦的曲子诠释得没有任何瑕疵。"而一位波兰评委则兴奋地对李云迪说:"肖邦复活在你的指间!"

与鹏城的不解之缘

让我们把时间推回到李云迪获奖的5年前。1995年6月,获选参加美国斯特拉文斯基国际钢琴比赛的李云迪,和恩师但昭义一起取道香港飞美国参赛。这是他生平第一次参加国际比赛,也是他生平第一次踏上深圳的土地。生命真的很奇妙,当时的李云迪无论如何也没有意识到,自己的生命将从此与这座年轻的城市结缘。

当时的李云迪还在四川音乐学院附中上初一,时任深圳艺校校长的李祖德这么评价这位未满13岁的孩子——"我从未听过一个少年弹得这么好!"于是,求贤若渴的深圳艺校大力邀请李云迪来校学习、但老师来校任教。应该说,这是李云迪人生中第二次面临重大抉择:是留在川音?还是来深圳艺校?和他人生的第一次抉择——由手风琴改练钢琴一样,最终,李云迪为自己作了决定:"但老师去哪儿,我就去哪儿!"

李云迪是在1991年拜在但老师门下的,可以说但老师是带他走进音乐世界的引路人,是精心培养和教导他的导师。1995年10月4日,但昭义带着包括李云迪在内的10名弟子来到深圳,李祖德校长亲自到机场迎接,喜欢开玩笑的李校长笑称,但老师带来了一支"川军"。此后的岁月里,这支深圳的钢琴"川军"中,走出了李云迪,走出了陈萨……

对这支钢琴"川军",深圳艺校可谓关爱备至,没多久,这些学生连同他们的家长就住进了深圳艺校的单身宿舍。学校给学生分房子,这在当时国内艺校是前所未有的。李云迪也很快就爱上了深圳这座城市,他觉得这座城市每天都在发生着巨大的变化,她越变越美丽,越变越有魅力。虽是这座城市的新移民,可李云迪觉得自己永远没有"人在异乡"的感觉,自己就是其中的一分子。

与钢琴相恋的城市

在李云迪扬威华沙之后,陈萨、左章、张昊辰、何其真、潘林子、贾志超等深圳钢琴骄子也逐渐在国际上崭露头角、摘金夺银,他们的成功让深圳在世界范围内深深地打上了钢琴城市的标签。

2004年1月9日,在深圳特区文化研究中心成立10周年的纪念会上,深圳市委常委、宣传部长王京生第一次提出了"钢琴之城"的概念。两个月之后,深圳市委宣传部、市文化局策划组织了建设"钢琴之城"讨论会,钢琴界、文化界的专家纷纷为深圳建设"钢琴之城"献计献策。随后,《深圳市建设钢琴之城规划方案》推出,提出了在深圳建立钢琴厂、引进国际著名钢琴品牌企业来深、大力引进和扶持钢琴人才、争取3年内举办国际钢琴比赛等构想。

随着深圳"钢琴热"的不断升温,但昭义、刘诗昆、孔祥东等一批钢琴大师竞相在深圳开设钢琴培训基地,而国际上著名的钢琴家也纷纷来深圳演出、交流。2006年10月,深圳首个国际性钢琴大赛——2006中国深圳国际钢琴协奏曲比赛在深圳举行。而截至2009年,深圳已有各类琴行120多家,整个城市的钢琴拥有量不下10万台,其中会弹奏者5万人以上,每年考级人数近4000人……深圳,无愧于"钢琴之城"的称号。

如今的李云迪,被称为"浪漫主义的代言人",被评选为"世界十大青年领袖"之一,已经被人们拿来与钢琴传奇大师霍洛维茨、鲁宾斯坦相提并论。但,深圳更喜欢称他为"从深圳走向世界的钢琴王子"。

让我们再回到2000年的金色10月。从华沙载誉归来的李云迪和但昭义,在深圳机场受到了深圳市领导、数十位媒体记者以及深圳艺校近百位师生的热烈欢迎。如今,当李云迪再度回忆当初的心情,他说:"踏上我的第二故乡——深圳的土地时,我的内心只有感谢。我的人生最重要的阶段在这里度过,我也是从这里得以走向世界,这座城市培养了我,我是深圳的儿子,我爱深圳!"

2000 年 11 月 14 日

莲花山曾是深圳市区最大养猪场

霍敏

哪个来深圳的人不知道莲花山？莲花山，一座都市里的生态公园，中心城难得的"绿肺"，还有小平同志的塑像。然而，有谁能够想到，16 年前的今天，莲花山曾是全市最大的非法养殖场，不仅有很多乱搭建的窝棚，还有 2000 多头猪"嗷嗷"叫着在山坳中"踱步"；11 年前的今天，那里还是全市的安置区之一，来深闯荡者蜗居在十二三平米的小房子中，开始了追逐梦想的旅程，其中就包括知名歌手陈楚生。

一座古墓见证历史

莲花山上并没有莲花，之所以得名，民间相传莲花山原是一个古石矿场，山里有一次开采出一块巨石酷似初绽莲花；还有一种说法，因为莲花山的 7 个小山头相拥，形状看起来像一朵盛开的莲花。现任莲花山公园管理处主任杨义标是一位"老深圳"了，凭借自己 24 年的园林工作经验，他向记者证实了第二种说法。

细心的市民也许注意到，莲花山西北坡有座黄默堂墓。这可不是一座简单的墓葬。黄默堂为深圳下沙村开基之祖。在市文物考古鉴定所副研究馆员彭全民看来，1990 年发现的这座古墓，是宋代先民开发这片土地的历史见证，对于研究深港地区居民的迁徙源流、葬俗葬制、宗教文化、建筑艺术等均有重要价值。也就是说，深圳根本不是什么"一夜城"，而是一个历史久远之地。

曾是市区最大养猪场

从 2001 年调到莲花山公园管理处至今，杨义标已经在此工作了 10 个

市民在莲花山公园内休闲。此前,这里曾是深圳市区最大的养猪场。　资料图片

年头。在他心目中,莲花山就像自己的"孩子"一样。然而,早在上世纪八九十年代,这个"孩子"还是个没人管的"野孩子","当时就是一个天然的山体,植物种类远没有现在丰富,主要是桉树。"还有不少"三无人员"聚集在此,到处都是乱搭建的窝棚。据了解,当时就有揭西塔头菜队、上陆三分场等6个种养场共543人,随意选择莲花山、笔架山山边,塘边的空地搭建窝棚,近600间。由于人员构成复杂,上世纪90年代初的莲花山一带治安相当混乱,被称为市区最大的"三无人员"聚居区。

在1990年左右,聚居区内又建了市区最大的养猪场。来自岗厦村的村民闻某在这里建了150多个猪栏,雇用了40多个工人,以每年饲养5000多头肉猪的速度送往清水河肉联厂。直至1994年3月份,由于营业执照和卫生许可证过期,养猪场才被取缔。

陈楚生曾住在安置区

在与臭烘烘的养猪场毗邻而立的安置区莲花苑内,聚集着无数来深打拼者。尽管已时隔近20年,但回想起当年的时光,市民老邱心中仍有无限感慨。

他说，当时莲花苑共有三四十栋房屋，最高的四层，房子非常简陋，加上卫生间总共才十二三平方米。但就是这样一个狭小的空间，却挤了一家三口人。"为的就是这里便宜呀，每月租金在350至400元之间。"

老邱说，当年不少初来深圳的人都是从这里起步的，包括现在红遍大江南北的陈楚生，当年也在莲花苑住过。"他还在我的士多店打过电话呢。"老邱说。他自己对陈楚生印象很深，但并不知道对方的名字，直到陈楚生出了名，才恍然发现，原来自己还曾和名人做过邻居呢。

老邱说，当年的安置区就从如今关山月美术馆旁边的柏油路一直向上走，一直延伸到靠近彩田北村的位置。"6米宽的柏油路，两旁种满高山榕。"尽管路上风景不错，房屋却破烂不堪，一下雨就冲得到处是垃圾，一刮风就闻到浓浓的臭味。

老邱在莲花苑一住就是10年，直到2001年9月，他才和数千名邻居一起，离开了这个又脏又乱、却充满记忆的"家"。因为，"小平"来了。

"小平"来到莲花山

2000年11月14日，邓小平塑像正式来到莲花山，从此在莲花山顶上眺望并见证这座城市的生机与活力。

"小平来了，我们走了。"老邱笑言，"当拆除队伍到来时，很多人都不愿离开这里，因为毕竟很难再找到这么便宜的住处。"

经过20年的快速发展，此时的莲花山早已不是当年的蛮荒之地，其周围已经发展成为深圳的中心城区，而公园内不仅建成了8万平方米的椰风林大草地，还有3万平方米的人工湖。此外，还有东南部16万平方米的风筝广场……如今的莲花山，早已成为不少深圳人亲近自然的大乐园。

然而历史犹存，关山月美术馆旁的柏油路上，仍有不少人正沿着两旁高山榕的指引前行，他们是在寻那曾经的记忆。酷爱爬山的老邱就是其中一员，所不同的是，他已不再经营士多店，而是在华强北的赛格广场当起了一家电子商品店的老板。当然，路的尽头也不再是安置区，这里建成了生态型景点，还取了两个充满诗意的名字："雨林溪谷"和"晓风漾日"……

Shen Zhen Diary
二〇〇一 ~ 二〇一〇

2001年2月8日
虞德海贪财二千万沦为阶下囚

南兆旭

2001年2月8日,原南山区委书记虞德海身穿一套红色运动服,被押上法庭受审。

两年前的1999年1月,虞德海填写了《深圳市领导干部廉政情况登记表》:在年度总收入(包括工资福利各种补贴额外收入等全部在内)情况中,虞德海填写:"深圳正厅五级,总收入77060元";在财产申报的购买商品房一项中,填写的是:"无";在投资企业股份和其他项目下面,填写的是:"无";在收受礼品情况和重大事项报告中,填写的仍然是"无";最后,虞德海写下这样一句话:"在区委五套班子民主生活会上,自查自纠没有任何问题。"

仅仅6个月后,虞德海与妻子同时被"双规",虞德海出奇地镇静,向办案人员提出要读书作画写诗词,而且,"双规"期间果真写出了一些诗词。直到办案人员查出:虞德海一家除拥有一套政府分配的住房外,还有7套房屋,建筑面积共940平方米;加上人民币、港币、美金以及股票财产共计1920万元。

在他像星级宾馆一样豪华的住宅内,各种高档洋酒堆起来占了半间房,200多幅名人字画塞满一面壁柜。一只"一帆风顺"的纯金船和四块恐龙蛋化石后来成为"广东省反腐败展览"上最抢眼的展品。

在虞德海的办公室,办案人员打开两只密码箱:一只密码箱里装着一次收受的520万元港币;另一只密码箱里放着近百张女人的照片,照片背面写着她们的名字,附着一缕缕头发——与虞德海发生性关系后,被虞剪下当作留念。

在法庭上,虞德海一直在重复一句话:"我诚恳地认罪。"2001年12月22日,虞德海被判无期徒刑,上千万个人财产被全部没收。

虞德海1979年就从武汉来到蛇口,曾担任蛇口第一家中外合资厂的厂长,整天骑一辆破旧的自行车上下班。上世纪80年代的蛇口在袁庚的倡导之下格外注意遏制干部的特权,虞德海在利欲方面对自己的要求甚至到了刻板的程度,小儿子患了白血病,他都是用自行车推着孩子上医院。

一位昔日和他往来甚多的文友谈起虞德海,引用了元人徐再思的一句话评价虞德海:"始为天下忧,终为天下羞。"

2001年7月30日
56名女工被搜身轰动深圳

马骥远

2001年8月2日，龙岗区人民法院坑梓法庭收到了一纸诉状：坑梓镇宝洋产业制品厂56名女工因不满工厂管理人员"公然强行搜身"，状告工厂严重侵犯她们的人格尊严和人身权利，要求工厂公开赔礼道歉，并向她们每人赔偿3.2万元的精神损失费。

在最初依靠"三来一补"产业发展起来的深圳，工人和企业之间形形色色的矛盾并不稀奇，然而数十名工人集体状告工厂管理方非法搜身，在当时的深圳引起了不小的轰动。官司的结果是：经龙岗区法院调解，厂方同意向56位女工每人支付4000元人民币的赔偿金，并再次口头表示歉意。

56名女工被搜身愤而起诉

尽管已经事隔9年，深圳市总工会法律事务部部长刘秦对那次"搜身"事件仍然记忆犹新。"我是1996年调到市总工会工作的，至今有15年了，那次搜身事件无疑是最为刻骨铭心的一件。"刘秦说。

事情发生在2001年7月30日。龙岗区坑梓镇宝洋产业制品厂是一家生产假发的韩资企业。那天下午5点50分左右，原毛整毛班班长吴雪等56个女工正在车间里干活。突然，进来11个管理人员，6个女的，5个男的，其中包括3个韩国人。他们大声喝斥："全部站起来，双手抱着后脑勺，不准动！"

女工们被吓得不轻，只得照办。其中一个管理人员说："有人举报，你们班有人偷了原毛，现在要彻底检查。"随后，5名女性管理人员上前，对这些女工挨个从头到脚进行搜身，还多次将手伸进衣服里检查。搜查全过程中，5

女工被搜身，工人毫无尊严可言，这在深圳的工厂是经常发生的事情。

资料图片

名男性管理人员以及男保安都在场。搜身持续了一个多小时，一直到晚上 7 点多钟，在 56 名女工身上没有搜出一根原毛。这 11 个管理人员这才扬长而去。

吴雪等 56 名女工实在咽不下这口气，先是到坑梓镇劳动站投诉，8 月 2 日，又向龙岗区人民法院坑梓法庭提起诉讼。这时，时任市总工会权益保障部副部长的刘秦得知了此事。他说，在最初依靠"三来一补"产业发展起来的深圳，虽然工人与企业时会有一些摩擦，但是 56 个女工集体状告工厂搜身，这样剧烈的劳资冲突绝对是空前的。

搜身，无从抵赖的事实

"自从得到'搜身'事件的消息，我连续 20 多天在宝洋厂现场办公。"刘秦回忆说。

作为市总工会的代表,刘秦一到宝洋厂,就与被搜身的56名女工面谈。"厂里没有那么大的会议室,会面地点就安排在食堂。"刘秦说,他坐在一张大饭桌旁,56个女工围在他身边。本来安排的是一个一个谈。女工们话匣子一打开,情绪都十分激动。很多人都是边说边哭,一个人的哭诉往往引起一大群人哭成一团。刘秦回忆说,至少有3个女工说自己的衣服被厂方管理人员拉下来检查。有的女工反映自己被连续搜身4次。

调查,不能只听一面之词。刘秦在与女工面谈后,也与宝洋厂的管理人员进行了对话。厂方解释说,宝洋厂是一家生产假发为主的工厂,原材料十分昂贵,比较高档的假发,是用真人的毛发做的。那一段时间,工厂接到举报,说有人偷窃原毛,此前当地派出所还在工人租住的房间搜到原毛,于是厂方决定对住在那里的工人所在的车间进行检查;责令这56个女工留在工作岗位上,双手举起,其间确有管理人员摸了部分工人的口袋。不过,厂方管理人员认为,整个过程只持续了10多分钟。

通过与当事双方的谈话,刘秦认定,搜身行为是存在的。"脱衣服翻个底朝天也好,简单地摸一下口袋也好;几个人也好,56个人也好;10分钟也好,一个小时也好;这只是枝节的分歧,无法否认曾经发生过搜身的行为!"刘秦说。

就在刘秦与双方谈话之后,时任市委常委、副市长王穗明来到宝洋厂调研。"我把我的这些观点向市领导作了陈述。"刘秦说,"我在汇报时明确提出,对工人进行搜身,这种行为违反了《宪法》关于公民人身权利的条款,我提出,这件事情的主要责任应由企业的管理人员承担;我说这些话的时候,宝洋厂的管理层都在场,没有人表示反对。"

全力调解,56女工获得赔偿

由于"搜身"事件的轰动效应,中华全国总工会和广东省工会当时都向深圳派出了调查组。深圳市委市政府也高度重视,坑梓法庭当年8月24日开庭。经过两次庭审,原被告双方同意庭后调解。9月9日结案,56名女工每人获得4000元赔偿。宝洋厂表态,欢迎这56名女工回厂上班。"据我所知,这些女工大部分都辞工了。"刘秦说,虽然得到了厂方的道歉和赔偿,但是她们的心灵仍然受到了极大的伤害。

其实,不要说被搜身的女工,连续 20 多天处理"搜身"事件之后,刘秦自己都有些"不能自拔"。他清楚地记得,向中华全国总工会调查组汇报此事的时候,还没说到正题,他就止不住潸然泪下。

劳工权益,未曾完结的话题

"搜身"事件就这样落幕了,然而,与之有关的话题却从来没有停歇。在此事过后的几年,类似的"搜身"事件还时有发生。2004 年,坪地某厂每天下班排队搜身;2006 年,南联社区某厂女老板丢失手机,全厂集体搜身。这些事件都曾引起轩然大波。

后来,随着全社会人权意识的增强,搜身的事情渐渐少了。但是,劳务工的权益,仍是深圳一个突出的问题。进入 2010 年,富士康跳楼事件的发生,又使得劳资关系成为深圳最引人关注的话题。"今年春天那段时间,我没少往富士康跑。"刘秦说。

从当年的被搜身,到今年的跳楼,虽然是不同的事情,但刘秦认为实质上是一回事:在这个制造业仍然占据重要地位的城市,很多企业主还是没有真正把劳务工当成企业的主人。

很多人认为,"最低工资标准不是一直在涨吗?这不是说明劳务工的待遇在不断提高吗?"刘秦说,这是一种误解,拿"最低工资"的工人,为了提高自己的收入,只能"自愿加班",身心处于疲惫之中。

"归根到底就是四个字:'以人为本',企业再也不能把工人当成工具,要把他们当成企业的主人。"刘秦说,没有劳务工的拼搏与奉献,就没有深圳 30 年的成就,只有给劳务工以温暖与尊严,才有深圳美好的明天。

2003年2月24日
首个 SARS 报告病例

南兆旭

2003年2月24日，来深圳已经11年，在南头一家客家酒楼当大厨的黄杏初到广州军区总医院复诊，才得知自己将名留史册。那一年席卷全球的"瘟疫"非典型肺炎(SARS)里，黄杏初是中国第一个报告病例。

3个月前，深受酒楼老板器重，每日忙里忙外的黄杏初开始发烧、畏寒、全身无力。36岁的黄杏初一向体格壮实，根本没有把这点病放在眼里。在小诊所治疗后，始终不见好转。消息传到河源紫金县柏埔镇的老家，黄杏初的父母认为他也许撞了邪，让他回去，求助村医。回到镇里，黄杏初病情日益加重，最后被送到河源市人民医院。随后又转到广州军区总医院抢救。

此时的黄杏初高烧39.8℃，呼吸困难，全身发紫，上呼吸机时不断挣扎，连钢质病床都被踢散了架，要七八个医护人员才能按住他，积蓄在黄杏初胸腔内的痰液带着血腥味一直喷溅到病房的天花板上。与此同时，在河源接触过黄杏初的医护人员中有9人先后发病，出现同样的症状：持续高热、干咳、肺部大面积阴影。

2003年1月10日，黄杏初康复出院。但此时，SARS瘟疫已席卷全球，全世界有8400多人受感染，790人死亡，全球120多个国家对中国进出人员实施限制。

那一段时间的深圳，百业萧条，街头人迹稀少，餐饮娱乐业门可罗雀，房价暴跌，银湖的别墅卖到6000元一平米也无人问津。因为盛传陈醋可预防SARS，深圳陈醋脱销，全国各地纷纷给深圳的亲人空运酸醋，机场整日弥漫着浓烈的酸味。

深圳在煎熬和对疫情草木皆兵的防范中度过了小半年，期间，共发现非

每个人都戴着口罩,是人们对2003年非典时期最深刻的记忆。　　赵青/摄

典型肺炎患者53例,死亡1例。与毗邻的香港、广州相比,深圳的非典疫情发病率低,死亡率低,无一医护人员被感染。

6月10日,最后一名非典病人从东湖医院出院。6月12日,世界卫生组织宣布非典疫情在中国已得到控制,而先行一步的深圳,早在两个月前,已急不可待地恢复了年轻城市勃勃的生机。

康复后的黄杏初又回到深圳打工,捐献了150毫升血浆救治重症非典患者后,为躲避媒体的追逐,他隐名匿姓,消失在了这个城市茫茫的人海中。

2003年3月14日
曾记否,"猫低""有落"很流行

赖良青 曾海城

2003年3月14日,在2003年深圳春运工作总结大会暨道路运输工作会议上,市交通局负责人表示,从今年开始公共中小巴将逐渐从中心城区退出。

从1989年筹建特区首条中小巴线,到2006年6月30日中小巴全面退出特区内,深圳不少市民见证了这些中小巴的发展历程;17年,深圳中小巴从仅有的几条线,发展到高峰时期的100多条线。17年,这些中小巴走街串巷,在很多大巴车不能进入的屋村承担运输任务;17年,中小巴留给深圳人太多的记忆……

遇到交警要"猫低"

家住罗湖水贝的江映雪至今不会忘记初到深圳遭巴士司机"骂"时既委屈又好笑的场景。那是在1995年,刚刚大学毕业的江小姐怀着满腔激情踏上深圳这方土地,到车站接她的婶婶一手接过她的行李,随即将她领上一辆中巴车。

"巴士穿街走巷,开得飞快,拐弯都加油门的。"初次搭乘这么快的公共汽车,江小姐很不习惯,站在过道间左摇右晃,几乎没有站稳过。心中暗叹:"都说深圳速度,深圳的巴士速度也不一般。"正在走神,车行至一十字路口,忽听到巴士司机用粤语大吼几声:"猫低,猫低!"咋回事?还没搞清楚状况的她站着不动,突然被婶婶一把拉下,差点蹲坐在过道里。这时只听巴士司机哗啦啦地说了很多话,大意就是在责怪她差点害他被交警查。无端被骂,江小姐尚在云里雾里,这时婶婶才告诉她,刚刚路口有交警查车,中巴是不能超载的,刚刚司机是要她赶紧蹲下免得被交警看到。江小姐这才恍然大悟。

"这是我在深圳听到的首个特区词汇,哈哈。"多年后,每当与朋友调侃,江小姐总不忘说起这个事情。那时候人多车少,交警查得严,一辆车只能载核定的人数,按座位,小巴19人,中巴25人,不得超载。但交警检查的时候又不能影响正常运作,所以交警只能远远地站在街上查看巴士,结果巴士司机们就想出主意,让被迫站着的乘客蹲下逃避检查。"猫低,蹲下"这样的词汇,也伴随了在深圳打拼的江小姐多年,从陌生,到熟悉,到成为回忆。

江小姐笑说,在当时"猫低"是个很流行的词,当时的报纸还经常用此做标题,大家都明白是什么意思。

有初来深圳的人,不懂这个词的意思,就跟她一样被司机骂。或者因为没"猫低",被交警抓住,只好站路边等下一辆车。

坐小凳如"蹲马桶"

不过,后来搭巴士就不用"猫低"了。因为巴士司机又想到更好的办法,就是在巴士上准备了好多小板凳,超载的乘客就在过道间坐小板凳,板凳比巴士座位明显矮了一截,这样,即使过道坐满了人,从巴士外面看也看不到什么问题。

多年后,每次想起当年搭巴士坐小板凳的场景与感觉,某网站编辑唐晓就会笑弯腰。"中巴车上就是满满的小板凳,场景搞笑得很。因为板凳很低,坐上去感觉像是在蹲马桶。"唐晓笑着对记者说,"有时人多一挤起来,坐小板凳的就只好依偎在坐正常位置的人边上。感觉那叫一个亲密无间啊。"

不过话说回来,在唐晓看来,当时中巴车的超载现象也并不是很严重,一般也就多上五六个人,"不像现在的公交车里面,塞得满满的全是人,从车外看车内,都觉得非常难受。"唐晓坦言,如果让她选择,她宁愿坐中巴"蹲马桶",也不想挤得脸贴门。

一出家门就"打的"

在深圳长大的陈茜说起绿皮中巴,马上显得很兴奋:"一个字,爽。"她说,有中巴车那会儿,她跟同学每次约好逛街都会在电话里头说:"等我,马上到,打的。"然后出门,在路口看到中巴车,随手一扬,停车,上车,然后汽车狂奔,从车公庙到东门,只需30分钟,车费3块钱。

陈茜说,那时他们同学之间都把搭中巴叫打的,因为跟打车没什么不同,随时招手上车,随时喊停,而且速度比的士还快。中小巴给陈茜留下了许多有趣回忆:出门前不用精心打理发型,因为如果遇到巴士开了窗,头发肯定乱飞扬;有新鞋子千万别穿出门,因为车开得快,许多人站不稳,晃来踩去,同样站在过道上的人的鞋子就要被踩出花来。"还有,如果要在下沙下车,在联合广场的时候就要向司机喊"有落"(粤语:有人下车),要不肯定载过了。"陈茜笑说。

支线巴士取代小巴

许多市民印象中的中小巴是绿色的,其实,中巴曾两度变脸。刚营运时中巴车身是米白色,下部镶一圈红色;1995年5月至2000年5月,车身变成橘黄色,腰部一圈红色;2000年5月至2006年6月30日,车身为银灰,车顶为绿色。

在城市交通规划专家们看来,公共中小巴的出现和消失都与深圳城市化水平发展的需求相适应。上世纪90年代初,深圳的大巴由政府专营,公交发展的速度不快,加之城区内外的道路都不太完善。中小巴能够满足城市分散的客流需要,是交通系统的一个很好补充。但随着城市道路建设的日益完善和客流量的不断增大,进入21世纪后现有的中小巴已不能满足市民的需求,加上当时中小巴的种种弊端日益突出,乘客的投诉也很多,招手即停也隐藏着很多的安全隐患。取消中小巴是城市发展的必然。

2008年12月26日,为应对公交站点覆盖薄弱区域居民出行难问题,市交通局选择出行热点、难点片区规划并推出了首批23个公交支线服务区域的81条公交支线。截至目前已开通支线113条,投入车辆605台。支线的开通,给许多市民出门带来便利,出行选择多了,速度也快了。感叹"出门公交在咫尺"的同时,不少市民在网上表示,黄色支线巴士的出现让大家又回想起以前的绿皮巴士,"只不过,支线巴士更规范,也更便宜舒适。"

2003年11月1日

禁摩前传：石岩与"摩的"20年交锋

赖良青

一直以来，"摩的"（载客摩托）几乎就和"非法营运"划上等号。禁摩以来，摩托车连存在都变成非法。然而，作为一种过渡期的交通辅助工具，便捷而又廉价的"摩的"的确又充满魅力，特别是在关外。不过又因为和严重的交通安全隐患和治安隐患扯上关系，让它又饱受诟病。

禁还是管？就在大家还吵个不停的时候，1996年3月中旬，石岩镇（现石岩街道）就尝试把"摩的"拉入"正规军"。但这个时期太短，鲜为人知。

开"摩的"，说不定哪天就丢了命

有摩托，有需要，就有"摩的"。有"摩的"，就有隐患。

1996年，石岩"摩的"司机间流传着一个"新闻"。某"摩的"司机送两个人去石岩新医院后面的工地。车刚一停稳，坐在车后的人就拾起砖头向他砸来。他一下反应过来发生了什么事，猛地一抓离合，轰大油门就开逃。虽然捡回了一条性命，但他的后脑勺至今还留着一个大大的伤疤。

"摩的"司机们不把这个新闻当新闻，因为太平常了。和四川籍摩托车载客仔刘某相比，他还算幸运的。刘某深夜载客出去，就再也没能回来。两天后，人们在松白公路的草丛里发现了他的尸体。

据宝安区某派出所的资料统计，该所1996年3月中旬到8月中旬这短短的五个月时间里，共发生了抢劫摩托车案25起，而这还不是高峰期的统计数字。

"摩的"很讨厌，只要公交车一停就有"摩的"蜂涌围过来，甚至还出现把公交车堵住的情况。这还不是最令人头疼的。"摩的"不守规矩，经常造成交通事故。

老司机们回忆，1996年，一个载客摩托车主一天的收入在50~100元之间。也就是说，他们的月收入有1500~3000元。这样高的收入是普通打工仔望尘莫及的，就是其他行业的小生意人，也不一定比他们的收入更高。

矛盾一度激化，"摩的"车主点火爆炸5死4伤

既然是非法营运，那就抓吧，罚吧。通常扣车一个月，视情节罚款800~1200元。有牌有证且无其他违反交通管理法规行为的，罚款800元；无牌无证或有其他违反交通管理法规行为的则罚款多一些。

但根本无法根治，主要是市场需要、数量惊人。1997年，仅石岩镇的载客摩托就有400辆之多，并且还不断在增加。关外各镇区情况大致也是如此。

查、扣、罚还激化矛盾。1994年7月4日，石岩交管所发生了一起震动全国的爆炸大案。一个载客摩托车车主借钱买车拉客，被交管所扣车后罚款800元。取回车后，不到一个星期又被查扣，要罚款1200元，并扣车一个月。案犯买了40升汽油点火爆炸，酿成5死4伤的大悲剧。

究竟怎样治理，是抓还是管？舆论纷起争议，公有公的理，婆有婆的理。

无路可走，野"摩的"漂白了

"那时摩托车非法营运问题多多，不管不行，但完全查禁也不是个办法，我们出门一点都不方便。"老石岩人张贵大叔回忆说，搭"摩的"，他搭了近10年，不是不知道危险，而是，它有时的确是出行的唯一选择。

"摩托车作为一种过渡期的交通工具，不宜查禁而宜管理。"1996年，石岩镇综合治理办公室主任张锦松是这么想的。当时没能村村通公交，总不能让居民们走路办事吧。另外，石岩400余辆摩托已经上路拉客，车是车主花钱通过正当途径买来的，查扣的车你总会归还给他。只要车还给了车主，他就会出去拉客。查禁要浪费大量人力物力，且又容易酿成事故——

2008年11月,石岩街道组织清理非法营运车辆,一名无牌摩托车主意外死亡。

于是,在争论声中,石岩镇率先开始摸索"管"的路子了。镇里成立营运摩托车管理领导小组,把摩托车主召集起来,集中培训技术业务和有关道路交通法规,合格后发给合格证、车牌编号和印有统一编号的背心。他们还制定了有关的规章制度,比如对不着装、抢道行驶抢道兜客、敲诈勒索等违法行为的惩罚细则,并把每月的11日定为学习日。本着谁受益谁出钱的原则,管理规则规定每个车主每月缴费300元,作为办公、管理等项的费用。

"这也是没办法中的好办法。"张锦松现在讲到这事还会笑。一时间所有的"摩的"车主都争着参加培训,加入"正规军"行列。

有了"名分",车主抱得美人归

禁改管后,秩序井然起来。在张锦松的回忆里,由于绝大多数营运摩托接受管理而合法化,非法营运摩托就成了极少数,交警的工作压力极大地减轻,可以集中力量查禁非法营运的摩托车。由于统一了着装和编号,便于监督和管理,谁非法谁合法一目了然,乘客投诉亦有了凭证。乘客知道了坐统一着装和有编号的车更安全更有保证,自然疏远了未统一着装和编号的车;非法营运的车主拉不到客,自然只有改行了;车主经过培训,思想修养提高,技术更有保障,懂得更多交通法规,交通事故也明显减少。

因为这个名分,石岩水田人阿成还因此娶上了老婆。因为之前开摩托载客是非法营运,女朋友的父亲一直颇有微词,也"放心不下",迟迟不愿将女儿嫁给他。"统一管理之后,一切都似乎名正言顺了,我跟她的关系自然也名正言顺起来了。"阿成笑说,庆幸当年的那身与协管员服装有点像的背心,让他把喜事办了,几年勤快地拉客也攒了些钱,他成功转了行,开起了小卖部,过上了让老丈人"放下心"的日子。

喜事并非只有阿成有,在张锦松看来,当年石岩镇获评全市治安先进单位也与统一管理载客摩托车有直接关系,而当年,张锦松个人也获评先进个人。松岗、公明等镇也先后仿效石岩。不过,这支"正规军"也只持续了4

年的时间,作为过渡期的交通工具,摩托车载客注定有其消亡的一天。

特区内外全面禁摩

2003年11月1日,深圳特区内开始实行禁摩。2006年9月,深圳特区85%的主干道已实行禁摩后,将禁摩范围扩大至关外的宝安、龙岗等地。禁摩7年来,关内摩托车早已绝迹,但是,在关外的广大地区,摩托车非法营运仍然"禁而不止"。庞大的流动人口,相对滞后的道路、公交等公共设施建设,很大程度上制约了政府禁摩措施的推进。据不完全统计,至2008年末,石岩辖区已有非法营运、违法上路摩托车6700多辆。

如何禁摩?石岩有了新的应对招式:从2009年2月开始,该街道整合当地执法力量,创造性地推出了"禁摩工作进小区"工作模式,即在全辖区42个物业小区中,挑选优质物业管理公司及条件成熟的8个物业小区,作为首批禁摩试点单位。物管人员每天在新村出入口执勤,禁止摩托车入内,使得从事非法营运的摩托车没了地方停放。该模式取得良好效果,试点5个月内共查扣非法营运及违法上路车辆5063辆。

石岩交警中队李队长表示,此举完全改变了以往执法部门一严打、摩托车就藏匿到小区里的态势,"现在摩托车无处可藏,最后只能退出石岩"。石岩街道党工委书记、办事处主任陆福强说,这一模式今后将逐渐推广到街道的其他物业小区中。

2004年10月28日

安惠君：女公安局长的独特爱好

南兆旭

原罗湖公安分局局长安惠君2003年3月21日被免职后调任深圳市口岸办副主任，2004年10月28日，安惠君涉嫌受贿一案由深圳市纪委予以移交市检察院查处。深圳市检察院于2004年11月29日依法以涉嫌受贿罪对安惠君案立案侦查。

2005年4月，原罗湖公安分局局长安惠君涉嫌"买官卖官、包庇色情场所并收受巨额贿赂"被深圳市检察院起诉，也就在这一年4月，罗湖区法院开庭审理罗湖草埔派出所所长宋明明受贿案。宋明明交代自己受贿的数字和向安惠君行贿的数字完全相同：人民币19万元。

罗湖区检察院指控，宋明明受贿数字如下：

1999年下半年，宋明明以派出所要买车为名，向辖区绿景山庄开发商索要10万元。此后，为了感谢宋明明对工地的关照，开发商又送2万元。

1999年，游某在草埔农产品批发市场摆放老虎机，为感谢宋明明的关照，6次送给宋明明人民币2万元。

1999年至2002年间，黄某为了感谢宋明明对其招待所和发廊的关照，送给宋明明人民币1.5万元。2000年，黄某经营的招待所内发生一宗迷晕香港人实施色诱抢劫的案件，黄某到宋明明的办公室送上人民币5000元，此案未予追究。一年后，草埔派出所抓获两名涉嫌色诱抢劫的女子，黄某受老乡之托找宋明明说情。宋明明办理担保手续后将两名女子放掉，并指示办案民警将案件材料销毁，黄某当晚在宋明明办公室送上2.5万元。

与此同时，宋明明主动交代了向安惠君行贿的数字：

1995年3月至1998年9月，宋明明在罗湖公安分局政保科工作期间，

安惠君在法庭受审。安惠君被抓后,社会上广泛传言其个人生活糜烂,每次出差必指定年轻英俊的男警员单独跟随,期间向其作出性暗示。如顺其要求,回来后则迅速升迁;反之则予以冷藏。但检察机关称性贿赂不属于检方侦查范围,未进行调查,也未予证实。 资料图片

每逢中秋节、春节都给安惠君送钱,共6次,合计人民币3万元。

在安惠君的关照下,宋明明于1998年9月调到草埔派出所任所长。此后4年中,宋又先后8次给安送钱,合计人民币12万元。其中,1999年安惠君到北京公安大学参加晋升警衔的培训,宋明明赶到北京,在安住宿的房间送上2万元。一收一送,正好人民币19万元。

在安惠君所收受的210万元贿款中,有180余万元来自部下,向安惠君行贿的17人中,有15个是分局内部的派出所所长、科长和处长。笋岗派出所原指导员黄某最早并没有想给安惠君送钱,中秋节送去两箱水果,安惠君对正在搬水果的黄某说:"不要把腰闪了"。听到此话后的数年里,黄某给安惠君送了10多万元。

2005年6月,安惠君被判有期徒刑15年。宋明明因为检举安惠君有功,被判有期徒刑4年。

2008年9月20日

舞王大火烧出一批贪官

梁睿

2008年9月20日,是深圳一个黑色的日子——当晚,位于龙岗的舞王俱乐部的一场大火,无情地夺走了44条生命。大火的威力远不止于此——"舞王大火案"还曝出了一批渎职官员,17名参与经营者受到了法律应有的严惩。

两年前的舞王俱乐部,如今已成为一个买卖二手货的市场。然而,所有关于那年那楼的记忆,却是深圳人难以磨灭的一段往事。

"我想起这事就觉得很烦!"

"请问,这里是以前的舞王俱乐部原址吗?"

昨日,记者再访当年的舞王俱乐部现场,记忆中那曾经风光一时的场景已然模糊,展现在记者眼前的,是一个新开的二手货交易市场。"你是来做什么的?"一位姓林的保安似乎不想再提起"舞王"这两个字,看着记者疑惑的脸,他又补充一句,"早就不是了。"

这栋只有四层高的综合楼,普通得不能再普通——舞王昔日的标志和霓虹灯已被拆卸,大楼粉刷成简朴的灰色,二手货市场火红色的开张标语,似乎极力要忘掉那令人痛心的事故。

在曾经的事故现场,记者发现,通往四楼的楼梯已用厚厚的水泥板浇灌封上了,楼下也被改造成独立的二手市场。在一楼,店家阿凯正在整理二手货物的库存,记者问他为什么选择在这里开店。他回答:"很多事情要朝前看,这里位置挺好的。"

"别采访我了,我想起这事就觉得很烦!"这栋大楼所在的三和村的刘村长却没有阿凯那么乐观,两年过去了,每次有人提起那场大火,他就无名火起,甚至焦躁。

事故已经过去两年了,但2008年9月20日那夜的即场大火,很多人仍未忘却。

"无论死活都先抬出去"

往事不堪回首。

"碰到有人,无论死活都先抬出去!"龙岗消防中队队长王先杰,是当天晚上最早到火场的目击者之一。"我们是离火场最近的中队,7辆消防车全部出动。附近的几路消防队也赶来支援。"

王先杰回忆,现场周围都是惊慌的人群,歌舞厅里仍然在燃烧,冒出滚滚浓烟。消防车从多个角度向里面射水,还没等大火完全扑灭,他就和一队消防员冲进火场搜索。"我当时用对讲机让战士回去拿气瓶,要不消防员不可能再进入浓烟滚滚的大厅。消防员的气瓶只有30分钟的使用时间,随着进出火场次数的增多,很快我们的气瓶就不够用了。"王先杰说。消防战士除了值班的都出来救火,开辆大型消防车回去拖气瓶也不现实,最后他们只能在路边拦了辆小车,让战士回去用一辆皮卡车运来一车气瓶。当时,火场里全是东倒西歪的座椅,还有人的躯体。指挥部将全龙岗的救护车调集过来,轮流在火灾现场和医院之间奔波。

附近士多店的许老板目睹了众人惊慌逃亡的一幕。"晚上11时左右,突然看到许多人失魂落魄地冲出来,嘴里大喊着,他们衣衫不整,有的赤着双脚,有的面目漆黑。几人气喘吁吁地冲到士多店前,眼睛里全是惊恐,手臂上有被烧灼出来的水泡,但他们浑然不顾,一直喊着要水。"

在离火场最近的龙岗中心医院,数十名保安和警察在维持秩序,医生、护士不停地往来穿梭着,走廊里也挤满了手拿吊瓶的轻伤者。事故发生后,医院所有人都被紧急召回,加班治疗伤者。伤者中,很多人因为吸入有害物质窒息,也有相当一部分人,由于逃生时人群冲撞,发生踩踏导致外伤。

此后,国家安监总局发出消息,公布大火造成44人死亡、58人受伤(8人重伤)。事故原因为歌舞厅演出时燃放焰火引发火灾。

舞王大火现场遗留下的鞋子。　张万极/摄

"亿元贪官"传言

大火后两个月，国务院组织专门的调查组对大火案进行彻查。第一个走进公众视线的，是被指为"保护伞"的时任龙岗公安分局的副局长陈旭明。

2008年11月下旬，就在大火案调查有初步结果时，香港多家媒体甚至还曝出了"亿元贪官""两千万买官"的"内幕"。有港媒报道称，纪检部门在陈家共搜出千万余元现金，而陈个人账户下的房产、存款及股票总值逾亿元。更有传"调查人员搜查时，陈旭明老婆正在家中狂烧现金，其家里的天花板也为特殊定制，里面装满现金。陈旭明自己的账簿记录，他的这个副局长官职是花2000万元买回的"。

11月26日下午，深圳市检察院召开新闻发布会，通报了涉案公职人员的审理情况。新闻发言人称，陈旭明家中搜出现金千万、天花板装满现金、陈妻狂烧钞票、陈在舞王持有干股等传言，都没有事实根据。陈旭明涉案金额为6万。

舞王大火后,现场一片狼藉。　　张万极/摄

60 名事故责任人受惩

2008年11月28日,作为案件的焦点人物,嫌疑人陈旭明第一个坐上了法庭的被告席。检方指控陈旭明作为深圳市公安局龙岗分局分管治安管理工作的副局长、兼任专项行动工作领导小组组长期间,工作严重不负责任,对于无证无照的歌舞娱乐场所未能进行有效打击、取缔,致使龙岗区存在包括舞王俱乐部在内的各类无证无照经营的歌舞娱乐场所多达144间。由于不落实安全管理制度和措施,发生造成44人死亡、64人受伤的特大火灾事故,并曾三次接受舞王俱乐部负责人王静的宴请,收受其好处费共计人民币6万元及礼品,涉嫌受贿罪、玩忽职守罪。

近3个月后,法庭判处陈旭明有期徒刑11年。2009年7月,深圳市中院的二审维持判决。

"9·20"大火牵连的公职人员远不止陈旭明一个。火灾发生第二日,包括时任龙岗区副区长在内的3名公职人员首先就被免职。2009年3月,原同乐派出所所长杨周武、消防大队一中队中队长陈峰、龙岗街道执法队队员黄忠、文体局文化市场行政执法大队大队长王津等在内的6名公职人员被控犯玩忽职守罪及犯徇私枉法、受贿罪，分获有期徒刑1至13年。2009年8月17日，国家安监总局通报，60名事故责任人被究责，其中7人被免职。2010年2月广东省纪委通报的十大典型案件中，舞王大火案名列榜首。

"大火不只带来伤痛，还有教训"

"都过去这么久，就别提了。"这是记者在龙岗回访这一事件时，听得最多的一句话。

"大火不只带来伤痛，还有教训。"龙岗街道一位工作人员坦白告诉记者，这两年来，消防安全成了辖区紧绷的一根弦，人人"谈火色变，弦绷得紧"。

"9·20"大火后，"扫雷"和"摘帽"成了街道所有工作人员日常工作中的"家常菜"。街道的工作中心之一就是消除所有的安全隐患。除了集中所有力量开展安全隐患的集中排查整治和日常排查整治外，还开展了针对"三小"场所的"打铁"行动、整治地下黑加工厂等15次专项整治行动，几乎将辖区内所有的娱乐场所、工厂企业、宾馆酒楼等15类火灾隐患重点场所全部严格过了一遍。

2009年10月，广东省公安厅逼巡视员带队的检查小组，对深圳火灾隐患重点地区整治工作进行了检查验收，龙岗街道验收达标，成绩列全省第二名，终于顺利摘去了"黑帽"。

在网上，有网友自发建立了"深圳龙岗舞王俱乐部'9·20'特大火灾事故馆"，详细收录了大火发生后的大部分报道，列出了部分死者名单.每逢周年，还有网友在上面发表追思。

"既然回不来了，就好好走吧，虽然家人很痛。"一位落款"黑哥哥"的网友在网站的追思卡片上这样写道。

附录

大成 12 年　再创新辉煌

根据天相数据统计，2010年，大成基金旗下21只基金2010年度共为持有人赚得63.89亿元，成为年度最赚钱基金公司。

凭借优秀的投资业绩，大成基金一举囊括中国基金业两项最高荣誉——《证券时报》组织评选的"2010年度十大明星基金公司"大奖和《中国证券报》组织评选的"2010年度十大金牛基金公司"大奖。

十二载光阴，282亿分红

十二载，一个轮回，对于真正体味过它的人而言，有着不尽的感慨和深远的意义。1999年4月12日，大成基金管理有限公司成立；同年5月4日，大成旗下第一只公募基金——景宏证券投资基金成立。之后，大成基金相继推出旗下第一只开放式基金、国内第一只创新型封闭式基金以及中资基金公司在香港发行的首只公募产品。

十二年的稳健发展，公司业务范围已从单纯的公募基金管理，扩展到特定客户资产管理、社保基金管理、海外业务等多个领域，多元化发展态势日渐清晰，连续多年稳居国内基金业前十大公司行列，并设立了8家分公司及1家香港子公司。截至2011年3月底，公司共管理22只公募基金及多个专户组合，构建了涵盖封闭式、股票型、混合型、指数型、债券型、货币市场基金、QDII和创新型基金的较为完备的产品线；管理规模近千亿元，累计为持有人分红超过300亿元。

立足于长远，厚积而薄发

2010年平安夜，大成人收到了一份最好的圣诞礼物——全国社保理事会网站公布了第三次全国社保基金委托投资管理人选拔结果,大成基金成功入选。消息通过短信和微博迅速传递,仍在办公室加班的员工欢呼雀跃。

时间回溯到 2008 年 8 月,大成基金新一届管理团队上任。之后,公司发生了一系列积极变化,形成了立足长远的绩效考核体系、"专业管理专业"的投资管理体制和高度稳定的核心团队、积极向上的企业文化,日益成为市场关注的焦点。2010 年,大成基金整体投资业绩发力,为成功获得全国社保基金委托投资管理人资格奠定了良好基础。

社保基金是我国养老和社会保障体系的重要组成部分,也是社会影响力最强、资产规模最大的专业投资机构之一,能够取得社保基金管理人资格,是大成基金综合实力稳步增长的结果,标志着公司多元化资产管理取得实质性突破。

稳定的团队,专业的管理

在时下基金公司受困于人才频频流失之际,大成基金却打造了一支具有高度稳定性、专业素养高、业务能力强的核心团队。据了解,大成基金现有高管人员在公司的平均任职时间超过 7 年,中层干部绝大多数都在大成基金工作了 5 年以上。根据好买基金研究中心的统计,截至 2010 年 3 季度末,大成基金经理队伍的平均任职年限达到 4.18 年,年均留职率为 96.3%,均位居行业前列。

在"超额收益来自超越市场的深入研究"投资理念指引下,公司按照"专业管理专业"的理念对公司的投资管理体系进行了全面系统的规划和调整。投资决策委员会完全由基金经理、资深研究员和交易员等一线专业人才构成,显著提高了投资决策效率,明确了投委会的权责范围,也强化了投资决策的执行力度;建立了层次清晰、分工明确的研究支持体系和客观公正的投研业绩评价考核体系,有效保证了投资决策机制的高效运作。

社会责任,承诺与坚持

企业越大,社会责任越大,这是大成基金十二年成长历程中最深刻的感受。成立以来，在致力于为投资者提供高端、个性化资产管理服务的同时，做受人尊敬、有社会责任的企业公民一直是大成人共同的愿望，并以实际行动践行着这一目标。

2009年4月12日，由公司发起设立的中国基金业首家非公募慈善基金会——广东省大成慈善基金会正式成立，初始基金数额为1000万元。向社会表明了公司在践行社会责任方面的态度和决心，也标志着公司在承担社会责任方面已走在行业前列。

慈善基金会成立后，公司开始系统地、持续地开展多层次的慈善事业，截至2011年3月底，已累计捐助超过600万元，捐赠项目涉及贵州、甘肃、湖北、广东、辽宁、福建等地。

再启航，让财富成长

熟悉大成基金的人知道，公司原来的品牌标识以蓝色为主基调，并持续使用了将近10年。这一标识，在大成基金发展历程中发挥了巨大的作用，见证了大成基金从小到大、从弱到强的发展历程。但随着公司的快速发展及国际化发展战略的确立，2008年12月27日，大成基金全新的红色标识正式推出。新标识通过图象的主动告知功能和故事性，重新定义了基金理财的价值和内涵，清晰简练地诠释了基金投资理财的使命和本源，表达了"让财富成长"的含义。

新标识也是对大成基金多来逐渐形成的企业精神形象化地诠释——关心客户成长、以持有人利益最大化为追求，努力为基金持有人实现资产的可持续稳定增值。

在一次公司内部会议上，总经理王颢曾经对员工这样说，"我们的工作就是为大成基金800万客户追求幸福。因此，我们要明确自己肩负的社会责任感，并且要把这种社会责任感作为提高工作质量的动力。"

正是这份信任和坚持，引领大成基金不断进步、稳健成长，历十二春秋，一展风华；我们也相信，十二年之路写就的重要笔触不只是历史，有这份信任和坚持，再启航，我们追寻梦想的脚步不会寂寞，我们必将铸造大成新的辉煌。

Afterword
后记

2010年是深圳经济特区建立30周年。作为深圳地区发行量最大的报纸,这一年,晶报策划组织了《深圳日记》、《深圳梦想辞典》等一批有影响的纪念性专题报道,其中,《深圳日记》为唯一贯穿全年的大型策划,获得当年度晶报最佳报道策划奖。

《深圳日记》自2010年1月1日始,至2010年12月31日止,以每天两个整版的篇幅,刊出稿件200余万字、图片2000余幅,前后有近百名编辑记者参与。在《深圳日记》所设立的各个子栏目中,"城市记忆"为主打稿件,均由晶报记者采写,这些报道对深圳特区30年历史上重大、有纪念意义的事件及被遗漏的若干历史细节进行了回访、还原、挖掘与重新发现;"私人语文"则全部来自于读者的投稿,这是晶报征集到的深圳无数打工者和曾在深圳打工者最隐秘的私人情感与生活故事,它们尘封多年,也许刚从抽屉的某个角落里翻捡出来,但它们却是特区建设者来深圳打拼时最原生态的鲜活记录。另两个栏目,"岁月花边"是深圳民间史料搜集与整理者南兆旭先生的专栏,"今日旧影"是一次深圳历史老照片的大展示。

《深圳日记》推出伊始就受到了社会各界的广泛关注,很多读者不但每天追看,而且将每天的版面珍藏。一位女士说,她在某一期"今日旧影"刊登的照片上,看到了24年前的自己,非常惊喜,想要一张报纸留起来作纪念。一位老先生有一次不小心未能搜集到一期《深圳日记》的版面,特地打电话来请求我们一定帮他找到遗失的那一期。

在读者的强烈要求下,我们从"城市记忆"和"私人语文"中筛选出部分文章,并结合"岁月花边"文章及"今日旧影"的老照片,分别编成《深圳日记》上册《不能忘记的深圳时间》和下册《私人日记里的深圳记忆》出版。

感谢大成基金热情赞助本次大型报道策划,并资助本书出版。

晶报各部门均有编辑记者参与本次策划的采访、写作与编辑,但限于篇幅,不少编辑记者的作品未能收入本书,谨此对他们表示感谢。

本书上册刊用的部分照片,因时间久远,有部分作者未能取得联系,请作者看到本书后与本书编者联系。

限于时间和水平,错漏之处在所难免,敬请读者批评指正。

编者
2011.7.1